# 波浪原理高级教程

## 上

## 社济学——人类社会行为中的波浪理论

小罗伯特·R. 普莱切特 / 著
楚立峰 / 译

谨以本书献给拉尔夫·尼尔森·艾略特（Ralph Nelson Elliott），
当之无愧的现代社会科学之父。

山西出版传媒集团
山西人民出版社

**图书在版编目（CIP）数据**

波浪原理高级教程．上 ／（美）普莱切特著．楚立峰译．— 太原 ：山西人民出版社，2015.9

ISBN 978-7-203-08378-8

Ⅰ.①波… Ⅱ.①普… ②楚… Ⅲ.①股票市场－市场趋势－教材 Ⅳ.①F830.91

中国版本图书馆CIP数据核字（2013）第243112号

著作权合同登记号：图字：04-2015-036

**波浪原理高级教程 上册**

著　　者：（美）小罗伯特·R.普莱切特
译　　者：楚立峰
责任编辑：魏美荣

出 版 者：山西出版传媒集团　山西人民出版社
地　　址：太原市建设南路21号
邮　　编：030012
发行营销：0351-4922220　4955996　4956039
　　　　　0351-4922127（传真）　4956038（邮购）
E-mail　：sxskcb@163.com　发行部
　　　　　sxskcb@126.com　总编室
网　　址：www.sxskcb.com

经 销 者：山西出版传媒集团　山西人民出版社
承 印 者：三河市利兴印刷有限公司

开　　本：787mm×1092mm　1/16
印　　张：21.75
字　　数：436千字
印　　数：1-6000册
版　　次：2015年9月第1版
印　　次：2015年9月第1次印刷
书　　号：ISBN 978-7-203-08378-8
定　　价：68.00元

# 书 评

"毫无疑问,这是一部开天辟地的著作。我只能说,无论是在意图上还是在范围上,其崭新的论点都令人震惊,独树一帜。这些影响深远的假说证明了普莱切特具有无与伦比的能力,可以把新出现的证据融汇在一起变成令人震惊的新模型。我的图书馆收藏了为数不少的且举足轻重的政治学书籍,但是从中我发现不了一本如此重要的书。我的图书馆里也没有一本书具有同样的潜力,可以在社会事件研究中带来翻天覆地的变化。"

——罗曼·弗兰科(Roman Franko),比较政治学(Comparative Politics)博士(PhD);《加拿大国家邮报》(*National Post*)和邓迪证券(Dundee Securities)市场分析师;女王大学(Queen's University)前任授课教师;加拿大证券学会(Canadian Securities Institute)技术分析(Technical Analysis)课程撰稿人;加拿大技术分析师协会(Canadian Society of Technical Analysts)会员。

"我爱这个理论。在相当长的一段时间内,《社会情绪经济学》(*Socionomics*)[①]肯定会是一部主要的参考文献。普莱切特的分析规模宏大,价值绝伦,值得广受赞美和称赞。应该在大学广泛开设社会情绪经济学课程,大规模授予社会情绪经济学学位。或许还应该授予普莱切特诺贝尔奖(Nobel Prize)。我建议大家把这本书多读几遍,深入领会其中蕴藏的内涵。"

——瓦列里·萨福诺夫(Valeri Safonov)教授(Professor),(Social Psychology)社会心理学博士(PhD),数学和系统分析(Mathematics and Systems Analysis)学士(BA);莫斯科经济学与语言学学院(Moscow College of Economics & Linguistics)和莫斯科经济学与文化学院(Institute of Economics and Culture)授课教师;前任苏联(USSR)外交部(Ministry of External Affairs)第一秘书(First Secretary)和俄罗斯驻加拿大和印度大使馆(Russian Embassies in Canada and India)经济学家。

"智慧的结晶、奇思妙想之作。基于社会情绪经济学的思想会带我们跨越全新的概念门

---

① 《社会情绪经济学》(*Socionomics*)是书评人对《人类社会行为的波浪原理和社会情绪经济学这一新科学》(*The Wave Principle of Human Social Behavior and the New Science of Socionomics*)一书的简称。译者注。

槛,去理解人类社会过程和心理过程是如何嵌入大规模文化现象行为之中的。”

——拉里·R. 范德弗特(Larry R. Vandervert)博士;心理学与生命科学混沌理论协会(Society for Chaos Theory in Psychology and the Life Sciences)创始人;美国非线性系统(American Nonlinear Systems)创始人;美国心理协会(American Psychological Association)会员;《心理与行为杂志》(*Journal of Mind and Behavior*)、《网络教育:远程学习的未来》(*CyberEducation: The Future of Long Distance Learning*)、《创新国际手册》(*The International Handbook on Innovation*)撰稿人。

“这本书见解高明。20世纪30年代拉尔夫·N. 艾略特(Ralph N. Elliott)发表了精确的归纳分析。这一精确的归纳分析是这本书见解的来源。在过去的30年里,小罗伯特·R. 普莱切特做了重要而又激动人心的工作。这些工作为这本书的见解积累了素材。这些见解把业已归纳出的原则应用和推广到更加纷繁多样的现象之中。”

——埃尔南·科尔特斯·道格拉斯(Hernán Cortés Douglas),芝加哥大学(University of Chicago)硕士(MA)、经济学准博士(ABD Economics);智利天主教大学(Catholic University of Chile)经济学(Economics)教授;哈佛大学(Harvard University)戴维·洛克菲勒拉丁美洲研究中心(David Rockefeller Center of Latin American Studies)鲁克西克学者(Luksic Scholar);政策研究中心(Center for Policy Studies)执行董事(Executive Director)和创始人;世界银行(World Bank)前任副研究管理人(Deputy Research Administrator)以及国际货币基金组织(International Monetary Fund)资深经济学家(Senior Economist)。

“通过检查社会内部自组织的基础和形式,《社会情绪经济学》建立了一个研究议程,使其处于最新研究方法论的发展前沿,涉及形式、系统、互动非线性影响和各门科学。这一丰富而又强势的研究议程提出了一套见解和议题,为研究社会进程的本质提供了丰富多彩而又富有成效的指引。”

——迈克尔·K. 格林(Michael K. Green),芝加哥大学哲学(Philosophy)博士;纽约州立大学奥尼昂塔学院(State University of New York at Oneonta)哲学教授。

“这是一部杰作,我尤其喜欢你第3部分到第5部分(Parts III - V)的章节,这些章节就从众行为(herding behavior)和社会情绪做了探讨。祝贺你完成了这一振奋人心而又富有争议的(从主流研究的角度来看)著作。”

——迪迪埃·索奈特(Didier Sornette),统计物理学(Statistical Physics)博士;加利福尼亚大学洛杉矶分校(UCLA)地球物理学与行星物理学研究所(Institute of Geophysics and Planetary Physics)教授;法国科学研究国家中心(French National Center for Scientific Research)研究总监(Director of Research);《自然科学的关键现象:混沌、分形、自组织和无序》(*Critical Phenomena in Natural Sciences, Chaos, Fractals, Self-organization and Disorder*)作者;《数量金融杂志》(*Journal of Quantitative Finance*)、《地球物理学中的非线性过程》(*Nonlinear Processes in Geophysics*)、《物理学杂志第一辑、第二辑》(*Journal de Physique I&II*)、《欧洲物理学杂志B辑》(*European Physical Journal B*)、《地球物理学研究杂志》(*Journal of Geophysical Research*)、《协同学》(*Synergetics*)主编(Editor)/副主编(Associate Editor);国家科学基金会(National Science Foundation)评委;法国科学与国防国家奖(Science et Defence French National Award)、瑞斯科奖(Risques - Les Echos)、研究麦克唐奈奖(Research Mcdonnell award)获奖人。

“我刚看完这本书——令人吃惊。我希望你免费向各个领域的专家分发这本书,让他们给出评论和建议。这真是部杰作,需要大加宣传。”

——阿瑟·A.梅里尔(Arthur A. Merrill),哈佛大学工商管理硕士(MBA);梅里尔分析股份有限公司(Merrill Analysis, Inc.)总裁(President);《价格行为和过滤后的波浪》(*Behavior of Prices and Filtered Waves*)作者;第四届市场技术员协会(Market Technicians Association)年度奖(Annual Award)获奖人;《技术趋势》(*Technical Trends*)主编;纽约证券分析师协会(New York Society of Security Analysts)、循环研究基金会(Foundation for the Study of Cycles)、市场技术员协会(MTA①)、门萨(Mensa)②会员。循环事件调查协会(Society for the Investigation of Recurring Events)前任秘书(Secretary)、金融联合会(Financial Federation)会员。

“普莱切特的投资心理学著作具有重大影响。”

——约翰·肖特(John Schott)博士,医学博士;迈初威斯特医疗中心(MetroWest Medical Center)精神科(Dept. of Psychiatry)科长(Chairman);哈佛医学院(Harvard Medical School)讲师(Instructor);塔夫茨大学医学院(Tufts University Medical School)授课教师;斯坦伯格全球资产管理公司(Steinberg Global Asset Mgmt.)董事(Director)和投资组合经理;《头脑胜过金钱》(*Mind Over Money*)作者;《肖特书信》(*The Schott Letter*)主编;投资心理学年会(annual Congress on the Psychology of Investing)主管(Director)。

“呀,真棒!我在华尔街(Wall Street)执业多年,读过许多著作,其中只有普莱切特的作

---

① MTA(市场技术员协会)即Market Technicians Association(市场技术员协会)的缩写。译者注。

② 门萨(Mensa)是由高智商人群组成的组织。译者注。

品最有创造力。”

——约翰·R.格里利(R. Greeley),职业市场分析师;市场技术员协会创始人之一。

“事实证明,社会情绪经济学就如同世间罕见的金玉良言,让我醍醐灌顶,茅塞顿开,生活方向彻底改变了。在我整个成年人生活中,人类经历曾带给我重重困惑。现在,一切都豁然开朗,浅显易懂——甚至达到了可以预见的程度。”

——杰克·霍布森-杜邦(Jack Hobson - Dupont),莫纳丹公司(Monadyne Corp.)总裁。

“人类情绪的周期性巨变几乎影响着一切,从金融市场和经济到地缘政治,或许还有其他的更多方面。包括鲍勃·普莱切特(Bob Prechter)①在内的一些大思想家已经描绘了这些地震般的情绪变化。以前,鲍勃·普莱切特致力于研究金融市场;现在,他转而研究广泛的人类社会行为。除了普莱切特的推测之外,社会趋势和逆转可能有其根本原因。但是,忽视这些循环几乎就等同于自杀,因为没有其他已知的道路图可以告诉我们身处何处。”

——艾尔弗雷德·H.金根(Alfred H. Kingon),金根国际(Kingon International)总裁;美国大使委员会(Council of American Ambassadors)董事长之一;前任美国驻欧盟大使(U.S. Ambassador to the European Union);总统(President)助理(Assistant)和内阁(Cabinet)秘书【里根(Reagan)】;财政部(Treasury)助理秘书(Assistant Secretary);商务部(Commerce)助理秘书;《金融世界》(*Financial World*)、《星期六评论》(*Saturday Review*)、《货币和信用》(*Money and Credit*)总编(Editor - in - Chief)。

“普莱切特断言‘波浪原理(Wave Principle)之于社会学和相关科学,就如牛顿(Newton)定律之于物理学’,许多人对此可能持反对意见。但是,对于技术分析而言,其他方法甚至根本没有如此断言的基础。”

——市场技术员协会业务通讯《就技术而言》(*Technically Speaking*)。

“这部书不同寻常、妙趣横生,把经济学、社会学和心理学融为一炉,把人类行为和市场行为结合在了一起。”

——《股票和商品技术分析》(*Technical Analysis of Stocks & Commodities*)杂志。

---

① 鲍勃·普莱切特(Bob Prechter)即小罗伯特·R.普雷切特(Robert R. Prechter, Jr.)的昵称。译者注。

“鲍勃给予我不同寻常的激励。他的著作妙趣横生、引人入胜。我大胆地宣称他的研究见解深邃、切中肯綮,有助于社会科学的正式研究、生命和宇宙本质的正式研究。”

——布赖恩·帕特里克·邦达(Brian Patrick Benda)。

“祝贺罗伯特·普莱切特写出了一部如此妙趣横生、见解深邃、思想新颖的著作。任何一个愿意花时间阅读本书的人都会得到回报,可以对人类行为、市场和事件产生新的理解。”

——汤姆·斯普拉德利(Tom Spradley),已退休的大学数学教授。

“引人注目。给我留下了深刻印象。一部才华横溢的著作。”

——戴维·约翰逊(David Johnson),哲学博士(PhD)。[①] 医学博士(MD)。

“我刚读了普莱切特的《人类社会行为的波浪原理》(*The Wave Principle of Human Social Behavior*)[②]。好极了!遗憾我没能早点看到这本书。”

——弗拉维娅·钦巴利斯塔(Flavia Cymbalista),加利福尼亚大学伯克利分校(Berkeley CA)博士。

“这是一部犀利的著作,肯定会让你反思许多自己以为已知的东西。”

——拉里·威廉斯(Williams),作家,商品时机(Commodity Timing)总裁。

“一个真正惊人的成就。尽管我对自然科学和社会科学都有所了解,我还是难以找出具有相似价值的另一部著作。”

——N. F. [③]

“绝妙的好书。在我一生中读过的书里,有 6 本彻底而深刻地重塑了我的思想。这部著作是其中之一。”

---

① 英语中的“PhD”,翻译成汉语可以是“哲学博士”、“博士”。除医学博士外,英语中大多数博士都可以叫做 PhD。比如,这里戴维·约翰逊获得的 PhD 就是神经生理学博士。译者注。

② 《人类社会行为的波浪原理》(*The Wave Principle of Human Social Behavior*)是书评人对《人类社会行为的波浪原理和社会情绪经济学这一新科学》(*The Wave Principle of Human Social Behavior and the New Science of Socionomics*)一书的简称。译者注。

③ “N. F.”是姓名的首字母。译者注。

——D. C. [①]

已退休的新闻工作者,达拉斯(Dalllas)

“我刚读完第 8 章,凭着一股冲动就急忙赶回住所里的办公室作出评论。第 8 章是我接触到的最发人深省、生机勃勃、饶有兴味的理念。现在,我回到了沙滩椅上。”

——艾伦·哈里斯(Allan Harris)

“你的书非常让人着迷、非常振奋人心,是思想的宝库。我必须祝贺你,因为你试图用定义构建波浪原理,而且你有着探索精神。如果一个人真正为所知的内容而愉悦,并同时不惮于承认自己所未知的事物并加以思索,那么,阅读他写的书籍就让人极为振奋,又使人深感耳目一新。”

——T. E. [②],宾夕法尼亚州沃灵福德(Wallingford,PA)

“文笔优美流畅,思想犀利深邃。”

——J. G. [③]

“为什么主流或者当代经济学不仅缺乏相关性,而且欠缺知识性。我想你找到了原因。”

——W. R. P. [④]

“现在,我正在第 3 遍阅读《人类社会行为的波浪原理》。我相信这部书会成为思想家和科学家的典范性书籍。普莱切特会以伟大先驱的身份名垂青史。普莱切特不仅重申了一个枯燥无味的理念——所有知识都有共性,所有行为都有目的;还为每一个科学领域都提供了可以用作参照标准的单一视角。我想,或许在不知不觉之中,他也在上帝的宇宙之中让上帝的面孔变得更加清晰。”

——厄尔·L. 泰勒(Earl L. Taylor)

“我们正在向读者宣传你的大作《人类社会行为的波浪原理》。对于所有的金融专业人士、所有的社会科学专业人士,对于投资者和学生,这本书都是必读之书。”

——通杰尔·申格兹(Tuncer Sengoz),BorsAnaliz. com;土耳其(Turkey)一家主要银行的技术分析部(Technical Analysis Department)经理(Manager)。

---

① “D. C.”是姓名的首字母。译者注。
② “T. E.”是姓名的首字母。译者注。
③ “J. G.”是姓名的首字母。译者注。
④ “W. R. P.”是姓名的首字母。译者注。

# 致　谢

我尤其要感谢四类人。科学家们一丝不苟，揭示出自然界的诸多秘密，本书作了详细的说明。观察力敏锐的订户慷慨地提醒我注意最新进展并寄给我文章和论文的副本。保罗·蒙哥马利(Paul Montgomery)和迪迪埃·索奈特对原稿进行了评论。我的艾略特波浪国际(EWI)同事们为我写书提供了帮助，尤其是萨莉·韦布(Sally Webb)，处理了绝大部分的科研项目；帕姆·基蒙斯(Pam Kimmons)，制作了封面插图；盖伊·多勒斯(Gay Doles)和皮特·肯德尔(Pete Kendall)，研究了无数的细节；安吉·巴林杰(Angie Barringer)和戴夫·奥尔曼(Dave Allman)，制作了图表和插图；简·埃斯蒂斯(Jane Estes)、贝齐·福里斯特(Betsy Forrester)、贝丝·帕克斯(Beth Parks)和雷切尔(Rachel)·韦布，在我著书过程中提供了帮助。

## 价值声明

我希望读者能原谅我，因为我的开场白相当地自吹自擂。然而，我担心如果没有这个开场白的话，几乎就不会有经济学家和社会学家会认真地考虑这一材料。因此，我要毫不含糊地声明：今天的社会科学只有自然科学300年之前的水平。波浪原理之于社会学和相关科学，就如牛顿定律之于物理学。波浪原理提供了一个基础和框架，供人们在其中研究和量化社会行为，从而为真正的社会科学事业充当精神支柱。在此基础上，我取得了巨大突破，一门科学有了生长的可能，这门科学需要一个新颖的名字。我认为社会情绪经济学是个好名字。

拉尔夫·尼尔森·艾略特目光远大深邃，认为金融市场有着独特的形式自相似性（patterned self－similarity）组织规律，形式自相似性受到斐波那契序列的支配，因此也与自然规律结合在一起。如果我要提出什么见解的话，该见解一定与这一事实密切相关。

我相信波浪原理和社会情绪经济学是目前为止社会科学领域所引入的最重要的思想。它们应该永久性地改变市场分析、经济学和社会学中的各个职业。担心别人不会读这本书，所以我大胆妄言，希望能激励（或者激怒）社会职业的从业者，促使他们当中的一部分人去调查研究这些想法并重新考虑自己领域内盛行的旧有假定。

## 自　辩

我认为波浪原理和社会情绪经济学是铁一样的事实。然而，我致力于波浪原理和社会情绪经济学已达25年，却只明了该领域的一鳞半爪，体现在这本书里。无论从深度还是广度上而言，波浪原理和社会情绪经济学都远未得到充分的表达。就目前可能达到的程度而言，形式的细微差别、表达的异常精确性、广泛的社会应用，都需要在现有和将来的其他出版物之中详细论述。

本书的目的是证明波浪原理和社会情绪经济学对于科学发现和相关职业现状的功效。这个目标并不远大，我这个外行也已经尽力而为，投入了大部分的时间，但是，这本书可能还是达不到科学的标准。我意识到这本书里没有哪怕一章能证明什么。更糟的是，这本书部分章节提供的信息来自我完全陌生的领域。然而，我相信，当我把这所有的信息组合在一起并指出其中的联系时，就能充分而详尽地证明波浪原理和社会情绪经济学。我希望知识渊博的读者指出我犯的任何错误，以便我在本书的下一版里进行纠正。

# 为什么是现在?

在曼弗雷德·施罗德(Manfred Schroeder)的新书《分形、混沌和幂律》里,“心理学标度(Scaling in Psychology)”一节只占了400页中的一页。波浪原理的知识和社会情绪心理学的引入会使这一代表性的知识比例发生改变。

“自从牛顿的《原理》(*Principia*)一书面世以来,数学就被当做最稳固的知识形式。牛顿成功地从数学角度对运动进行描述,大大改变了人类对宇宙结构的认识。牛顿站在了伽利略(Galileo)的肩膀上才有了如此伟大的成就。伽利略曾经说过‘自然的伟大书卷’是用数学的语言写成的。”

——彼得·康沃内(Peter Coveney)和罗杰·海菲尔德(Roger Highfield),《复杂性的前线》(*Frontiers of Complexity*),1995

“科学尚未研究群体行为现象的冲动和控制。”

——伯纳德·巴鲁克(Bernard Baruch),《非同寻常的大众妄想和群众性癫狂》(*Extraordinary Popular Delusion & the Madness of Crowds*)前言,1932

“没有用量化术语和数学术语描述生物进化的达尔文(Darwin)方程。”

——康沃内和海菲尔德,《复杂性的前线》,1995

“科学之中,没有一个分科具体解释主观自我,更没有一个分科具体解释主观自我和内外环境之间的关系……连续的精神作用过程从没有被确定或者被证明遵循那些可以预测结果的规律……因为牵涉的个体数目不明,理解……神经机制……就显得尤其重要……激起集体人类心智,使得一夜之间全世界就能流行某些服装款式[比如,发型、李维斯(Levi's)]、游戏[比如,呼啦圈(Hula-hoops)]、读物[比如黑利(Haley)的《根》(*Roots*)][生存方式也是如此]突然之间,一些特定的‘活动’好像容易被接受了,群众示威好像也得到了赞成。”

——保罗·D. 麦克莱恩(D. MacLean),《进化中的三位一体脑》(*The Triune Brain in Evolution*),1990

“得出这些结论之后,我们能够看到一些很像人类个人行为的东西,这些东西都有着各自特殊的理由。但是,从统计学上说,我们也看到一些例行的(0.618)数字不断出现。这证明了有一些类似(斐波那契)模型的方法在起作用。我相信,几十年之后,心理学会以全新的面目出现……人类与宇宙中一些隐秘而未知的规律有关联。”

——加利福尼亚大学(University of California)弗拉基米尔·勒菲弗(Vladimir Lefebvre),《洛杉矶时报》(*Los Angeles Times*),1993[1]

“我预计——而且这不光是我个人的看法——21世纪的科学之中,最振奋人心的增长领域之一就是生物数学。下一个世纪,因为我们需要理解现实世界的形式,所以,新的数学思想和各种新的数学会层出不穷、迅猛发展。这些新理念会以全新的方式与生物科学和自然科学互动。它们会——如果能成功的话——使我们深入理解我们称之为“生活”的奇怪现象:在生活之中,理念的惊人能力会不可避免地满溢而出。它们还能让我们深入理解数学的优雅和我们的宇宙……完全理解生活要依靠数学。在每个层面上,从分子到生态系统,我们都发现数学形式出现在了生活的无数方面之中。此时,我们应当把数学和生物学合为一体。”

——伊恩·斯图尔特(Ian Stewart)博士,《生命中的其他秘密》(*Life's Other Secret*),1998

“从没有——我认为这不是个太强烈的词——社会科学家能够把他们的叙述嵌入人类生物学和心理学的物质现实之中,即使社会科学与生物学和心理学确实存在着联系……我们知道几乎所有的人类行为都是通过文化来传播的。我们也知道生物学对于文化的起源和传播起着重要的作用。现在面临的问题是生物学和文化是如何互动的,尤其是它们是如何跨越所有社会进行互动并创造人类本质之中的共性。归根结底,是什么把深奥且又以基因为主的整个物种历史与形形色色社会的晚近文化历史联系了起来?……可以说,这是个有待解决的问题,它不仅是社会科学和人文学科中心问题,同时还是自然科学之中有待解决的最大难题。现在,没人有解决办法。”

——爱德华·O.威尔逊(Edward O. Wilson),《符合》(*Consilience*),1998

由于多种原因,这本书可以说是应运而生、正当其时。科学目前所处的道路上,本文的思想也有了立足之地,严肃的头脑正在接纳诸如此类的思想和理念。社会情绪趋势即将变得变化无常(我相信是这样)。一般来说,人们会发现自己更愿意注意社会变化的内源原因。

最后,在一个关于混沌和金融的故事里,我的一位订户以私人笔记的形式写下了附言,“在亚历山大·金(Alexander King)的故事里,一个人住在瑞士(Switzerland)一个与世隔绝的村庄里,不知不觉中重新发明了打字机。好像类似故事中作为主角的这些人会重新发现艾略特波浪(Elliott Wave)。”[2]这个制造打字机的人可能被迫承认已经有人捷足先登造出了打字机。今天,如果有人重新发现了波浪原理,他可能不会感觉这么约束。我想确保R. N. 艾略特(R. N. Elliott)①得到了应得的评价。

我要讨论相关内容:音乐的结构、各行各业的成败、哲学的历史。然而,要做到面面俱到还为时尚早,目前积累的数据还不够,我和我的团队还需要时间。如果事先不确定社会情绪经济学的功效,或者至少是可能的功效,很少有人会去读一个长达1000页的关于社会情绪经济学应用性的报告。我希望本书足以使人把社会情绪经济学作为一种假说来接受,可以引起研究科学家(research scientist)的兴趣,使他们愿意着手证实或者证伪这一命题。不知是幸运还是不幸,这个报告是由我来完成的。把一句古老的玩笑改编一下,"这是个有趣的工作,但是别人会去完成的"。

① R. N. 艾略特(R. N. Elliott)即拉尔夫·尼尔森·艾略特(Ralph Nelson Elliott)。译者注。

# 目　录

## 第4部分:对社会情绪经济学的介绍



## 第5部分:继续延伸

# 前　言

在我生命之中有几次偶遇一个伟大的思想。从形式的角度来看，这个思想美轮美奂、富有逻辑、引人入胜。因此，我几乎立刻认定这一思想令人信服。它并不是一项严谨的科学。然而，我并不止步于此，而是做了深入的调查研究。我的研究往往比较深入，因为这一思想让我信服和着迷。我想要确信自己没有被误导。

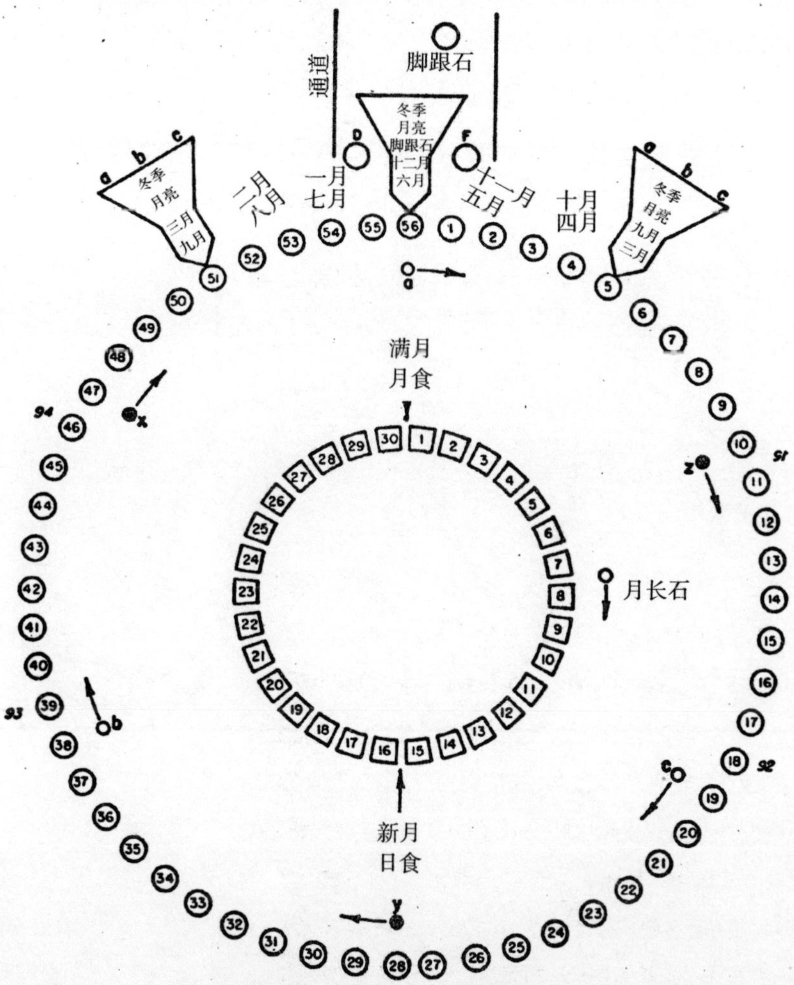


资料来源：《巨石阵解密》（*Stonehenge Decoded*）

巨石阵（Stonehenge）排列形式

根据杰拉尔德·S.霍金斯（Gerald S. Hawkins）

我可以回想起,当阅读《巨石阵解密》时,我有了第一个此类经历。杰拉尔德·S.霍金斯教授写出了《巨石阵解密》这部才华横溢的著作。[3]当时我只有17岁,但我能看到,巨石和孔洞的排列形式与太阳和月亮的运行轨道完全一致,从此之后,有理性的人就不会坚持认为修建巨石阵只是为了给德鲁伊特①提供一个吟唱的场所。第二年,我去参观巨石阵遗址,激动地向主管官员提到了这个理论,主管官员显然听说过这个理论。"胡说八道!"他立刻回答:"它是德鲁伊特的神庙!"排列形式的完美巧合对他一点意义都没有。

耶鲁大学(Yale)的地质学课程介绍了大陆漂移思想。上课的时候我有了第二个此类经历。各个大陆的海岸线显然吻合,大洋底部的轮廓与漂移相互印证,就好像一开始是被强力分开了一样。就在几年之前,我读到了艾尔弗雷德·韦格纳(Alfred Wegener)的故事。1922年,艾尔弗雷德·韦格纳在《大陆和海洋的起源》(*Origins of Continents and Oceans*)一书中假定了这一理论的真实性。几十年来,同行们不仅挑战他和他的理念,还加以无情的嘲弄。对于他们来说,形状的巧合无关紧要。然后,大约40年之后,这一思想被下一代专家悄无声息地塞进了教科书。前辈们轻易地看到了这一思想的滑稽有趣之处。而随着支撑数据的积累,下一代专家却同样容易地看到了这一思想的功效。

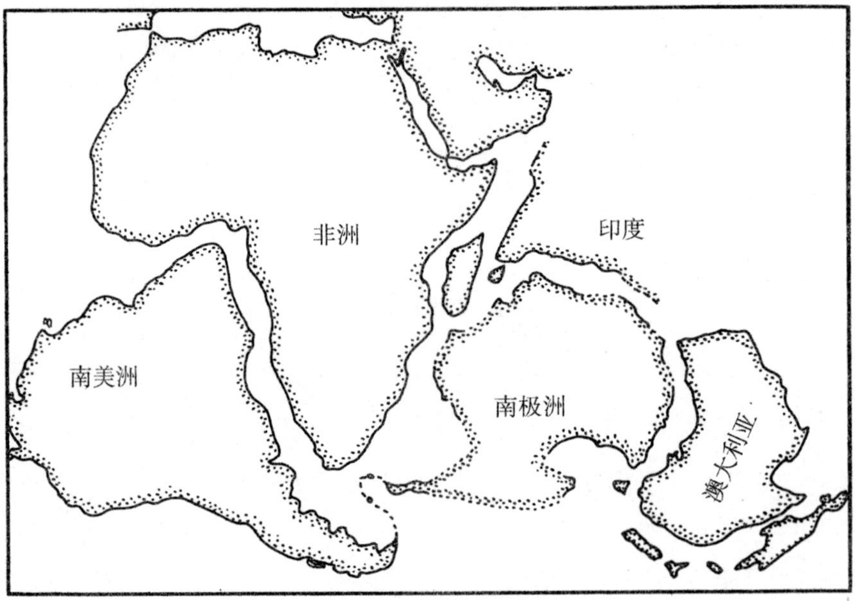


资料来源:《地球历史的要素》

① "德鲁伊特"是英国古代凯尔特人中一批有知识的人,担任祭司、教师、法官、巫师等。参照陆谷孙《英汉大词典》第526页。译者注。

爱德华·德韦尔(Edward de Vere),第 17 代牛津(Oxford)伯爵(Earl)

资料来源:《神秘的威廉·莎士比亚》

另一次此类经历是在大约五年之前。我出席了贝福特(Burford)伯爵查尔斯(Charles)·韦尔为时一个小时的演说。演说探讨的是究竟是谁以笔名“莎士比亚”写下了诗歌和戏剧。基本没有证据支持埃文河畔斯特拉斯福(Stratford - Upon - Avon)[①]那个名叫威廉·莎士颇(Shaksper)的家伙(任何人都能判断出来。如果让他把自己的名字写两遍,两次潦草写就的名字绝不一样)。有许多的证据支持第 17 代牛津伯爵爱德华·德韦尔,板上钉钉,确凿无疑。然而,且不说那些招徕游客去参观小镇斯特拉斯福的人,大多数学有所成的学者又一次选择了视而不见。而在生活和性格方面,作者与其剧作有着难以解释的形式巧合。实际上,正统学派不愿意承认由来已久的错误。正统学派的成员曾经以恶毒的人身攻击诋毁那些坚韧不拔的探索者,这些探索者致力于还原作者的真实身份。正统学派的成员几乎从不就事

① 埃文河畔斯特拉斯福(Stratford - Upon - Avon)是莎士比亚的出生地。译者注。

实进行辩论,因为坦率地说他们无法作出合适的回答。如果要体验斯特拉斯福派(Stratfordians)的浅薄和偏见,感受牛津派(Oxfordians)理由的丰富和天赋,你就应该阅读哈佛校友查尔顿·奥格本(Charlton Ogburn)那学问精深的《神秘的威廉·莎士比亚——神秘和现实》(*The Mysterious William Shakespeare——The Myth and the Reality*)及其前辈的著作。当代科学研究培育了一些一文不值、花里胡哨而又风靡一时的谬论[4],我确信当这些谬论最终被真事所压倒和取代的时候,我们的孩子就会获悉德韦尔独一无二的成就和天赋。爱德华·德韦尔文思泉涌,其文学作品具有革命性的意义,他的成就和天赋超群脱俗。

从前,在20世纪70年代,我有过另一次此类经历,这次是关于股票市场分析的技术方法。对于循环形式(这次是人类行为)来说,他们的基础显然比传统的方法令人信服,所以,在理解了差别之后,我在后者身上几乎没花时间。不用说,经济学家们几乎异口同声地诋毁技术分析。在这方面,随机漫步(random walk)的一些支持者傲慢得可笑而又令人难以置信。所以,看到他们的圣牛①被新的学者攻击是件令人满意的事情。新的学者们发现市场并不是随机的,而是受到了非线性[5]数学的支配。非线性数学可以制造形式,并由此为技术分析提供基础。[6]这一突破有没有改变随机漫步主义者的想法?当然没有。马克斯·普朗克(Max Planck)说:"一个新的科学真理的成功并不在于说服反对者并使他们改变信念。之所以成功是因为反对者最终会死去,而熟悉新的科学真理的新一代会成长起来。"[7]就像巨石阵的负责人一样,反对大陆漂移学说的人、持莎士比亚正统观念的斯特拉斯福派、随机漫步主义者将会不可避免地相继死去,真理得以繁荣昌盛。

我接受波浪原理实际上并不那么突然。在研究股票市场分析技术方法时,我开始试图应用对波浪原理的初步理解,将其作为研究的一部分。在20世纪70年代中期以前,我一直记录着道琼斯指数(Dow)的时线图。我看着波浪呈现在眼前,就和R. N. 艾略特描述的一样。在此基础上我做的许多预测都变成了现实。我更加感到神魂颠倒。1976年,我读到了艾略特的原著,热血沸腾。他的思想合理而且重要,需要更多的思考和研究。

我看到有些人抵制波浪原理的理念,但我并不会因此牵肠挂肚。好消息是,理解的光线已经开始透过雾霭闪耀。1993年10月号《经济学家》(*The Economist*)上有专门的一节叫做"金融前线",告诉读者市场价格可能不是随机的;市场价格可能反映了非线性数学。第一页的补充报道写道:"并不是只有怪人才认为金融市场是可以预料的。"对于我,这就像17世纪的编年史家在说:"并不是只有怪人才认为太阳居于太阳系的中心。"在这种语境下,人们希望成为怪人,因为这意味着你站在了一群神话作家的对立面,想出了正确答案。

此外,许多才华横溢的人都为这一理念所倾倒。1997年在华盛顿市(Washington, D. C.)第21次科学统一国际大会[International Congress on the Unity of the Sciences (ICUS)]上,孟菲斯(Memphis)谢伊诊所(Shea Clinic)的约翰·谢伊博士(在30岁的时候,

---

① 在基督徒的眼里,崇拜"圣牛"的是异教徒。这里是用"圣牛"指代错误的理论。译者注。

为治疗耳聋开发了镫骨切除手术），安排我加入到一组声名显赫的科学家之中探讨“对称性的不同方面”。几个月之后，我好奇地看到，加利福尼亚大学地球物理学与行星物理学研究所和哥本哈根（Copenhagen）尼尔斯·博尔研究所（Niels Bohr Institute）做了两项针对金融暴跌的研究，并把《艾略特波浪原理》（*Elliott Wave Principle*）①作为参考书。这一情况让人愉快。（看本书下文的引用）准晶体的发现者丹尼尔·谢科曼（Daniel Shechtman）邀请我在对称性跨学科研究［Interdisciplinary Study of Symmetry（ISIS）］会议上发言，虽然因为写这本书我没能出席，但是我感到荣幸。对称性跨学科研究会议于今年②在以色列（Israel）的海法（Haifa）举行。种种绝妙的迹象表明，科学界给予波浪原理更多的关注。

抱残守缺、故步自封的老顽固陶醉于已有的职业成就，会作出强烈的反应。我已经做好了准备，我不在乎。在华尔街充当“古鲁③”的年月里，崇拜我的人对我尽献谄媚，说我的预测完全正确，诋毁我的人对我嘲笑愚弄，说我的预测一无是处。聪明人可以看到，嘲笑愚弄并没有多少真正的根据。我希望自己依然年轻，如果必要的话可以等待老顽固们相继死去，看到新生力量从一个新的视角看问题。我更热诚地希望，当读到这本书和观察形式因果关系的时候，你能产生共鸣，体验到我有时作出的反应，并对自己说：“是的，这当然是真的。怎么还有人怀疑呢？”

## 概 括

本书的目的是建立一种理念：在人类之中，无意识的从众冲动推动着社会情绪趋势和变化，社会情绪趋势和变化的特定形式是依据自然增长原理，而自然增长原理又是文化表达和社会行为的发动机。下面是对本书要点的概括：

在20世纪30年代，拉尔夫·尼尔森·艾略特（1871—1948）发现股市的价格变化指数产生了有限的几个可定义的趋势形式或者波浪，这些趋势形式或者波浪在不同的级别和规模上具有强烈的自仿射性（self－affine）[8]。拉尔夫·尼尔森·艾略特描述了每一个级数的波浪如何成为下一个更高级别波浪的一部分。艾略特把这种现象叫做“波浪原理”。基本形式是5个波浪朝着一个更大的趋势生成净运动（net movement），而这个更大的趋势后面是3个生成相反净运动的波浪，结果是产生了净进步（net progress）的3步向前、2步向后形式。因为基本形式的基础是反复的5－3，所以，不同级数的波浪的数目反映了斐波那契序列。在解释和预测股市趋势方面，这一模型取得了重大而确凿的成功。股市指数是重要的，因为它们记录了一个人对自己的高经济效益企业的估价。事实是这一估价要遵循错综复杂的以斐

---

① 《艾略特波浪原理》（*Elliott Wave Principle*）这本书已经有中文译本，但书名跟本文译者翻译的不同。译者注。

② “今年”指原著出版的年份1999年，不是译著出版的年份。下同。译者注。

③ “古鲁”是原意指印度教和锡克教的宗教教师或领袖，引申义指的是专家、导师。参照陆谷孙《英汉大词典》第775页。译者注。

波那契为基础的形式。这一事实表明估价有着唯一的基本原因:作为其基础的社会情绪和作为其结果的企业。

有一些证据表明这一形式的起因是脑边缘系统生成的无意识从众冲动。这一冲动决定了人们的社会情绪,并且这一冲动还不受外界的影响。生物学、人类知觉和精神作用的分形、螺线和斐波那契现象表明了波浪现象的生物学基础。

社会情绪趋势代表了人类态度的变化。社会情绪变化先于历史和文化的配伍变化(compatible changes),表明前者引起了后者。因此,确凿的证据表明,人们的社会互动所产生的情绪变化形式是社会进步趋势和退步趋势的总发动机。这一定位认可了金融、经济、政治和文化事件的成功预测。这一形式与斐波那契数学的关系表明,波浪原理是一种生长形式的另一种表现形式。在生长和衰败过程中,在扩张和收缩进程中,这一生长模型都在自然界中广泛存在。

## 定　义

### 波浪原理或者艾略特波浪原理

波浪原理是进步和退步的形式,进步和退步是社会(显然还有其他的)现象的特点。在这些现象之中,进步出现的方式是 5 个波浪的特定形式,而反应出现的方式是 3 个波浪或者 3 个波浪的结合体的特定形式。

### 艾略特波浪

一个艾略特波浪(或者在语境之中也称作波浪)是形式中的一个,这些形式是波浪原理的基本组成部分。

### 波　浪

“波浪”这一术语是名称的一部分。这一名称指代艾略特波浪的某个表现形式。“波浪”这一术语后面跟着一个词语,描述其在至少更大级别波浪中的位置,比如“波浪 1”,“波浪 A”,“波浪 4 中的”,等等。[9] 每一个波浪都必须允许其前面的、其后面的和包含其在内的波浪也采取这种指代方式。

从社会情绪经济学的角度来看,每一个波浪都是社会表达和经历的集合。

### 艾略特人(Elliottician)

艾略特人使用正在变得司空见惯的术语,根据波浪原理分析数据系列。

### 社会情绪经济学

社会情绪经济学是社会分析的科学,基于对社会情绪经济的研究。

### 社会情绪经济假说

传统观念认为社会事件决定社会情绪的特点。反之,社会情绪经济假说提出实际上是社会情绪决定了社会事件的特点。

这一因果关系的机制如下:在各个个体之中有以生物学为基础的心理冲动,并与人类人际动力相关。这些动力促成了符合形式逻辑的集体情绪波动形式,集体情绪波动形式符合以斐波那契为基础的数学特性并产生了波浪原理。[10]这一社会情绪图形创造了社会规则,有力地引导和影响着个人的性格和社会行为的特点。作为结果的人类行为又引发了历史趋势和历史事件。整个过程可以称作历史冲动。传统的集体行为机械学模型基于针对多个外因和最终结果的推测,而社会情绪经济学不同。社会情绪经济学认识到集体人类行为的形式是内源的、自我引起的、自我管理的、自我强化的、迄今为止未想到的更大程度上说还是可以预测的。当这一假说被接受的时候,还可以称作社会情绪经济研究。

### 社会情绪经济学家

一个实干的社会情绪经济学家提出和分析社会情绪指标,以便预测社会事件的特点,偶尔还会预测真实的社会事件,由于社会情绪遵循波浪原理,所以在可能的时候,社会情绪经济学家还可以根据社会情绪指标预测社会情绪本身的道路。

### 社会情绪经济学指标

社会情绪经济学指标直接反映着社会情绪的状态和趋势,比如股市平均指数。(第 15 章还提出了其他类型。)

### 形式逻辑系统

就事件的因果关系而言,形式逻辑系统既不是线性的,也不是非线性的,因为其过程的起因不是事件。形式逻辑系统是由形式引起的,意味着系统的形式决定了其过程的形式。(要了解更多信息,请阅读第 20 章。)

### 强分形

自同一分形的每个部分都和整体恰好一致,不定分形的自相似性只体现在它们在任何级别上都是不规则的。而强分形则是介于两者之间,具有两方面的特性。强分形多变无常,但在某个特定的纬度内,强分形的组成形式与更大的形式一样。波浪和阿卜拉姆(请阅读下文)都是强分形。(要了解更多信息,请阅读第3章。)

**阿卜拉姆等等**

我用阿卜拉姆这个术语来表示自然界中常见的强派生分形(与自同一分形或者不定派生分形不同)。阿卜姆表示阿卜拉姆的一个分枝。动词阿卜拉特表示“在一个强派生分形中进行”。强派生过程命名为阿卜拉辛。形容词阿卜拉的意思是“具有阿卜拉姆的特性”。(要了解更多信息,请阅读第3章。)

## 社会情绪

我想只有一个词来表示“社会情绪[①]”,但却没能找到。“时代精神”和“原始意象”之类的词易于迅速引发定型的联想,而且我也想避免赶时髦。我能想到的最好的词是梅斯泰。根据《韦氏词典》(*Webster's*),梅斯泰是希腊语词汇,意思是“奋斗”,也是单词“情绪”的根源之一。情绪和奋斗的组合是一个完美的综合体,表达了波浪原理的内容,所以我们可以把它变成一个英语单词。不幸的是,这个单词不好读、不好记。欢迎提建议。

## 对Wave(波浪)定义的注释

就像R. N. 艾略特那样,我们可以选择一直使用wave(波浪)这个词,而不用艾略特wave(波浪)。然而,有很多种wave(波浪)——正弦、海洋、光芒、无线电、微波,等等——所以,被描述为波浪原理的那一种形式需要一个具体的名称。在讨论艾略特的语境中,使用wave(波浪)这一术语没有问题。实际上,在足本《韦氏新国际词典》(*Webster's New International Dictionary*)(1976)中,wave(波浪)以及相关术语的定义都显然包含了许多艾略特wave(波浪)的特点。这里是相关的摘录:

**作为名词:**

- 一阵激动或者激情
- 一个波动起伏的或者参差不齐的线,用以构成图示
- 生活或者命运的变化无常的一种表现形式
- 一阵内容丰富的意见或者感情:一个席卷良多内容朝着同一个方向前进的行动
- 一个扰乱或者变化,在一个媒质或者空间内把其本身以及能量逐渐地从一个点转移

① 本文中,“社会情绪”对应的是两个英语单词“social mood”。而“时代精神”和“原始意象”分别对应一个英语单词“zeitgest”和“archetype”。译者注。

到另一个点，转移的方式是每一个微粒或者元素都影响了相邻的微粒或者元素……

**作为不及物动词：**[11]

- （指一个群体）以一种不停的、不规律的或者波动的方式移动，就像海浪的移动方式一样

**Waver【其古体形式是 wave】**

- 在……物体【或者】状况之间……交替（在偶作欢笑与灰心丧气之间摇摆的情绪）
- 在选择或者诱惑之间举棋不定
- 在看法上波动

# 注 释

[1]Washburn, J. (1993, March 31). "The human equation." The Los Angeles Times.

[2](1993)阿拉巴马州(Alabama)韦塔姆卡(Wetumpka)J. 巴恩斯(J. Barnes)写给 R. 普莱切特的私人信件。

[3]Hawkins, G. S., and White, J. (1965). Stonehenge decoded.

[4]"风靡一时的谬论"这是个有用的单词，原来的正确意思是：一个经常重复的似是而非的事实。新闻工作者把这个单词的意思转变为"琐碎的事实"，这是个极大错误，这个新的定义本身也成了风靡一时的谬论。

[5]实际上，我挑战了第 20 章的这个术语。

[6]请阅读 Brock, W., et al. (1992, December). "Simple trading rules and the stochastic properties of stock returns." Journal of Finance.

[7]Planck, M. (1949). Scientific autobiography and other papers.

[8]特性未受限制的分形物体展示了自相似性，而那些朝一个方向发展的分形物体，比如价格图，则展示了自仿射性。"自相似性"这一术语经常用来笼统地表达这两个理念。在这本书里，我有时在广义上使用这一术语。

[9]请阅读第 1 章里对波浪标志法的简短讨论。

[10]请阅读第 3 章里对斐波那契数学的简短讨论。

[11]它还有个意思"用肢体动作问候"。艾略特波浪可能是自然界问候的方式。wave 的古体同义词是 bob，我喜欢。①

# 给读者的注释

我经常在引文里使用斜体字以突出相关词语和段落。我确实没有在每个后面都注明"着重强调"。

---

① 作者说"喜欢"，是因为作者名字的昵称就是 Bob。这是一种比较幽默的说法。译者注。

# 第 1 部分

## 波浪原理理念介绍

在本书的前 3 部分，我将要解释波浪原理的理论，把波浪原理与分形和螺线联系起来，指出波浪原理可以建模和量化，把波浪原理与市场行为指标关联起来，说明波浪原理在预测方面的用途，然后探索波浪原理的生物学、心理学和社会学。只对社会趋势预测感兴趣的漫不经心的读者可以直接翻到第 4 部分，从第 14 章开始。

# 第1章 波浪原理的基本原则

这一章简要概述了波浪原理，以便初次接触这一思想的人们可以迅速入门，知其大略。这样，我们就能继续前进，讲述波浪原理的功效，然后讨论波浪原理的含义和应用。《艾略特波浪原理》中有全部细节（1978/1998）。这一章必定枯燥无味，但我保证接下来会有滋有味。

## R. N. 艾略特的发现

在20世纪30年代，拉尔夫·尼尔森·艾略特发现整个股市价格按照可辨认的形式延伸和逆转。他认出的形式存在形式上的重复，但是在时间和振幅上就不一定了。艾略特分离和定义了13个形式或者“波浪”，这些形式或者“波浪”在市场价格数据中反复出现。他给这些形式命名，并用图加以说明。然后，他描述了这些形式如何连接在一起组成更大版本的自我，又是如何在下一个更大的规模上连接在一起组成同样的形式，等等，产生结构进展。他把这种现象称作波浪原理。[1]

在群众性人类活动的许多方面都展示出波浪原理，但是在股市平均指数方面应用得最为普遍。关于金融市场的数据浩如烟海、排列整齐、井井有条，因为人们觉得它们重要。对于漫不经心的观察甚至还有以股市谋生的人来说，股市确实重要。但实际上，对于人类状况而言，股市的意义更加重大。整个股票价格水准直接而即时地衡量了大众对于社会的整个生产能力的估价。估价有形式这一事实具有深刻的含义，最终会使社会科学发生革命性的剧变。

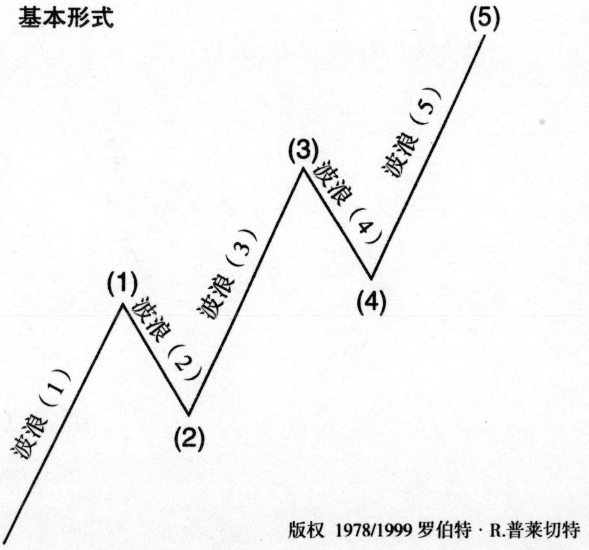


图1-1

艾略特不辞辛劳地给价格运动的细枝末节编目分类，认出了形式，还认出了形式之间的联系。但是我们将要放弃这种活动,直接去描述整个形式。

## 5 波浪形式

在市场上,进步的最终形式是一个特定结构的5个波浪。图1-1中的波浪(1)、(3)和(5)实际上实现了方向运动。波浪(2)和(4)是逆向中断。这两个中断显然是整个方向运动发生的必要条件。

艾略特指出了5波浪形式的3个并存的方面。它们是:波浪二的移动绝不会超过波浪一的起点,波浪三绝不会是最短的波浪,波浪四绝不会进入波浪一的价格范围。在趋势的最高一级上,股市总是大概维持着基本的5波浪形式。因为5波浪形式是市场进步中的首要形式,所以,所有的其他形式都可以归入其中。

## 成分结构

图1-2更详细地说明了图1-1中的前两个波浪。注意这两个分枝的区别,它们反映出波浪发展的两种形式:原动型和校正型。在功能和结构上,这两种形式截然不同。

一个原动型波浪(也叫做一个“5”)有着5波浪结构。它的分枝波浪用数字表示(这种情况下,用1、2、3、4、5)。图1-1的5波浪形式及其同方向成分,即波浪(1)、(3)和(5),都采用原动型形式。它们的结构称作“原动型”,因为它们强力地推进着市场。

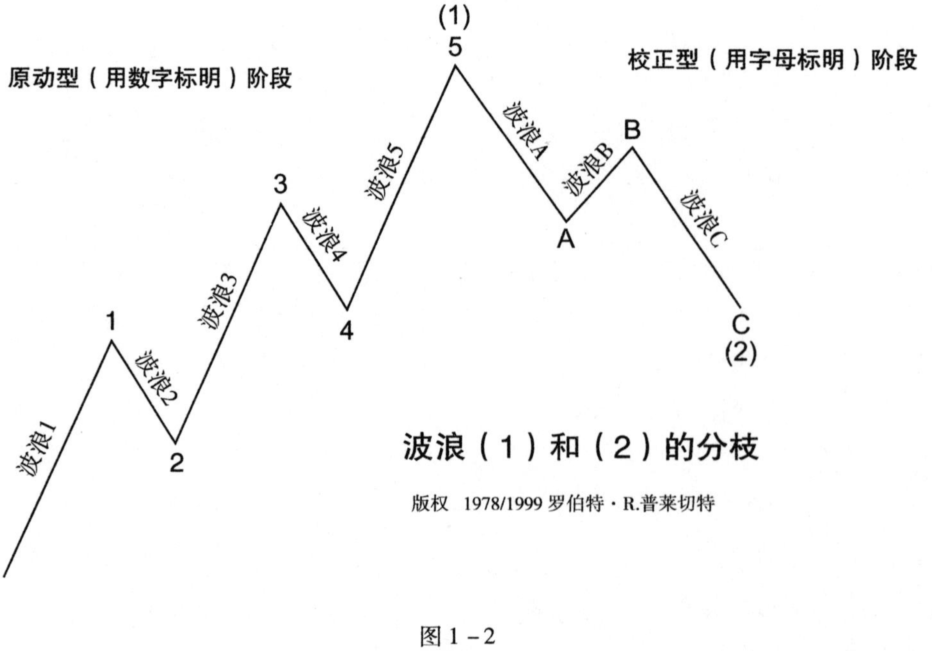


图1-2

一个校正型波浪（也叫做一个“3”）有着3波浪结构或者相应的变体。它的分枝波浪用字母表示（这种情况下，用A、B、C）。所有的逆向中断，包括图1－1的波浪（2）和（4）都采用校正型形式。它们的结构称作“校正型”，因为每一个校正型波浪都是对上一个原动型波浪的响应，但只是部分折回了进步的势头，“校正”了原动型波浪的极端。

## 自相似性和级数

图1－1中的原动型波浪结束之后，相应规模的校正型波浪就会随之而来。所以，总的来说，结果就像是图1－2。图1－3指出了这一发展的更多细节。注意，图1－3的整个形式就和其分枝波浪（1）和（2）一样。图1－2已经对分枝波浪（1）和（2）作了描画。唯一的区别是图1－3代表的形式比其所包含的波浪大一个级数（即相对规模）。

“级数”这个单词有特定的意义，不是指的“级别”。成分波浪规模各异，但总是有一定数量的成分波浪去创造下一个更高级数的波浪。因此，就其与较高级数和较低级数的关系而言，每一个级数都是可以识别的。这不像与海浪等相关的无限标度（请阅读第2章）。

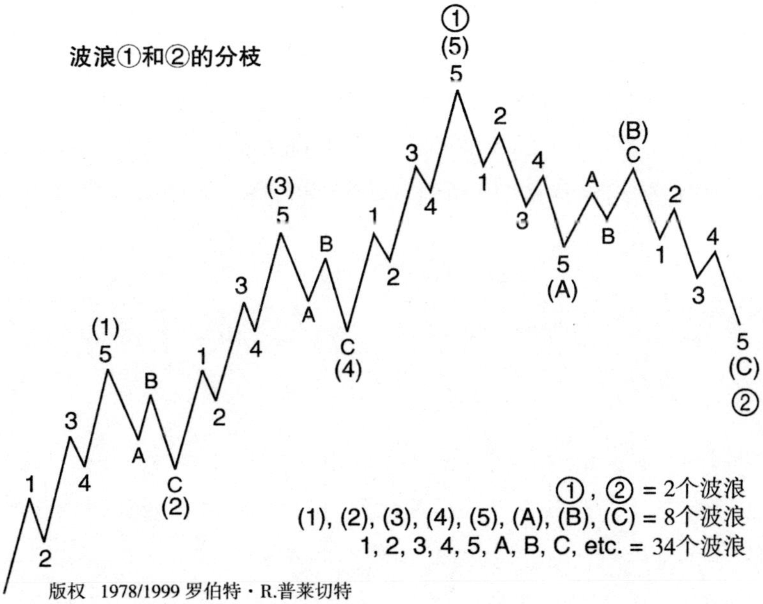


图1－3

如图1－3所示，然后，原动型波浪（即波浪一、三或者五）的每一个同向成分、完整循环每一个完全循环成分（即波浪一加二，或者波浪三加四）都是自身的较小版本。

此时，关键是要理解图1－3不仅说明了图1－2的较大版本，图1－3的形式还更详细地描画了图1－2本身。在图1－2中，每一个分枝波浪1、3和5都是原动型波浪，必须细分成“5”,每一个分枝波浪2和4都是校正型波浪,必须细分成“3”。如果放在显微镜下仔细观察的话,图1－3中的波浪1和2与波浪(1)和(2)形式相同。而且,如果进一步观察细节的话,还会发现波浪1和2与波浪①和②形式也相同。不论级数如何,形式一再重复。根据适用的级数不同,我们可以用图1－3来说明2个波浪、8个波浪或者34个波浪。

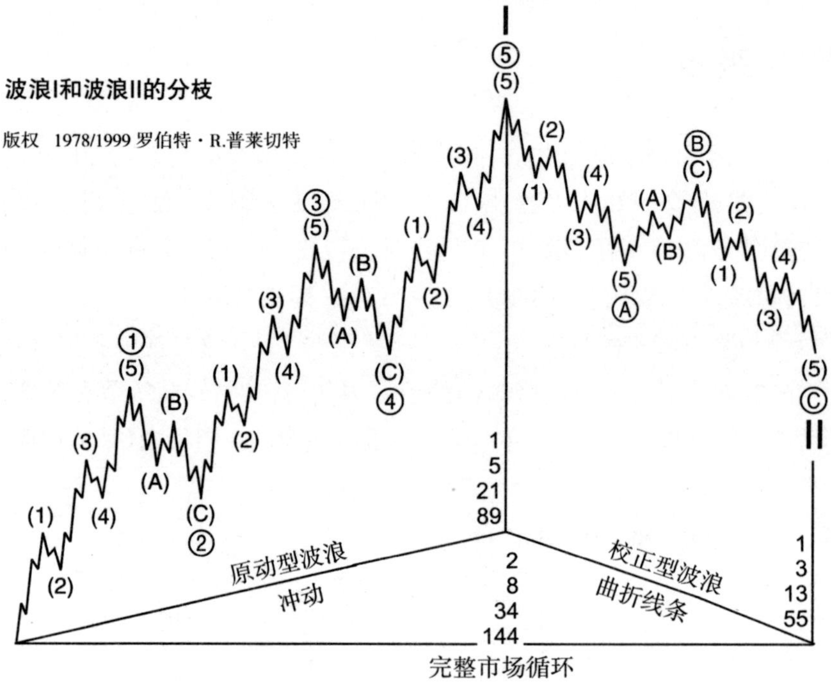


图1－4

# 基本设计

现在,注意图1－3中校正型形式波浪②。波浪②中的波浪(A)和(C)指向下方,每一个波浪都由5个波浪组成:1、2、3、4和5。与其相似,指向上方的波浪(B)由3个波浪组成:A、B和C。这一结构揭示了一个关键点:原动型波浪并不总是指向上方,校正型波浪不总是指向下方。一个波浪的形式并不是由其绝对方向决定,而主要是由其相对方向决定。本书还要讨论四个特定的例外情况。除了这四个例外之外,一个波浪可以分成原动型形式(5个波浪)和校正型形式(3个波浪)。原动型波浪作为更大级数波浪的一部分朝着同一方向延伸,校正型波浪则反方向延伸。波浪(A)和(C)是原动型,和波浪②朝着同一方向延伸。波浪(B)是校正型,因为它校正了波浪(A),并和波浪②反方向。总之,波浪原理的基本内在趋势是朝着同一个方向的行动作为一个更大的趋势发展,由5个波浪组成;而与这个更大趋势反方向发展的是3个波浪,趋势的所有级数都是如此。

图1-4进一步分析了形式、级数和相对方向这些现象。这一个图反映的普遍原理是：在一个市场循环之中，波浪会细分成几个小波浪，就像下表所示。

**每一个级数的波浪数目**

| | 冲动 | + | 校正 | = | 循环 | |
|---|---|---|---|---|---|---|
| 最大的波浪 | 1 | | 1 | | 2 | |
| 最大的分枝 | 5 | | 3 | | 8 | |
| 下级分枝 | 21 | | 13 | | 34 | |
| 下级分枝 | 89 | | 55 | | 144 | ,等等 |

就像图1-2和图1-3一样，图1-4也不意味着就是定局。按照这种形式，这一个较大的循环自动变成下一个较高级波浪的两个分枝。只要进步继续，向更高级数发展的过程就会继续。细分成较小级别的逆转过程显然也是无限期继续的。那么，就我们所能确定的情况来说，所有的波浪都有成分波浪，都是成分波浪，(或者在最高级数上，将会成为)成分波浪。

## 为什么是5-3?

艾略特本人从没思考过为什么市场的基本形式是5个波浪进步，3个波浪退步。他只是指出这种情况正在发生。基本形式必须是5波浪和3波浪吗？我认为是的。

第一，如果没有波动，就没有进步。比如，一个每年3%的稳定增长趋势是停滞；根本没有什么会发生变化。净整理趋势的波动，即没有净变化的波动，也会是一个停滞。随着时间的推移，进步必须包括倒退和净变化。从一个参与者的角度来看，不时被打断的进步是唯一可能被发现的进步。

第二，要在线性运动中实现波动和进步，5-3形式是最低要求，因此也是最有效的方法。一个波浪形成不了波动。要创造波动最少需要的分枝是三个波浪。朝着两个方向(心不在焉、随心所欲的趋势倾向)的三个波浪形成不了进步。尽管有波动，要朝着一个方向进步的话，朝着主要趋势的运动至少要是5个波浪，仅仅是比3个波浪占据更多的地方。波浪也可以更多，但不时被打断的进步的最有效的形式是5-3，而自然界一般沿着最有效的道路前进。

## 标志法和术语

波浪是按照级数分类的。一个波浪的级数由其规模和位置决定。位置相对于成分波浪、相邻波浪和上级波浪而言。艾略特命名了9个波浪级数，包括：股价时线图上最小的可辨认的波浪、他认为在现有数据中始终存在的最大波浪。他为这些级数选择了下面的术语,最大的到最小的:大超循环(Grand Supercycle)、超循环(Supercycle)、循环(Cycle)、大型(Primary)、中型(Intermediate)、小型(Minor)、微小型(Minute)、极小型(Minuette)、最小型(Subminuette)。循环波浪细分成大型波浪,大型波浪细分成中型波浪,中型波浪接下来细分成小型波浪,等等。对级数的鉴定来说,这一特定的术语体系并不太重要。不过习惯成自然,长期使用者已经适应了艾略特的术语。

在给图上的波浪加标示时,需要采用一个方案来区分股市进展中波浪的级数。科学家最喜欢的形式可能是$1_1$、$1_2$、$1_3$、$1_4$、$1_5$,等等,用下标来表示级数。我们在电脑程序中使用这一形式(请阅读第4章),尽管难以在图上识别大量的此种标志。艾略特波浪国际(Elliott Wave International①)定下了标准,采用一系列的数字和字母标示。比如,下面的符号表示了从大超循环直到最小型的第一批波浪:I、(I)、I、①、(1)、1、i、(i)、i。这一标准规定了迅速的视觉定位。

这些名字和标示指称的是具体的可以识别的波浪级数,理解这一点是重要的。通过使用这些术语,在整个市场进展中,一个分析师可以准确地找出一个波浪的位置,就像使用经度和纬度来找到地理位置一样。比方说,“道琼斯工业平均指数(Dow Jones Industrial Average)在当前大超循环的超循环波浪(V)的循环波浪I的大型波浪⑤的中型波浪(3)的小型波浪1的微小型波浪v之中”就是在股市历史进展中找到一个具体的点。

## 基本主题上的变体

基本模型是简单的,但现实更复杂一些。艾略特详细编目分类的基本主题有几个特定的变体。他还指出了一个重要的事实:每一个形式都有可以识别的刚性和趋势。从这些观测数据之中,他能够系统地描述典型的波浪行为,并因此为准确的波浪鉴定制定规则和标准。比如,在5波浪形式中(称作一个“冲动”),中间的波浪通常最长,两个校正型波浪通常在形式上交替更迭,第1个“尖锐”,第2个“整理”,就像图1-5指出的那样。接着,图1-6和图1-7分别对这个形式进行了2次迭代和3次迭代。

需要全面理解这些细节,以便了解市场能做什么,而且了解市场没有做什么至少也同等重要。然而,这一章的目的局限于从整体上介绍这一假说,所以,这种微妙之处就不再赘述。第3章会就冲动波浪形成规则提供细致入微的代表目录,以便让你品味它们的错综复杂。整本书的历史图片都加了标示。在某些方面,加标示有其背后的原因,为了精确理解这些原因,一些读者可能想阅读关于细节的简要陈述。如果这样的话,请阅读尾注2。[2]

---

① Elliott Wave International(艾略特波浪国际)即EWI(艾略特波浪国际)的全称。译者注。

**一个现实的艾略特波浪**

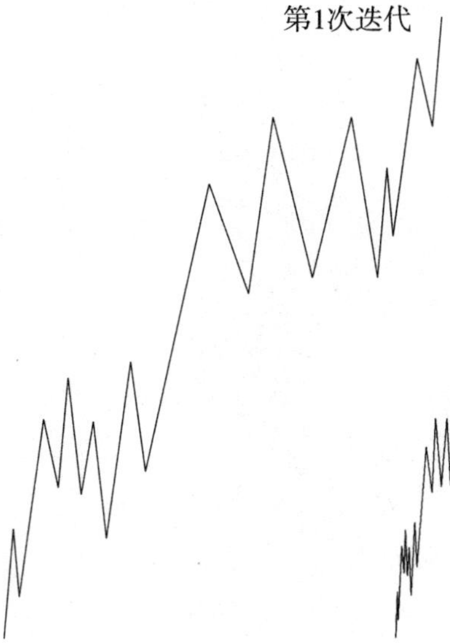


图1–5

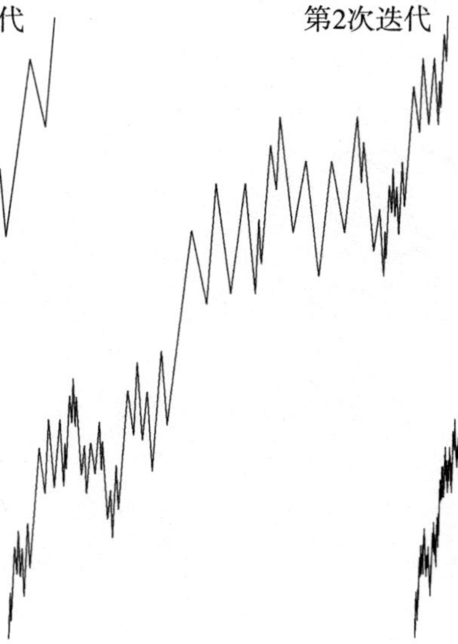


图1–6

图1–7

# 对波浪原理假说的现代科学评论

对于波浪原理来说,1996 年是重要的一年。在 1996 年,《物理学杂志》(*Journal of Physics*)刊登了一篇科学论文。科学论文由迪迪埃 · 索奈特和安德斯 · 约翰森(Anders Johansen)写成,他们还有一个合作者让 – 菲利普 · 布绍(Jean – Philippe Bouchaud)。当时,迪迪埃 · 索奈特和安德斯 · 约翰森在法国(France)尼斯大学(University of Nice)的凝聚态物理实验室(Laboratoire de Physique de la Matière Condensée)。作者们提出了这个说法:

让人感兴趣的是,这里描述的对数周期结构和技术分析的"艾略特波浪"有一些相似性(引用《艾略特波浪原理》)。金融技术分析可以广泛地定义为金融市场研究,主要使用股价图作为时间函数,目的是预计未来的趋势。在金融方面,学术机构、交易机构,最近还有物理学家,都付出了巨大的努力(使用一些开发出来的统计工具来处理复杂的时间序列)来分析过去的数据,以便得到关于未来的信息。在这个领域,"艾略特波浪"大概最为出名。我们推测"艾略特波浪"……可能是股市内在关键结构的识别标志。[3]

在这本书里,我进一步推测波浪原理还是许多事物内在关键结构的识别标志。让我们开始旅程吧。

# 注　释

〔1〕Elliott, R. N. (1938). The wave principle.

〔2〕附加技术方面的概括:A. J. 弗罗斯特(A. J. Frost)和罗伯特 · R. 普莱切特的《艾略特波浪原

理——市场行为的关键》(*Elliott Wave Principle——Key to Market Behavior*)①详细讨论了波浪的附加技术方面,这里尽可能简短地叙述一下:就像从图1-1直到图1-7表明的那样,冲动,即5波浪形式,一般是受平行线制约。冲动中的一个波浪,即1、3或者5,一般都伸展,也就是说比另外两个长得多。在冲动之中,波浪2和4几乎总是在形式上交替更迭,一个校正一般属于曲折线条家族,另一个则不是。有两个罕见的原动型变体叫做对角三角形(diagonal triangle),呈楔形,只在两种情况下出现:一种是较大波浪的开头(波浪1或者A),另一种是较大波浪的结尾(波浪5或者C)。校正型波浪有许多变体。主要的变体叫做曲折线条(就像图1-1、1-3和1-4指出的那样)、平直和三角形(三角形的标示包括D和E)。这3个简单的校正型形式可以连成一串,形成更复杂的校正(其成分的标示是W、X、Y和Z)。校正通常会在前面的冲动的波浪4跨度内结束。就参与动力和投资者情绪来说,每一个波浪都显示了独特的集体行为和"个性"。

〔3〕Sornette, D., Johansen, A., and Bouchaud, J. P. (1996). "Stock market crashes, precursors and replicas." Journal de Physique I France 6, No. 1, pp. 167—175.

新注释:需要指出的是,索奈特和约翰森继续深入研究与此处所引论文相关的领域时,布绍于1998年参与挑战了"最近提出的一个主张:使用对数周期波动理念或者其他的由临界现象物理学促成的方法,可以预料金融暴跌……(尤)其是1997年10月的校正……"(Laloux et al., "Are Financial Crashes Predictable?" Condensed Matter 9804111 v. 1, April 9, 1998)。对于这一主张以及反对方主张,我没有明确的希望或者偏见。虽然波浪原理让人联想起偶尔的对数振幅波动(请阅读第102—103页,以及Prechter, Robert R., "Packet Waves," Market Analysis for the New Millennium, pp. 201—228, New Classics Library, 2002,还有Frost and Prechter, Elliott Wave Principle, pp. 48—52 and pp. 115—116对校正型三角形的讨论),但是波浪原理并不依靠对数周期。物理学不是阐明波浪原理的正确道路。波浪原理是一个社会现象,涉及人类精神状态。不过,我要致以衷心的称赞,因为物理学家们最近研究了金融价格现象,他们的研究与波浪原理的论点不存在任何抵触,大部分研究还支持了波浪原理的论点。

① 《艾略特波浪原理——市场行为的钥匙》(*Elliott Wave Principle——Key to Market Behavior*)即《艾略特波浪原理》(*Elliott Wave Principle*)的全称,这本书已经有中文译本,但书名跟本文译者翻译的不同。译者注。

# 第2章　普遍形式：自组织系统的分形、幂律和螺线及其与波浪原理的关系

## 分形及其与波浪原理的关系

分形是形状不规则的物体，但又不是随机的，因为分形在各种级别上的不连续（即波动）都具有相似的不规则性。比如，如果有人给你看一条线，这条线代表了沿海岸线土地的锯齿状，那么，如果没有其他证据的话，你就说不出海岸部分是1英里长、10英里长、100英里长或者1000英里长。分形展示了不同级别的自相似性（根据形式的不同，或者是自仿射性）。在不同级别上，海岸线的参差不齐具有自相似的不规则性。金融市场的价格图也是如此。1938年，R. N. 艾略特指出，无论是在时线图、日线图、周线图、月线图还是在年线图上来看，波浪原理形式都呈现相似的锯齿状。

有一个数学进展预示着自然界中分形几何学的发现。1689年，雅各布（Jakob）和约翰·贝尔努利（Johann Bernoulli）就能在这个级数中“识别无穷（infinity）的细微之处”。[1]针对自然形式的不同级别，第一个具体提出自相似性理念的可能是德国诗人（German poet）和博物学家约翰·沃尔夫冈·冯·歌德（Wolfgang von Goethe），他在1790年描述了植物整体和部分的自相似性。[2]一个世纪以后，从1874年到1897年，数学家格奥尔格·康托尔（Georg Cantor）把自相似集合作为数学现象进行了研究。[3][4]

1919年，费利克斯·豪斯多夫（Felix Hausdorff）创造了分形维数理念，以便描述复杂分形的平面填充或者空白填充特性。[5]分形维数（20世纪80年代之前叫做豪斯多夫维数）描述了兼有两组维数特性的物体。比如，如果把一张纸看做一个二维平面，那么，遭受部分压缩的一团纸是二维的还是三维的？还是一个平面，只不过是折叠在了一起，看起来填充了空间，赋予了纸三维的特性。纸的维数可以估量为一个分形，介于2和3之间。与之相似，金融市场价格平面图可以被认为是一个一维线条。也可以认为金融价格平面图占据了二维平面的空间。

对于那些促成日后理念的资料来源,艾略特仔细地列出了名单。可以相当确定,艾略特从没有研究过贝尔努利、歌德、康托尔或者豪斯多夫,艾略特独立地再次发现了不同级别的自相似性理念。更重要的是,他无可置疑地第一个描述了社会现象的基本特性自仿射性,并认识到了自仿射性对社会因果关系的含意。这里是艾略特的一些说明,介绍了这些革命性的理念:

对所谓的人类活动进行的广泛研究表明,几乎所有源自我们社会经济进程的发展都遵循一个规律。这个规律使它们在相似且不断循环的一系列波浪或者冲动中自我重复,这些波浪或者冲动都有着固定的数量和形式。对所谓的人类行为进行的广泛研究同样还表明,就强度而言,这些波浪或者冲动彼此之间协调一致,与时间段也协调一致。

“人类活动”这个词包含如下项目:股价、债券价格、专利(申请)、金价、人口、公民从城市向农场的移动或者反之、商品价格、政府支出、生产、人寿保险(购买)、电力生产、汽油消费、火灾损失、股票交易所会员资格价格、流行病、房地产、商业、政治和对快乐的追求。[6] 在那些自由市场里,公众广泛参与价格运动,人类活动尤其明显。

有些人试图论述市场运动,但却没有认识到市场在多大程度上是个心理现象。他们没有抓住一个事实:市场波动下面有规则性,或者换句话说,股票的价格运动受节奏或者有序序列的支配。年复一年,月复一月,日复一日,价格变化疯狂、无目的,且显然无法控制。这些价格变化都可以套用符合规律的波浪节奏形式。同样的规则还适用于股票价格、债券价格、粮食价格、棉花价格、咖啡价格,以及所有上述其他活动的价格。

学者们应该认识到循环之内还有循环。大型波浪细分成中型波浪,中型波浪接下来细分成小型波浪。一个循环只是成为另一个运动或者更大运动的起点,而这个运动本身又是较小运动的一部分,和较小运动一起受着同一个规律的支配。这一基本规律不能被法令或者禁令所颠覆或者撤销。时事新闻和政治发展只起到次要作用,转瞬即忘;它们对市场趋势的影响只是大家推测的而已,并不像普遍认为的那样重要。无论在哪个领域,在这个进展的下面都是固定的、控制性的原理,或者是支配自然活动的总则。这一专著利用股票的价格运动来说明这一现象,但是,在人类活动所涉及的每个领域,本书阐述的所有原理都可以应用于波浪运动。[7]

类似的说法已经存在了几十年。更确切地说,类似的说法是作为分形几何学研究成果出现的。我相信,尤其是和艾略特新颖的图表一道,这些说法足以证明艾略特引入了一个理念:自仿射性控制着社会进程,而且对自然界至关重要。不过,这些说法已经给出了暗示,我们在第 3 章也会更清楚地看到:艾略特解释说波浪原理远不止自仿射性这么一点内容。

## 从现有数据段最低点到最高点的基本形式示例

艾略特指出可以细分为 5 波浪还有 3 波浪的冲动 – 校正形式在趋势的所有级数上都显

而易见。从图 2－1 直到图 2－7 都以活生生的例子证明了这一说法。

现有数据的最短一段说明了金融指数的每一个价格变化。这种变化有时持续时间不到一秒,称作“滴答”。图 2－1 给出了 1997 年 10 月 6 日的一个“滴答”图。图 2－2 给出了 1997 年 9 月的一个时线图。图 2－3 是 1962 年的一个日线图。图 2－4 是 1974 年—1975 年的一个周线图。图 2－5 是从 1932 年到 1942 年的月线图。图 2－6 是从 1929 年到现在的年线图。1960 年之前没有数据。所有的这些平面图都显示了相似的运动形式,尽管时间跨度区别达到了三千多万比一。图 2－6 和图 2－7 描画的长期规划还在发展,但是,与较小级数的平面图相比,给这一形式加注日期的形式并没有什么特别之处。

道琼斯工业平均指数(DJIA①)滴答数据

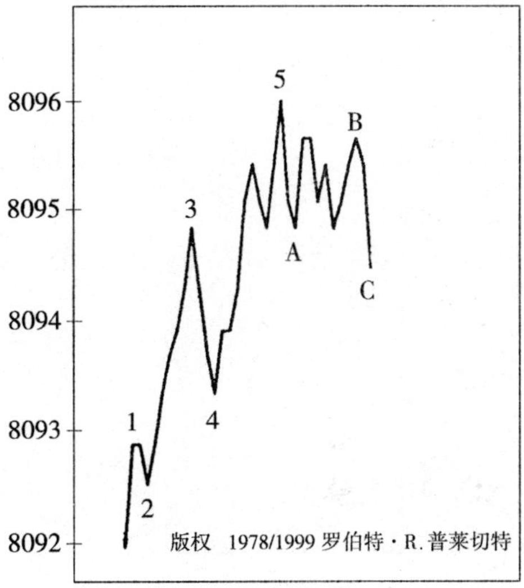


美国东部标准时间 1997 年 10 月 6 日 3:56—3:59

图 2－1

道琼斯工业平均指数时线图

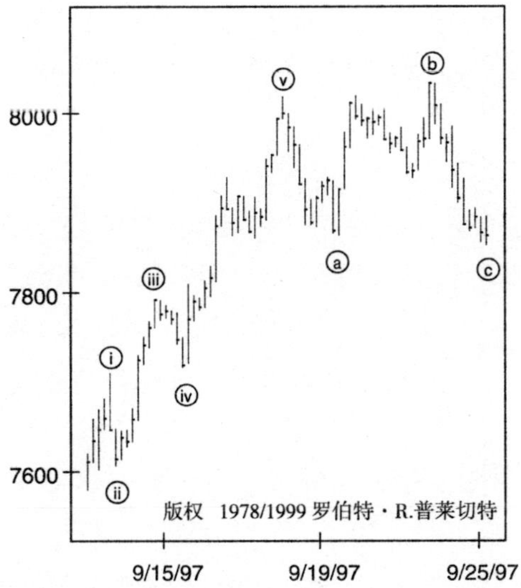


图 2－2

道琼斯工业平均指数日线图

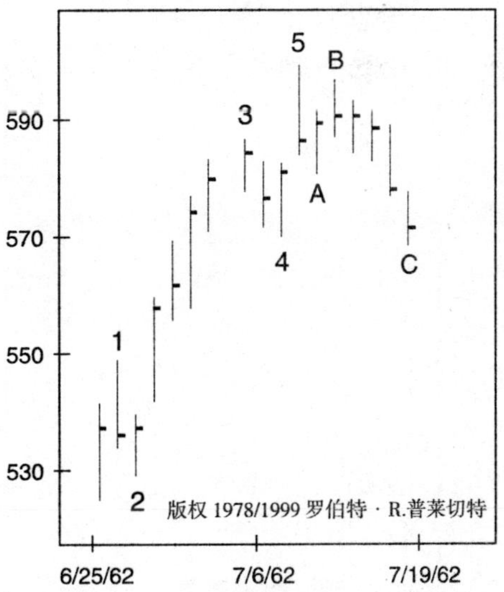


图 2－3

① DJIA(道琼斯工业平均指数)即 Dow Jones Industrial Average(道琼斯工业平均指数)的缩写。译者注。

道琼斯工业平均指数周线图

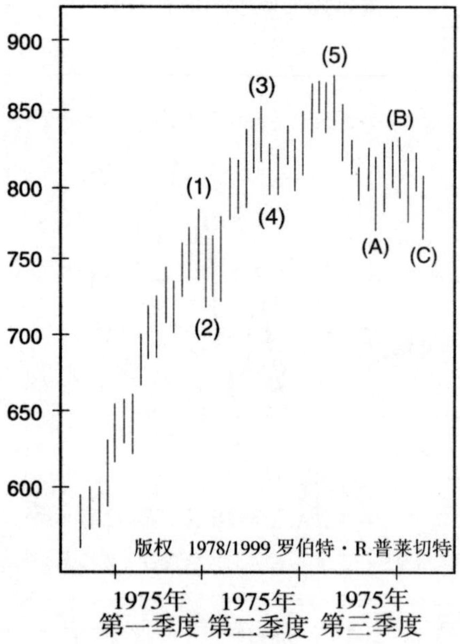


图 2－3

道琼斯工业平均指数月线图

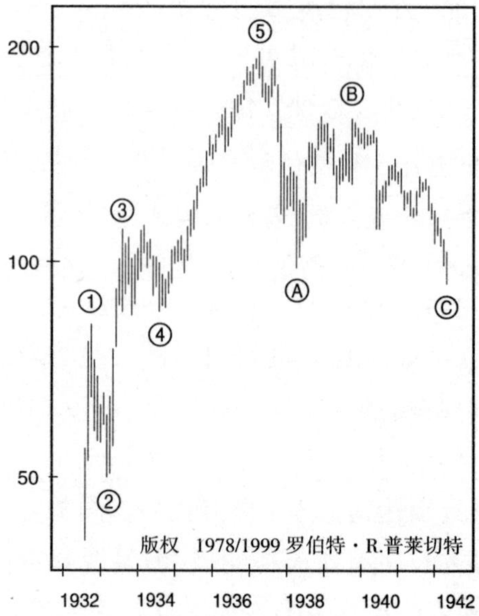


图 2－4

道琼斯工业平均指数年线图

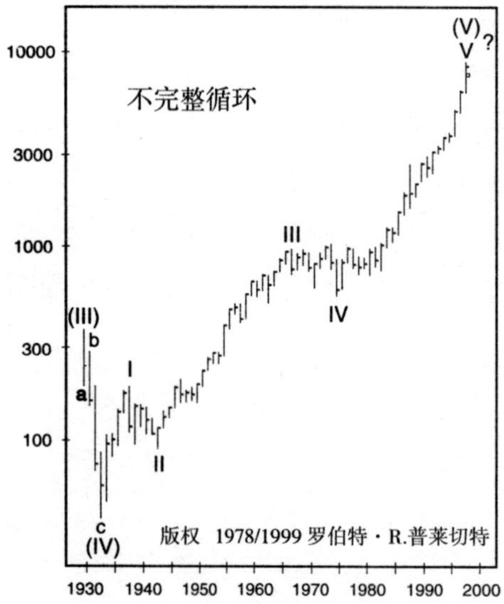


图 2－6

十年

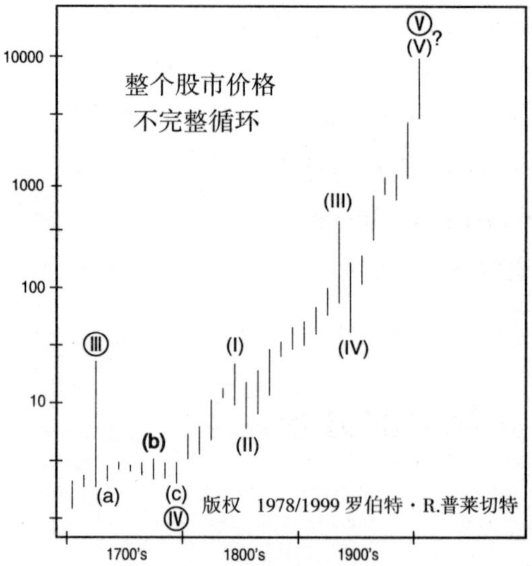


图 2－7

## 分形在自然界中的普遍存在

分形几何学这一现代科学表明自然界充满了自相似形式。这一思想的最新进展是由先驱贝努瓦·曼德伯特(Benoit Mandelbrot)取得的。贝努瓦·曼德伯特是国际商用机器公司(IBM)研究人员,曾担任哈佛大学、耶鲁大学和爱因斯坦医学院(Einstein College of Medicine)教授。曼德伯特证明分形和自相似性在自然界中普遍存在。这一发现消除了自然形式的随机想法。在曼德伯特之前,大多数科学家推测云、海岸、山脉、棉花价格和树木都不是由单一的几何学控制的。曼德伯特说:实际上,它们展示了一个关系形式:秩序。这种秩序来自一个事实:它们在不同级别上都有自相似性。[8]

无数自然形式都是自相似的。海洋上的波浪有几百米长的巨型长浪,也有大约一厘米长的所谓毛细波浪。巨型长浪由万有引力波动产生,毛细波浪由表面张力控制。[9]在树上,从树干上伸出来的树枝就像是小树,树枝上的细枝与叶子上的叶脉也是如此。河系看起来跟树木一样,河派生出小河,小河派生出小溪,小溪派生出排水沟。闪电也呈现出类似的形状。在石灰岩表面经历反应-扩散过程时,氧化锰创造了一个分形派生形式。在皮氏培养皿里生长时,细菌创造了相似的形式。

我禁不住开始把几乎任何事物都看做分形。一栋房子就是一个大盒子套着叫做楼层的小盒子,叫做楼层的小盒子又套着叫做房间的小盒子。在一个小地理区域内,所有的房屋一起组成了一个居住区。在一个较大的地理区域内,所有的居住区组成了一个城市。同样的道理,一个图书馆有一些房间,房间细分为搁架,搁架细分为书架,书架细分为书格,书格细分为书,书细分为章,章细分为段,段细分为句。把这个名单反过来,你就能看到人类知识的载体如何生长和储存,一直到今天最大的仓库——因特网。精神病学家蒙塔古·厄尔曼(Montague Ullman)提出梦是分形,梦中人的主要事件通过梦的整个“故事”来表达,也分别通过梦的组成部分来表示。[10]图 2-8 直到图 2-15 描述了三种类型的分形。第 3 章会探讨它们的不同之处。

## 金融中的分形

这段摘录来自 1985 年《纽约时报》(*New York Times*)的一篇文章,概述了曼德伯特的观点,让我们进一步了解社会分形这一主题:

当你拉近镜头时,离近点看,不规则事物没有变平整。说得确切一点,它们往往看起来跟原先完全一样——不规则。曼德伯特的一些分形形式看起来跟股价记录没什么区别。经济学家需要理解一个异端想法:价格变化不是一个平稳、连续的流程。价格会突然变化,瞬间暴涨。[11]

与之类似,艾略特认为,大牛市在形式上和短期反弹没有区别,大熊市在形式上和短期回跌也没有区别。比方说,一个占据头版头条的“暴跌”其实时刻在较小级别上发生,“暴跌”只不过是版本较大而已。这篇文章接着说:

经济学家们用一种方式来对待每日的波动,却认为带来繁荣和萧条的巨大变化属于另外一套事物。曼德伯特说,在每一种情况下,我的态度是:让我们从几何学的角度看看有什么不同。结果是,好像一切都与统一体有关;机制好像没有什么不同。

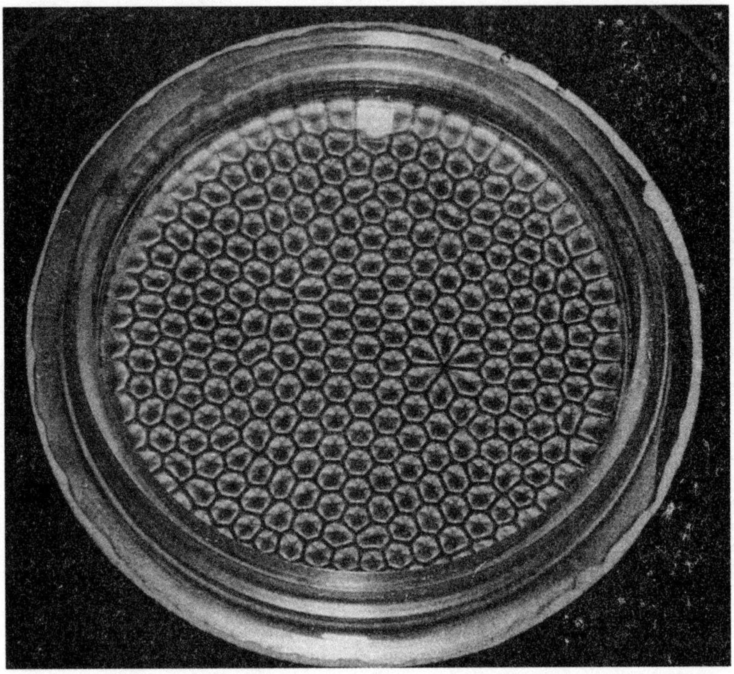

图 2-8 自同一分形:加热到临界状态的硅油——
一批相同的、尺寸渐增的六角形
资料来源:《分形:混沌的形式》(*Fractals*: *The Pattern of Chaos*)

这就是 R. N. 艾略特对股市的看法,他提出这一看法已经有 60 年的时间。下文的引用来自《真知灼见》(*Insight*)杂志,展示了艾略特的一些丰功伟绩。他在 20 世纪 30 年代使用市场数据手绘时线图直到年线图,作出了所有的这些发现(要了解更多信息,请阅读第 3 章):

科学家们正在研究的图像错综复杂,所以,他们在运算的时候几乎使用了数百万个数字。约翰斯·霍普金斯应用物理学实验室(Johns Hopkins's Applied Physics Laboratory)的昆廷·多勒策克(Quentin Dolecek)说,没有计算机,这些数字就不可能运算出来。

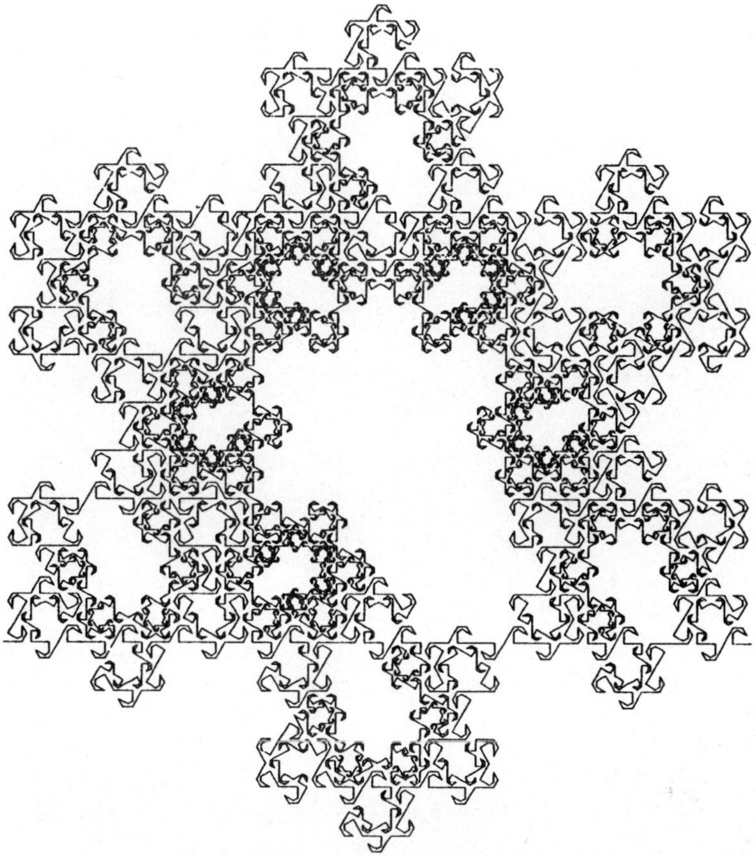

图2-9　自同一分形:计算机生成的雪花——
一批相同的、尺寸渐增的六角形状
资料来源:《自然界中的分形几何学》(*The Fractal Geometry of Nature*)

## 幂律在自然界中的普遍存在

幂律就是一个公式。当用图表示的时候,幂律会产生一个曲线。曲线的高度与其距离的某次幂成反比。比如,对于一个比例常数(a),地震的频率(f)与能量(e)的n次幂成反比。用公式来表示就是 $f = ae^{-n}$。换句话说,如果事件数目的对数与其能量的对数相对应进行坐标定点,结果就是一个直线。幂律没有内在级别,意味着,无论采取什么量值来进行评价,这些现象的图片看上去都是一样的。

已经对幂律支配着分形这一事实做了许多解释,尽管分形这一想法好像自然是需要幂律。所有级别上的自相似性都意味着事件、波动或者分形形式的频率都和它们的规模成反比变化。

半个世纪以前确定的古滕贝格-里克特(Gutenberg-Richter)定律说明,根据幂律,依照

图2-10 自同一分形:规模渐增的重复形式

图2-11 派生分形:南美河系

图2－12　派生分形:闪电

图2－13　派生分形:氧化锰扩散

资料来源:《自然科学和生物学的生长形式》

图2-14 不定分形:云

资料来源:http://gordonr. simplenet. com

里克特级别测量的地震烈度与地震频率有关。[13]也是在1949年,G. K. 齐普夫(G. K. Zipf)发现整个社会财富的分配是依据幂律。G. K. 齐普夫还发现,就音节长度而言,单词使用的频率也是依据幂律。[14]在20世纪90年代,科学家们正在发现幂律支配着巨量分形物体和事件,有生命和无生命的都包括在内:雪崩、地震、山体大小、蜂群的曲折行进、经济波动和金融市场的波动。国际商用机器公司T. J. 沃沃森研究中心(T. J. Watson Research Center)的理查德·沃斯(Richard Voss)在脱氧核糖核酸(DNA)结构里发现了幂律。[15]《新科学家》宣称波士顿大学(Boston University)的H. 尤金·斯坦利(H. Eugene Stanley)"在人类心脏和肺的动力中"发现了分形。[16]伊利诺伊州(Illinois)尚佩恩(Champaign)沃尔弗拉姆研究公司(Wolfram Research)的斯蒂芬·沃尔弗拉姆(Stephen Wolfram)开发了一个电脑程序"梅西梅提卡(Mathematica)",把复杂性理论(请看第20章)的幂律方面应用到不同的方面,比如

图2-15　不定分形:海岸

资料来源:《自然界中的分形几何学》

"设计1996年奥林匹克运动会(Olympic games)自行车赛道,预计洗发精产品的分子流率,查明浪潮的生成方式……以及'生物系统的构建方式'。"[17]沃尔弗拉姆的研究开始于20世纪80年代,先是调查研究"软体动物壳的形式、分子在湍流中旋动的行为、股市中波动的价格"。沃尔弗拉姆的同事诺曼·帕卡德(Norman Packard)与沃尔弗拉姆一起在伊利诺伊大学(University of Illinois)建立起复杂系统中心(Center for Complex Systems),使用复杂性理论的基本原理帮助"瑞士的各家银行纵横股市。"[18]今天,科学家在研究复杂系统,以便查明,物质是如何自我组织成更复杂的形式[根据哥本哈根尼尔斯·博尔研究所巴克(Bak)的说法],生命是如何起源[圣菲研究所(Santa Fe Institute)斯图尔特·考夫曼(Stuart Kauffman)],包括一批细菌到一组相互竞争的公司在内的复杂系统如何运转[圣菲研究所克里斯托弗·兰顿(Christopher Langton)]。在这种系统中,幂律无处不在。这种系统就包括金融市场在内。

## 股市中的幂律

R. N. 艾略特对股市进程的描画清楚地表明,较大的股市反应比较小的股市反应发生频率低;但是,与它们之前的上涨规模相比,它们发生的频率并不低,实际上发生的频率还差不多。换句话说,艾略特暗示股市遵循幂律。1995年,波士顿大学物理学家吉恩·斯坦利(Gene Stanley)①和罗萨里奥·曼泰尼亚(Rosario Mantegna)发现500种最高工业股票标准普尔综合指数(Standard & Poor's Composite index of the 500 highest capitalized stocks)确实遵循幂律。这一特定的幂律是莱维稳定定律(Levy stable law)(以20世纪早期的一个法国数学家命名),产生了一个有着"长翼"的钟形曲线。莱维稳定定律表明,就规模而言,非常

① 吉恩·斯坦利(Gene Stanley)即H. 尤金·斯坦利(H. Eugene Stanley)的昵称。译者注。

反常的波动发生频率略高,如果它们与数据范例的时长遵循一对一的关系,频率就不会这么高。图 2-16 来自曼泰尼亚和斯坦利在《自然》(*Nature*)上发表的论文说明,在整个时间刻度上,从 1 分钟到 1000 分钟,标准普尔指数(S&P)的波动都相当一致。[19]这一发现符合波浪原理,创造了各种规模趋势的同一形式,但是还有一个难题:至少在这个范例之中,就二者的时间间隔而言,大的波动比较小的波动发生得有点频繁。

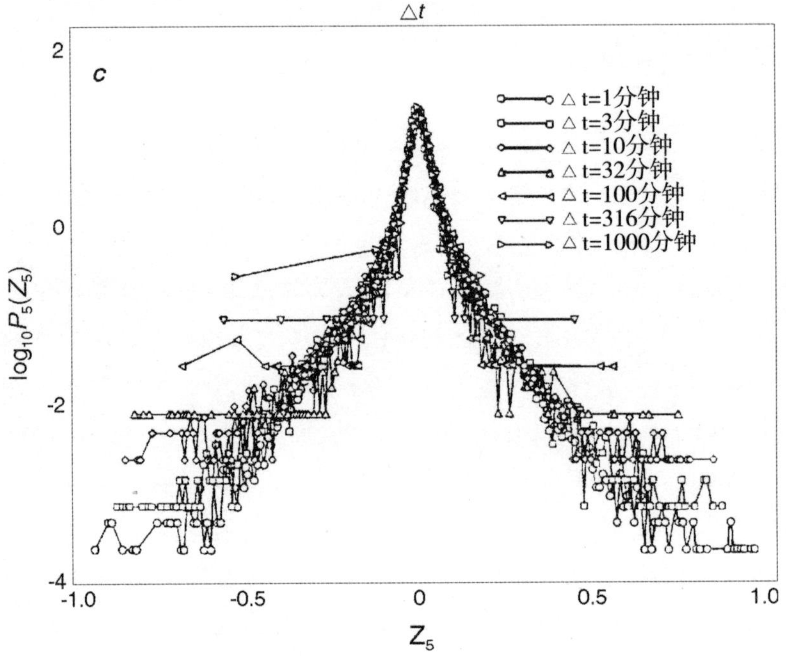


图 2-16 标准普尔 500 指数(S&P 500)①在不同时间间隔的一致分形波动

资料来源:《自然》

莱维定律还支配着鸟类的飞行和着陆形式、水滴从水龙头里滴落、蚂蚁的忙忙碌碌、棉花价格和心跳的波动。斯坦利应用复杂系统的行为相似性,去理解风景的形成方式、交通形式、阿尔茨海默(Alzheimer)病、中子星的行为。像分形一样,幂律遍布于自然界之中。

## 分形和幂律的量与质

分形涉及规模,但是在描述或定义分形物体时,具体规模无关紧要。同样,幂律与规模和频率相关,但是具体的规模和频率对公式没有影响。就量而言,在每种情况下,重要的是相对规模和频率,即关系,而不是绝对值。

① S& P 500 (标准普尔 500 指数)即 Standard & Poor's Composite index of the 500 highest capitalized stocks(500 种最高工业股票标准普尔综合指数)。译者注。

就质而言,对分形和幂律来说重要的是形式,而不是规模。树木受形式支配,并不受绝对分枝规模的支配。心跳受形式支配,而不受绝对频率支配。鹦鹉螺贝壳和星系的螺线受单一形式的支配,而不受其规模的支配。就像我们在《艾略特波浪原理》里说过的那样:"艾略特识别出的(金融市场)形式存在形式上的重复,但是在时间和振幅上就不一定了。"分形是以形式为本质的普遍存在的自然现象,但分形并不是唯一的此类现象,另一个是螺线。

## 螺线在自然界中的普遍存在

像分形和幂律一样,螺线在自然界中也无处不在。欧几里德(Euclidean)几何形状(可能除了椭圆形之外)一般都意味着停滞,螺线意味着运动:生长和衰败、扩张和收缩、进步和退步。[20]对数螺线描画了一再重复的几何扩张,是宇宙中典型的生长形式,并在多种结构中得到了反映:松果、向日葵、贝壳、旋涡和飓风。对数螺线包括的级别,小到原子微粒的运动,大到星系。螺线还是生物学中最古老的生命形式之一。早期海洋生物的外骨骼呈现以斐波那契为基础的螺线形状,并历经时间考验,一直延续到今天,你在图2-25和图2-27中就能看到。一个成为化石的伊沃湖(Lake Ivo)蕨和今天的蕨几乎一模一样。这两张来自《史密森尼》(*The Smithsonian*)(图2-17)的照片就说明了这一点。如果你想在动物区系中也看到这种形式的螺线,举起你的胳膊让手与眼齐平,然后握起拳头(把拇指放在里面),把手腕向内弯曲。看侧面的形状,你看到蕨了吗?图2-18一直到2-28给出了更多的此种形式。

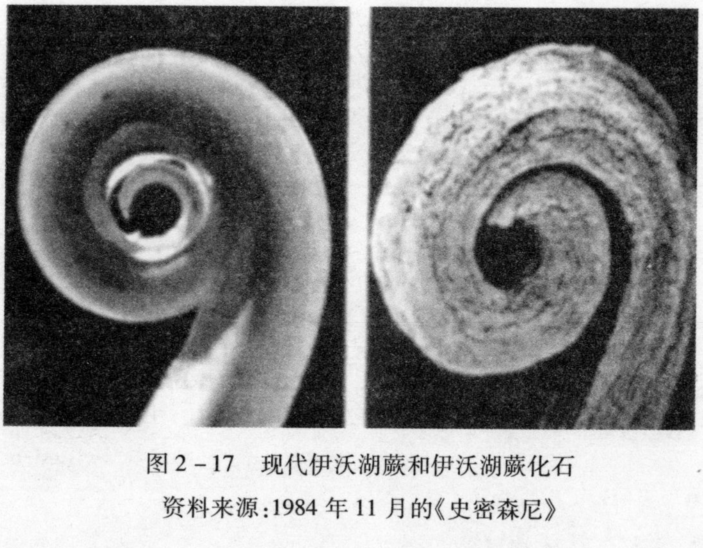

图2-17 现代伊沃湖蕨和伊沃湖蕨化石

资料来源:1984年11月的《史密森尼》

图 2 - 18　将死一品红树叶
资料来源:《迷人的斐波那契》

图 2 - 19　飓风
资料来源:《大泛杂志》

图 2 - 20　海马
资料来源:http://home1.gte.net/frasej/杰伊・弗拉塞

图 2 - 21　海浪

图 2 - 22　旋涡
资料来源:《大泛杂志》

图 2 - 23　电子显微镜下的准晶体
资料来源:以色列技术学院 D. 谢科曼①

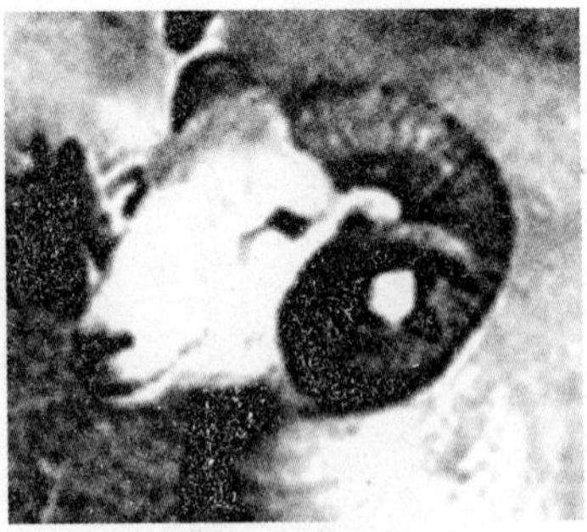

图 2 - 24　羊角
资料来源:www.ansi.okstate.edu

---

① D. 谢科曼(D. Shechtman)即丹尼尔・谢科曼(Daniel Shechtman)。译者注。

图2-25 贝壳的螺线
资料来源:《大泛杂志》

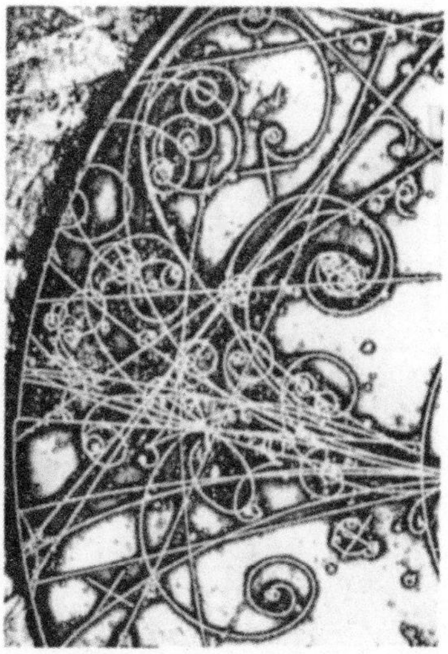

图2-26 气泡室里的原子微粒
资料来源:《科学新星历险记》

图2-27 鹦鹉螺

图2-28 螺线形星系
资料来源:黑尔天文台

自然界中的普通形式包含了两个方面,即分形和幂律。波浪原理已经体现了这两个方面,那么波浪原理是否也反映了螺线生长？就像图 1 – 4 显示的那样,对股市进展的理想化描画是一个极好的基础。在此基础之上可以构建图 2 – 29 那样的对数螺线。在这个结构里,每一个后起的更高级数波浪顶端就是指数扩张的触点。随着时间的推移,趋势的级数也越来越大,意味着构成人类进程的发展和紧缩也在规模上进行了几何扩张。

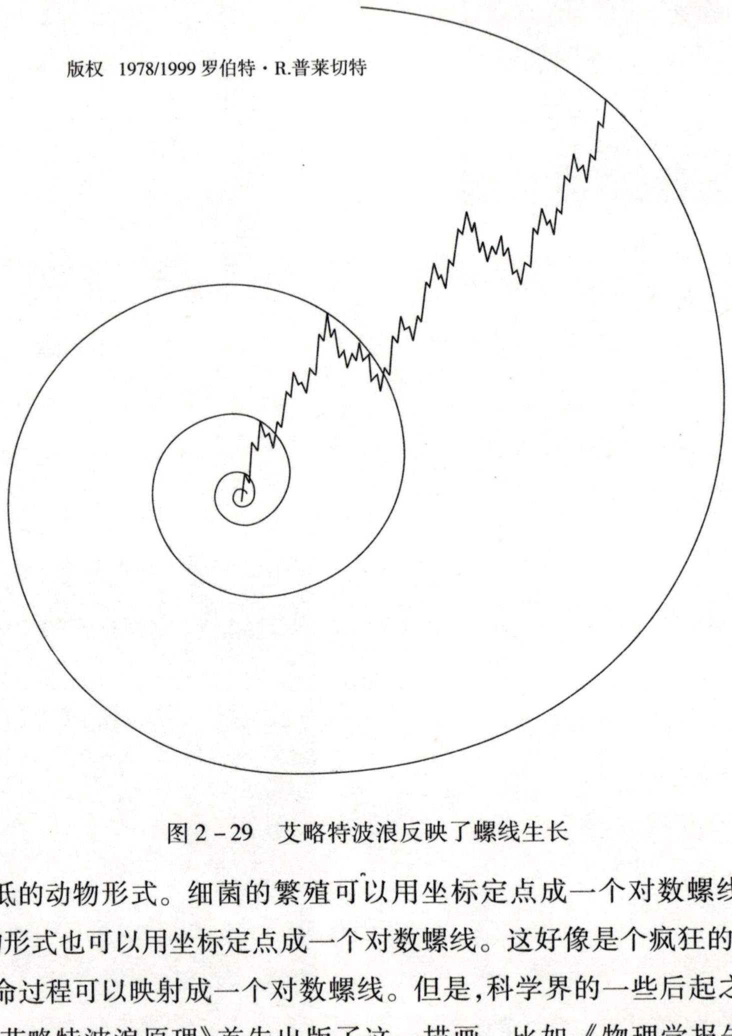


图 2 – 29 艾略特波浪反映了螺线生长

细菌是最低的动物形式。细菌的繁殖可以用坐标定点成一个对数螺线。图 2 – 29 表明,最高的动物形式也可以用坐标定点成一个对数螺线。这好像是个疯狂的思想:包括人类生命在内的生命过程可以映射成一个对数螺线。但是,科学界的一些后起之秀支持这一描画。1978 年,《艾略特波浪原理》首先出版了这一描画。比如,《物理学报告》(*Physics Report*)刚发表了一篇开天辟地的论文。论文的作者是迪迪埃 · 索奈特,迪迪埃 · 索奈特供职于洛杉矶(Los Angeles)加利福尼亚大学地球和太空科学系(Department of Earth and Space Science)和地球物理学与行星物理学研究所。"离散尺度不变性和复维数(Discrete Scale Invariance and Complex Dimension)"[21] 证明了股市中的对数周期复维数,和图 2 – 29 所表明的完全一样。两年前,索奈特与别人合写了一篇论文,具体确定这种概率函数图示的形状。这种概率函数在一些自相似系统中普遍存在。报告推断,"在复杂耦合常数平面(比如价格图)上描绘离散自相似系统的轨迹是个螺线。"[22]

甚至在更广阔的集体,比如生态的自然过程之中,科学家也正在发现螺线这一形状。这里是《新闻周刊》(*Newsweek*)描述的一个例子:

比方说,群体生物学家们是首先注意到混沌的人群之一。狮子和斑马、雪貂和草原犬鼠——它们的数量可以突变,进行疯狂而又似乎是随机的波动。这是混沌吗?为了搞清楚真相,研究人员寻找这些捕食者－猎物系统之中的奇怪亮点——混沌的特征,可以说明每个种群自始至终的变化。不幸的是,自然种群的数据乏善可陈。发现混沌需要数代干净数据,而科学家们没有。所以,混沌主义者转向了实验室和电脑实验。牛津的罗伯特·梅领导的研究人员最近建造了一个电脑模型,研究寄生生物在昆虫体内产卵。他们输入规则,确定每一代有多少寄生生物和宿主迁到了附近的草地。然后,他们点击"开始"。他们映射宿主和寄生生物的相对密度,得到了一些类似混沌符号的图形,这些图形包括错综复杂的螺线波浪和晶格。"物种之间简单的互动可以导致……空间上的混沌。"威斯康星大学(University of Wisconsin)的动物学家安东尼·艾夫斯(Anthony Ives)说,"种群繁荣昌盛的地方好像是以随机形式出现的"——然而,这是一个高度有序的点阵或者螺线。[23](请看图2－30)

换句话说,对于涉及两极、压力和波动的生长系统来说,螺线形好像是一个基本方面。这一相互关系不仅符合波浪原理对人类社会经历的描述,也符合第13章将要证明的一个事实:物种波动也显然遵循波浪原理。

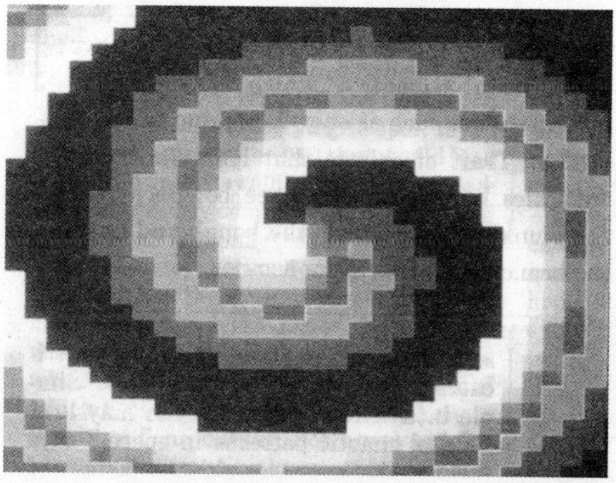

图2－30 自然界中的捕食者——猎物平衡的数学仿真显示了螺线图案

资料来源:《新闻周刊》

60年之前,R. N. 艾略特说,他描述的金融市场行为是自然界中的普遍原理。20世纪80年代和90年代的科学发现也得出了同样的结论。概括地说,仅仅说波浪原理宏伟或者玄妙已经不够了;波浪原理的一般本质反映了现代主流科学的发现。现在,让我们去了解更多的相关细节。

# 注　释

〔1〕Dunham, W. (1990). Journey through genius.

〔2〕Goethe, J. W. (1790). "On the metamorphosis of plants."

〔3〕Dauben, J. W. (1990). Georg Cantor: his mathematics and philosophy of the infinite.

〔4〕要了解分形先驱的更多情况,请阅读 Classics on Fractals. G. A. Edgar, ed. (1993), Addison - Wesley, Reading MA.

〔5〕Hausdorff, F. (1919). "Dimension und ässeres mass." Mathematische Annalen, 79, pp. 157—179.

〔6〕在《波浪原理》(*The Wave Principle*)(1938)中,艾略特给出了大多数此类行为的图片。

〔7〕这些句子搜集自 pp. 92, 147, 157, 183, 192, 217, 218, 228, 229 of R. N. Elliott's Masterworks ——The Definitive Collection (1994),该书包括 The wave principle (1938)、The Financial World articles (1939)、"The basis of the wave principle" (1940) and Nature's law (1946). 为阅读时清楚起见,我省略了省略号和单字符的括号。

〔8〕Mandelbrot, B. (1988). The fractal geometry of nature.

〔9〕Glazman, R. (1988, April). "Fractal features of sea surface. . . . " OE Reports.

〔10〕Briggs, J. and Peat, F. D. (1989). Turbulent mirror, p. 110.

〔11〕Gleick, J. (1985, December 29). "Unexpected order in chaos." This World.

〔12〕Hanson, G. (1990, October 8). "A world that is graphically real." Insight.

〔13〕Gutenberg, B. and Richter, C. F. (1949). Seismicity of the earth.

〔14〕Zipf, G. K. (1949). Human behavior and the principle of least action.

〔15〕Voss, R. (1992). "Evolution of long range fractal correlations and 1/f noise in DNA base sequences." Phys. Lett. 68:3805—3808.

〔16〕Buchanan, M. (1997, November 8). "One law to rule them all." New Scientist.

〔17〕Hotz, R. (1997, October). "A study in complexity." Technology Review.

〔18〕同上。

〔19〕Mantegna, R. and Stanley, H. E. (1995, July 6). "Scaling behaviour in the dynamics of an economic index." Nature.

〔20〕就像非生命体和生命体一样(请看第 13 章靠近结尾的部分),停滞和生长并不是那么风马牛不相及。循环的支配性比例(圆周率(pi),用 π 代表,就是 3.1416……)和黄金螺线的支配性比例(黄金分割率(phi),用 Φ 表示,就是 1.618034……)有着密切的联系。一个公式说明了圆周率和黄金分割率之间的关系:

$F_n \approx 100 \text{ x } \pi^2 \text{ x } \Phi^{(n-15)}$,

这里,n 代表序列项数字定位,$F_n$代表斐波那契序列的每一项。数字"1"只被代表一次,所以 $F_1 \approx 1$、$F_2 \approx 2$、$F_3 \approx 3$、$F_4 \approx 5$,等等。(要了解更多关于黄金分割率和斐波那契序列的信息,请阅读第 3 章。)

〔21〕Sornette, D. (1998). "Discrete scale invariance and complex dimensions." Physics Report, No. 297, pp. 239—270.

〔22〕Saleur, H. and Sornette, D. (1996). "Complex exponents and logperiodic corrections in frustrated systems." Journal de Physique I France 6, No. 3, pp. 327—355.

〔23〕Begley, S., et al. (1992, May 25). "Finding order in chaos." Newsweek.

# 第3章　强分形和斐波那契数学

R. N. 艾略特远远超越了这个相对简单的想法：金融价格形成带有潜在幂律的不定分形。他的巨大成就在于发现整个形式之中的具体的成分形式[1]，并发现其与斐波那契数学的联系。[2]首先，我们要探讨一下形式。

## 分形的类型

一般认为自然界中有两种自相似形式：(1)自同一分形，自同一分形的每个部分看起来都和整体恰好一致。(2)不定分形，不定分形的自相似性只体现在它们在任何级别上都是不规则的。

自然界确实产生了第一种分形。当磁铁、油、晶体和水处于相变的临界状态时(即，分别是，有磁性和无磁性之间，不同的细胞排列形式，不同的分子排列形式，气体－液体)，除了规模之外，成分和整体"完全相同、一模一样、别无二致"。在每种情况下，整体并不仅仅是和部分一样不规则；整体和部分的形状完全一样，从最大规模的成分，到较小的，再到更小的。图2－8直到图2－10说明了这一想法：油形成六角形，六角形再组成更大的六角形；雪花恰好是在重复六角形状；简单重复的线形模仿了金融市场的形状。

图2－14和图2－15描画了海岸和云，我们认为它们属于第二种分形。关于自然分形的文献推断，自然界最常产生的是不定分形，不定分形在不同级别上的不连续程度体现了其有序性，而除此之外则是无序的。对自然分形的科学描述没有列举构成此种形式的具体形式。海岸只是"参差不齐的线条"，树木仅仅是由"树枝"组成，河流只是蜿蜒曲折，心跳和地震只是频率不同的"事件"。同样，人们认为，在趋势翻转的相对规模和频率上，金融市场具有自相似不连续性，而除此之外则是随机排列的。得出这些结论可能是因为实证研究欠缺，而不是科学事实不足。

## 强分形：艾略特发现的第三种自相似性

R. N. 艾略特为金融市场描述了第三种自相似性。艾略特非常仔细地用股市价格图的形式研究了社会中人的自然世界。艾略特发现,股市分形中有具体的形式,不过,这些形式在某个确定的区域内变化多端。换句话说,这些形式的一些方面是恒定的,在其他方面则是多变的。如果这是真的,那么,金融市场,往大里说还有整个社会系统,都不是模糊的不定分形。成分形式并不仅仅是展示了和较大形式相似的不连续性。在某个特定的区域,成分形式形成了较大形式的复制品。

根据波浪的相同之处,艾略特对波浪作出了界定,因此,在定义的范围之内可以允许细节的某些方面出现变数。他甚至能够用概率论术语定义形式的一些多变特性。艾略特发现了形式形成方式的级数,即需要一定级数一定数量的波浪去组成下一个更高级数的波浪。这一发现至关重要,因为它把自同一分形的积木特性和波浪原理联系了起来,揭示了波浪的自同一性,而不定分形不具有自同一性。

波浪和(我们很快就会看到)自然派生系统是具有中间特性的分形。这个事实意味着自然界把这一分形风格用在形状系统之中。形状系统要非常灵活多变才能繁荣昌盛。因此,我认为对于这种分形,最好的称呼就是强分形。

艾略特发现了股市中的明确的等级体系图形。这一发现极其重要。当涉及形式的本质时,甚至是分形和幂律也只是对形式做了模糊的评论。就界定物体而言,它们没什么帮助。如果你能描述一个物体的形状,你就掌握了这个物体的本质。能越深入地描述一个形状,也就能越透彻地了解其本质。

在分形这一新科学出现50年之前,艾略特就得出了自己的结论。艾略特的想法是金融市场包含特定的形式和相同的(在它们定义的范围之内)成分形式。这是一个革命性的言论,因为直到今天,其他的金融市场研究人员和混沌科学家还不知道这一言论。目前,金融运动规模和频率之间的一般关系被看成了一个突破性的发现。但艾略特的工作表明,就金融市场形式的要旨来说,这一一般关系不是本质,而是副产品。

第2章的末尾评论说,不同级别上的自相似性不大可能,但我们不能再由此认为波浪原理是异想天开,因为分形几何学这一新科学已经应运而生。关于我们目前的讨论,也有好消息。就在最近一段时间,一组科学家[请看本章下文“The Robust Fractal Reappears(强分形再现)”一节阿尔奥多(Arneodo)等人的观点]认识到,自然界中有一种分形,其自相似性是居于中间,在同一和不定之间。据我所知,对这个主题而言,已经发表的就只有阿尔奥多等人的论文。然而,科学又一次转而证实波浪原理的另一个重要方面:迄今为止,对于持怀疑态度的人来说,波浪原理似乎显示了过分的不精确性和过分的复杂性。实际上,波浪原理反映的是现实。我相信,事实会证明强势是分形的本质而且对自然界最为重要。

## 描述波浪是如何同一,又是如何多变

强分形这一思想难以直观地去描画,因为单单一个实例不能表示艾略特波浪恒定的方面和多变的方面,即艾略特波浪表现形式的共同之处和各自特点。我们可以推断出一个艾略特波浪的本质,但却不能讲出艾略特波浪的任何表现形式会切实采取哪条明确的道路。事实上,艾略特波浪总是符合一些简单的构图规则,但在此格式内会有相当大的变化。整个图1-4的上涨和下跌形式被描画成了自同一波浪,就像图2-8直到图2-10的形式一样。之所以这样描画,是因为没有更好的方法来表示这一本质的理念。要原封不动地描绘出实际发生的情况,需要言语讨论和许多实例。

艾略特描绘了股市的5种基本形式,他把这5种形式称作冲动、对角三角形、曲折线条、平面和三角形。前两种出现在原动型形式中(即价格朝着较大级数趋势的方向移动,促成较大波浪的进步),而后三种以校正型形式出现(即价格朝着较大级数趋势的反方向移动,不时打断其进步)。图3-1总结了这5种形式。在校正过程中,有时两种形式会并排出现,并被一个插入两者之间的曲折线条所打断,就像"两个3"标题下面注明的那样。

## 一个详细描述艾略特波浪的范例

这一节会让你了解艾略特的观察力,还会让你知晓强分形是如何界定的。比如,艾略特指出了冲动的下列特性、原动型波浪最常见的形式,就像图1-1和图3-1左上角所描画的那样。不要费事去记住这些特征,关键是这里的描述相当详细。

冲动细分为5个波浪,可以加上标示1、2、3、4和5。

波浪2的移动绝不会超过波浪1的起点。

波浪3绝不会是最短的波浪。

波浪4的移动绝不会超过波浪1的终点。

波浪1、3和5都细分为5个波浪。

波浪2和4都细分为校正型形式。

波浪3总是以冲动的形式出现。

波浪1总是以冲动的形式出现。[4]

波浪5可能是冲动或者对角三角形(一个在别的地方界定的艾略特波浪,请看图3-1的例子)。

通常,波浪1或3或5是一个伸展,这意味着它比其他的波浪都长得多,所包含的分枝也比其他波浪的分枝大。

波浪3是最常见的伸展波浪。

波浪1是最特别的伸展波浪。

当波浪3伸展时,波浪1和5倾向于振幅均等。

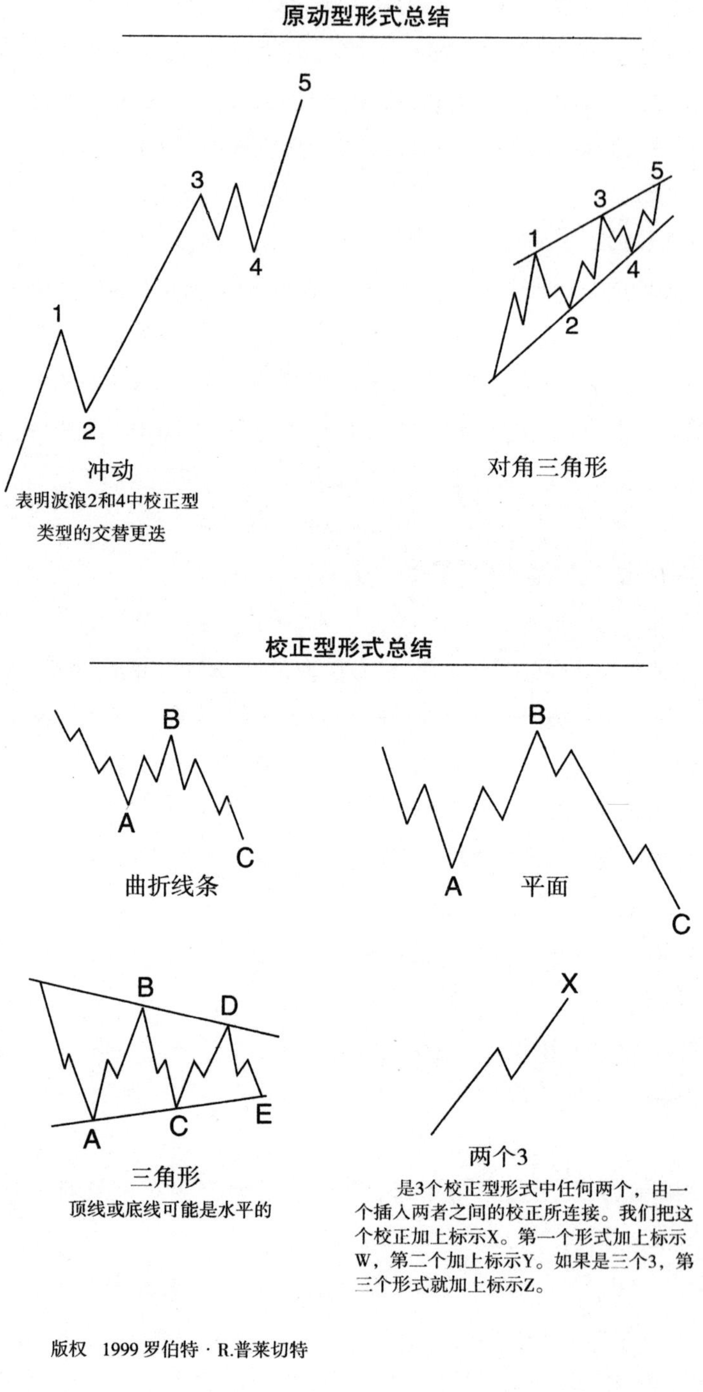


图 3－1

跟较大冲动的任何相等时期相比，波浪 3 的中心有着最为陡峭的坡度。

在校正型波浪的 3 个基本类型之中（请看图 3－1），波浪 4 几乎总是与波浪 2 分属不同的类型。

通常,波浪4的终点位于波浪3的分枝波浪4的起点水平和终点水平之间。

波浪4经常把整个冲动分成0.618/0.382比例。

有时,波浪5不会超过波浪3终点的水平。

根据算数或者半对数刻度,波浪5的终点经常位于一条线上,或略微超过这条线。这条线引自波浪3的终点,与波浪2和波浪4之间的连线齐平。

当波浪5伸展时,其长度经常等于波浪1直到波浪3净行程的1.618倍。

当波浪1伸展时,其长度经常等于波浪3直到波浪5净行程的1.618倍。

这一目录只是包括了这一个艾略特波浪的主要规则和标准。回到第2章,仔细观察图2－1直到图2－7。你会看到所有的这些例子都体现了这些规则和标准。

图3－1显示了5种基本形式,其中的每一种都有自己的性质和一系列不太多的变体,都根据形式上的不同跃然纸上,风格迥异。比如,有时,一个三角形的两个边界线相互倾斜;有时,顶线或者底线是水平的。还有另外的例子:有时,平面的波浪B在波浪A起点的水平结束;有时,波浪B结束的地方又超过了波浪A起点的水平。艾略特给这些形式上的不同之处都加以命名。利用他的术语,我们就能迅速地知道自己在谈论什么形式。

如果说艾略特是个重要人物,那是因为他非常注意细节。波浪、波浪在较大波浪中的位置、它们出现的相对频率,艾略特都做了描述。60年来,一些非常热诚的践行者亲力亲为,广泛使用。艾略特的描述经受住了考验,[5]只进行了较小的修改。[6]另外,在建设我们的艾略特波浪电脑程序时,我已经根据浮动计算法量化了所有形式的多变特点,我会在第4章讨论这个问题。为了区别波浪,我还制定了附加标准,我在第5章和第6章会谈到。

波浪原理的本质是“5－3”,但是,对此还需要了解得更多一些。有理由相信,自然派生系统的形式还需要更多的了解,或许其他的自然分形也需要更多的了解。在研究这些内容之前,我们还必须调查波浪的另一个方面。

## 斐波那契序列和比例

斐波那契序列[8]是1、1、2、3、5、8、13、21、34、55等。斐波那契序列始于数字1,这个序列的每一个新项等于前面两项之和。各项之间的限制比例是0.618034……这是一个无理数,也被称作“黄金分割”和“神赐比例”。在这个世纪,这个无理数简称为phi(黄金分割率)用Φ表示,用建筑师Phidias(菲迪亚斯)的名字命名,菲迪亚斯设计了帕台农神庙(Parthenon)。斐波那契序列和斐波那契比例都在自然形式中普遍存在,包括脱氧核糖核酸分子的几何学、植物和动物的生理学,我们在这一章和第11章会看到。这本书不会提供关于斐波那契的论文,你可以在《艾略特波浪原理》第3章以及其他资料来源中找到相当好的论文。

在过去的一些年里,科学界深入而广泛地研究了斐波那契数学的一般形态和极端重要性。第10、11、12和21章会探索这一新知识的更广范围及其含意。目前,可能让读者感兴趣的是,西方思想(Western thought)中一些最伟大的知识分子,从毕达哥拉斯(Pythagoras)到艾萨克(Isaac)·牛顿,都极为推崇自然界中黄金分割率的作用。[9](要了解关于这个主题的更多信息,请看《艾略特波浪原理》的第3章)历史上一些最伟大的智者可能赞同R. N. 艾略特那相当轻率的论点:黄金分割率是宇宙的秘密。[10]但是,现在,我们仅仅探索它与波浪的关系。

## 波浪原理中的斐波那契序列

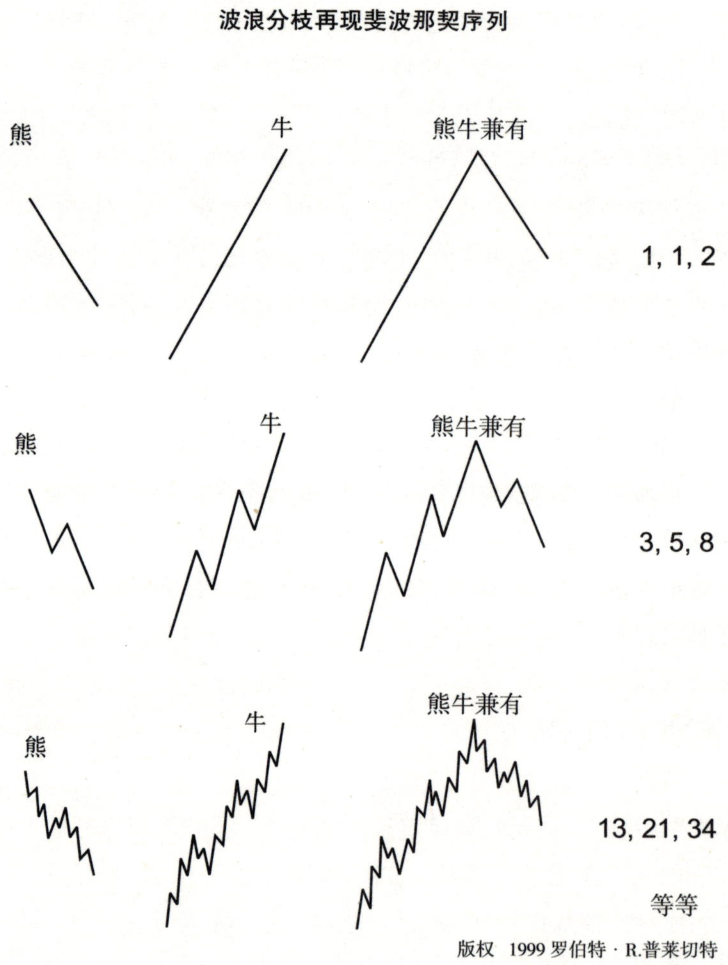


图3-2　波浪分枝再现斐波那契序列

艾略特的出版商是著名投资顾问查尔斯·柯林斯(Collins),查尔斯·柯林斯首先意识到波浪原理和斐波那契序列的关系,并把这一事实通报给艾略特。艾略特可能在当时对这一主题进行了小规模的研究,然后,艾略特于1940年就他的理论提供了最终的完整结论,[11]波浪的进步和如此多的生活现象有着同样的数学基础。[12]

斐波那契序列支配着波浪的数量。在对基本的5－3关系进行扩张时，波浪形成了整个股价的运动。图3－2显示了这一进展。校正型波浪最简单的形式就是直线下降。原动型波浪最简单的形式就是直线上涨。一个完整循环是两条线。在复杂性的下一个级数上，对应的数字是3、5和8。这一序列延续到无穷。[13]现在，我们将要探索这一事实为何重要。

## 斐波那契序列和植物生命体中的比例

人们间或提出斐波那契和生命体之间的确凿联系。在17世纪，概率分析之父数学家雅各布·贝尔努利第一个察觉到斐波那契比例在自然界中的重要性。在20世纪早期，几份出版物报道了植物和动物生理学中的斐波那契形式。这些出版物包括西奥多·库克（Theodore Cook）的《生命曲线》（*The Curves of Life*）（1914）、苏格兰（Scottish）动物学家达西·汤普森（D' Arcy Thompson）的《论生长和形式》（*On Growth and Form*）（1917）、杰伊（Hambidge）·汉比奇的《动态对称性的元素》（*Elements of Dynamic Symmetry*）［来自耶鲁大学出版社（Yale University Press）1919年出版的文集］、牛津大学教授A. H. 丘奇（A. H. Church）关于"Phyllotaxis in Relation to Mechanical Law（涉及机械定律的叶序学）"的论文。

斐波那契数学在植物之中有很多形式：叶子的排列、树枝分叉趋势、花瓣的数量。比如，百合有3个花瓣，毛茛属植物5个，飞燕草8个，万寿菊13个，紫苑属植物21个，大多数雏菊有34个、55个或者89个花瓣。伊恩·斯图尔特教授说花朵偶尔也揭示了非斐波那契数字，"你根本找不到如此频繁出现的任何其他数字群"，如果能找到的话，它们经常是反映了叫做卢卡斯（Lucas）序列的数字群家族：1、3、4、7、11、18、29，等等。这是加法生长的斐波那契现象，起始数字有所不同，不是1和2，而是1和3。图3－3是一株植物的理想化状态，指出了不同阶段的树枝数量。随着植物的生长，树枝的数量也按照斐波那契序列增加。图3－4是一株种在我家车行道入口处的糖果百合（candy lily）。从茎到顶端，细分为1、2、3、5。[15]它的浆果往往有21个

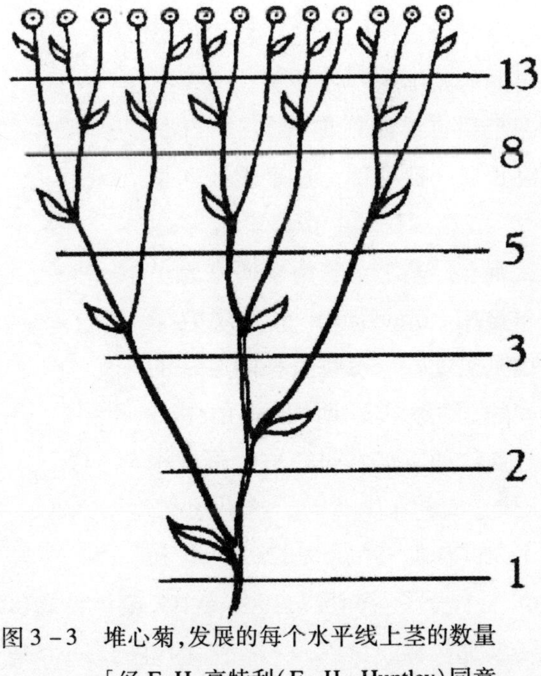

图3－3 堆心菊，发展的每个水平线上茎的数量［经E. H. 亨特利（E. H. Huntley）同意改写，《神赐比例》］

资料来源：《那些迷人的斐波那契图案》

图3-4　一个糖果百合分枝1、2、3、5

果仁。并不是植物中所有的斐波那契形式都可以用数字表示。图3-5描画的是满天星,是我最近给妻子买玫瑰花时附带而来的。在每一个分叉处,它派生出三个茎,基本形状就像是一个向上扩张的圆锥体。你能发现斐波那契如何支配着这个形式吗?如果看不出来,请阅读尾注16。[16]法国统计物理学实验室(Laboratoire de Physique Statistique)和法国物理学实验室(Laboratoire de Phyique)的斯特凡娜·杜阿迪(Stephane Douaday)和伊夫·库代(Yves Couder)解释说,叶序是以斐波那契为基础的植物结构,是一个自组织生长过程。[17]我们将要看到,许多(如果不是全部的话)自组织生长过程涉及斐波那契数学。

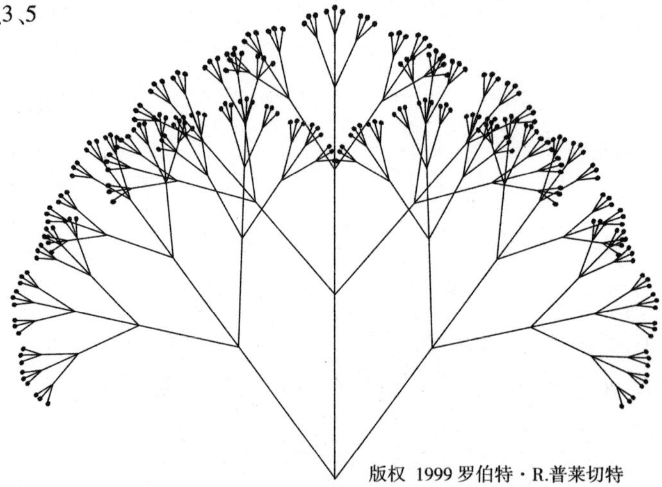


图3-5　满天星表现了黄金分割率16

一个正在生长的植物中最微小的初始细胞叫做原基。原基从一个顶点沿螺线向外生长,并最终长成一棵植物。这个螺线叫做"生殖螺线"。斐波那契数字也出现在原基之中。两个研究人员布拉韦(Bravais)兄弟发现数学规则支配着沿螺线生长的原基的间隔。[18]事实证明,顶点的中心与连续的原基之间的角度总是相同的,大约137.5度。角度是整个360度循环的0.382(1-Φ和$\Phi^2$),称作黄金角度。1907年,G.范伊特森(G. Van Iterson)指出,黄金角度产生了两个连锁斐波那契螺线家族,一个是顺时针的,一个是逆时针的(请看图3-9直到图3-11)。1979年,H.沃格尔(H. Vogel)解释了原因:黄金角度是唯一的可以让种子无缝堆积的发散角,因而是效率最高的堆积方式,也是唯一可以在种穗(seed head)中实现全密度(full density)的方式。[20][21]

对于生命形式来说,效率并不是斐波那契唯一的优势。它还是最好的强势序列,也就是说,为以整数为基础的系统提供了最大的变化和生长空间。理由是斐波那契比例有个独一无二的特性,使得它在无理数中风格迥异、独树一帜。如果在分数中利用越来越大的整数来接近极限,那么,对于黄金分割率来说,结果和极限的区别缓慢收缩。其他无理数则不同。[22]从这一事实,我猜想,黄金分割率允许现实世界的实体比其他极限生长得更多更快。现实世界的实体应该算在整数之内。

对上面的段落做一个总结:自然界把斐波那契应用在植物的效率和强势之中,植物是自组织生长形式。随着这本书的推进,我们将要调查社会人(social man)参与自组织生长形式的可能性。这一生长形式的进步受斐波那契数学支配,因为它允许最高的效率和最大的强势。

一丝不苟的观察者把斐波那契序列和一定时间内植物的生长及形式明确关联了起来。现在,证据表明斐波那契数学控制着所有的分形派生系统。

## 扩散限制聚集(Diffusion – Limited Aggregation)(派生系统)之中的斐波那契

在20世纪90年代初,法国国家科学研究中心(Centre de Recherche Paul Pascal)和巴黎高等师范学校(Ecole Normale Superieure)的5位科学家调查了扩散限制聚集模型。这一模型是个集合,通过越来越小的分枝扩散。阿尔奥多等人在开始时声明"是否有某个结构顺序隐藏在显然无序的扩散限制聚集形态之内是个开放性问题"[23]。为了调查研究这一问题,他们使用了小波变换显微镜仔细观察"大型去点阵(off – lattice)扩散限制聚集群错综复杂的分形几何学"。(请看图3 –6)自从艾略特之后,这是第一次把分形和斐波那契这两个概念联系在一起(就我所能发现的而言),他们证明自己的研究"揭示了斐波那契序列在这些群内部'消亡'区域的存在"。这些数学应用符合"显然随机派生的分形。这些分形与含糊的树形结构非常相似。这

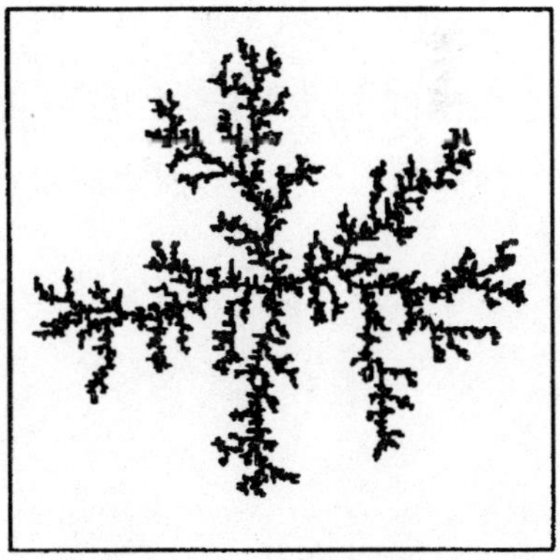

图3–6　DLA cluster扩散限制聚集(DLA①)群
资料来源:《自然科学和生物学中的生长形式》

① DLA(扩散限制聚集)即 Diffusion – Limited Aggregation(扩散限制聚集)的缩写。译者注。

些树形结构发现于粘滞指进、电解沉积、细菌生长和神经细胞生长”,这些树形结构又“非常像树、根系、水藻、血管和支气管结构”,即典型的自然界产品。研究表明,这些显然随机的分形实际上比先前意识到的更加有序。特别是作者发现,去点阵扩散限制聚集群的派生特性“是根据斐波那契循环定律进行的”,即它们间隔派生,产生了分枝数字的 1-2-3-5-8-13 进展,等等。还有,R. N. 艾略特在波浪原理中发现了斐波那契序列,扩散限制聚集论文的作者们也在扩散限制聚集群的同样位置发现了斐波那契序列:这一现象进行时,斐波那契序列在渐增的分枝数目之中。

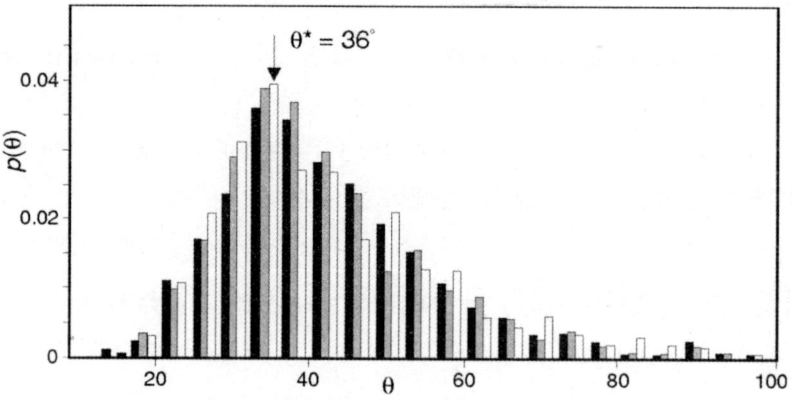


图 3-7 4 去点阵扩散限制聚集群的小波变换代表派生分叉屏蔽角度值(screening angle values)的矩形图;显示了 3 个放大的模型 $a^{-1}$(黑色)、$(2.2)a^{-1}$(灰色)和 $(2.2)^2a^{-1}$(亮色),分别和 3 个连续的派生代对应。$\theta^* \sim 36°$ 只保留一个最大值。

资料来源:《自然科学和生物学中的生长形式》

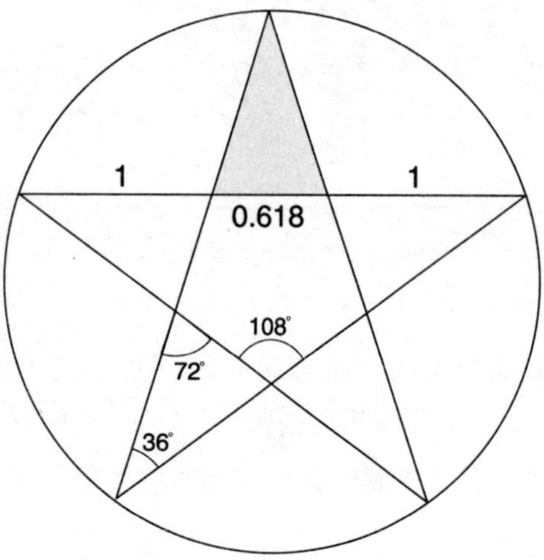


图 3-8

资料来源:《极限的力量》

这一论文的作者们甚至发现了更多关于斐波那契的证据。他们发现,在扩散限制聚集群之中,分枝间最常出现的屏蔽角是 36 度,不管级别如何,都是如此(请看图 3-7)。这是几何学现象的主导角度,展示了斐波那契特性,从五角星(请看图 3-8)到彭罗斯(Penrose)砖块。作者们详尽阐述:

正五角形、斐波那契序列和黄金分割的密切关系 $\Phi = 2\cos(\pi/5) = 1.618\cdots\cdots$ 久已为人所熟知。五角形的比例近似于相邻斐波那契数字之间的比例;数字越高,近似值就越接近黄金分割。五角星和正五角形的各条边所界定的角度是 $\theta = 36°$,而他们长度的比例是一个斐波那契比例($F_{n+1}/F_n$)。

作者们推断,"在所有级别上,这一对称性的存在都可能会成为一个线索,把我们引向结构等级体系分形次序关系"。实际上,确实如此。与此相似,艾略特发现在所有级别上某些波浪的价格长度经常被0.618关联在一起,由此揭示了另一个可能不那么重要的波浪的斐波那契方面。

这两个现象之间还有另一个联系,虽然这一联系在概念上有点难以归类。36度是半圆的1/5,是五角星的主导角度,是五角形角度的一半。五角形的72度角是圆的1/5。还有,平均的分叉角把"5现象"特性与扩散限制聚集群联系了起来,类似图1－1展示了"5现象"对于波浪原理的重要性。根据反演的不同,黄金分割率本身的公式可以是$(\sqrt{5}-1)/2$或者$(\sqrt{5}+1)/2$,依据的是5的二次根。显然,在所有的斐波那契数字之中,5现象对黄金分割率最为重要。原因可能是其需要以波浪的形式创造进步,就像第1章标题"为什么是5－3?"下面解释的那样。

作者们宣布他们的"小波分析提供了最起码的数字证明,证明了扩散限制聚集群中存在'斐波那契(Fibonaccian)'准分形结构次序关系"。这是一则很好的消息,因为扩散限制聚集结构存在于无数的自然界生命形式和过程之中,波浪原理就要描画其中的一个。

## 强分形再现

在一份卓越的总结报告里,阿尔奥多等人发现自己正在研究一种科学家们还没有发现的分形,他们就由此出发确定了完美的自同一性和模糊不定的自相似性的中间形式:

> 正五角形、斐波那契序列和黄金分割的密切关系……久已为人所熟知……最近,固体物理学发现了"准晶体"(请看图2－23和第21章——编者),准晶体是这一密切关系的表现形式,蔚为奇观。固体之中原子的这一新结构处于完美次序和无序之间,扩展到了晶体"禁阻"对称性。"禁阻"对称性是不相称结构的特性。与之类似,井然有序的雪花分形等级体系、无序的混沌或者随机集体结构,在二者之间有"准分形"的空间。[24]

R. N. 艾略特为股市描述的中间有序分形也是这种类型。当然,艾略特设法详细说明了中间有序分形的更多方面,从大得多的程度上表明,在某个确定的形式区域内这一形式确实具有自同一性。就像上文暗示的那样,我更喜欢强分形这一术语,而不是准分形,因为已经确定(至少让我满意)是自然界的生长和扩张过程产生了这种分形。它与自然现象的联系表明它不存在"准"这个概念。我估计,人们最终会发现它的普遍存在,其他分形的名字反而会加上"准"这个字。

总之,我们这里进行的研究发现,一个现象(扩散限制聚集群)的波浪原理分形特性、5现象和斐波那契与波浪原理一样有着基本的强自相似性方面。

我要补充一句。这项研究只是过去20年间诸多研究中的一个,表明明显随机的过程比原先想的更有次序,本书针对人类社会行为就提出了这个观点。我猜想科学会迎来更多更大的惊奇,既有来自自然界也有来自社会的。

## 阿卜拉姆过程

强派生分形是一门全新的科学。本书还需要为派生分形选定一个名词,为其进步选定一个动词,为其树形特性选定一个形容词。(“扩散限制聚集”有点冗长拗口)波士顿大学的尤金·斯坦利给了我一点启发,他在自己的一篇论文里使用了“树状①”这个单词。我想推荐一套术语,特指自然界中常见的强派生分形(与自同一分形或者不定派生分形不同),或许我们可以使用阿卜拉姆这个术语。各个分枝分身称作阿卜拉姆分枝。强派生过程命名为阿卜拉姆过程。我们很快就会看到,波浪和阿卜拉姆有很多共性,它们可能是同一个基本主题的不同表现形式。

## 阿卜拉姆级数和它们形式之中其他细节的可能性

回想一下,不定分形的连续分枝有着无穷的变数,而波浪展示了它们相对规模中的次序,每一个表现形式都有特定的分枝级数。与之类似,树木、支气管和其他的阿卜拉姆(看图10-2直到图10-10)都有各种规模的分枝,而每一个特定的表现形式似乎都有阿卜拉辛级数。树木有树干,从树干上伸出的大树枝,从大树枝上伸出的树枝,从树枝上伸出的小树枝,从小树枝上伸出的叶脉。在派生过程的每个表现形式之中,都有关于相对规模的等级体系次序。比如说,人们绝不会看到和树干一样宽或者一样大的树枝,就像人们绝不会看到比自身成分小的艾略特波浪一样。实际上,每个树枝及其枝条都似乎经常有个大致的特定比例。这一特性似乎适用于扩散限制聚集模型(请看图3-6)和自然界中的所有阿卜拉姆。在这方面,阿卜拉姆很像波浪。

贝壳根据斐波那契数学螺旋。贝壳的螺层(请看图2-25、2-27和3-12)也展示了级数现象,每个室和每个螺层都按照与先前一个的比例增长。(然而,跟波浪和阿卜拉姆不同,它们之间的关系在数学上是固定的,产生同一分形)

最新的科学又一次可能是在揭开这一现象。就在过去的一年里,索奈特[25]提出,大多数复杂系统中所呈现的数量无穷的级别起到的作用并不一样。说得确切一点,在球状等级体系里存在离散水平(discrete levels)。索奈特和萨勒(Saleur)关于对数周期的著作(请看第2章)让他为离散尺度不变性[discrete scale invariance(DSI)]的自然出现提出了一个机制,这一机制适用于大量例子。证据表明系统中的离散尺度不变性涵盖了天气中的尘暴和龙卷

---

① “树状”一词的英语对应词与“阿卜拉辛”一词的英语对应词拼写方法相似。译者注。

风、构造学中的节理和板块分界线、蛋白质的1级机构和4级结构、生理学的分子和系统、脑的神经细胞和半球、全球经济中的个体商人和国家贸易集团。我在第2章给出了居住空间的诸多例子(从房间到城市)和知识的诸多例子(从句子到因特网),离散尺度不变性就是这些例子的一个特性。波浪原理这一假说从一开始就提出了股市价格结构的等级体系级数,这是绝无仅有的。[26]

扩散限制聚集群和阿卜拉姆可能还有更多的细节可以发现。从波浪里找到一条线索,我们可以调查阿卜拉姆是否由数量有限的具体阿卜拉姆成分形式组成。我们可能会问它们是否有共同的长度比例、共同的宽度比例。对于出现的特定数量的阿卜拉姆,它们是否有着数量有限的形状和规则。目前,我满意地看到,扩散限制聚集群和波浪原理的共性表明所有强分形的一个重要特点可能是它们通过具体级数实现的等级体系发展,就像它们的自身同一远亲一样。

把这些发现总结一下,我们发现,分形性、黄金分割率、数字5和级数现象似乎都是强分形形态的因素。

## 斐波那契螺线

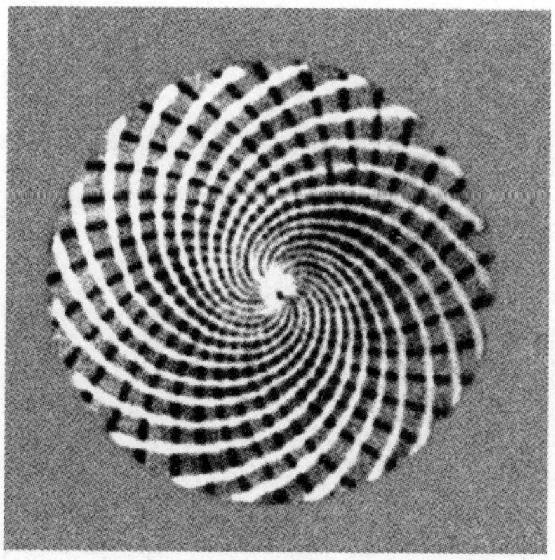

上图揭示了雏菊头的双螺线形。雏菊头单个小花的排列形成了两组对生的旋转螺线。它们还是近乎完美的等角螺线(equiangular spiral)。顺时针方向有21个,逆时针方向有34个。这个21:34比例由神秘的斐波那契序列中的两个相邻项组成。

图3-9　雏菊的斐波那契螺线

资料来源:《数学》(*Mathematics*)

图3-10　松果

资料来源:1986年5月《科学86杂志》

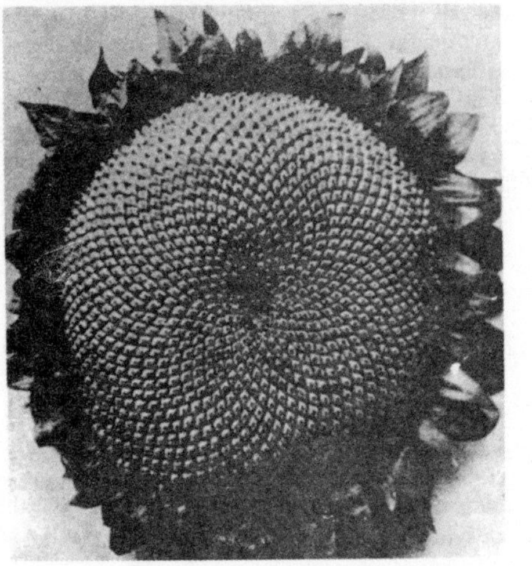

图 3-11　向日葵种穗的斐波那契螺线
资料来源:《头脑的阴影》

螺线不仅是自然界的首要生长/扩张形式,还是生物最基本的生长/扩张形式之一。脱氧核糖核酸分子是生命的密码,由两个相互缠结螺线组成。其宽度和循环长度的0.618比例(请看图11-1)使其成为一个与斐波那契相关的螺线。它的形式显然进入了最终形式之中,而它则决定着最终形式的生长。雏菊、松果和向日葵提供了著名的范例。朝着一个方向的螺线由斐波那契数量(a Fibonacci number of)的种子(或者果仁)组成,而在另一个方向的螺线则由下一个斐波那契数量的种子组成。两组螺线在一组种子里同时存在,就像图3-9直到3-11所显示的那样。许多贝壳也以连续的螺线生长。按照斐波那契比例,每个螺线都比前一个要大(请看图2-27和图3-12)。

这些植物和动物形式中的相当大一部分都是斐波那契螺线,但对于其他物种来说,影响就不明显。建筑师介尔吉·多齐(Gy·rgy Doczi)证明了植物和动物生长方式之间精妙的黄金螺线雷同。他说,包括青蛙和人类在内的动物的骶骨,是与植物生殖螺线顶点对应的中心。从每个骶骨长出了符合螺线的形式,这些形式与贝壳的分区相符(请看图3-12)。

图【3-12】显示的是人的一只手,描摹自一张X光照片。……手是身体的缩影,手自手腕长出,就像从脊柱从骶骨长出,像翅膀从蝴蝶的身上长出,或者像叶子和花朵从茎上长出。……我们和动植物的共性……也可以通过一个事实反映出来:我们的生长和动植物的生长一样,好像都是从唯一的中心开始的。[27]

无须反复研究证据,我们就可以推测,在完整的形式之中,并不是只有贝壳才能证实以斐波那契为基础的螺线;在身体部位之中,也并不是只有心肌和耳道(请看第11章)才能证实与斐波那契相关的螺线。第11章进一步证明,所有的生命形式可能都有斐波那契螺线这一方面,在部分和整体形式上都是如此。波浪原理是以斐波那契为基础的,并且产生了对数螺线(请看图2-29)。这一事实使其与生命中的斐波那契螺线生长现象联系了起来。[28]接下来,我想说明这些思想的共性。

## 自然界的发展波浪、派生阿卜拉姆和扩张螺线——一回事?

随着时间的推移,波浪和阿卜拉姆变得更复杂,螺线变得更广大。这些与生长相关的强分形反映了斐波那契数学、强势、5现象和级数。相反,静态分形,比如处于临界状态的磁铁、晶体和水、雪花(请看图2-8和图2-9)并不随着时间的推移而变得更加复杂,也并不反映斐波那契数学。区别似乎是静态分形是空间现象，而强分形是时间之中的生长形式。

自然界的发展波浪、派生阿卜拉姆和扩张螺线（或许还有其他的强分形）都有强势、级数、5现象和斐波那契这些特性，因为它们基本上是一个现象。它们之间唯一的区别可能在于自然界的表现形式或者描画，即内在的过程是如何在现实的三维坐标方格上“用坐标定点”的。

波浪反映了扩张螺线，如图2-29所示。就阿卜拉姆分枝的数量而言，阿卜拉姆过程反映了扩张螺线；就阿卜拉姆的规模而言，阿卜拉姆过程反映了收缩螺线。如图3-13和3-14所示。

图3-15、图3-16和图3-2用三种不同的方式表示了斐波那契序列：作为树木、[29]螺线和波浪。

自然界以斐波那契为基础的生长形式有着同样的交叉代表特性。图3-12表示了斐波那契螺线和阿卜拉姆是如何转变成植物和动物的。我们可以看到，在某种意义上，同样的事情正在进行，只不过螺线的成分变得更大，阿卜拉姆的成分变得更小，而在每种情况下整个形式都变得更大。

自然进程也表达了这一交叉代表特性。比如，进化这一进程产生了波浪、螺线和阿卜拉姆。成功的物种派生出亚种等等，产生阿卜拉姆，就像图3-17直到图3-19描画

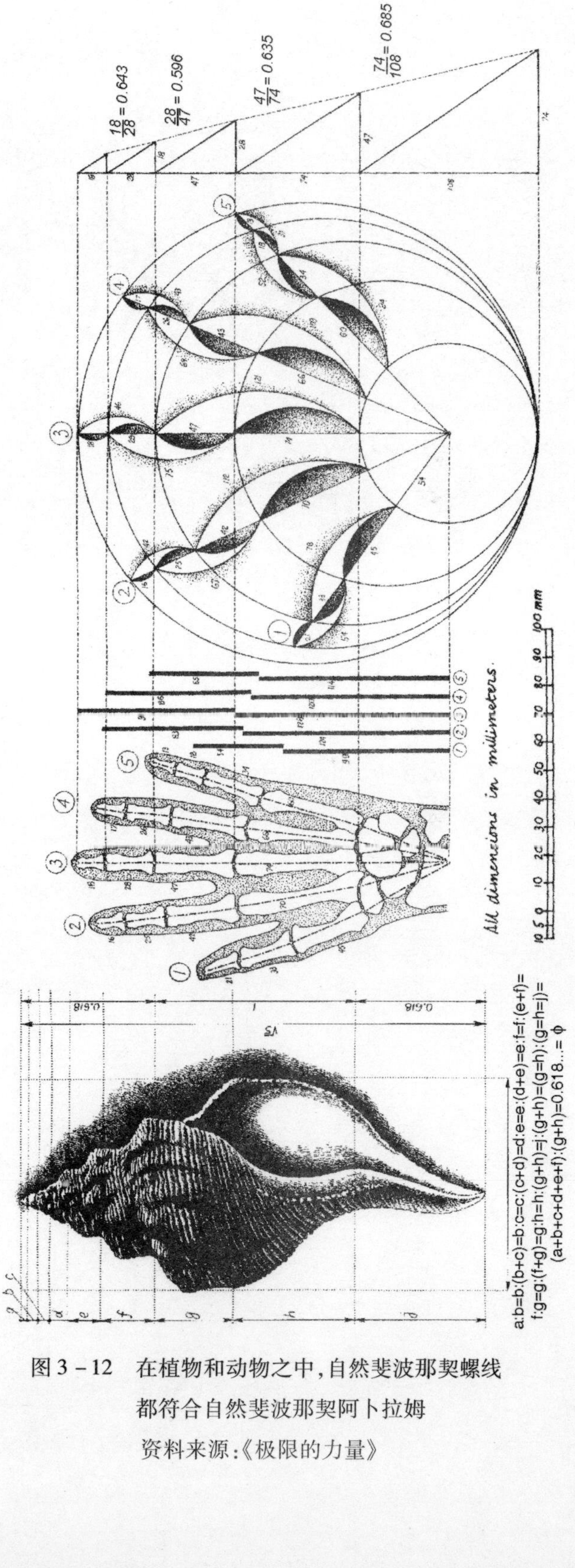


图3-12　在植物和动物之中，自然斐波那契螺线都符合自然斐波那契阿卜拉姆

资料来源：《极限的力量》

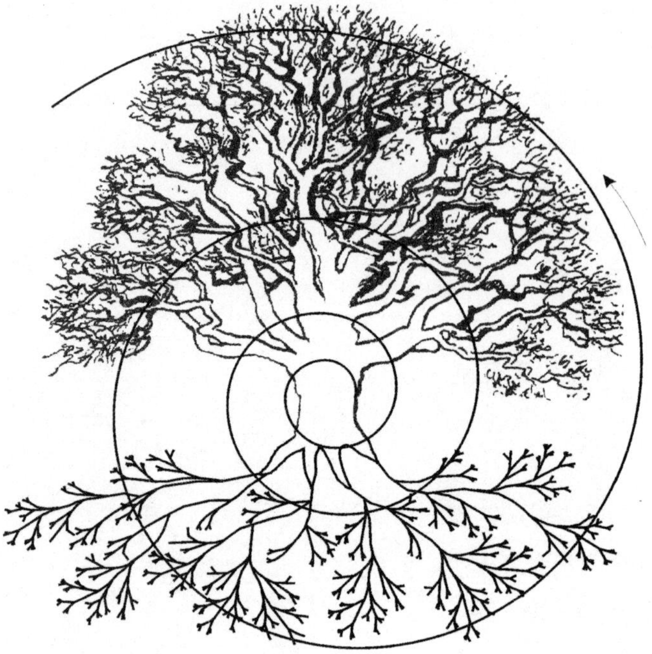



图 3－13　阿卜拉姆分枝渐增的数量

图 3－14　阿卜拉姆分枝渐增的规模

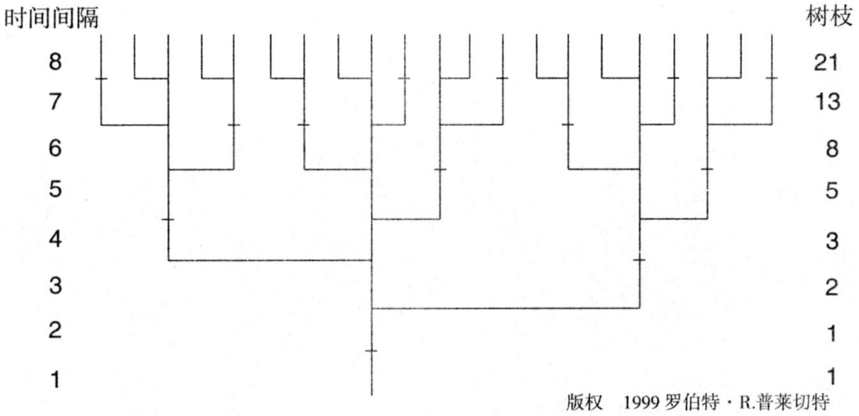


图 3－15　用树状结构表示的斐波那契序列

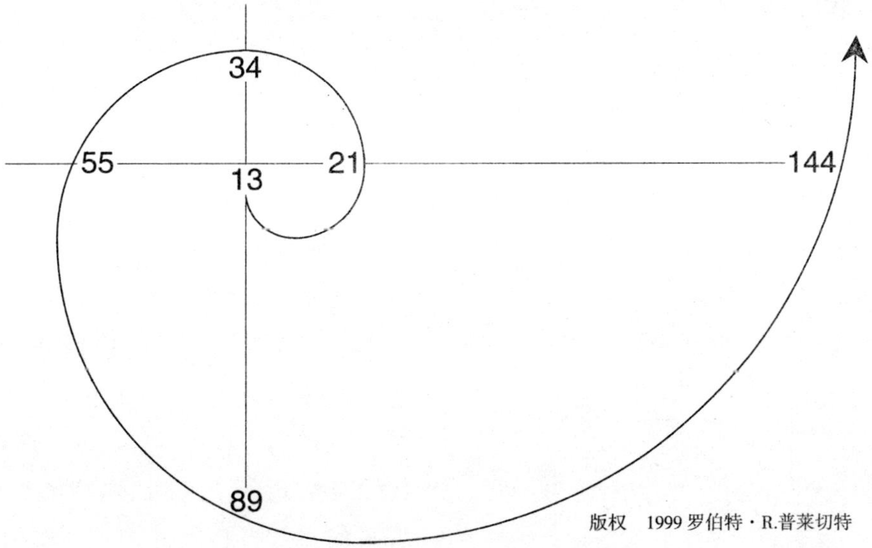


图 3－16　用螺线表示的斐波那契序列

的那样。而物种的整个数量在波浪中涨落,就像图 13－1 直到图 13－3 描画的那样。我们还可以把地球上渐增的物种数量描画成一个螺线,就像图 2－29 的波浪原理、图 3－13 和图 3－14 的阿卜拉姆。或者,就像图 2－30 描画的那样,我们可以从种群仿真的角度去推断。

语言的传播显然产生了阿卜拉姆和波浪。语言学理论,无论是出于设计、幸运或是凌乱都把 stammbaumtheorie(家庭树理论)和 wellentheorie(波浪原理)这两个术语联系了起来。这两个术语翻译成英语的话是 family－tree theory(家庭树理论)和 wave theory(波浪原理),用来描述原始语(parent language)“通过语言变化波浪”分叉成分枝和小分枝。[30]

这种变化可能还包括了其他类型的分形。比如说,什么时候地形分形(山岳、山丘、小丘,等等)也是阿卜拉姆?答案:当水、雪或者花朵填满缝隙的时候。请看图 3－20。

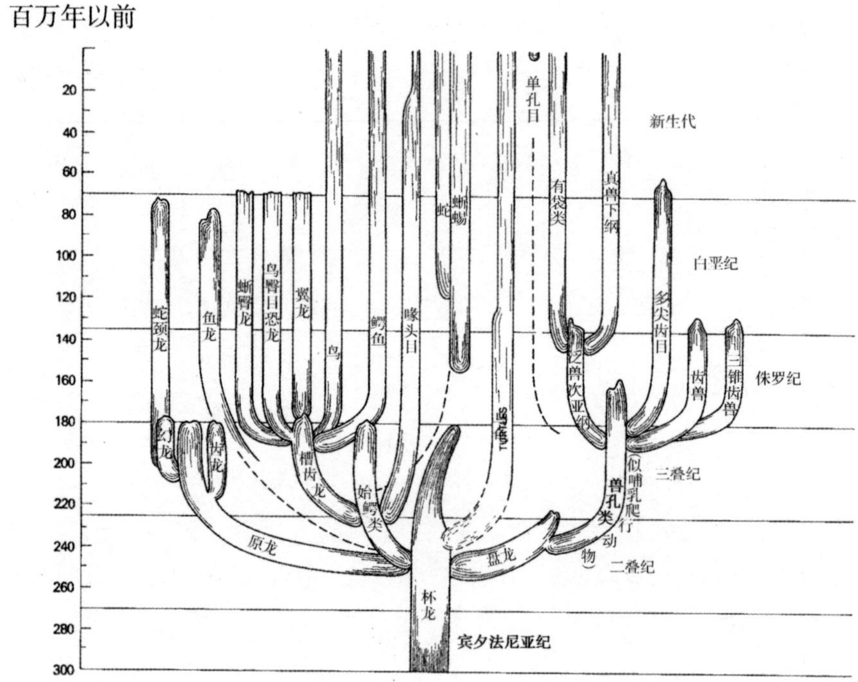


图 3－17　爬行动物从 3 亿年前至今的系统发生

资料来源:《进化中的三位一体脑》

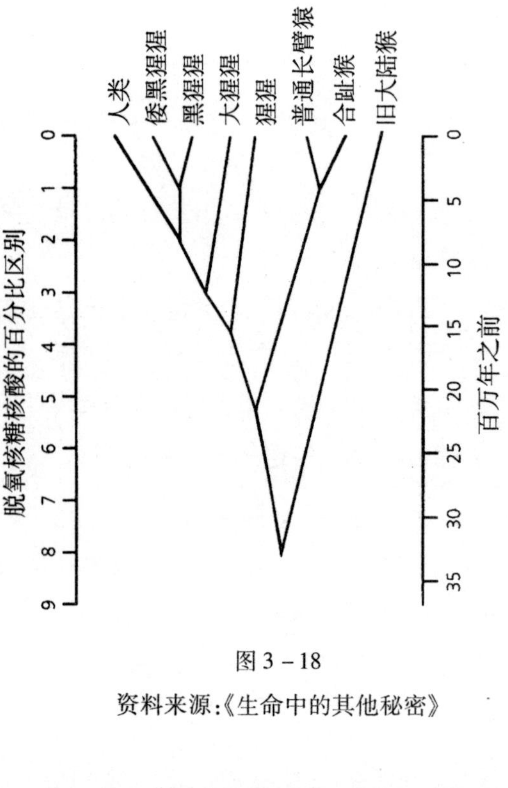


图 3－18

资料来源:《生命中的其他秘密》

图 2－29 表明,螺线可以加于理想化的波浪形式图之上。价格趋势也确实可以用这种方式绘图,显示出来的不是个线条,而是一条螺线。图 3－21 显示了 1942 年到 1966 年股市的上涨,在典型的图片上用年度平均指数进行坐标定点。就像图 3－22 显示的那样,横轴(X axis)沿顺时针方向递增。在这张图上,我们也可以用坐标定点同样的数据。由此绘成的图片是个形状粗糙的向外运动的螺线。图 3－23 显示了从 1930 年 4 月到 1932 年 7 月股市的下跌,在典型的图片上用月收盘价(monthly close)进行坐标定点。图 3－24 显示的是同样的数据,在一个旋转轴上用坐标定点,产生了一个形状粗糙的向内运动的螺线。换句话说,当时间被用图表示成一个环而不是线条

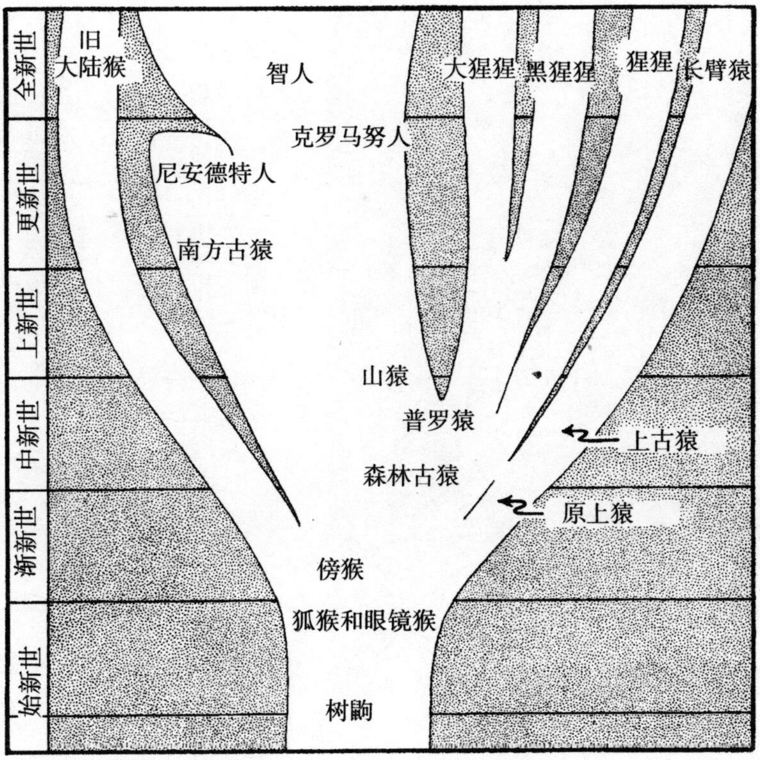


图3－19

资料来源:《进化导论》

的时候,股市中的波浪可以看做无数相互搭接的不同规模的螺线。当经济学家们不假思索地说经济“螺旋”进入萧条的时候,他们很正确。然而,没有理由讳言(对于人类,他们确实会这么做)经济会呈螺旋式上涨。

在我们对螺线的描画中有两个静止点(points of rest):外环和内点。这些点与艾略特波浪相关联,在概念上分别符合波浪5末尾的顶点时刻和波浪1开始的低谷时刻。

所有的这些图片都类似自然界的许多生长和扩张形式——或者衰退和衰败——从生命形式到星系。另外,就它们的本质而言,自然界的进步形式之间可能几乎没有区别。唯一的区别可能是自然界设计它们时使用的模板不同。这又取决于时间是被视作线条(就像在波浪里)、发展的圆盘(就像在分枝里),还是环(就像在螺线里)。在这种相互联系的背景下,艾略特波浪理念就不能说是极端激进,而或许是众望所归。

## 螺线、波浪和阿卜拉姆对立的二元性

我想再声明一点,因为这可能是个重点,虽然我并不知道为什么重要。对数螺线把一个

图 3 – 20

资料来源:俄勒冈州比佛敦胜景

平面一分为二,线内外的区域在相接的地方都符合螺线形状。平面上所有的空间牵涉其中,适应螺线形状。波浪以曲线的形式出现,对平面进行了分割,由此产生的两个区域在整体上就以对立的形状相连。与之类似,阿卜拉姆也不仅是线条。它们实际上就是一个平面的分区,从两个方向用相符的分枝填满整个区域。当阿卜拉姆分枝"肥大"的时候,阿卜拉姆系统的二元性更加清楚,如图 3 – 25 的胚胎照片所示。这里,你可以看到较暗的阿卜拉姆系统从左侧发出,而较亮的阿卜拉姆系统从右侧发出,填充了所有的空间。当你举起手并把手指稍微分开时,你可以看到同样的效果。空间利用阿卜拉姆分枝填满了间隙,阿卜拉姆分枝本身非常像手指。

换句话说,每个阿卜拉姆过程的现象也会使其周边的空间以阿卜拉姆过程回应。螺线、阿卜拉姆和波浪只是平面空间的分区,在两边产生了相似但又对立的形式。我不确定这意味着什么,但它肯定能使东方的阴/阳哲学家感到高兴。在几个世纪以前,阴/阳哲学家就教诲人们现实源自对立的二元性。

## 与人类社会经历的联系

波浪原理表明,人类社会经历遵循一种形式。这种形式源自进步和退步对立二元性之间的紧张状况。它的主导比例是黄金分割率,这同一个数字还支配着自然界的阿卜拉姆和螺线,使得黄金分割率成为自然界排列

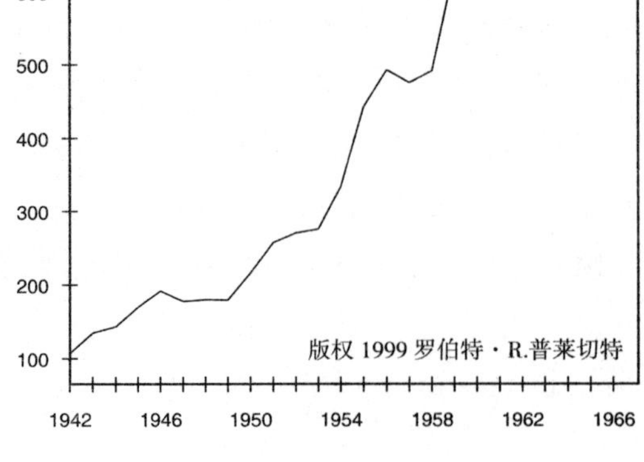


图 3 – 21

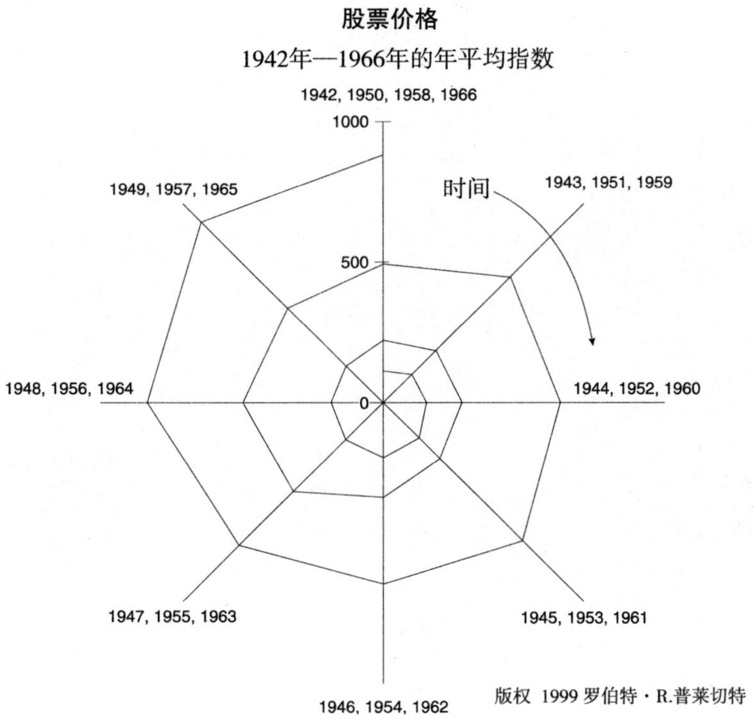


图3－22

形式的基本原理。另外，从最广泛的意义上来说，波浪原理传达了一个貌似惊人的想法：塑造生命和星系的定律也同样植根于所有人的精神作用和活动之中。我们将要在第10章直到第12章探索这一现象的生物学起源、知觉起源和精神作用起源。

就像第16章将要证明的那样，股市所揭示的群体性心理波动不仅与整个人类历史的实际进步和退步相关联，还在实际上创造了人类历史的这些进步和退步。另外，波浪原理最终要说明的是，源自人类社会本性的人类进步并不是以直线发生的，也不是随机发生的，还不是循环发生的。相反，进步的类型是与斐波那契相关的阿卜拉姆、螺线或者波浪分形，自然界所有的强形式采用的都是这些类型。社会人的活

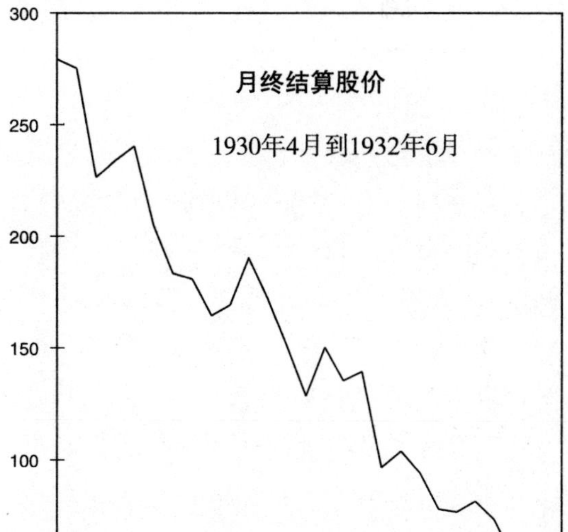


图3－23

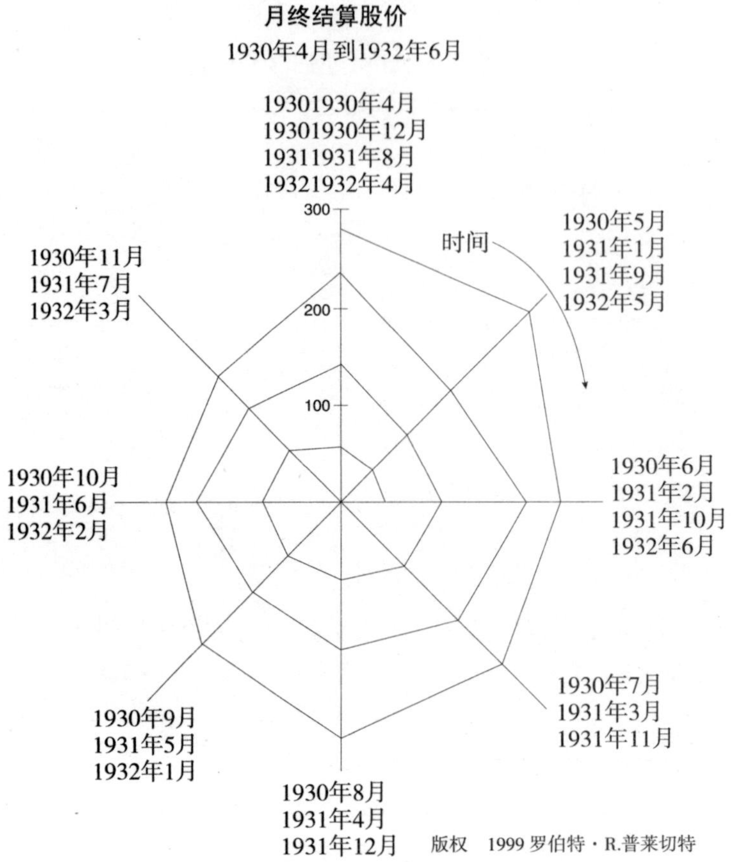


图 3－24

动是有形式的,宇宙中次序的一般定律显然也不例外。

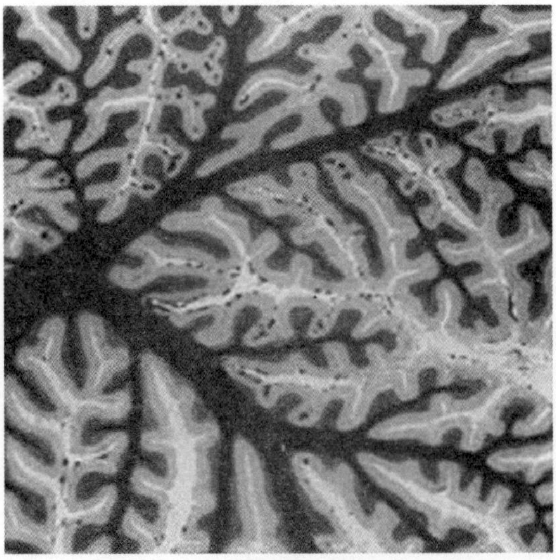

图 3－25 阿卜拉姆胚胎

华威大学(Warwick University)教授伊恩·斯图尔特在他的著作《生命中的其他秘密》中提出了一个论点:生命的基本密码是个数学问题,不是一个生物机械学问题。他恳求读者,“我们必须把至少一部分注意力转到生命中的其他秘密上——脱氧核糖核酸所利用的关于生长和形式的普遍数学原理”。[31]就像这整本书的研究所证明的那样,人类社会行为的波浪原理所反映的正是“关于生长和形式的普遍数学原理”。这是一个难以置信的说法,这本书其余部分就是要证明这个说法。

# 注　释

〔1〕Elliott, R.N. (1938). The wave principle.

〔2〕Elliott, R.N. (1940, October 1). "The basis of the wave principle."

〔3〕Buchanan, M. (1997, November 8). "One law to rule them all." New Scientist.

〔4〕有一个罕见的例外,我在《艾略特波浪原理》中指出了。

〔5〕要阅读R.N.艾略特、查尔斯·柯林斯、A.汉密尔顿·博尔顿(A. Hamilton Bolton)、A.J.弗罗斯特和罗伯特·普莱切特的原著,请查看本书末尾的资料来源目录。

〔6〕要详细了解弗罗斯特和普莱切特所做的为数极少的增添和修改,请看《艾略特波浪原理》。

〔7〕请也看一下《艾略特波浪原理》第2章的"波浪个性(Wave Personality)"和第4章的"比例分析(Ratio Analysis)"。

〔8〕该序列以13世纪比萨城的(Pisan)的数学家莱奥纳尔多(Leonardo)命名。莱奥纳尔多是博纳奇(Bonacci)的儿子。我们可以把这位数学家简称为斐波那契。

〔9〕近几年,把"过分简单化的牛顿学派"宇宙观贬低成"机械论"成为一件时髦的事情。然而,可能并不像诋毁牛顿的人所让我们相信的那样。牛顿并不完全属于牛顿学派。牛顿或许是古往今来最伟大的科学家,他把黄金螺旋线刻在床头板上。如果一个人生活的特点有什么意义的话,那么,你可以打赌说牛顿有充足的理由崇拜黄金螺旋线。

〔10〕还有一件时髦的事情:把早期科学家对黄金分割率的迷恋看做神秘的固着型偏爱,并拒绝考虑。如果我们在谈论布拉瓦茨基夫人(Madame Blavatsky)和皮亚齐·史密斯(Piazzi Smyth),那么,拒绝考虑还是合情合理的。但是,我们讨论的是多少年来为数不多的知识精英、学界巨擘。在这方面,我们敢说他们是傻瓜吗?他们都是傻瓜吗?

〔11〕Elliott, R.N. (1940, October 1). "The basis of the wave principle."

〔12〕R.N.艾略特看到了斐波那契序列和金融市场之间的联系,但他可能并不是第一个注意到这种联系的人。哈佛荣誉退休教授(Emeritus Professor)巴里·费尔(Barry Fell)写了一本书《传奇美洲》(*Saga America*),详述了大约公元前300年北美人(North Americans)的活动,他说:

公元5世纪,北美(North America)的数学符号发生了革命性的变革,如今的内华达州(Nevada)境内的旅行者从印度带回来了刚刚发明的梵语(Sanskrit)十进制符号。这是一份内华达州西北部马萨卡湖(Massacre Lake)数学岩画的复制品。在这份复制品上,每年玉米收成报告都用古利比亚(Libyan)文写成……到目前为止,内华达州岩画遗址处发现的最复杂的方格图案形状是威斯基平地(Whiskey Flat)遗址岩画群……产生了一系列数字,数学家称其为斐波那契序列。

或许,用斐波那契比例预测玉米价格并不是什么新鲜事!

〔13〕到目前为止,在这本书里,我总共提到了1个总的形状、原动型形式中的2个基本形式、校正型形式中的3个基本形式、5个基本形式。这一进展是个暗示:波浪原理本身的结构反映了斐波那契序列。《艾略特波浪原理》图3-14描绘了这种概念结构。

〔14〕卢卡斯序列是以19世纪法国数学家爱德华·卢卡斯(Eudouard)命名的,他还创造了"斐波那契

序列(Fibonacci numbers)”这一术语。

〔15〕它在数字“5”的地方开花。根据波浪原理,这里也是集体人类行为兴旺的地方。请看图 18－6。

〔16〕就长度而言,每个后起的茎的集合大约占前一个茎的集合的 2/3。

〔17〕Douaday, S. and Couder, Y. (1993). “Phyllotaxis as a self－organized growth process.” Growth patterns in physical sciences and biology.

〔18〕Prusinkiewicz, P. and Lindenmayer, A. (1990). The algorithmic beauty of plants.

〔19〕Thompson, D. (1917). On growth and form. p. 857.

〔20〕Vogel, H. (1979). “A better way to construct the sunflower head.” Mathematical Biosciences, No. 44, pp. 145—174.

〔21〕在植物之中,这一表现形式的主要例外是一个角,对应着近斐波那契－卢卡斯序列 1、3、4、7、11、18 等等。

〔22〕Khinchin, A. Ya. (1964). Continued fractions, p. 36.

〔23〕Arneodo, A., et al. (1993). “Fibonacci sequences in diffusion－limited aggregation.” Growth patterns in physical sciences and biology. 这一节里所有的引用都取自这个资料来源。

〔24〕同上。

〔25〕Sornette, D. (1997, October 15). “Generic mechanisms for hierarchies.” InterJournal Complex Systems, No. 127. And (1998, June 30－July 3). “Discrete scale invariance in turbulence?” Proceedings of the 7th European Turbulence Conference. And “Discrete scale invariance and complex dimensions.” Physics Reports No. 297, pp. 239—270. And Johansen, A. and Sornette, D. (1999). “Critical crashes.” Risk, Vol. 12, No. 1.

〔26〕索奈特提出,在离散尺度不变性等级体系的每个水平上都存在着一套离散的定律和工具。内在的心理产生了社会情绪波浪原理,波浪原理并不意味着内在心理的区别。然而,人们用来分析不同级数股市的规则和工具会有所不同。比如,在小型级数之下,每个波浪的相对规模不必符合其级数的相对规模。最好的全面标示方式有时需要允许最小型运动大于极小型运动。在较高级数上从不会发生这种情况。与之类似,在最小型级数上,波浪四很少轻微搭接波浪一的价格范围。在较高级数上又从不会发生这种情况。这一区别可能仅仅是股票平均指数在反映社会情绪波浪时的不精确变量。一般来说,阿卜拉辛似乎是根据同一定律进行,而不管正在发展的是哪个级数。但阿卜拉辛也有例外。比如,一棵树的树叶处于阿卜拉辛过程的末尾,与树枝的结构就不同。

〔27〕Doczi, G. (1981). The power of limits.

〔28〕黄金分割率和螺线数据的缺乏(The Dearth of Data on Phi and Spirals)。许多数学家厌恶黄金分割率,可能是因为神秘主义者有时夸夸其谈,渲染黄金分割率的特性。第 11 章和第 12 章将要引用的许多论文里显然都出现了黄金分割率,但是研究人员甚至提也不提。这就像发现 3.14 这个比例符合一组特定的自然过程却不提这个比例近似圆周率。这种厌恶导致了一个可悲的结局:自然界中黄金分割率数据的缺乏。这迫使我在这一章里只能研究有限的信息,引用建筑师而不是生物学家的话。此时,科学应当克服对黄金分割率行为的恐惧。克服了这个恐惧之后,我相信我们会看到与黄金分割率相关的研究和发现爆发出来。自然螺线也有同样的问题。我还没有看到评论自然螺线的著作。相关研究的缺乏又一次迫使我简单地说它们在自然界中无处不在。如

果由此引发的含糊想法困扰了你,这些含糊的想法也困扰了我。不幸的是,直到科学家把自然螺线当做一个研究领域来处理时,我们还仅仅局限于评论它们的反复出现。

〔29〕考虑到波浪和树木的这种联系,或许当人们说,“华尔街是个丛林”时,他们是非常正确的,但是他们并不知道自己有多么正确。

〔30〕(1976). Webster's Third New International Dictionary.

〔31〕Stewart, I. (1998). Life's other secret.

# 第 2 部分

# 通过波浪原理自身的操作使波浪原理生效

波浪原理的理论支撑在后面的第 3 部分继续。我原本可以把第 3 部分放在第 1 部分的后面，但是一些读者此时可能需要一些具体的东西来证明他们应该继续调查研究下去。第 2 部分用来证明波浪原理的功效。我们之后将要继续冒险前行，坚定脚步，探索波浪原理的科学支撑。

# 第4章　建模和量化:实现波浪原理功效的方式

## 一个简单的模型反映了现实

1995年,在没有考虑任何实际市场行为的情况下,艾略特波浪国际的迈克尔·比特纳(Buettner)建造了一个简单的波浪原理电脑模型。模型体现了冲动形式的3个主要规则和4个行为准则,如下:

(1)波浪二不会超过前一个波浪的起点。

(2)波浪三不是最短的波浪。

(3)波浪四不会进入波浪一的价格范围。

(4)波浪四的形式通常和波浪二不同。(在这个模型里,用"曲折线条"充当了波浪二,用"平面"充当了波浪四。这也是它们最常见的位置。)

(5)一个波浪通常是伸展的,这个波浪通常是波浪三。(在这个模型里,波浪三总是伸展的,迈克尔·比特纳决然地使它等于波浪一和五之和的0.618倍。)

(6)当波浪三伸展时,波浪五和一趋于相等。(这一模型使它们相等。)

(7)波浪经常和斐波那契比例有关。(这一模型体现了两个常见倾向:波浪二折回了波浪一的0.618,波浪四折回了波浪三的0.236)

图4-1显示了电脑模型生成的图片。图4-2显示了同一个图片,其迭代有5个级数。其下方是1932年道琼斯工业平均指数的实际图片。要明白,我们的模型排除了波浪原理规则和标准中的大量重要细节,并强加了实际股市中所没有的几种刚性。然而,就像比特纳总结的那样,"20世纪30年代设计的市场模型,即使转化成了高度简化的数学理想化状态,还是在很大程度上再现了真实市场在此后60年的整个结构"[1]。

你可能对确定这一模型的分形维数很感兴趣,但实际上 它是波浪原理的高度简化形式。波浪原理可以为形式变化建模。体现了所有此类变化的仿真可以更好地匹配现实世界的行为,艾略特的定义就旨在如此。或许,我们的"专家系统"电脑程序可以提供这个机会。我们将在下一节讨论这一程序。

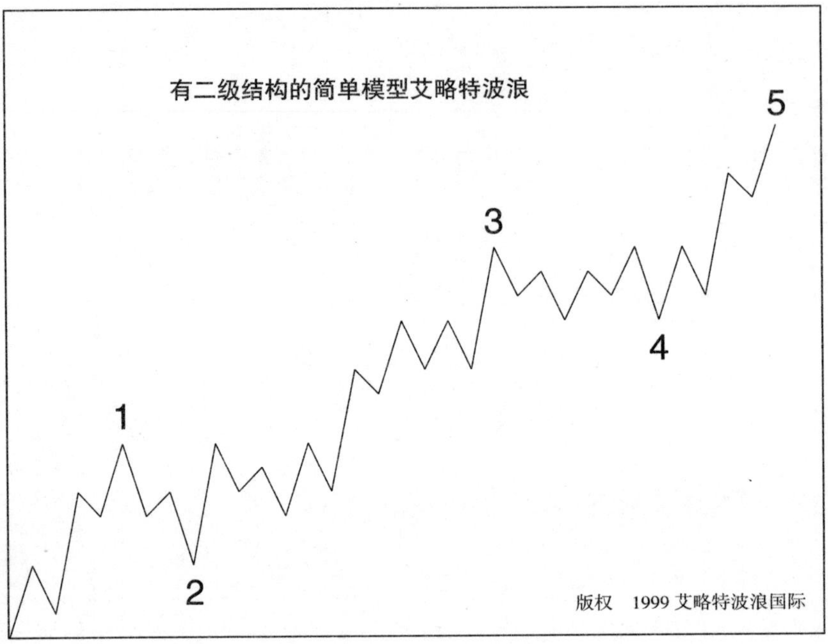


图 4－1

## 计算机化反映了客观性、一致性和预测价值

布罗克(Brock)、拉克尼施克(Lakonishok)、勒拜伦(LeBaron)最近指出,两个简单的趋势跟踪技术可以在市场上赚钱。这三位作者推断如下:

当开始研究金融时间序列的非线性时,许多技术型交易人认为这可以证明他们工作的价值。他们看到技术型交易规则和非线性之间存在着清楚的联系。对一些规则而言,这一联系是不容置疑的。有些规则旨在寻找“头肩形”①或者更复杂图形等一般形式。这些规则显然在试图发现这些序列之中的某种非线性……我们想要强调,我们的分析集中于最简单的交易规则。其他更复杂的规则可能会在条件性收益(conditional returns)中产生更大的差异。[2]

到目前为止,一些人企图基于分形、混沌、幂律等等发展电脑交易模型,但都归于失败。经济学家杂志 1996 年指出:“基金经理希望混沌理论可以引领他们找到金融的圣杯。但几乎毫无进展。”[3]迄今为止,这些企图失败的原因是它们没有一个可以产生艰深晦涩“更复杂的规则”的基础。而上述研究可以参考这些规则。他们推测市场就像第 3 章开头所描述的那样是个不定分形。但接下来,他们就无所适从,没有进展了。相反,波浪原理模型提供

① 头肩形(head and shoulders)是一个股票分析术语。译者注。

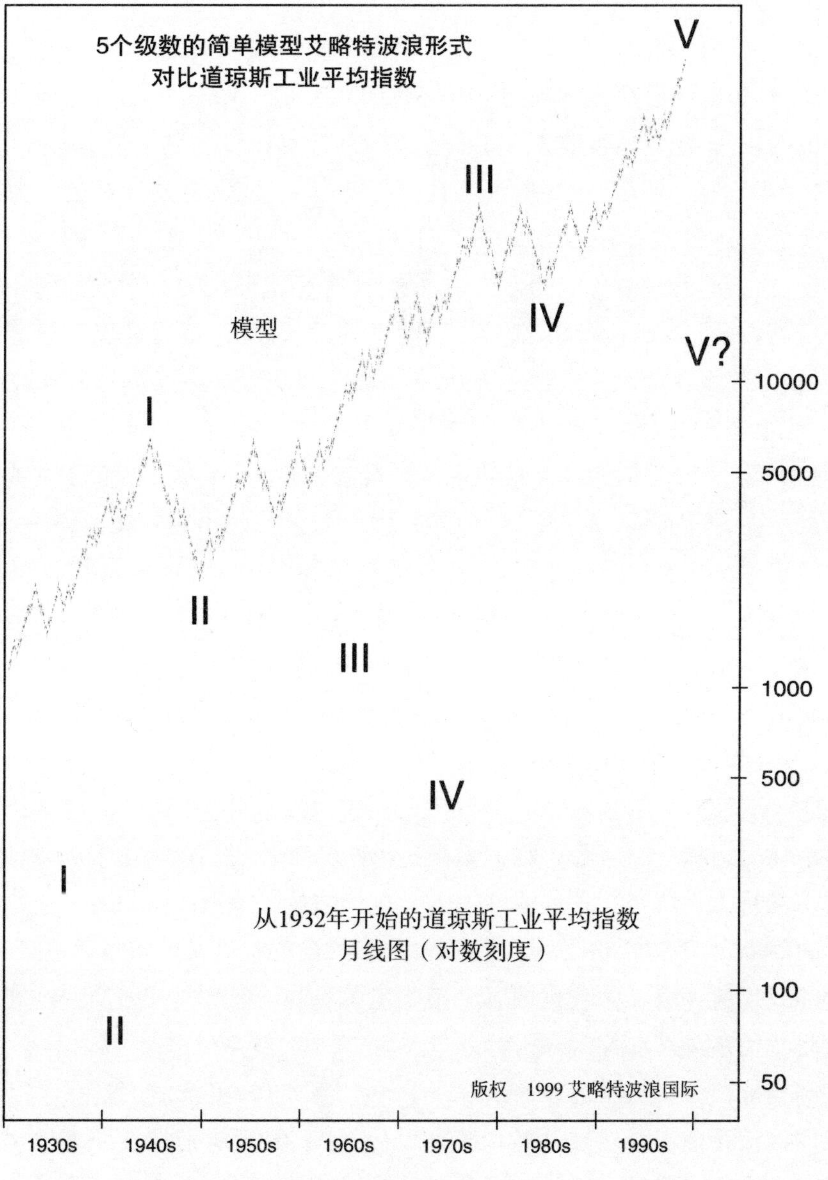


图 4 – 2

了一套详尽的形式组成规则。这套规则来自经验主义者,并得到了一个假说的验证。

为论证这一假说的功效,我的公司艾略特波浪国际正在开发一个“专家系统”电脑程序。这个电脑程序叫做艾略特波浪分析和测定专家系统[Elliott Wave Analysis and Validation Expert System(EWAVES™)①]。我们相信有些规则和标准可以有效解读波浪原理下的价格行为。这一程序就体现了所有这些规则和标准。要实现这个目标,我必须在量上定义每

① TM 是 trade mark 的缩写,就是“商标”的意思。译者注。

个波浪形式。

在波浪结构之中,市场的确切位置总是个问题。在完成验证之前,人们对形式的解读只是一个概率。所以,电脑必须能够判断,比如是否要把一个正在进行的校正说成发展三角形或者其他更像的东西,或者是否要说一个正在进行的冲动行将结束与否。画一个名为“收缩三角”的可接受形式是一回事;精确地说明其定义中有无什么,进而针对定义中所包含的内容在量上区分好三角和劣三角,又是另外一回事。

总的来看,在给所有波浪标示的方式中,最符合理想化形状的是市场当前位置的工作模型。在每一个新数据点(data point)都对一致性进行重新评价;每当理想化平衡倾向于另一种标示方式时,一致性就会改变。这一方法使得分析和观点顺应发展形式。在面对相反信息时,这一方法也避开了固执这个人类的缺点。

量化的任务并不太难,但它是基于我多年来观察波浪关系的经历,而不是基于对其所做的统计数据。然而,我们必须从某个地方开始,因为如果我们不定义想要研究的形式,统计资料也就无从产生。既然程序已经写出,我们就可以利用程序得到这些统计资料(比如,收缩三角形每个波浪之中有着常见折回百分比的曲线)并按照这些统计资料调节量化参数。

这一项目开始于得克萨斯州(Texas)休斯敦(Houston)的洛克希德工程学公司(Lockheed Engineering Science Company)人工智能项目办公室(Artificial Intelligence Project Office)。当时,它是该公司操作的唯一非政府项目。这一项目及其首脑一起转到了我们的总部。

在构建程序时,我们没有利用“数据拟合”。换句话说,我们没有把形式、规则、标准或者标示与任何市场行为相拟合。我只是量化了艾略特的形式发展规则和标准,艾略特在1938年就确立了80%的规则和标准。为了排除程序错误,我们在真实的市场里测试了这一程序,测试过程会涉及任何一组金融数据或者其他类型的数据。测试令我们满意。通常,程序给出的结果就是我们亲自进行数据分析的方式。

关于艾略特波浪分析和测定专家系统,第一个重要的事实就是艾略特波浪分析和测定专家系统表明波浪原理本身就是一个客观的言论。一些批评者把波浪原理思想歪曲成一个强加于市场之上的空中楼阁。其他人指责它需要主观判断。这两个观点都是错误的。在处理概率时,客观性和主观性并不一样。这一电脑程序现在已经证明波浪原理涉及的是客观性。

关于艾略特波浪分析和测定专家系统,第二个重要的事实是艾略特波浪分析和测定专家系统证明了波浪原理之下解读的一致性。在许多情况下,程序为每一个例子选择的最能反映波浪原理规则和标准的波浪标示方式,与人类专家的选择是一样的。比如,在图4-3中,该程序对过去70年的道琼斯工业平均指数进行了解读。就像图4-2总结的那样,通过艾略特、博尔顿、柯林斯和普莱切特的分析,第5章也描述了对过去70年的道琼斯工业平均指数进行的解读。两种解读一模一样。在几乎所有的情况下,电脑产生的一种标示方式,与

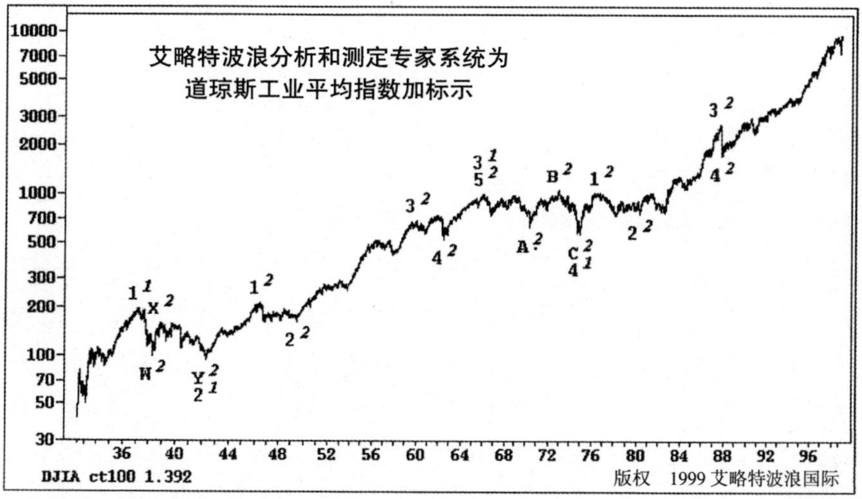


图4－3

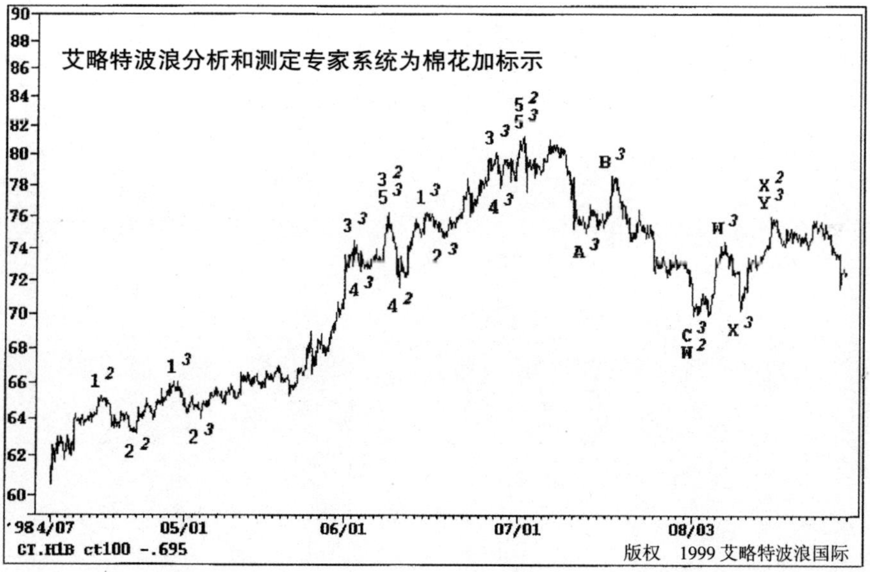


图4－4

人类专家选择的最好的标示方式一模一样。图4－4直到图4－6给出了另外的例子。无论在什么情况下,人类都不会认为艾略特波浪分析和测定专家系统产生的标示方式行不通而加以拒绝。

艾略特波浪分析和测定专家系统的另一个重要方面是其运算与波浪原理的较大理论兼容。该程序发现了目前为止波浪原理下所有已描述的形式,而且还能把这些形式植入复杂的自相似结构之中。

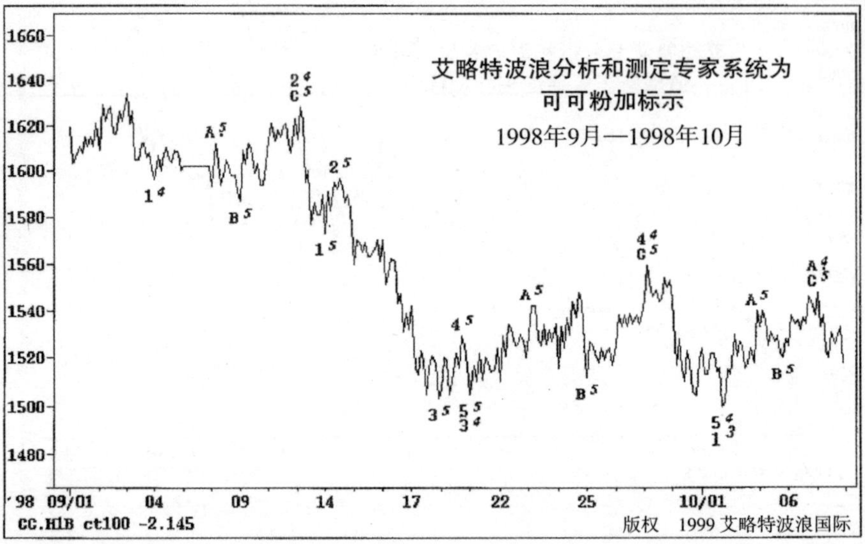


图 4 – 5

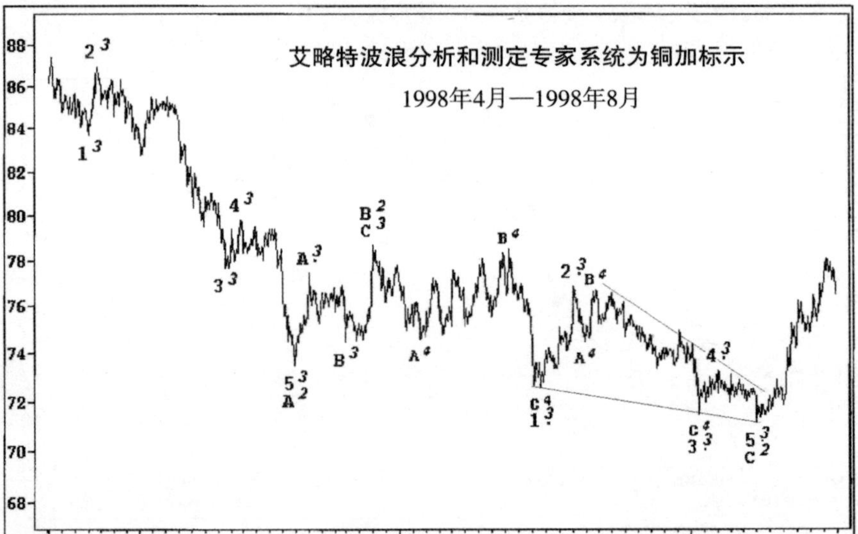


图 4 – 6

最后,艾略特波浪分析和测定专家系统正在显示相当可靠的预测能力。比如,从 1990 年直到今天,它一直精确地预测上涨中的道琼斯工业平均指数价格;从 1996 年至今,它通常精确地预测较低的金价。

我们还要量化这些预测来证实我们的观点,但我们正在接近这一目标。我们的计划是开发一个"信号"组件。这一组件本质上将要把艾略特波浪分析和测定专家系统的结论简化成买、卖和止损三个命令,只与一或两个趋势级数有关。该程序通过组件输出的不是波浪原理,提供的信息比综合波浪解读少得多,所以,任何结果都会是程序分析引擎预测价值的最小形式。考虑到我们对现实世界市场的知识,考虑到要避免曾经困扰其他程序员错误臆断,我们有理由认为我们的程序更好。

上面的段落说到了波浪原理的功效,但几乎没有涉及艾略特波浪分析和测定专家系统的价值。包括我在内的波浪原理的践行者经常受到主观影响,因为所有人都有情绪和偏见。这不是要支持错误的指责:波浪原理是主观的或者需要主观性。就应用波浪原理而言,人类的主观性也没有使其有别于任何其他办法。然而,波浪原理可以计算机化这个事实使波浪原理拥有了胜过许多其他方法的优势。利用没有感情的电脑,解读市场中的价格运动就完全是按部就班了。

同样重要的是艾略特波浪分析和测定专家系统的容量优势。人脑每次只能处理一定数量的概念。另一方面,为了加标示而对最高一致性得分进行评估时,艾略特波浪分析和测定专家系统同时考虑遍及几个级数的所有形式。艾略特波浪分析和测定专家系统列举了(也可以用图标示)所有可行的波浪形式,然后根据理想化的形式对它们进行分级,产生了一批由概率进行分级的客观结果。

对于学术目的来说,最好的情况就是艾略特波浪分析和测定专家系统是一个波浪分析实验室,可以用来测试任何关于波浪原理的问题,包括形式频率、特性、价格预期,等等,以便通过更细致的实证研究帮助完善波浪原理。我们希望这样使用艾略特波浪分析和测定专家系统来帮助启动这一新的科学。

艾略特波浪分析和测定专家系统确定了确实不反映波浪原理的数据系列,并说它们是"不可数数据"。毋庸置疑,这一程序有时可能会为一系列的随机数字群产生波浪标示方式,因为随机这个定义就意味着数字群可以反映任何事物,在这种情况下也就包括一个波浪序列。(要了解关于这个话题的更多信息,请看第19章)然而,如果我们对一个令人信服的思想进行精确的计算机化,那么,艾略特波浪分析和测定专家系统对于随机数据的一致性的平均得分就不得不比金融数据的得分少得多。虽然我们还要测试这些问题,但至少我们提出了测试方法。

从这个讨论我们可以看出,电脑在波浪原理中的历史是崭新的,才刚刚开始。另一方面,人们的应用历史已经相当长了。下面两章研究了这一应用历史,从一个方面表明了波浪原理的功效。

## 注 释

〔1〕Buettner, M. (1995). "An evolutionary model of market growth: The Elliott wave principle." Unpublished paper.

〔2〕Brock, W. , et al. (1992, December). "Simple technical trading rules and the stochastic properties of stock returns." Journal of Finance.

〔3〕"Chaos under a cloud." (1996, January 13). The Economist.

# 第5章 在形式的基础上预测形式

就像L. F. 理查森(L. F. Richardson)指出的那样,海岸的长度取决于你的测量方法和尺度。[1]放在地球仪上的一把尺子可以给出答案;同一把尺子,放在锯齿形状上跟横跨海岸,得到的结果就不一样。与之类似,当人们问我股市的走向时,甚至当人们问我股市一直以来的趋势时,我就不得不问:"你在说哪个级数?"可以有许多答案,比如"上升大型趋势里的整理中型趋势里的小型趋势是向下的"。

我和同事投入时间评估持续几分钟乃至几个世纪的波浪。对于这一章,我选择列举涉及相当长趋势的预测。作出这个决定有几个原因。第一,如果我只给出几个短期预言,读者们会理所当然地认为估计结果是得益于运气。我们毕竟花了这么长的时间去选择例子,在这么长的时间里,一些例子可能就已经经受了时间的考验,证实了其正确性。第二,我想把第4章的模型与践行者长期以来的预计结合起来,从应用波浪原理的最初几天开始。第三,有人推测,在任何重大时刻,分形和复杂系统都是不可预测的。我想证明事实恰恰相反。在第20章,我会解释为什么不同意这个推测。最后,成功的长期预测能给人留下深刻的印象;除了艾略特波浪的践行者以外,没人能够这样做。

对于科学假说的一个重要检验标准就是其预料结果的能力。波浪原理假说只是进行概率性预测(请看第20章),所以波浪原理假说难以在可预测性的基础上量化。尽管如此,还是有充分证据证明其独特的价值。在回顾下列摘录的时候,你需要切实地考虑实时预测之中的绝对不确定性。心理实验表明,大多数回忆往事的人都认为他们当时受到了明显的暗示。[2]李·西蒙森(Lee Simonson)曾经说过:"在有能力的历史学家看来,任何事件一旦发生就是必然要发生的。"[3]我们所有人也都这么认为。"好",我总是对抗议的声音说前面的趋势容易预测,"那么,你怎样预测下一个十年?"通常,我得不到什么好的答案。我想,当你读了这些叙述并从合适的角度加以考虑之后,你就会承认这些作者之所以能精确地描述未来是因为他们知道一些有用的东西。

## 预测半个世纪之内的道琼斯工业平均指数

在《艾略特波浪原理——一个关键评价》(*The Elliott Wave Principle——A Critical Ap-*

praisal)里,汉密尔顿·博尔顿做了这样一个开场白:

我们经历了一些人类所能想到的最无法预测的经济气候,包括萧条、大战、战后重建和繁荣。我注意到,在生活事实的发展过程中,艾略特的波浪原理是多么恰如其分。

股价图从1932年到现在的起起落落已经成为了历史。但是在每一个起或落之前,道琼斯工业平均指数要走的道路都被认为是完全无法预测的或者极具争议的。更确切地说,过去对每个重大趋势变化达成的一致意见都是(现在也都是)错误的,第8章和第18章将要讨论这些原因。然而,在那时,五个人接连应用这门粗略的年轻科学来预测市场行动,并得到了前所未有的结果。[4]

当阅读下面的摘录时,请注意在波浪原理假说下进行操作的每个分析师。对于道琼斯工业平均指数的波浪位置,每个分析师都因而一致坚持同样的基本结论,即:(1)在开始于18世纪末期的五波浪结构中,1932年标志着第四个波浪的低点。(2)在此结构中,道琼斯指数需要第五个波浪。(3)第五个波浪本身可以细分为下一个较低级数的5个波浪。

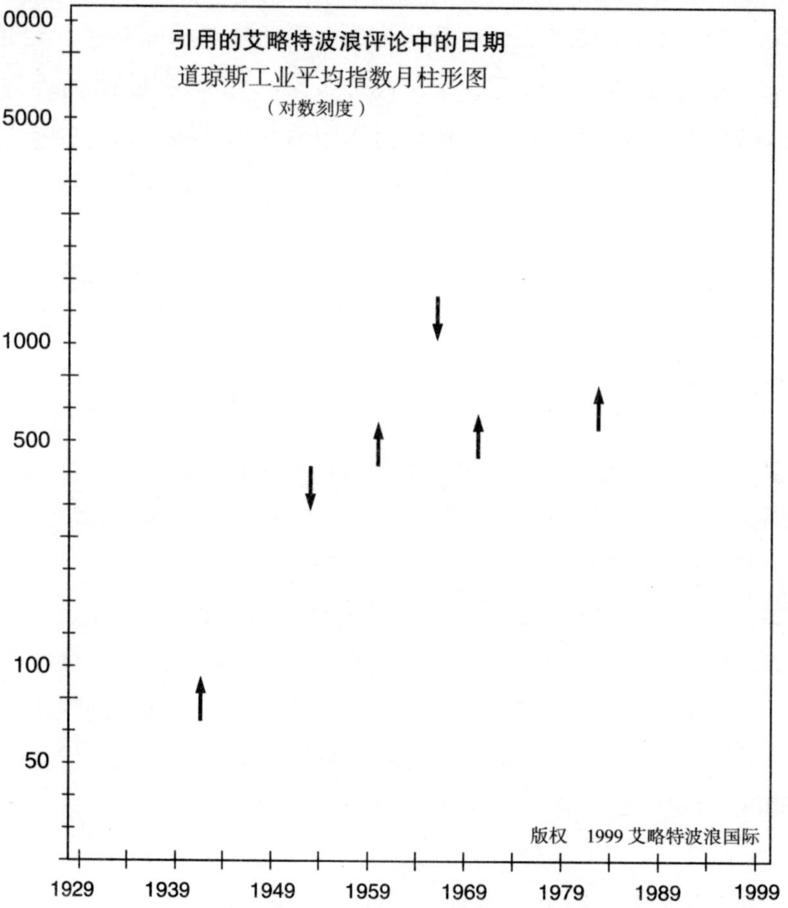


图5-1

请看图5－1，图中标出了1942年、1953年、1960年、1966年、1970年和1982年的位置。在这每一个年份中，波浪原理最早的支持者在当时都发表了下文的评论。要更好地体会当时前景的不确定性，请拿出一张纸，在图上每一个日期的地方盖住后面的部分。当然，即使这样做也不足以充分表明实时不确定性，这幅图的方形轮廓传达了关于未来的一些信息，而人们在当时并不知道。

注释：波浪标志法直到最近才标准化，所以，我对一些描述做了修订以保持级数－标示的一致性。另外，为了阅读方便，一些省略号和小的编辑也没有做标志。对于那些感兴趣的人，每个践行者关于股票长期前景的说法都重印在了4卷书里，本书末尾已经列举了出来。

## 1941年8月11日和25日

拉尔夫·尼尔森·艾略特认出了波浪(IV)校正过程的终点[后来标示为波浪(V)的II]，并预测了整个波浪(V)的上涨：

现存最早的股票记录是阿克斯·霍顿指数(Axe－Houghton Index)，始于1854年。从1854年到1929年9月经历了长期的运动，附图里显示了其中本质的“变化”特性。根据该国1854年以前的发展本质和程度，从1857年到1929年的波浪可能是超循环波浪(I)、(III)或者(V)。[5]然而，有理由相信1857年到1929年期间可以看做超循环波浪(III)。从1929年之后，市场勾勒出的形状是一个巨大的长达13年的三角形(图5－2)。这个三角形范围广大，因而这些失败的年份完全可以归为一个次序的超循环波浪(IV)。这个次序最早可以追溯到1776年。我的看法是正统的三角形似乎只能是五波浪趋势中的第四个波浪。[6]

自然界无可变更的比例法则解释了振幅比较中反复出现的0.618比例。下面的表格记载了自1930年4月的重要运动。你可以从这个表格里看到0.618比例。

**市场趋势的循环相对性**

| 编号 | 开始日期 | 终止日期 | 开始点位 | 终止点位 | 变化 | 比例 | |
|---|---|---|---|---|---|---|---|
| R | 1930年4月 | 1932年7月 | 296.0 | 40.5 | 255.5 | | |
| S | 1932年7月 | 1937年3月 | 40.5 | 196.0 | 155.5 | 155.5/255.5＝ | 60.9% |
| T | 1937年3月 | 1938年3月 | 196.0 | 97.0 | 99.0 | 99.0/155.5＝ | 63.6% |
| U | 1938年3月 | 1939年9月 | 97.0 | 158.0 | 61.0 | 61.0/99.0＝ | 61.6% |
| | | | | | | | 平均数62.0% |

这些比例和序列一直控制和限制着价格趋势的范围和持续时间，而不用考虑战争、政治、生产指数、货币供应、总购买力、其他公认的决定股票价值的方法。这一特点证明当前的事件和政治对市场运动没有影响。

这一惊人的市场行为源自一些被压缩进三角形区域的成分循环的相对性。所以，如果能指出三角形那迅速接近的顶点应该标志着股市一个相当长的上升活动(即价格上涨)时

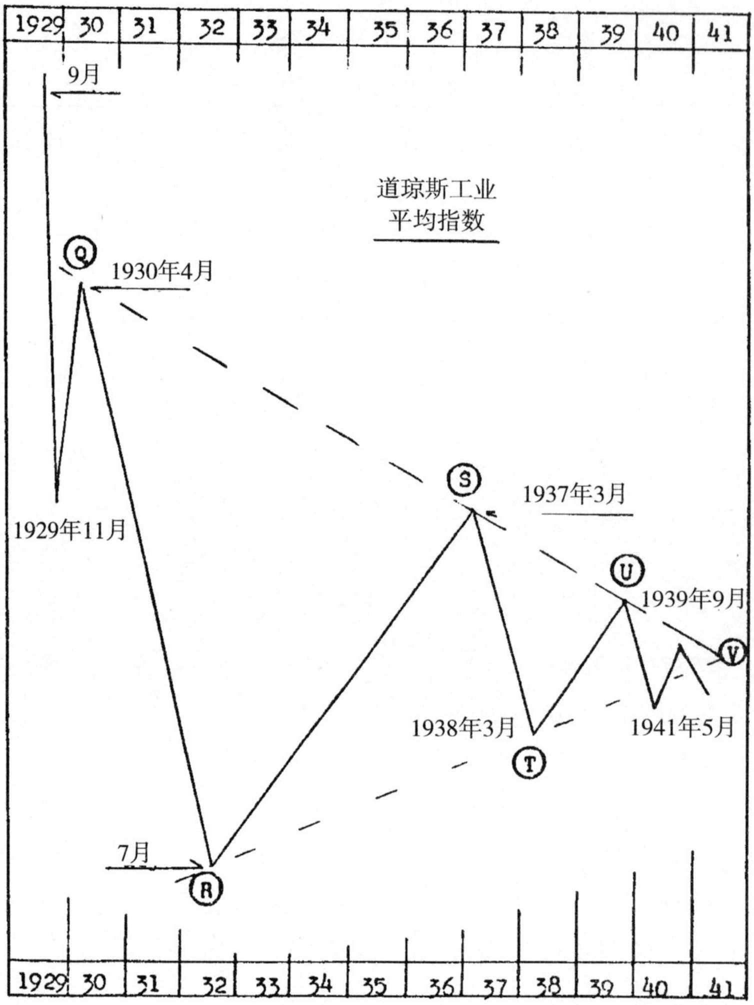


图 5 -2

期,则是一件非常令人振奋的事情。三角形波浪 E(在图中标示为 V)上涨良好。它的终点,别管是在三角形区域之内还是之外,都应该标志着对 13 年失败形式的最终校正。这一终点也标志着一个新的超循环波浪(V)(包含一系列较小级数的循环)的起点。在许多方面,这一超循环都可以和 1857 年到 1929 年之间的长期上涨相媲美。预计到大约 2012 年,超循环波浪(V)才会达到顶点。[7][请看(图 5 -3)中的虚线。][8]

(注释:8 个月后,1942 年 4 月,也就是二战最黑暗的日子里,道琼斯工业平均指数触底。从此再未回头。)

## 1953 年第一季度

作者汉密尔顿·博尔顿认出了波浪 III 的位置,并预测了波浪 III 范围:

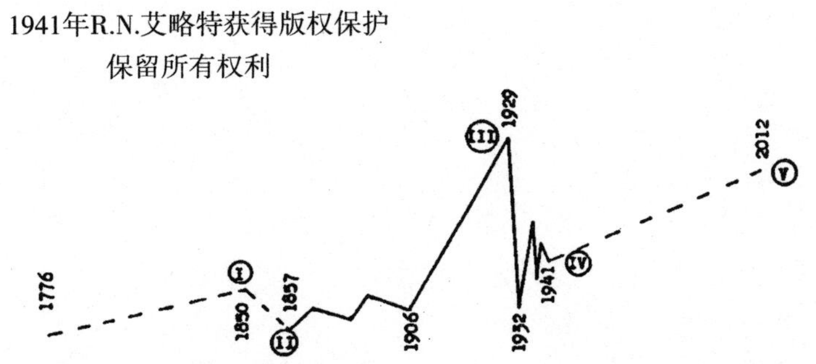


图5－3　R. N. 艾略特对长期波浪位置的解读(不按比例或者角度)

已故的R. N. 艾略特设计了未来股市行为的形式。从他勾勒股市行为的年代到现在,股市行为并没有发生根本变化。这最后一个预言或者假说至关重要,因为如果艾略特是正确的,我们在这个世纪可能就不会再次看到股价像1942年那样“货币名义上的”低迷。当然,不管怎么说,通货膨胀会在很大程度上促成这个假说,但这并不意味着类似1929—1932年的大萧条不会出现在我们的人生节目单之中(尽管在我们的人生之中完全可能再次出现1921年、1896年和1873年的情况)。此外,还应该把背景考虑在内;艾略特设计股市形式的时候,大家担心的是通货紧缩,而不是通货膨胀。

现在,艾略特预测的意义应该更明显。

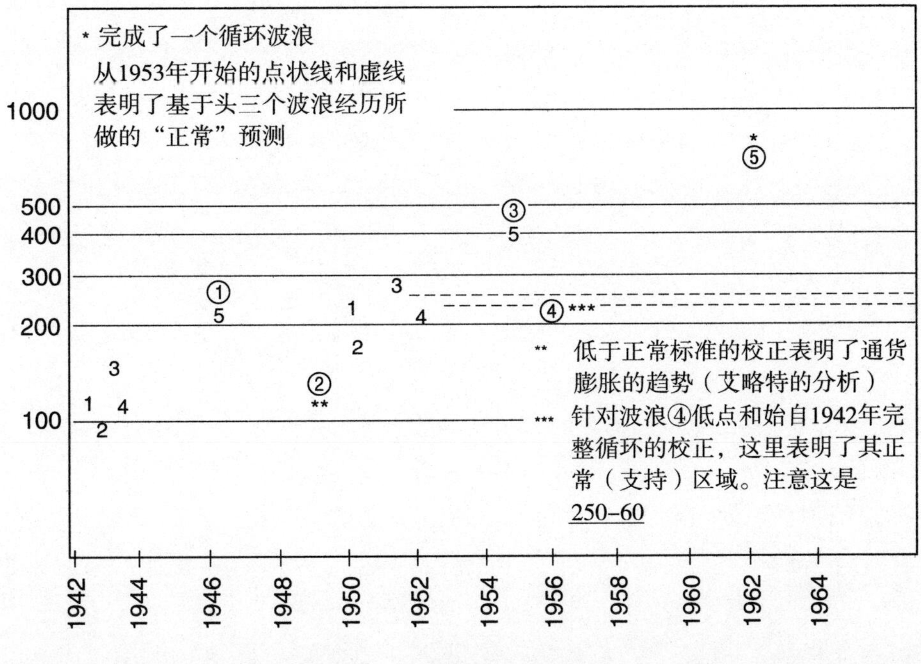


图5－4

(1)艾略特的假说正确地预测到,从1942年出现一系列的牛市,级数类似1857年到

1929年的牛市,5 波浪形式(3 波浪向上,中间有 2 波浪向下),继之以 3 波浪向下(2 波浪向下,1 波浪向上),所有的波浪都向后起的更高水平移动。

(2)第一个循环牛市波浪①结束于 1946 年(艾略特去世于 1948 年,他在死前作出了这一分析),其校正(波浪②)结束于 1949 年 6 月。

(3)根据该图所表明的时间要素(根据艾略特的说法,第三个波浪在时间上绝不会短于第一个波浪)和振幅,我们现在肯定还处于 1942—? 的牛市波浪③之中(一个循环波浪)。

(4)波浪③结束之后,(由于时间和振幅要素,1954 年不可能会结束)会有一个校正(波浪④),按照 1946—1949 年的次序。然而,根据艾略特的一个原则,这一校正不会打破 1942—1949 年低点的底线。(这是一个正常的预计,只可能在极端情况下轻微地出格)

(5)波浪④之后,波浪⑤会终结这第一个始于 1942 年的上升循环。再次由于时间要素,看起来在 20 世纪 60 年代之后会对始于 1942 年的上升势头进行校正,一场股价大萧条即将到来。[10]

(注释:图 5-4 中,博尔顿的虚线正确地预测到在 1965 年之前道琼斯指数接近 1000 点的时候出现顶点。)

## 1960 年第一季度

汉密尔顿·博尔顿,继续:

就时间和振幅而言,61.8 比 100 的比例、100 比 161.8 的比例,成为艾略特理论的中心部分。因此,艾略特指出了许多其他巧合。比如,1921 年到 1926 年的点数(即头三个波浪)是 1926 年到 1928 年最后一个波浪点数的 61.8%(正统顶点)。1932 年到 1937 年的 5 个向上波浪也是如此。而且,从 1930 年顶点(道琼斯工业平均指数 297 点)到 1932 年底部(道琼斯工业平均指数 40 点)的波浪是从 40 点到 195 点(1932 年到 1937 年)波浪的 1.618 倍。还有,就道琼斯工业平均指数而言,1937 年到 1938 年的下跌是 1932—1937 年上涨的 61.8%。如果 1949 年到今天的市场遵循这一公式,那么,1957 年的低点 416 点加上 583 点(361 点的 161.8%)的时候,或者是总共达到道琼斯工业平均指数 999 点时,1949 年到 1956 年的上涨(道琼斯工业平均指数 361 点)就应该结束了。(请看图 5-5)[11]

(注释:对于牛市的延续而言,对于牛市最终顶点的水平而言,这都是一个完美的正确预测。第一个引用 13 年之后,第二个引用 6 年之后,道琼斯指数的日收盘价高点是 995.14 点。从那时起,股市经历了自 1937—1942 年以来的最大牛市,与预测的完全一致。)

## 1966 年第一季度

查尔斯·约瑟夫(Joseph)·柯林斯,找出了波浪 III 的终点并预测了波浪 IV 的范围:

在计算始于 1932 年的超循环波浪(V)时,我发现两个循环波浪已经结束,第三个已经于 1966 年 1 月结束。或者,如果不是这样的话(请看后面的讨论),那么,第三个循环即将结

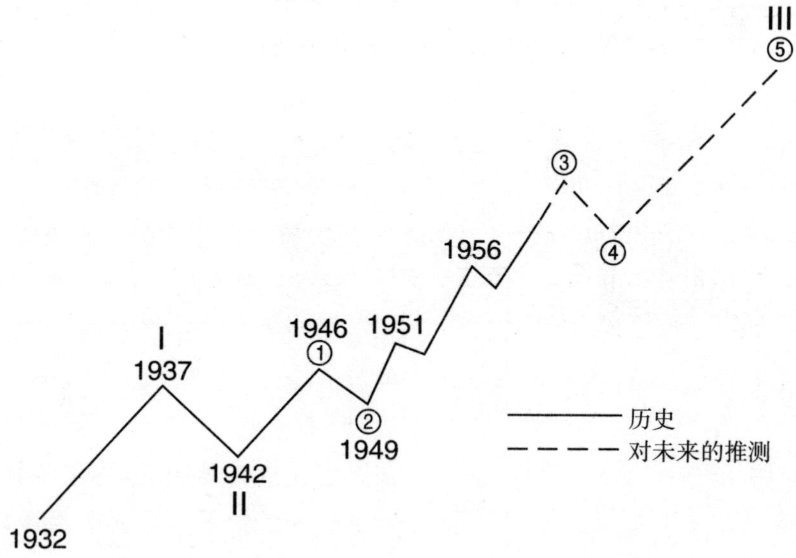


图5－5

束。这些循环波浪如图5－6所示。

我目前感兴趣的是循环波浪III。循环波浪III开始于1942年，我在图5－7中进行了分解。顺便说一下，1956年到1962年，大型波浪④的上升斜线带有通货膨胀的意味。

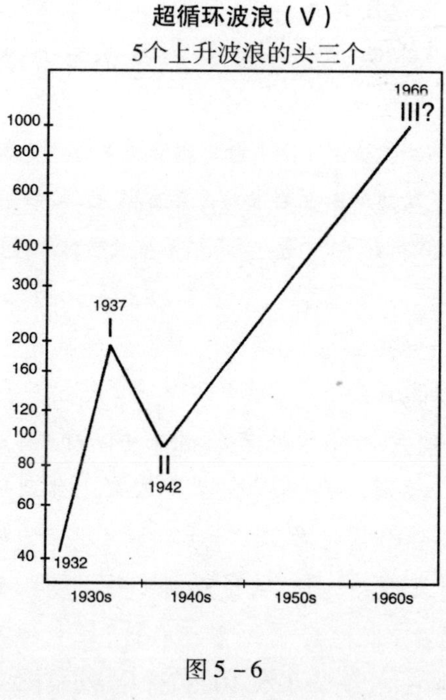


图5－6

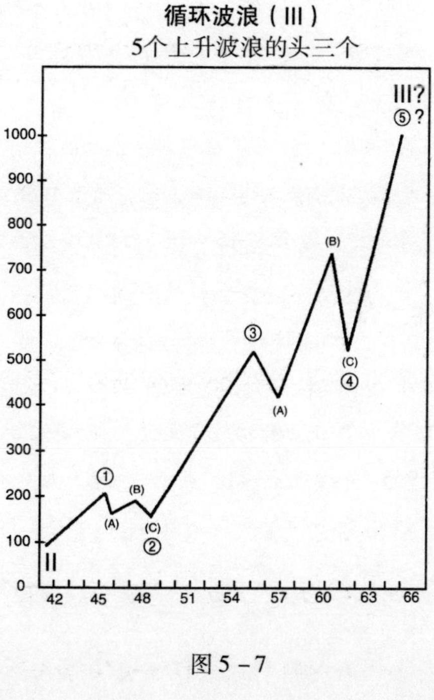


图5－7

图5－8是循环波浪III的大型波浪⑤（1962—1966?），给出了道琼斯工业指数（Dow In-

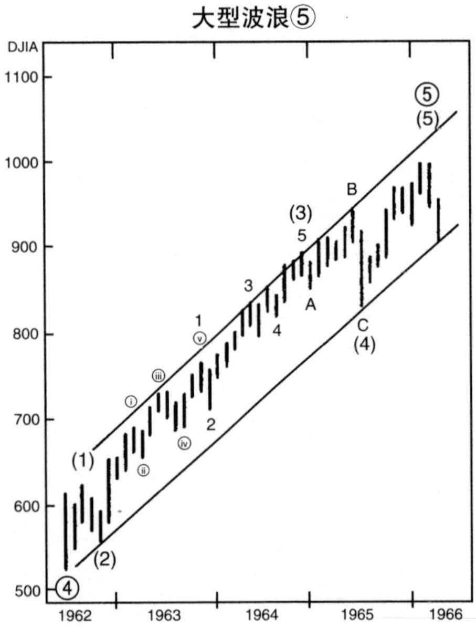


图5-8

dustrials)的月振幅。这一大型波浪的中型波浪(3)是伸展的,所以,由此看来,中型波浪(5),因此还有大型波浪⑤以及循环波浪 III 会结束于 1966 年 1 月,市场会随之下挫。[有人可能认为,这样的下滑组成了波浪(5)的一个伸展之中的波浪 2,而这面临着艾略特的一则名言:伸展可以出现在波浪 1、3 或者 5 的任何一个之中,但绝不会出现在不止一个波浪之中。所以,根据艾略特的规则,中型波浪(3)的伸展会排除中型波浪(5)的伸展。]

大型波浪⑤是伸展的,艾略特说一个伸展会折回两次。如果所说属实的话,这就要求循环波浪 IV 的"C"波浪至少下探到道琼斯指数 770 点~771 点。换句话说,也就是下探到中型波浪(3)开始的大致区域(请看图 5-8 的点 1 和 2)。然而,下跌可以继续,根据艾略特的规则,正常情况下,一个波浪的校正应该下探到 5 个较小波浪中第四个波浪的终点附近,振幅由此决定。循环波浪 III(请看图 5-7 中的波浪④)的第四个大型波浪的终点于 1962 年确立于道琼斯指数 524 点。一如猜测的那样,循环波浪 IV 的"A"波浪会不会到达 770 点~771 点区域,"C"波浪会不会到达 524 点附近,相当大的"B"波浪会不会插入其中?[12]

(注释:上涨了 24 年之后出现了循环级数顶点,"A"波浪和"C"波浪下探是循环级数顶点的完美要求。1966 年的日收盘价低点是 744.31 点,始于 1966 年的第一波下跌的范围也要求"A"波浪和"C"波浪下探。而且,这也是一个近乎完美的预言:8 年后,也就是 1974 年,最低点达到了 577.60 点的基础日收盘价数字。)

## 1970 年 5 月

艾尔弗雷德·约翰·弗罗斯特①,预测波浪 IV 的低点:

1960 年 5 月,A. 汉密尔顿·博尔顿说:"如果 1949 年到今天的市场遵循斐波那契公式,那么,1957 年的低点 416 点加上 583 点(361 点的 161.8%)的时候,或者是总共达到道琼斯工业平均指数 999 点时,1949 年到 1956 年(道琼斯工业平均指数 361 点)的上涨就应该结束了。"这一预言差不多是 6 年前作出的,当时大牛市还没有到达顶点:道琼斯工业平均指数大约 1000 点。应用同样的公式来确定当前熊市的范围,我们得到了许多可能性,每一种可能性都表明严酷的市场就在眼前。从历史最高点道琼斯工业平均指数 1000 点下跌 61.8%,会

① 艾尔弗雷德·约翰·弗罗斯特(Alfred John Frost)即 A. J. 弗罗斯特(A. J. Frost)。译者注。

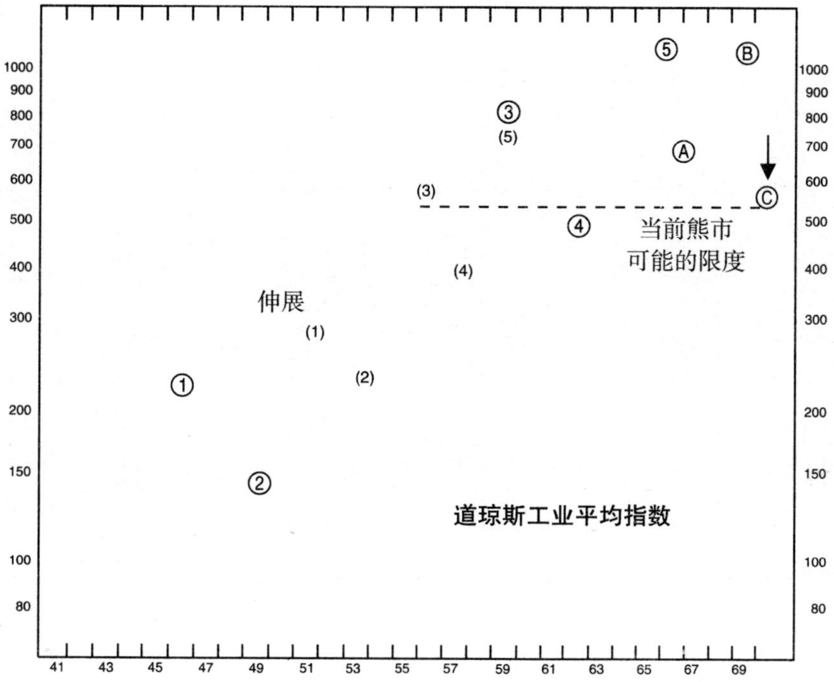


图 5-9

使道琼斯指数回归 381 点，也就是 1929 年的高点。这好像是不可能的，因为当前这个开始于 1966 年的循环波浪应该不会搭接 1929 年的高点。如果当前这个始于 1968 年 11 月 2 日（道琼斯工业平均指数 986 点）的 C 波浪下跌 414 点（1966 年 A 波浪下跌 256 点，414 点是 256 点的 161.8%），市场会在 572 点止跌回升。请看图 5-9。[13]

（注释：熊市的低点出现于 1974 年 12 月 9 日，日收盘价 577.60 点，时线低点 572.20 点。）

## 1982 年 9 月 13 日

小罗伯特·鲁热特·普莱切特（Robert Rougelot Prechter Jr.）①，确定了波浪 V 的开始并预测了波浪 V 的基本范围：

对于波浪分析师来说，这是个令人激动的时刻。从 1974 年以来，一些巨大的波浪形式可能第一次已经完成。这些形式对未来的 5 到 8 年有着重要的意义。这一计算赋予波浪 IV 的技术名称是“两个 3”，第二个“3”是个上升三角形。请看图 5-10。这一波浪计算证明始于 1966 年的循环波浪 IV 结束于上个月（1982 年 8 月）。在这一形式的终点，始于 1942 年的

---

① 小罗伯特·鲁热特·普雷切特（Robert Rougelot Prechter Jr.）即小罗伯特·R. 普雷切特（Robert R. Prechter, Jr.）。译者注。

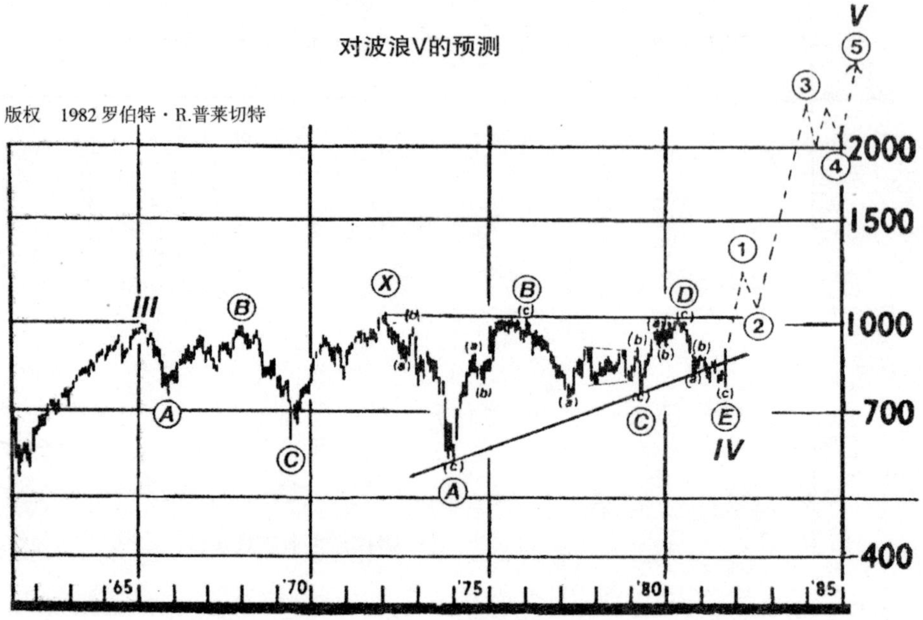


图 5 - 10

趋势通道的下限被短暂打破。我应该指出,短暂打破长期趋势线被认为是第四个波浪的偶发特征,就像《R. N. 艾略特的杰作》(*R. N. Elliott's Masterworks*)所指出的那样。[14]

波浪分析这一任务经常需要往回走,看一下全局,并以历史形式做证据判断趋势中大变化的开始。循环和超循环波浪在广阔的价格范围内移动,确实是我们所考虑的最最重要的结构。它们表明经济稳定和股价飙升的时期已经开始。人们必须推断始于 1982 年 8 月的牛市最终会发挥全部的潜能,达到起点的 5 倍,因而会以 3885 点为目标。[15]

(注释:在 1942 年以来股市最低迷的时刻,普莱切特确定了道琼斯指数长达 16 年的净损失时期的终点。这一时期在 777 点结束。普莱切特还预测了股价会爬升到近 4000 点,人们认为 4000 点是个荒唐的水平。)

## 1982 年 11 月 8 日

罗伯特·普莱切特,继续:

全面回顾过去 200 年的所有股市行为,就可以确切地知道你在波浪计算的什么位置。请看图 5 - 11。

## 1983 年 4 月 6 日

罗伯特·普莱切特,继续:

基于艾略特的通道方法,正常的第五个波浪会上升到通道上轨。在这种情况下,价格会

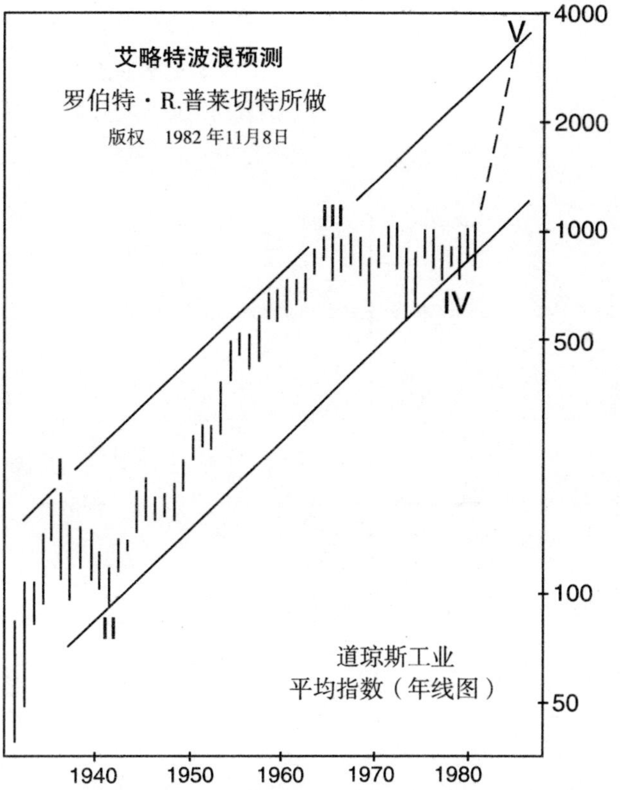


图5-11

在20世纪80年代后5年斜穿过3500点~4000点范围。艾略特指出,当第四个波浪打破趋势通道时,就像在1982年那样,第五个波浪经常会换向,或者暂时从另一边(即上边)刺穿同一个趋势通道。

对于波浪V的心理学方面,我们可以推断出什么?作为最后的激动,波浪V结束时候的特点是股票会出现几乎难以置信的习惯性躁狂(institutional mania),而股票指数期货、优先认股权和期货期权会出现集体躁狂。依我看来,长期情绪标准量度(sentiment gauges)会在最终顶点出现两三年以前释放出大趋势卖出信号,而市场则会继续前进。根据波浪原理,由于遵循了波浪V,道琼斯指数会按照预计的那样在1987年或者1990年以前达到顶点,我们将要振作美国股市去经历历史上最大的暴跌。所以,投资者群体性心理会达到躁狂的比例,1929年、1968年和1973年的要素会一起发挥作用,投资者群体性心理最终达到更大的极端。[16][17]

[注释:金融躁狂难得一见,平均一个世纪出现一次。这是有史以来第一次试图预测金融躁狂。当拥有本公司股票的集体欲望和制度欲望变得史无前例的时候,金融躁狂出现了。实际上,这是有史以来最大的股票躁狂。就股息率和公司账面价值而言,美国股票的平均估价在1998年后半年达到了历史最高点,利润丰厚。而且就像预期的那样,道琼斯指数针对超循环上涨的较高通道线产生了"换向",并接触到循环级数的较高通道线。(请看图5-12和18-5)。整个过程持续了十年多,比原先想象的走得更远。]

## 总 结

没人曾经像做科学实验一样进行市场预测。艾略特主义者也没做过,所以没有数据可以量化这些预测的价值。此外,上面所引用的每一个践行者长期以来都在犯错,每个试图预测市场价格的人都是如此。然而,除了随机漫步主义者以外,还有人漫不经心地把这一评论比作抛硬币(一个站不住脚的类比)。对于他们来说,这是一个强大的遗产,尤其是跟传统方

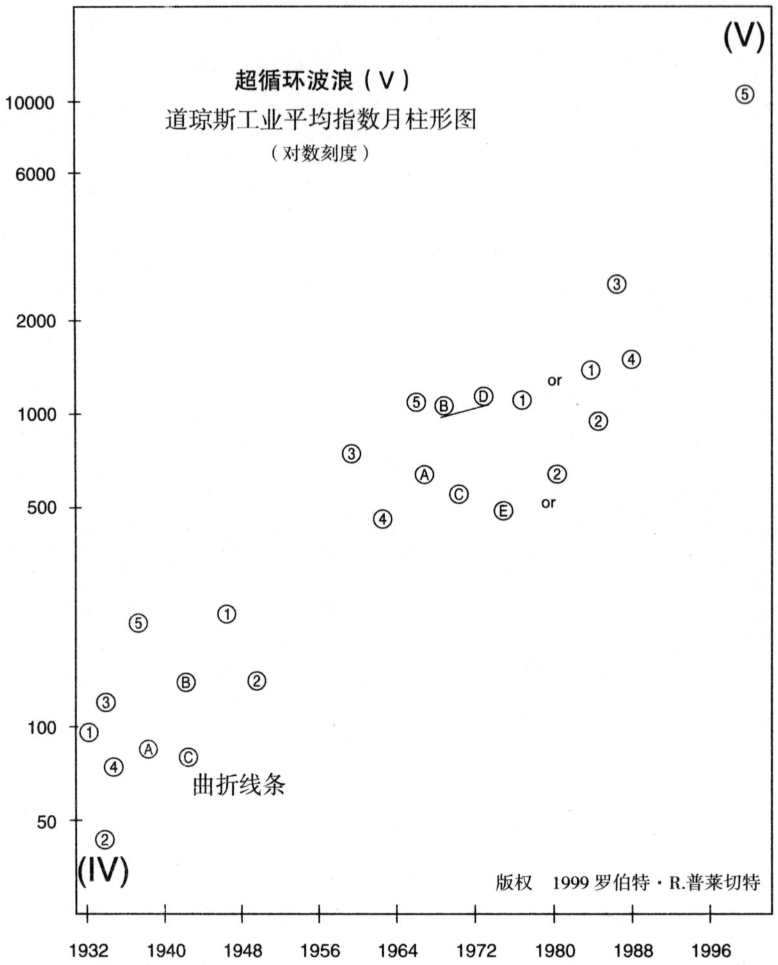


图 5－12

法的成果相比,我们在第 19 章会探索这个问题。

对于上面的引用来说,有三个重点:(1)没有其他的市场预测方法可以让人采取哪怕是像这些预测所反映的那种视角。(2)就成功的程度而言,没有市场预测方法可以望上面引用的项背。(3)这些践行者的观点在 60 年的时间里保持了一致性,每一个分析师都对价格的最终路径持同样的观点,并坚持到底,贯彻始终。只有令人信服的市场行为理论才能如此。

# 注　释

〔1〕Richardson, L. F. (1961). "The problem of contiguity." General Systems Yearbook, Vol. 6, pp. 139—187.

〔2〕一个实验涉及的主题是预测假想中战役的结局。这次战役在英国人(the British)和非洲人(the Africans)之间展开,发生在 19 世纪。一些人当场就被告知了"真实的"结局。这些人使劲歪曲了自

己的答案，倾向于当时根据提供的细节已经变得“明显的”答案。而没有被告知结局的人，作出的决定是50/50。我遗憾地说，我确实没有这一研究的参考资料。如果你能找到相关的参考资料，请指点我一下，我会在下一版把这些资料包括进来。

〔3〕Prochnow, H. (ed.) The public speaker's treasure chest.

〔4〕在这份名单里，我们或许还能加上埃德森·古尔德(Edson Gould)。他知道并使用了波浪原理，但他从没这么说过。要了解细节，请看《R. N. 艾略特的杰作》里的“R. N. 艾略特传记(A Biography of R. N. Elliott)”。

〔5〕那时没有早于1854年的资料。

〔6〕艾略特用非常有限的数据完成了这次预测，只包含了1858年到1942年的数据。直到那时，他还看不到整个大超循环波浪，这个大超循环波浪开始于1784年(请看图2－7和16－5)。然而，他可以看到始于1929年的校正过程具有三角形本质。按照生产者物价指数(PPI)调整过的“定值美元”数据体现了这一点(请看图16－3里的小图和图16－6)。艾略特已经说过，三角形只出现在第四个波浪的位置。艾略特非常清楚较小形式的连接组合方式，然后，他据此认定了市场在较大形式中的位置，虽然他只有市场的部分记录。我和弗罗斯特后来获得了相关的历史数据，并证实了他的结论。

〔7〕艾略特对“2012年”的预测是个未经准备的言辞，意思是，“级数与超循环波浪(III)一样，因此长度也基本一样”。在2012年，它们的长度会一模一样。实际上，他没有预计它们会精确匹配。他要表达的意思是他预言的是一个更接近70年的超循环上涨，不是一个更接近10年的循环级数上涨，也不是一个更接近200年的大超循环。从1942年到现在，上涨已经持续了超过55年，要是从1932年算起的话，就是超过65年，稳稳地处于超循环级数上涨阶段。

〔8〕Elliott, R. N. (1941, August 11). “Market apathy —— cause and termination.” (Educational bulletin).

〔9〕Elliott, R. N. (1941, August 25). “Two cycles of American history.” Interpretive Letter No. 17.

〔10〕Bolton, A. H. (1953). “Elliott's wave principle.” Supplement to The Bolton－Tremblay Bank Credit Analyst.

〔11〕Bolton, A. H. (1960). “The Elliott wave principle —— a critical appraisal.” Supplement to The Bolton－Tremblay Bank Credit Analyst.

〔12〕Collins, C. J. (1966). “The Elliott wave principle of stock market behavior.” Supplement to The Bolton－Tremblay Bank Credit Analyst.

〔13〕Frost, A. J. (1970). “The Elliott wave principle of stock market behavior.” Supplement to The Bolton－Tremblay Bank Credit Analyst.

〔14〕Elliott, R. N. (1938). The wave principle.

〔15〕Prechter, R. (1982, September 13). “The long term wave pattern——nearing a resolution.” The Elliott Wave Theorist.

〔16〕Prechter, R. (1983, April 6). “A rising tide — the case for wave V in the Dow Jones Industrial Average.” The Elliott Wave Theorist.

〔17〕普莱切特从此时起所做的评论都在《艾略特波浪原理》的附录里重印。我们过去和现在面临的下

一个逻辑问题是,“如果一切皆如预计,波浪V达到顶点之后会发生什么”?1978年,在《艾略特波浪原理》里已经预先对这个问题进行了处理;这里引用了1983年4月6日的报告,这份报告提供了较多的细节;1995年,《在浪潮的顶点》(*At the Crest of the Tidal Wave*)提供了更多细节。我提到这个情况是因为,整个这一节引用的一系列评论不光关注20世纪的大牛市,还关注牛市在更大波浪结构中的位置。

# 第6章　在典型波浪关系的基础上预测价格极值

就像第5章的评论所表明的那样，在波浪间的一些价格关系中，斐波那契比例反复出现。这一事实为创造标准提供了基础。这些标准可以用来进行非常具体的价格预测。R. N. 艾略特发现了几个这种关系，我发现了许多此种关系。把它们列举在这本书里没有意义；想知道这些关系的名单，请看《艾略特波浪原理》第4章。

博尔顿、柯林斯和弗罗斯特用这种类型的分析来预测高精确度月份或者年份（pinpoint accuracy months or years）。下文引自《艾略特波浪理论家》（*Elliott Wave Theorist*）的摘录提供了两个应用比例关系预测难题的详细例子。这两个例子把两个重要市场的实际情况结合了起来。这两个重要市场是道琼斯工业平均指数和美国长期国债（Treasury bonds），都得到了媒体的关注。这是些突出的范例，因为它们与主流观点背道而驰，并走在了市场巨变的前面。你不需要花费时间理解这些讨论的每一个细节。关键是看到在此基础上进行精确的预测是可行的。

## 使用斐波那契关系预测道琼斯工业平均指数

### 1983年11月7日

打破道琼斯指数1206点，实际上可以证实大型①达到了顶点并肯定会继续下跌。如果1158点被打破，下一个支撑点就是1090点，标志着对大型①折回0.382。请看图6-1。

### 1984年3月5日

随着校正的进行，我们就能越来越清楚地估计最后的底部会在哪里真正出现。这里是计算：

（1）大型波浪②会在1094.20点折回大型波浪①的0.382。

（2）在A-B-C下跌之中，波浪C会在1089.19点达到波浪A的0.618倍长。

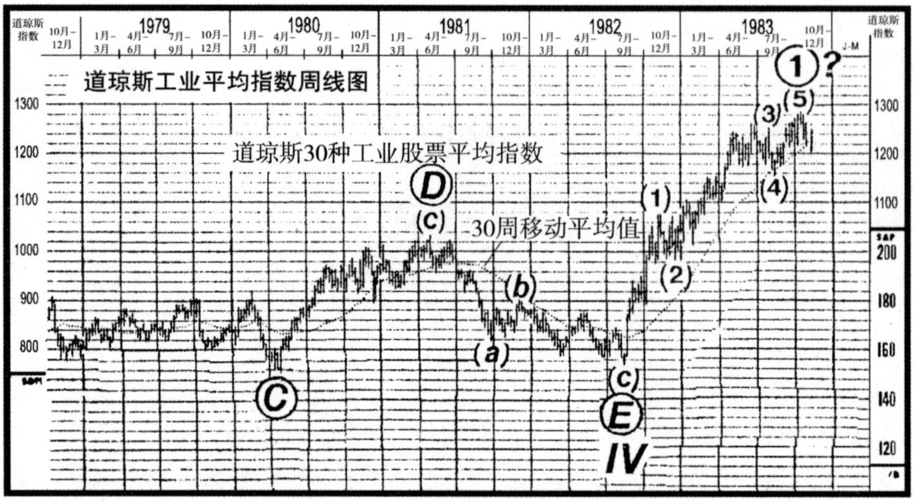


6 - 1

## 1984 年 4 月 3 日

我已经接到了邮件,有人在邮件里基于艾略特提出争论:道琼斯指数会立即暴跌至 200 点 ~500 点,也就是说道琼斯指数会重复几次 100 点幅度的下跌。然而,正在行进中的大型波浪②将于今年触底。

## 1984 年 4 月 30 日

大型波浪②还没有触底。股市看上去处于暴跌 100 点的边缘,最终的中型期限低点预计会出现在 5 月 30 日—6 月 4 日期间。请看图 6 - 2,在 4 月 3 日的版次中。

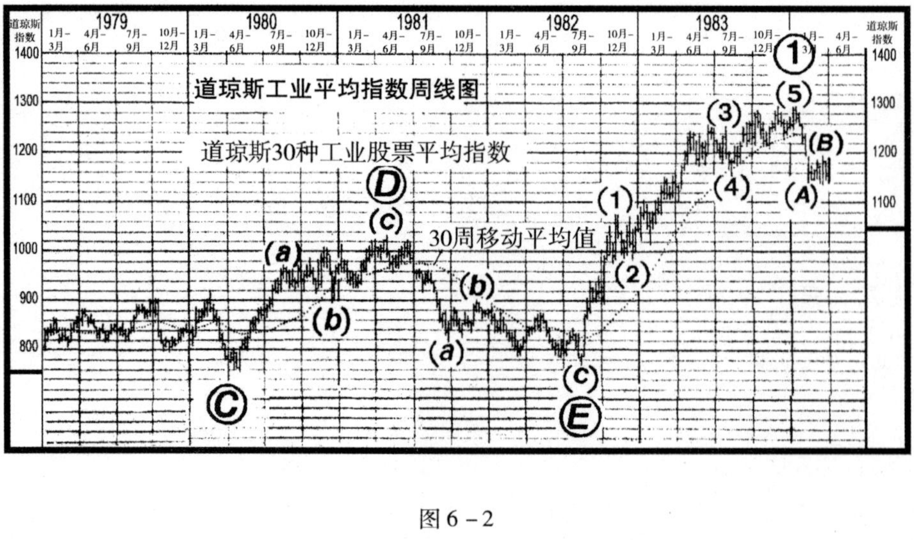


图 6 - 2

## 1984 年 6 月 4 日

就价格而言，下降的目标1090点先是于7个月前在1983年11月7日的版次中计算出来的。这一基本目标在3月和4月的版次中得到了重申，在1087点－1099点区域勾勒了一个“买进”战略（有较小的变动）。5月30日的时低点（hourly low）是1087.93点。斐波那契波浪关系的名单恰如其分、严丝合缝，本身就是一个令人信服的论据，足以证明低点正在形成。请看图6－3。

（1）位于90.99点的波浪（C）现在是一个道琼斯指数点的0.22。而此前在146.88点的时候，波浪（C）恰好是波浪（A）长度的0.618倍。这是一个典型的曲折线条。

（2）位于35.27点的波浪（B）现在是1/2点。此前恰好是波浪（C）长度的0.382倍。

（3）波浪（A）是波浪（C）长度的1.618倍，也就是波浪（B）长度的2.618倍。不仅如此，波浪（A）的实际长度还非常接近斐波那契数字：146.88点（斐波那契144），90.99点（斐波那契89）、35.27点（斐波那契34）。

（4）就像在5月版次预测的那样，波浪（A）持续了5个星期，波浪（B）持续了13个星期，波浪（C）持续了3个星期。两个冲动波浪总计8个星期。整个校正持续了21个星期。所以，时间长度创造了斐波那契序列3、5、8、13、21，表明完全就像艾略特波浪结构所定义的那样，每个时间段都按照斐波那契比例与另一个相关联。

（5）即使是较小的移动也与斐波那契比例精确关联（请看3月和4月的版次）。

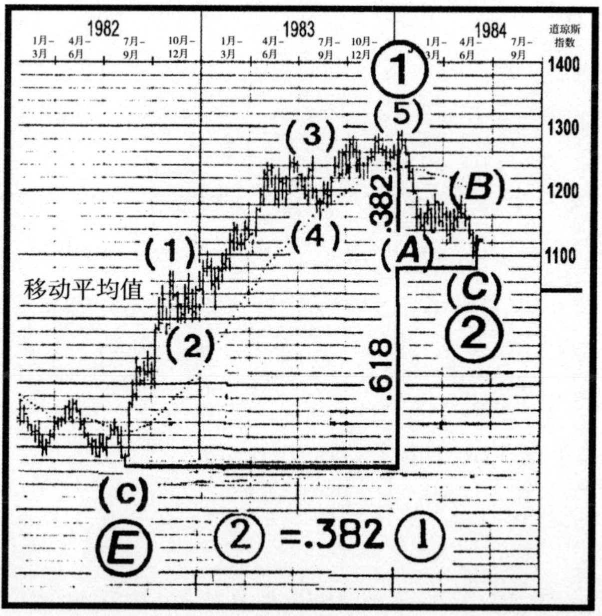


图6－3

## 1984 年 7 月 11 日

从 6 月 15 日低点至今的波浪计算并不太牛,因为这个波浪并没有勾画出清楚的 5 波浪向上。不过,价格参数并没有改变。下一个重要的循环低点将在 7 月 24 日—26 日到来。

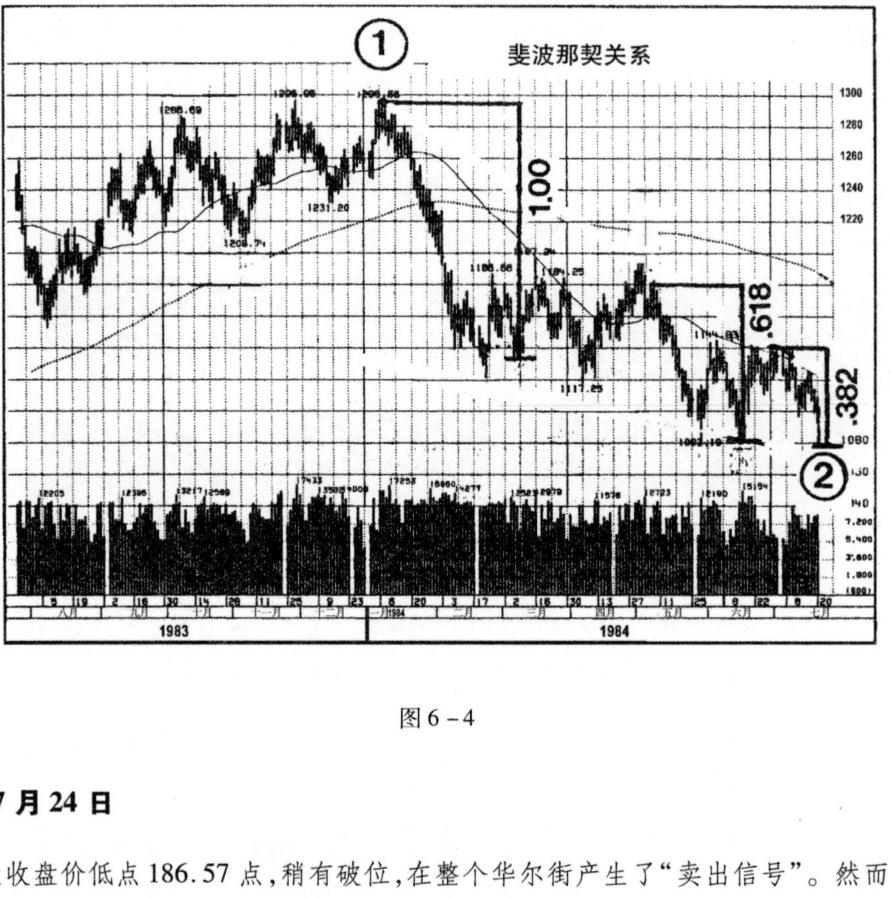


图 6-4

## 1984 年 7 月 24 日

今天收盘价低点 186.57 点,稍有破位,在整个华尔街产生了“卖出信号”。然而,对我来说,它看起来像是 5 月 30 日低点和 6 月 15 日低点,这一轻微下跌实际上提供了另一个买进良机。从 1 月的高点以来,波浪计算正在完成三重曲折线条,表明有潜力在几个交易时之内转而上攻。根据迄今为止所有的价格行为,道琼斯指数 1085 点(+或-5)是一个非常强大的支撑水平线。基于典型的斐波那契关系(请看图 6-4,从 8 月 6 日的版次开始),我怀疑我们会止步于道琼斯指数 1070 点时读数(hourly reading),转而上攻。

## 1984 年 8 月 6 日

好像你没有听到过,这次从底部暴涨(1984 年 7 月 25 日 1083.59 点时读数),已经入选各类记录大全(record books),实际上足以证实波浪③已经开始。(请看图 6-5 和图 6-6)

《在浪潮的顶点》第 11 章把这一方法与传统看法相对比,记载了长期牛市观点在当时有多么不受欢迎。下文详细叙述了对债券的预测，这一预测以对经济学家们一致意见的描述而告终。这一预测结合了第8章和第19章的讨论。

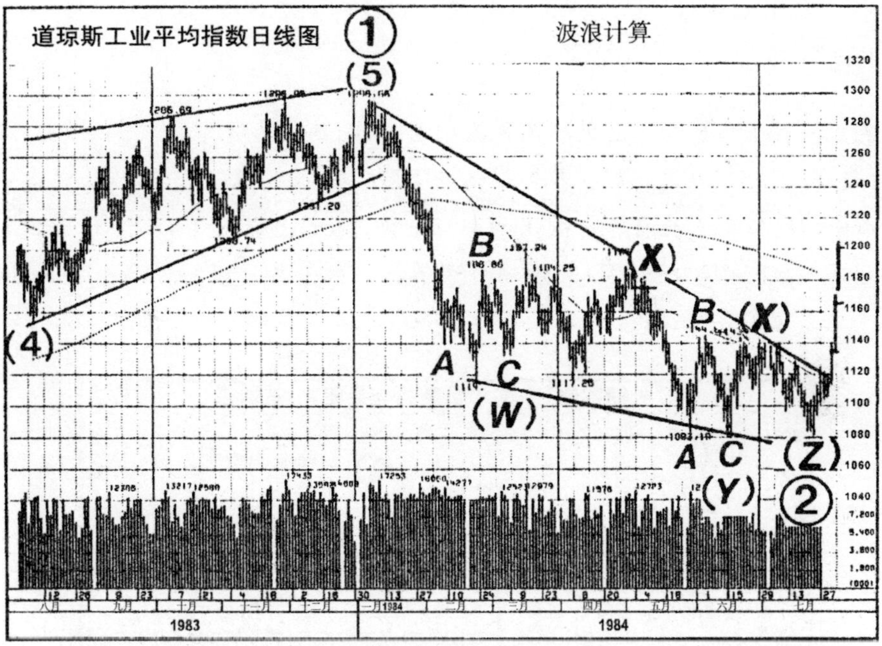


图6－5

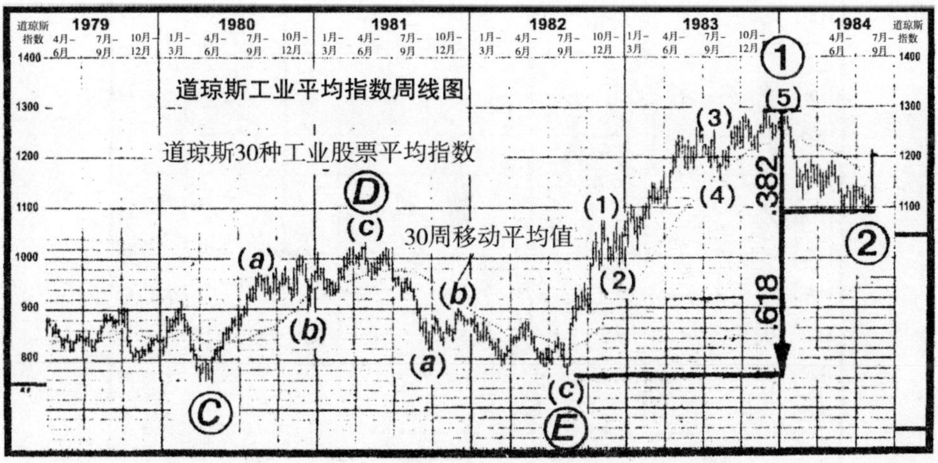


图6－6

# 利用斐波那契关系预测债券价格

## 1983 年 11 月

现在是试着对债券期货作出更准确预测的时候。12 月期货的波浪(a)跌了 $11\frac{3}{4}$点,所以上个月,波浪(c)相应从波浪(b)顶点 $73\frac{1}{2}$点下降,估计会下降到 $61\frac{3}{4}$点。还有一个事实:对称三角形中的交替更迭波浪总是由 0.618 相关联。在这种情况下,波浪 B 下跌 32 点。32 ×0.618 = $19\frac{3}{4}$点,这是对波浪 D 长度的合理估计。如果从波浪 C 的顶点下跌 $19\frac{3}{4}$点,就是 $60\frac{1}{4}$点。因此,$60\frac{1}{4}$—$61\frac{3}{4}$区域是观察当前下跌底部的最佳点。(请看图 6 – 7)

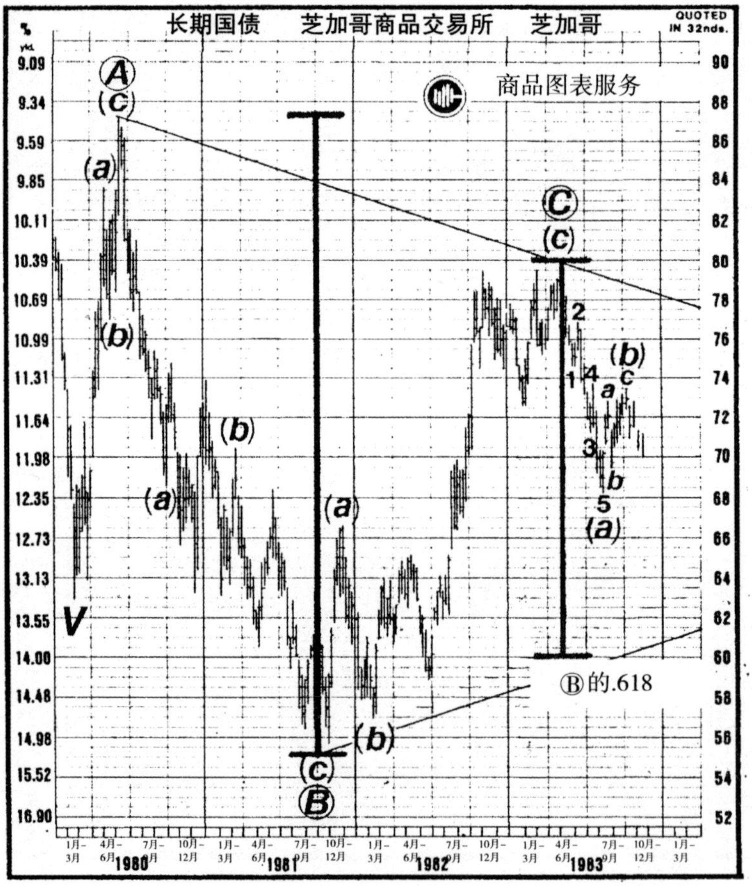


图 6 – 7

## 1984年4月3日[(b)以三角形结束之后]

最终下降目标可能会出现在波浪D达到波浪B0.618倍的点附近,发生于1980年6月到1981年9月,在整理型周线图上经历了32点。因此,如果波浪D经历了$19\frac{3}{4}$点,附近的合约应该在$60\frac{1}{4}$点触底。支撑这一目标的是由5个波浪组成的(a),表明从1983年5月的高点开始,曲折线条下跌正在进行。在曲折线条之中,波浪“A”和“C”一般是等长的。在6月的合约中,波浪(a)下跌了11点。如果略低一点的波浪(b)从顶点$70\frac{3}{4}$点下跌11点,就是59 $\frac{3}{4}$点,使60区域(+或-$\frac{3}{4}$)成为了一个强支撑点和潜在目标。最后的运算是,通常,三角形之后的动向大约会下跌三角形最宽部分的距离。[1]基于图6-8,这一距离是10 $\frac{1}{2}$点。从三角形的顶点减去10 $\frac{1}{2}$点就是确立了$60\frac{1}{4}$点这一目标。

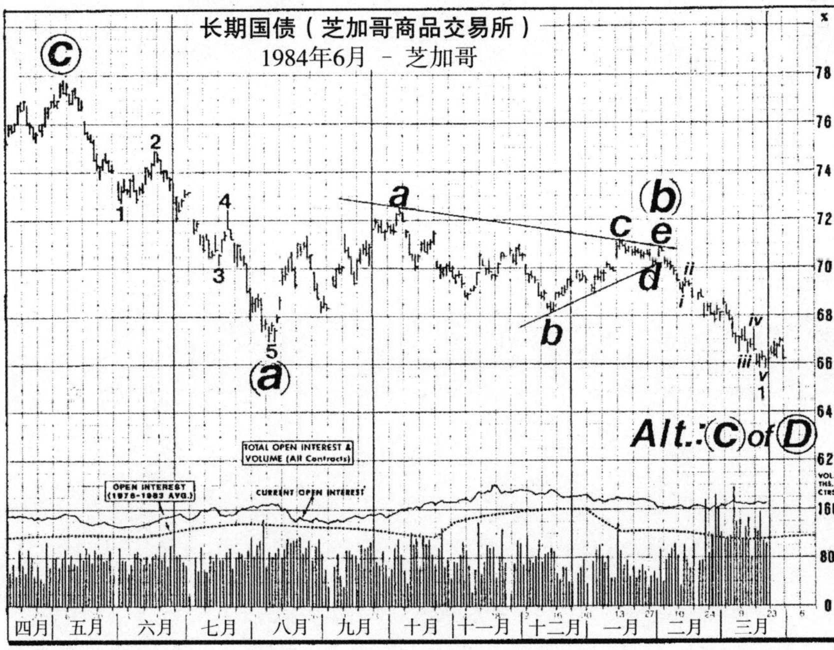


图6-8

## 1984年6月4日

在1984年,最令人激动的事件是对持续一年之久的债券价格下跌作了明确的分辨。投资者得到了警告:在债券到达59 $\frac{3}{4}$点—$60\frac{1}{4}$点水平线之前不要购买。5月30日到达这个水平线,关于大陆伊利诺伊州银行(Continental Illinois Bank)的谣言满天飞。当天早晨,在-650基点时,道琼斯指数1100水平线被打破。在抛售狂潮中,6月债券期货合约短暂下探59 $\frac{3}{4}$点,触及上个月所画的图中的三角形支持线。它就停在了那儿,以59 31/32点收盘,只比我们的目标区域的正中心高 1/32 点。在此低点以后的两天半里,债券发生戏剧性的逆转,回升两个整点。(请看图 6-9 和 6-10)

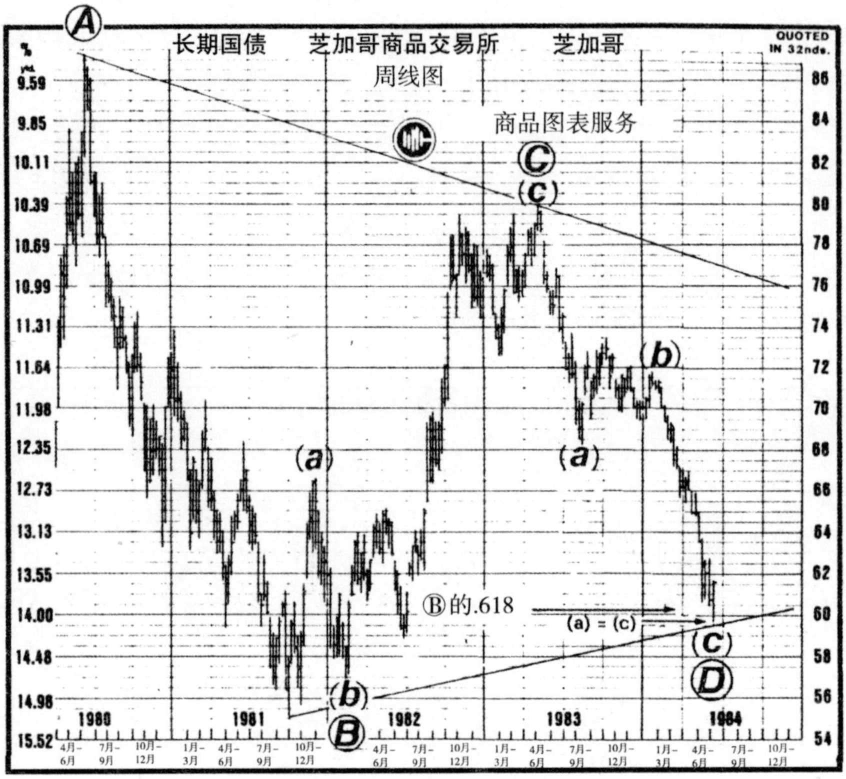


图 6-9

债券真的在制造重要的低点吗? 技术证据强力证明确实如此。1983 年 5 月到达高点之后,在到达斐波那契支撑水平线的过程中,债券勾画了一个无可挑剔的波浪形式,一个 5 波浪(a)、一个 a-b-c-d-e 三角形(b),以及一个 5 波浪(c)。

如图 6-11 所示的时线图说明了甚至在最低的水平上波浪原理的运作方式。请注意所有的冲动波浪都由 5 个下级波浪组成,所有的校正波浪都由 3 个下级波浪组成,就像需要的那样。另外,波浪 3 的 iii 的巨大恐慌暂时打破了趋势线,又迅速返回通道。然而,较小波浪 1、3 和 5 中的每一个都精确地到达了较低的通道线。通道本身有点楔形的样子,即将结束的行动通常如此。

## 1984 年 7 月 11 日

投资者心理背景非常容易使人想起一个重要的债券市场低点。实际上,如果这是我采取的唯一标准,我们似乎正面临着人生难得的债券买进良机。在 1984 年 5 月之前,新闻媒体几乎都忽视了利率的上涨,一直在长篇累牍地鼓吹"更高的利率"(意味着较低的债券价

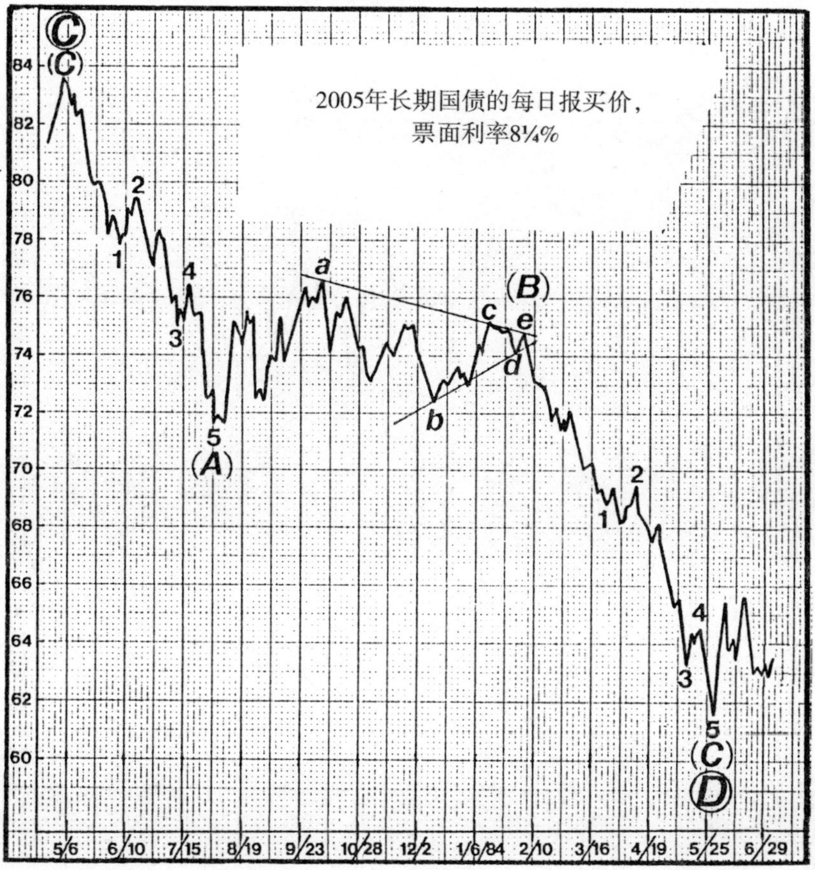


图6-10

格）故事。5月的低点之后，这些故事大多都以典型的方式出现，在6月得到了考验。在第二波波浪中，投资者一般会重拾存在于实际底部的恐惧。而市场保持在先前的低点之上，表明最糟糕的时刻已经过去。最后5个星期生动地说明了这一现象。6月11日，《华尔街日报》（*WSJ*）头条新闻写道："许多经济学家预计美联储会在夏季采取行动紧缩信贷（Fed Move to Tighten Credit is Expected During the Summer by Many Economists）。"6月18日，包括一个头版特别报道在内的整整两篇文章关注了较高利率的前景："经济偏冷，今年无法进一步上调利率（Cooler Economy Seen Failing to Stem Further Rise in Interest Rates This Year）"和"利率开始抑制经济：许多分析师进一步看涨（Interest Rates Begin to Damp Economy; Many Analysts See Further Increases）。"6月22日，《华尔街日报》特别刊载了一个难以置信的长达5页的深度报道，题目是"世界债务处于危机之中（*World Debt in Crisis*），"报道里有一张图，上面是一副正在倾倒的多米诺骨牌和如下的引用：一个议员说，"我认为我们不会把这项政策延续到20世纪90年代"；花旗公司（Citicorp）的一位副总裁（V. P.）说，"我们要清楚——任何人的债务都不会偿还"；一位前任经济事务助理国务卿（Secretary of State）

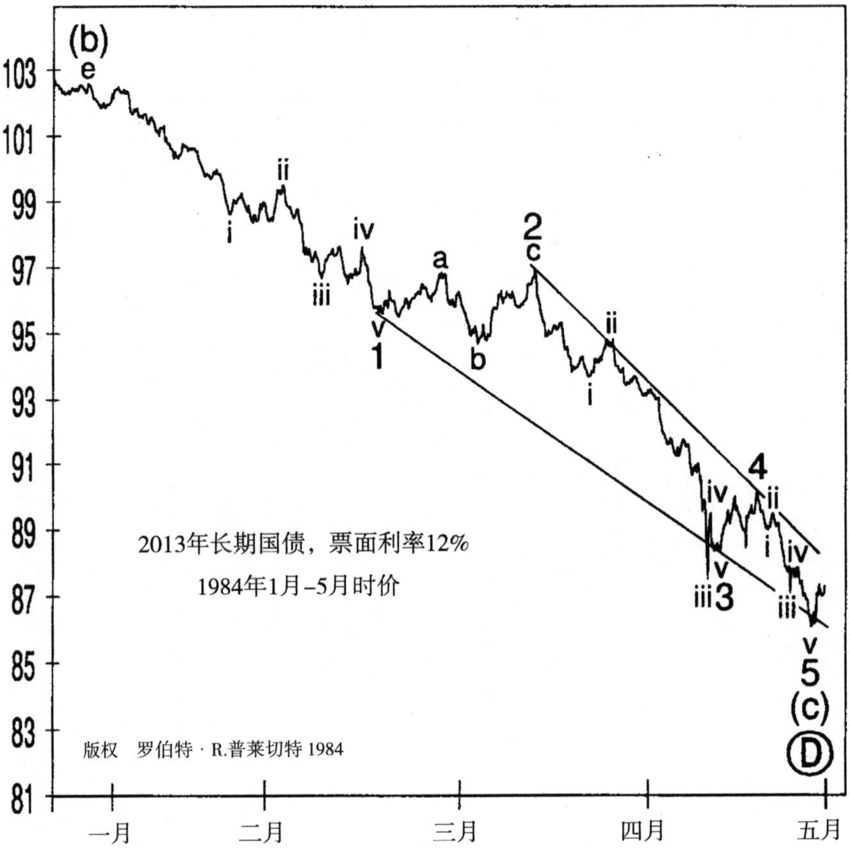


图6-11

说,“我们靠借来的时间和金钱过活”。7月2日,《华尔街日报》报道经济学家们陷入恐慌,但并没有直说。经济学家们对于较高利率的预测伸展到下半年的中间！头条新闻写道,“预计到今年年末为止将继续采取较高利率,1985年头六个月进一步看涨(Higher Interest Rates Are Predicted for Rest of Year and Further Rises Are Seen for 1985's First Six Months)。”文章写道,“有人说利率下跌将会是个奇迹”。并不光是《华尔街日报》把准了经济学家们的脉搏。《金融世界》杂志6月27日的民意测验列举了24位经济学家的预测,以便与他们年初的预言相对比。针对已经提升的利率,他们中的每一个人都按照线性逻辑反应提出了预测。一年前在底部(底部是就利率而言,价格处于顶部)的时候,他们采用同样的思维方法得出了“低利率即将到来”的结论。这种高度一致的意见是基于基本的分析,不能保证利率已经达到顶点,但历史显示这种分析很少带来市场利润。我更喜欢把赌注压在一个被人忽视的理论上。这一理论认识到,因为人就是人,所以市场形式在反复自我重复。

进一步的上涨证实,低点标志着最后的买进机会。接下来债券价格会开始历史性地上涨,从59¾点到今天的134点多,增加了超过100%。图6-12给出了新图。

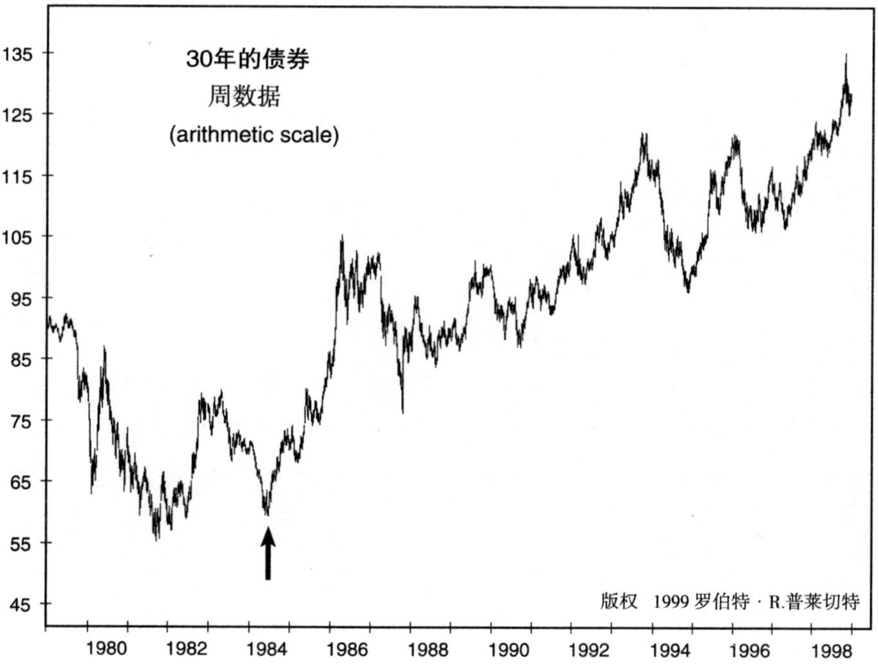


图 6－12

上文的摘录表明，在应用波浪比例分析时，要知道这种关系可能会出现在什么地方。由此，我们可以预测 1984 年股票和债券低点的确切水平线，然后在它们出现的时候加以确认。相反，经济学家们把对债券市场的悲观看法伸展到股市之中，因为他们相信自己对较高利率的预测会伤害经济，并进而伤害股票。这一传统分析提供了完全错误的答案。而通过独立分析每个市场，艾略特波浪分析精确地预料并认识到债券和股票价格同时出现的低点。

## 更　多

第 7 章和第 17 章详细说明了一些时间更长的金融、经济、货币和社会预测。波浪原理使这些预测成为可能。《艾略特波浪原理》的第 4、5 和 8 章以及附录提供了关于股市预测的更多例子。《在浪潮的顶点》第 17、18 和 19 章的开始部分把我对黄金、商品指标和收藏品的预测加以浓缩并呈现了出来。《在浪潮的顶点》还针对货币趋势、黄金、稀有金属开采问题、商品指数、铜、高收益（“垃圾”）债券、高信用等级债券、房地产投资信托、股市宽泛度、并购、二级股票的相对业绩提供了当前的长期预测。尽管这些预测与一致看法大相径庭，但目前为止还是遵循了预想的方案。即使这些方案偏离了正道，归于失败，但到目前为止，它们的精确性还是传统经济学家的任何方法都无法匹敌的。它们足以证明波浪原理的独特价值。

对于北美股市、欧洲股市（North American and European stock markets）、房地产以及世界经济的预计，我依然确信它们的大上涨时期全都即将到来。我们所假定的细节可能不够周全,也可能有这样那样的失误,但并不妨碍大上涨时期的到来。

在这一卷的开始我说过我在这本书中的态度就是为波浪原理摇旗呐喊。在词典里查不到 advocatvie(摇旗呐喊)这个词,但是应该这么写。我打算用这个词来说明我已经选择去集中注意力,证实波浪原理并关注因其变为可能的独一无二的成就。我没有列举我的预测失误。但我让你面对一个事实:我犯了很多预测失误,比如在股票和债券中过早过频地寻找顶点。

我前些年做了一些评论。针对波浪原理以及应用波浪原理的局限,我有过一些失误,并从中吸取了教训,进行了讨论。我打算把所有的评论和这个讨论放在一起出版。有些人想要评价我的失误。有些人想要把社会情绪经济学这一新科学应用到实践之中去,吸取我的教训,提高实践能力,避免我犯下的错误。这份完整的记录会为他们提供方便。同时,跟现有任何其他方法相比,波浪原理有什么价值?如果你对此存有疑问,第 19 章会消除你的担心。

## 注　释

〔1〕收缩三角形的宽度是其边界线之间的距离,从三角形开始的那天垂直测量。

# 第7章　把市场行为的各个方面与波浪级别相关联

除了增加和量化艾略特关于波浪形式组成的规则和标准,我还花了大量的时间把市场行为指标和波浪级数结合起来。这些指标的极点根据级数的不同而变化。这一事实有力地证明,就人类情绪和行为来说,波浪级数反映了一些真实情况。第14章会进一步讨论这个问题。这里是4个例子,涉及(1)价格变化率,(2)投资者心理,(3)相对交易规模,(4)上涨-下跌差异或者宽泛度。

## 把价格变化率和波浪级数相关联

有人可能预计波浪会根据级数展示力量,事实确实如此。在一个特定的时间段里,整个股票价格的变化数量反映了波浪的力量。

图7-1给出了用简单的百分比进行坐标定点的道琼斯工业平均指数,以便区别每个月的月底估价和一个12个月以前的估价。[1]请注意,每一个标明的波浪起飞时,标准普尔500指数12个月的价格变化率都和已经开始的波浪的最大级数相当。1932年超循环级数的上涨开始了,变化率迅速达到+146%。当循环级别的较小上涨开始于1942年和1982年的时候,变化率分别达到+51%和+53%。当更小的大型级数上涨开始时,变化率达到较低的顶点。

下跌波浪在它们速度的极值中显示了同样的相对性。1929年开始了超循环级数的下跌,变化率达到-70%。1937年和1966年开始循环级数校正,变化率分别达到-53%和-41%。当更小的大型级数下跌开始时,变化率达到较小的低谷。虽然这个图上没有显示,开始于1720年的大超循环校正波浪还是创造了历史上最大的下跌变化率,伦敦的股票价值两年内下跌了98%。

总结一下,波浪似乎拥有可量化的反映级数的变化率特性。已经开始的波浪级数越高,价格移动的初始速度就越极端。

我使用一系列的变化率,有14个小时的变化率,也有20年的变化率,来提供一个涵盖各个级数的波浪速度概况。在评估波浪进步时,这些速度指标非常有用。

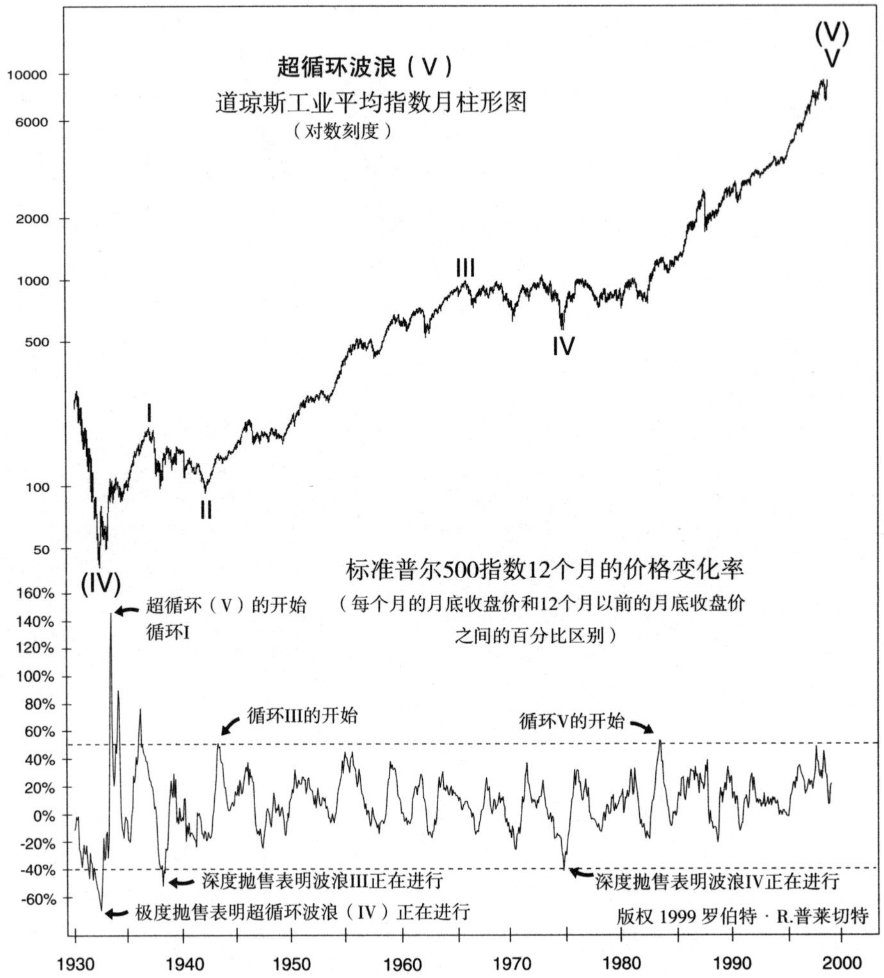


图 7－1

# 把投资者心理和波浪级数相关联

根据乐观－悲观统一体，整个股息支出是投资者精神状态的一个标准。投资者越悲观，就越会要求更高的支出，以便弥补想象中的资本流失风险。投资者越乐观，要求的支出也就越低，股票只需要较低的支出就能吸引投资者，因为投资者期待着丰厚的资本收益。[2]

在图 7－2 中，请注意根据估计，在每一个标明的波浪的末尾，道琼斯工业平均指数股票支付的股息都和已经结束的波浪最大级数相当。1929 年 9 月，一个超循环级数的上涨结束了，年度股息支出是指数价值的 2.89%。1937 年 3 月，一个较小的循环级数上涨结束，股息支出是 3.63%。[3] 在票面上，1966 年的高点是循环级数的顶点；而就定值美元而言，1966 年的高点是大超循环级数顶点。非常巧合，1966 年的支出是 2.88%，和 1929 年超循环高点的

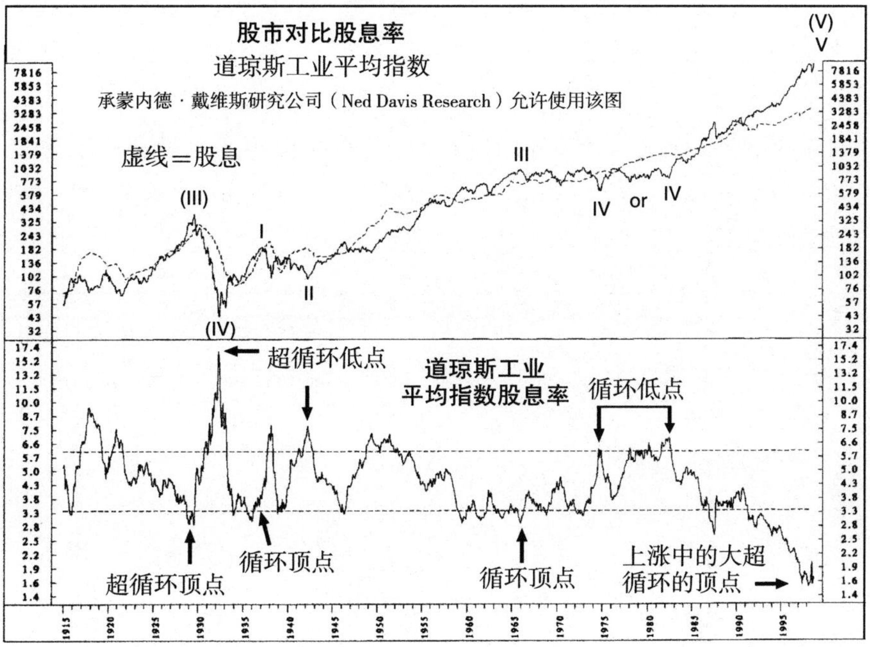


图7－2

支出一致。当较小的大型级数上涨结束时，股息支出达到较低的顶点。最近的低点读数是1998年5月的1.51%，符合一个解读：市场正在接近一个大超循环级数波浪的终点。第5章对60年的预测支持了这个解读。[5]

下跌波浪在终点估价中显示了同样的相对性。1932年7月，一个超循环级数的下跌结束了，支出是17.35%。1942年4月、1974年12月、1982年8月，循环级数的校正结束了，股息支出分别达到7.93%、6.56%和7.12%。当更小的大型级数下跌结束时，估价到达了较小的低谷。[6]

无数其他的投资者情绪指标达到极值，这些极值与行将结束的波浪的级数相关联。这些指标反映了牛市观点和熊市观点的对立，包括，买卖双方交易规模的比率，买卖双方的未平仓合约的比率，期货贴息和折扣，已出版书籍、咨询服务、文章和杂志封面的比率。

总之，波浪有着可量化的反映级数的群体情绪特性。行将结束的波浪的级数越高，社会情绪的表达就越极端，社会情绪的表达产生了情绪读数和波浪本身。

## 把交易规模和波浪级数相关联

现在，看看图7－3，图上是股市中用美元衡量价值的交易规模，用流行的国内生产总值作除数。这一规模/国内生产总值比率是股市交易活动的一个标准，把股市与经济中商品和服务的生产进行比较。这一标准反映了国家利益和活动在股市中的级数。

请注意,规模/国内生产总值比率也达到了波浪末尾极值,与行将结束的波浪的最大级数相当。正在上涨的波浪级数越大,比率就越高。1937 年和 1966—1968 年的循环级数顶点的比率分别是 22% 和 20% 。1929 年超循环级数顶点的比率是 135% 。目前正在上涨的顶点将会是大超循环级数的顶点,已经达到 179% 的比率,是迄今为止最高的比率。

下跌波浪显示了逆反趋势。在其后期上涨的某个点上,波浪的级数越大,规模/国内生产总值的比率就越小。[7]

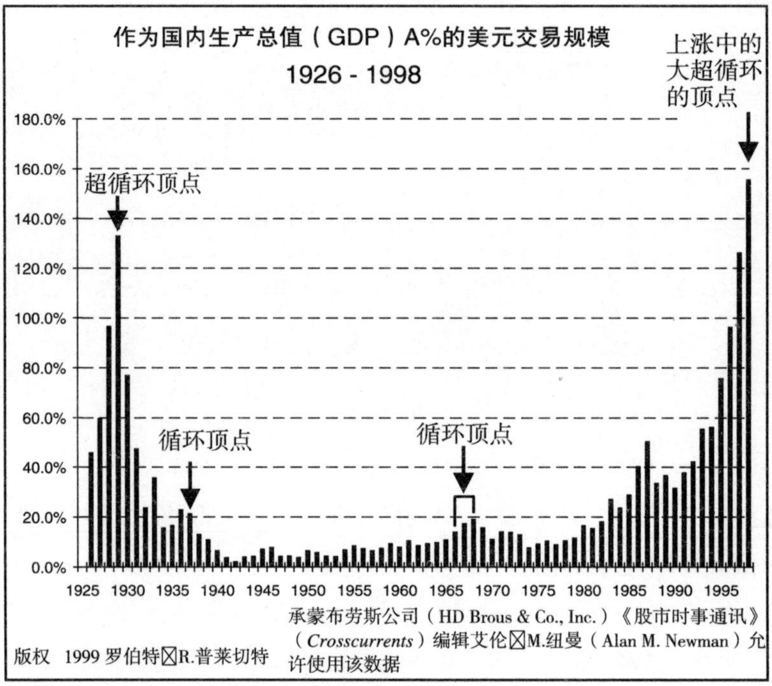


图 7-3

总之,波浪有着可量化的反映级数的相对规模。行将结束的波浪的级数越高,与产值相关的交易活动价值就越极端。

## 把宽泛度和波浪数字相关联

"宽泛度"这个词指的是参与到市场趋势之中的市场组成部分(component segment)的百分比。在整个股市中,比如,这种成分包括板块、组和个股。无论级数如何,每一个上涨中的第五波浪的宽泛度都较窄,即,跟对应的第三波浪相比,组成部分参与比率较低。无论是超循环波浪还是小型波浪都是如此。

宽泛度的一个标准是用每天上升的股票数减去下降的股票数,用所有发生价格变动的股票数来标准化。如果研究一下图 7-4,你会看到,就上涨-下跌线业绩而言,任何一个用

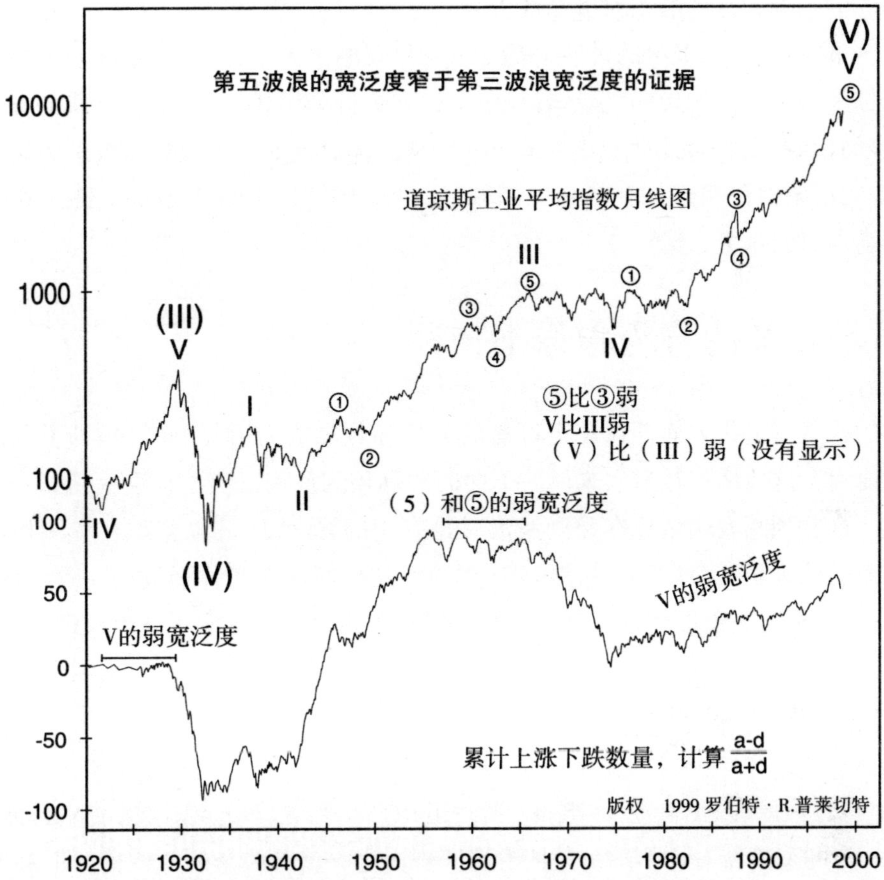


图 7－4

数字三标示的波浪都要好于同级数标示为数字五的后起波浪。20 世纪 20 年代的平坦上涨－下跌线标志着始于 1857 年的整个上涨的结束。与之类似，20 世纪 60 年代中期的平面线标志着 1942—1966 牛市的结束。在随后的 24 年里，这条线无法超过其 1966 年的高点，这反映和支持了标示方式：它是第五个波浪，波浪 V。

## 预测中的价值

用速度、情绪、规模和宽泛度这些可以量化的指标，我们可以证实或者修订关于波浪结构当前位置的结论。比如，对于已经开始的波浪的级数，起飞速度是有意义的。起飞速度意味着一个趋势的延续，直到足够规模的移动出现为止。此外，对于行将结束的波浪的级数，股息估价和规模极值也是有意义的。相反方向的下一个波浪也将会有足够的量值来反映级数的变化。另外，扩张的宽泛度也排除了顶点即将到来的可能性。

还有，每一个指数都帮助预料其他的指数。比如，估价的极值和相对规模可以让我们预料变化率的下一个大行动的相对极端性。

有一个事实:这些标准中的每一个都是市场位置的强大指标,基于市场波浪结构分析的市场前景也是一个强大的指标,标示着每一个标准的行为模式。比如,一旦我们标示循环波浪Ⅳ已经结束,我们就会预计变化率的下一个顶点读数反映循环级数波浪的力量。与其类似,一旦我们正确地预测到一个达到大超循环高点的牛市,我们就会预计股息率低于1929年超循环高点时的水平,等等。

## 用与市场相关的行为指标来预测

波浪的这些可量化方面不仅使更可靠的分析和分类成为可能,而且提升了我们预测市场行为的能力。这句话不是空穴来风。下面的实际预测范例证实了社会情绪经济学这一方面的价值。这些预测表明指标在预测波浪时是有用的,还表明波浪知识在预测指标时是有用的。下面的摘录重印自《艾略特波浪理论家》的某些版次。当你通读这一评论的时候,请想一想,这些指标与波浪原理这一理念本身的密切关系进一步证实了波浪原理。

## 用情绪的极点来预测

《艾略特波浪原理》出版于1978年,当时道琼斯指数是790点。在《艾略特波浪原理》里,我和A. J. 弗罗斯特有许多理由长期看涨。理由之一就是股息的低估价(即,高股息率)。我们当时说:

大多数循环理论家提出,“杀手波浪”已经出现或者将于1979年出现。我们反对这个说法,因为普通投资者心理状态好像还没有准备好接受失望的震动。更重要的股市暴跌发生在乐观的高估价时期。目前,这种条件明显尚不成熟。熊市肆虐了8年,教会了今天的投资者要谨慎、保守和多疑。[8]

看一下图7-2,查明1978年到1982年的高支出比率。这一预测不仅要求股价上涨,还暗示着股息率下跌。你可以看到,这些前景会逐渐出现。把上涨专门标示为波浪(V)的V暗示着股息率会跌至图中的任何读数之下。事实果然如此。

就股息估价而言,我目前对股市的分析可以在图7-2的注释中看到。要了解更多细节,请阅读《在浪潮的顶点》第10章。

## 预测宽泛度

《艾略特波浪理论家》认为股市肯定会飙升数年。1982年低点之后的几个月里,《艾略特波浪理论家》就把注意力转向了新的领域:根据每天的上涨-下跌的平均数预测上涨的相对质量。

**1982 年 11 月 29 日**

跟第 1 个到第 3 个波浪相比，宽泛度标准几乎总是在第 5 个波浪上涨之中开始表现弱势。因此，我预计，整个波浪③会有非常广阔的市场，然后有选择地上涨，直到波浪⑤的顶点。那时，几乎就只有道琼斯指数成分股票还在上涨了。现在，购买你喜欢的任何股票。以后，我们就得精挑细选了。

**1983 年 4 月 6 日**

20 世纪四五十年代的统一大市场里，波浪 III 展示了蔚为奇观的宽泛度。如果不是完全不可与波浪 III 的宽泛度同日而语，波浪 V 的宽泛度应该并不出人意料。波浪 V 是个冲动波浪，它肯定比我们在 1966 年—1982 年波浪 IV 中看到的任何东西都要宽泛。一个业绩相对较差的 1982 年到（我预计）1987 年的 a - d 数量是始于 1932 年的整个超循环的“卖出信号”。现在的教训是，不要把不良业绩当作过早出售的理由，而且不要错过机会，这可能是股市历史上最赚钱的上升时期之一。

图 7 - 4 为我手头的图片增加了 15 年的上涨 - 下跌数据，更新到现在（1998 年 12 月）。你可以看到，循环波浪 V 确实弱于波浪 III，大型波浪⑤弱于波浪③。中型波浪（5）（没显示）弱于波浪（3）。所有这些上涨就和预测的一样。

## 用价格变化率预测

1982 年的低点一年之后，12 个月的变化率指数给出了证明：循环级数的上涨，不是更大或者更小级数的上涨，已经开始。这里是我对事件的实时分析。

**1983 年 8 月 18 日**

股市动力指数几乎总是“宣布”大牛市的开始。之所以如此，是因为这些指数在上涨的初级阶段创造了一个大超买条件（tremendously overbought condition）。这一趋势在所有级数的趋势中都是显而易见的。在判断循环和超循环级数大型波浪的“开始”动力大小时，标准普尔 500 指数年度变化率（Annual Rate of Change）尤其有用。这一指数的获得是用坐标定点百分比的区别，一个是本月的标准普尔 500 指数平均日收盘价，另一个是前一年同一月份的读数。因为指数建构的原因，动力读数一般出现在移动开始后约一年的时候。重要的是指标达到的水平。在图 7 - 5 里，你可以看到，当前牛市开始后约一年的时候，1983 年 7 月末，“超买”水平达到了 1943 年 5 月以后的最高点。1943 年 5 月正是超循环波浪 III 开始后约一年的时候。它们都达到了 50%，这一事实是个强有力的证据，证明它们标志着相同级数波浪的开始。换句话说,1982 年 8 月标志着两年牛市加两年熊市的开始。两年牛市加两年熊市已经逐渐被当成一个铁律。另一方面,1982 年 8 月并不意味着一个伟大"新时代"的开始。如果一个循环级数的波浪正在开始,我们预计会看到 1933 年那样的超买读数。1932 年,波浪(V)启动。一年之后,指数达到了 124%。[9]现在根本没有机会接近这个水平。因此,40 年里最高的超买条件向我表明,我们对波浪 V 启动的艾略特波浪预测切中肯綮。

记住,这只是起始阶段。从当前上涨的初期我就认为,情绪指数应该达到非常极端的水平,比 20 世纪 70 年代时极端得多。就其本身而言,买卖比率和 10 天平均值是重要的。但是,在众多的市场事件这一背景下,它们能得到更好的解读。

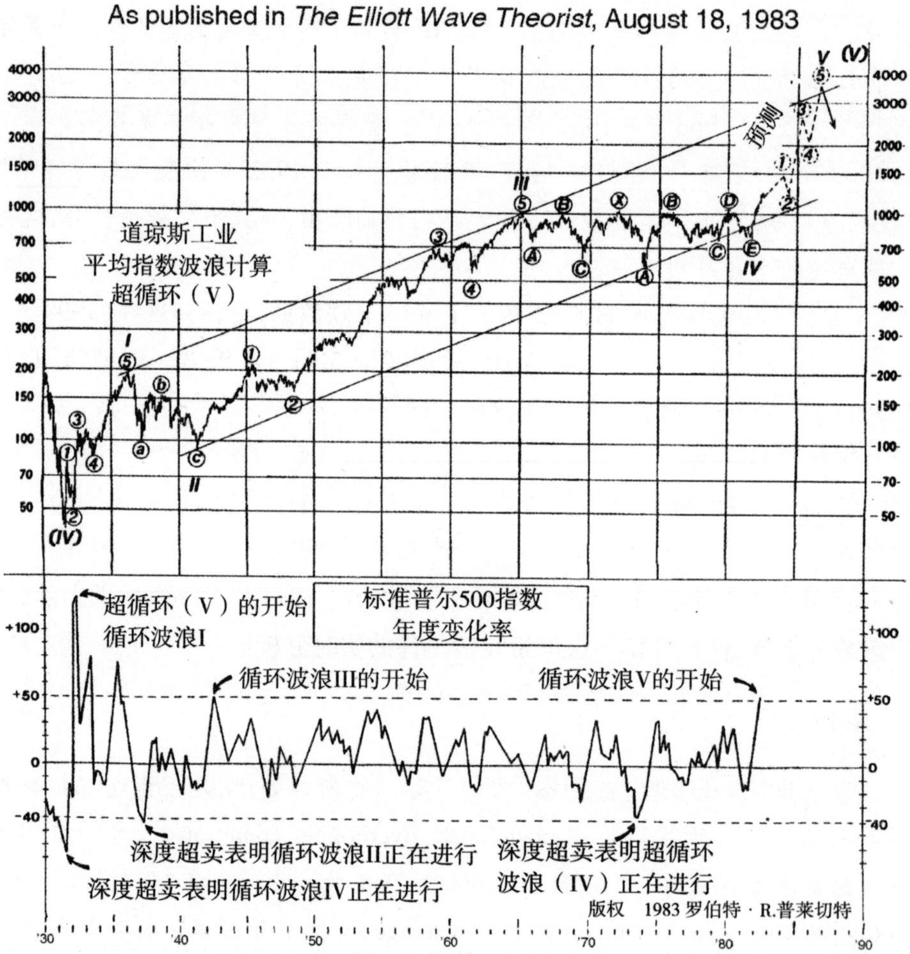


图 7-5

再看一下长期道琼斯指数图。就想当然的几点普通知识,问自己几个问题。

——跟过去相比,市场真的"更加容易波动"吗?不是。看一下 1921—1946 年的股市,你就会把这个想法扔出窗外。

——1000点水平线是个“高”水平线吗？而且，1200点是个“高”水平线吗？不再是了！就“现值美元”而言，1966年以来长期的整理使道琼斯指数回到了55年上攻通道的低端（就“定值美元”而言，则跌到了极低估价的水平）。

——当前的牛市开始于1974年，是不是一个“老”牛市，是不是“快要结束了”？不太可能。就“定值美元”而言，就40年的上攻而论，跟1974年的暴跌低点相比，1982年的道琼斯指数还是被低估了。

——我以艾略特为基础预计5～8年里会增加400%，这是个不切实际的想法吗？好像是的，如果我们跟最近的历史相比较的话。但是，如果换个比较对象，就会得出不同的结论。1921—1929年，8年的时间里增加了500%。还有1932—1937年，5年的时间里增加了400%。

——你总能用当前的趋势推断未来吗？肯定不行。市场的一个规则就是变化。

——有没有任何循环“就像上次的一样”？不太经常！实际上，艾略特就此制定了一个规则，叫做改变规则（Rule of Alteration）。从广阔的层面上解读，它指导投资者在每一个新阶段开始的时候去寻找不同类型的形式。

——最近的市场行为是否“太强”、“太过伸展”、“史无前例”，或者甚至开创了“新纪元”？不是，当今主题的变体以前都发生过。

——市场是什么，随机漫步，狂野的游移驰骋，没有形式、趋势或者形式的前冲后突？如果是这样的话，市场已经“迷离”了很长一段时间：明确的趋势、有节奏的循环重复和无可挑剔的艾略特波浪原理形式。

就在最近，图7－5帮你描绘了广阔历史范围之内的市场行动，因而使下个星期的货币供应报告显得牵强附会。事实也确实如此。另外，图7－5还帮助你想象一种可能性：过去16年里出现了增加30%～80%的上升振幅，比这个振幅还大的牛市即将出现。图7－5说明一个牛市有出现的潜力，这个牛市比过去55年的任何牛市都要大。到目前为止，股市的行为方式强化了我们对波浪V的最初预测。只要市场实现了我们的预期目标，我们就可以认为我们并没有偏离轨道。

**此时，我已经解释了波浪原理的理论，把波浪原理跟分形和螺线联系了起来，表明波浪原理可以量化和模型化，把波浪原理和市场行为指数关联了起来，并证明了波浪原理在预测中的功用。现在，我们转变注意力，去探索波浪原理在生物学、心理学和社会学中的基础。**

## 注 释

〔1〕我们为变化率指标选择了12个月的跨度，以便反映我们正在研究的级数，但是其准确跨度是任意的；一个11.9个月的变化率有着相似的概况。

〔2〕作为必然发生的现象，投资者越悲观，股息支出对他们就越重要；投资者越乐观，股息支出对他们

就越无足轻重,不值一提。在今天的市场环境里,股息实际上被认为是对股权的损害。这个理论是,管理层最好把金钱放回公司以便让其更快成长。据我所知,这个态度史无前例。

〔3〕一年前,也就是1936年3月,支出曾暂时低达2.88%。原因是,公司正从萧条中复苏,支出暂时处于极低的水平。市场知道支出即将增加。

〔4〕标准普尔500指数红利率只有1.34%(7月),道琼斯交通指数(Dow Transports)只有0.79%(3月),纳斯达克(NASDAQ)场外交易指数只有0.29%(12月)!

〔5〕要想了解更多细节,请看我1995年的著作《在浪潮的顶点》。

〔6〕对股息支出和变化率百分比的迅速比较表明,平均最高起飞速度和每个级数上施加的心理力量可能约等于下个较低级数所施加心理力量的斐波那契2.618倍。

〔7〕下跌波浪的终点经常标志着成交量比率的低点,但是,在较大的校正之后,成交量有时会在波浪二的末尾达到最低点,就像在1942年那样,当时处于波浪II的低点。这一冷漠的表情符合《艾略特波浪原理》第2章对"波浪二"个性的描述。

〔8〕Frost, A. J. and Prechter, R. (1978). Elliott wave principle.

〔9〕这个124%运算是基于日收盘价数字的月平均指数,而当使用月底收盘价时,产生的就是146%这个数字。之所以会有124%和146%的区别,原因就在这里。

# 第3部分

# 波浪原理在生物学、心理学和社会学中的基础

股市道路的形式结构暗示着市场参与者乃至社会的冲动合作机制。整个股价运动千变万化，因此，股价行为肯定会有一些主要原因，这些力量塑造了股市。第3部分认为，整个股市价格的主要推动力量是群体情绪变化。事实可以证明，群体情绪变化是不受外界影响的。市场行动的细节有其决定因素：自然出现的方向、速度和社会情绪变化范围。

如果波浪原理是这种说法的唯一基础，那么证据就要完全着眼于证明波浪原理的功效。我相信本书（包括本书的第5章到第7章）公平地处理了这个问题。但是，对许多人来说，这还不足以消除怀疑。还有没有其他的基础让我们相信群体情绪变化独立于社会事件和条件之外？这些情绪规律有没有生物学和心理学来源？科学赋予了我们洞察事物的能力，让我们对这一问题作出肯定回答。

# 第8章　波浪原理的心理学基础
# ——无意识的从众行为

## 三位一体脑

保罗·麦克莱恩是国立心理卫生研究所(National Institute of Mental Health)脑进化实验室(Laboratory for Brain Evolution)的前任主任。通过一生的工作,他获得了大量的证据,用以支持"三位一体"脑观念,即,分为3个基本部分的脑。原始的脑干叫做基底核,控制着对生存至关重要的冲动。我们和爬行动物这一低级动物形式一样,都有基底核。我们和哺乳动物一样都有边缘系统,边缘系统控制着情绪。只有人类才有高度发达的新皮层,新皮层是理性的发源地。因此,我们实际上有3个相互联系的头脑:原始的、情绪的和理性的。图8-1来自麦克莱恩的书《进化中的三位一体脑》粗略了给出了3个头脑的实际位置。

脑的这三个区域显然是沿着一条发展进化道路有序排列的,几个观测数据证明了这一点。第一,爬行动物的脑类似人类的脑干;哺乳动物的脑既有脑干又有边缘系统;一些灵长目动物不光有脑干和边缘系统,还有重要的新皮层。化石记录揭示了同样的进展:这些不同种类的动物就是按照这个先后顺序出现的。第二,就人类而言,脑的这三个部分相互叠加,向外发展,包容在头里,好像脑就是一个生长中的实体。一个进化进展解释了这一"叠加"形式。第三,越是后出现的人科动物,颅骨尺寸越大,以适用脑的扩张。除此之外,较大的脑尺寸本身并不必要,因为,如果没有进化的话,跟动物相比,人类所需要的只是更高效、更强大的头脑。进化是从已经存在的形式上进行的。第四,在人类的胎儿中,脑的每一个部分都按照上文描述的顺序发展:新皮层的细胞直接组建自边缘系统的侧脑室细胞,而侧脑室细胞又生成自爬行动物综合体。[1]这一连串的事件表明,形成脑的每一个更高级部分的基因编码指令是循序渐进、有条不紊的。第五,儿童的神经系统发展遵循这样一个顺序:较低区域的成熟比较高区域早几年。[2]在发展较高的脑功能之前,这一系列的成熟把原始的为生存而设的神经系统结构抛在了一边。最后,临床测试经常与严重的脑损伤联系在一起。临床测试产生了大量的证据,表明三位一体脑的每个部分都控制着一些功能和行为。一些动物祖先也有相应的部分控制着这些功能和行为。没有相应部分的动物祖先,就没有这些功能和行为。

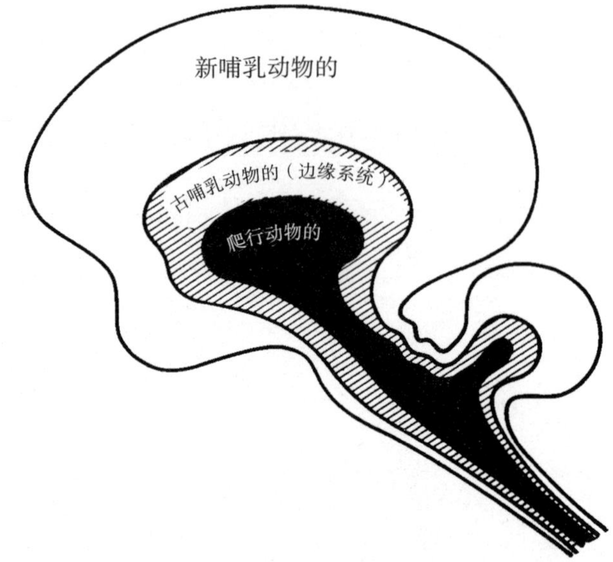


图 8-1　三位一体脑的 3 个部分
资料来源:《进化中的三位一体脑》

脑干和边缘系统进行的“思考”是原始的,先于理性的,就和动物所依赖的思考一模一样。与进化的联系是重要的,因为它解释了人类为什么有理智。人类的理智包括潜意识、冲动精神作用。

## 基底核冲动和边缘系统,及其独立于新皮层之外

新皮层牵涉个体的保护,用理性来处理想法。新皮层从外部世界获得信息,因此,它的信念易受外界影响。相反,大脑皮层之外的精神作用风格是非理性的、冲动的、非常固执的。

基底核控制的大脑功能经常被称作直觉:对安全的渴望、对恐惧的反应、对占有的渴望、对快乐的渴望、战斗、逃跑、地盘占有天性、迁移、聚敛、打扮、选择配偶、生育、社会等级制度的建立、领导人的选拔。跟我们的讨论更相关的是,这一束神经还控制着集体行为,比如聚集、成群和从众。所有的这些脑功能保证了人在大多数情况下采取保命的行动或者有益于生命的行动。这些脑功能对动物的行动方式至关重要。由于我们的进化背景,它们对人类的行动方式也不可或缺。“边缘系统”,麦克莱恩说,“是情绪……的主观体验的基础,情绪指导着保护自我的行为和保护本物种的行为。”[3] 换句话说,边缘系统产生了强大的情绪,强大的情绪是一种激励,可以继续基底核的目标。

脑的这两个部分确实不会从新体验中学习。比如,边缘系统承载着脑的快乐中心,由神经传递素多巴胺激活。20 世纪 50 年代,生物学家詹姆斯·奥尔兹(James Olds)发现,如果

给老鼠一个控制杆让它能够接通电流刺激脑的边缘系统,老鼠就会放弃所有其他活动——包括睡觉和吃饭——以便接受刺激,并一直操纵控制杆直到死亡。后续的动物研究证明,深度的快乐没有满足点。猫或者猴子会一小时按控制杆 10 000 次,连续几个小时地按,就是为了得到这种刺激。奥尔兹发现,如果饥饿的老鼠要穿过 60 微安的电网,老鼠就不会去找食物。另一方面,为了得到脑刺激,老鼠会穿过 450 微安的电网。"我们不能把电流设得更高了",奥尔兹说,"电击会杀了它们。"当老鼠恢复知觉时,它们会重蹈覆辙,继续追求脑刺激。奥尔兹描述了同事的项目:每天只给老鼠一天的时间或吃饭或享受脑刺激。一个老鼠饿死之后,一旦老鼠的体重跌至原来的 70%,实验人员就会将其撤出。圣安东尼的临床心理学家约翰·卡尔(Cull)在谈到人类时说,"脑的这一部分不会做价值判断。也就是说,'人类绝对不会嫌多巴胺太多',因为有许多方法可以得到多巴胺,所以我们竭尽所能、不遗余力。"[5][6]这是冲动行为,不是理性行为。为了把这种思考与理性区分开来,我要使用麦克莱恩的术语原始精神作用:脑的原始部分产生的冲动思维形式。

情绪脑可以有一个核桃大小的结构,这个结构叫扁桃核。如果扁桃核感受到威胁,它就会即刻作出反应,在边缘系统里用信号表示危机的到来并发出情绪警报。1989 年,约瑟夫·勒杜(LeDoux)博士是纽约大学(New York University)神经科学中心(Center for Neural Science)心理学家,在康奈尔医学中心(Cornell Medical Center)神经生物学实验室(Laboratory of Neurobiology)进行跟解剖学相关的研究,他发现了情绪回应的神经通道,这一通道不经过脑皮层而且比脑皮层更快。[7]"扁桃核就是离丘脑有一个突触的距离,而海马离丘脑还有几个突触的距离",他解释说。物质区别产生了"高达 40 毫秒的区别……跟海马相比,在这段时间里,感觉信号就到了扁桃核"。勒杜的研究证实,情绪和相应的反应既可以独立于思想之外出现,也可以先于思想出现。因为原始精神作用比新皮层反应敏捷,所以情绪经常并不反应经过深思熟虑的想法,而是即时反应出了感官所传递的知觉。勒杜指出,"多出来的那些毫秒有可能拯救生命。然而,它是非常原始的感官信息形式……这是一个迅速而又草率的过程,细胞迅速但不精确。"[8]《情绪智能》(*Emotional Intelligence*)的作者哈佛大学心理学家丹尼尔·戈尔曼简明扼要地说:"大脑甚至还没有完全搞清作出反应的原因,一些情绪反应就已经发生了;情绪出现在思维之前。"[9]结果就是即时反应行为。此时,新皮层还没有时间仔细考虑发生了什么,也没有时间自己考虑这一行动会带来什么后果。突然置身险境,我们首先做的不是思考;我们拼命地跑,过后再进行反思。

边缘系统的目标是激起与自我保护相关的行为。这一目标至关重要,因而可以把极端强制性的情绪与原始脑的冲动联系起来。在实现这一功能时,边缘系统比新皮层多 4 张王牌。第一,我们已经看到,边缘系统比新皮层快。第二,边缘系统控制着情绪的振幅,就好像把着噪声发生器的音量旋钮一样。令人难以置信的强大情绪由此淹没了其他信号,比如来自理智的大脑皮层的信号。第三,边缘系统与时间观念无关。无论它想要什么,它现在就要。这种无关使新皮层招架不住,新皮层的计划是要获得长期价值。第四,事实证明,边缘系统“对个人身份和实体的感觉必不可少”。[10]有的人失去了这个脑区域的一部分,也就失去至关重要的感觉,无法确定自己的身份和环境的身份。这就是人们如此重视边缘系统的原因,也是对边缘系统的挑战一般会遭到激烈抵抗的原因,即使这种挑战来自于实体本身。在一个充满情绪的环境下,边缘系统经常取得胜利,牢牢把握对灵魂的控制权。如果你怀疑它的力量和速度,你可以好好想想,如果有人突然把12个蠕动着的3英尺长的黑蛇猛地扔进你的怀里,你会有什么样的反应。现在,你明白这些蛇不能对人造成伤害。不过,好好想想,你需要多长时间来训练自己,才能在将来再遭到如此突然袭击时纹丝不动。

新皮层和原始脑之间不仅存在物质区别,还有着功能差异。新皮层的智力和边缘系统的情绪精神作用非常独立:“边缘系统能够产生不着边际的、感情丰富的一己之见,而我们会把这种一己之见与信仰联系起来,不管其正确与否。”[11]癫痫患者经历了与当时的现实无关的情绪风暴;就是边缘系统在疯狂中燃烧。癫痫患者还经历了关于“绝对真理”的强大的一己之见,跟任何想法或事物都没有丝毫的联系。[12]对于正常人来说,一己之见也是非常强大的,所以他们才会坚定地去面对逻辑和矛盾。他们可以拿自己去结合政治信条、社会计划、宗教虔诚、在轮盘下一转赢钱的自信、推测的金融市场道路或者任何其他想法。[13]这个趋势非常强大。所以,坦帕的南佛罗里达大学医学院(University of South Florida College of Medicine in Tampa)神经系统科学家罗伯特·撒切尔(Thatcher)说:“边缘系统是我们居住的地方,脑皮层基本上就是边缘系统的奴隶。”[14]

这个描述如果换个温和的说法,就是对事实最低限度的陈述:大多数人确实生活在边缘系统里,尤其是对于他们缺乏知识和智慧的知识和活动领域。见多识广的人可能确实生活在新皮层里,但是他们对知识领域的选择可能会首先受到边缘系统的诱导。无论如何,在每一种情况下,边缘系统还是能够压倒新皮层,边缘系统认为必须压倒新皮层。

实质上,还有一点,脑的各个部分“是密切相关的,对一些情绪和物质形式共同作出反应”,[15]以便保证物种的生存。从众行为来自同一个原始的脑部分,可能也是密切相关的,也是冲动的。如果是这样,这些冲动是怎样联系在一起去产生思维和行为的集体一致性?

## 从众心理和金融市场

作为一个原始的生存工具,来自边缘系统的情绪冲动激起了个体的渴望,去从他人那里寻找知识和行为的信号,因此也就把个体的感觉和信念与集体的感觉和信念联系在一起。在强烈情绪化的社会环境中,归属于集体的渴望、被集体接纳的渴望非常强烈,可以压倒更高的脑功能。

现实对集体思维的打扰越少,集体一致性就越强。当缺乏知识而逻辑又不相关时,依赖最容易代替缜密的推理。像投资领域,几乎没有知识渊博的人;像流行时尚界,逻辑并不适合,最关键的就是给人留下深刻印象。在这些领域里,很容易产生依赖。这些活动的趋势不受个体头脑理性决策的指导,而是被群体特有的集体感觉所控制。

在20世纪20年代,剑桥大学(Cambridge)经济学家A. C. 皮古(A. C. Pigou)把合作社会动力与繁荣和萧条联系了起来。[16]他的想法是,当独立操作时,个体一般会纠正自己的思维错误;但是,对于有着强烈社会一致性的事物,个体会放弃纠正错误的责任,不管概念错误有多么的令人震惊。就像R. N. 艾略特叙述的那样,皮古断言,在金融领域,"一个乐观的错误往往会在整个金融界产生一定程度的心理依赖,直到引发危机。然后,乐观的错误死亡,悲观的错误诞生。"[17]用皮古的话说:

除了把商人联系在一起的金融纽带,商人之间还有一定程度的心理依赖。商界一方语气的变化会以相当非理性的方式扩散开来,影响到另一方以及完全无关的各方。[18]

"华尔街"肯定有着群体的某些方面,而且有足够的证据证明股民中间存在着从众行为。市场乐观和悲观的无数标准[19]表明,总的来说,公众和金融专业人士的这种情绪会随着市场趋势和水平同步涨跌。这一趋势不单是相当普遍,而是普遍存在的。大多数人关于金融市场的几乎所有想法都是来自于他人,通过报纸、电视、情报贩子和分析师,自己一点也没有加以检查。他们想:"我要检查谁? 人们认为这些其他人是专家。"许多人在情绪上都依赖滴答纸带,而滴答纸带只是汇报了他人的整个短期决策。这一依赖几乎是放之四海而皆准的,甚至在长期投资者中间也是如此。金融市场导致了针对大多数人的催眠。外表上,他们显得理性。在里面,他们的潜意识在起着控制作用。他们被驱使着从众,因为他们没有足以形成独立信念的第一手知识,因而无法在数字之中寻求智慧。潜意识说:你基础薄弱,无法发挥理性;你唯一的选择是假定集体知晓金融市场的走向。

1987年,亚利桑那大学(University of Arizona)和印第安纳州大学(Indiana University)的史密斯(Smith)、苏查内克(Suchanek)和威廉斯仅用了十几个志愿者进行了60次实验室市场仿真。这十几个志愿者主要是经济学学生,在部分实验里也有职业商人。史密斯、苏查内克和威廉斯一五一十地告知了所有参与者同样的未来股息前景,并在模拟交易日的结尾告诉参与者实际宣布的股息。两者会多少有些随机的变化,但可以得出一定的平均数。但是,这些实验对象反复制造繁荣-萧条数据图表。这一数据图表的极点是一个函数:在猜测股市走向的角斗场上,参与者缺乏经验。首席研究经济学家弗农·L. 史密斯(Vernon L.)得出了这样一个结论:"实验对象经常制造市场泡沫,但是缺乏经验的实验对象更容易制造泡沫。当同样的一组实验对象回到第三市场时,泡沫消失了。"[20]在现实世界里,"如果同一批交易者一直在市场里,这些泡沫和暴跌的可能性会小很多",但是市场里总有新手。

这些实验得以进行有一个条件:参与者好像切实了解即将到来的事件而且确实拥有所谓的基本价值。但是,在现实世界里没有这个条件。参与者创造了一个繁荣-萧条形式。不管怎么说,这一事实都确凿地证明了从众冲动的力量。

不光新手会随大流。鲜为人知的是,大多数专业人士也会像天真的多数人一样从众。图8-2表明了机构手中的现金百分比,并将其与标准普尔500综合指数(S&P 500 Composite index)联系了起来。你可以看到,两个数据系列的移动路线基本相同,表明职业基金经理就和公众一样,具有随着市场起伏的从众行为。

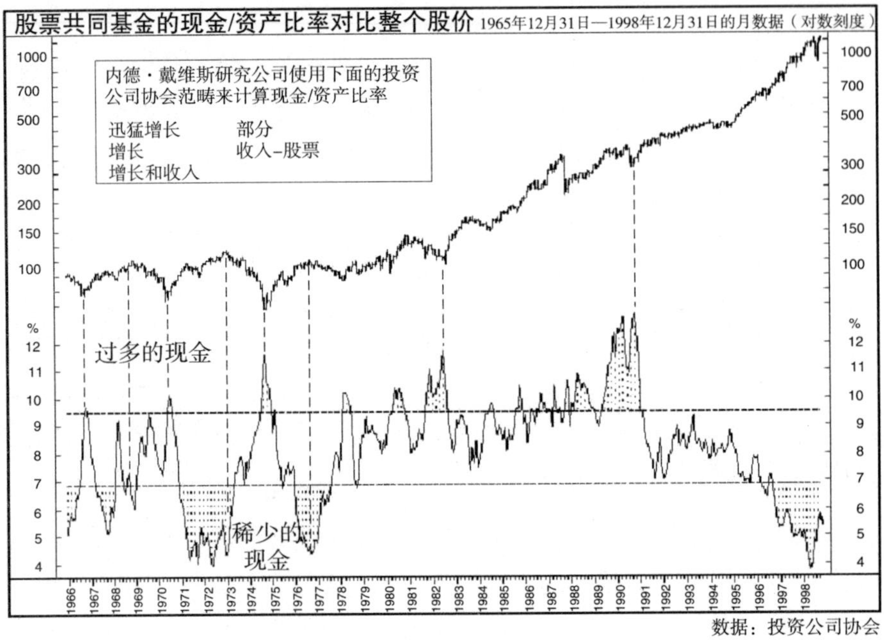


图 8-2

资料来源:内德·戴维斯研究公司

总的来说,专业人士也遵循从众形式。金融教授罗伯特·奥尔申(Olsen)最近做了一项研究:公司分析师估计的4000个公司的利润。罗伯特·奥尔申得出了这个结论:

专家们的利润预测显出了盲目乐观和过分消极。这些缺点通常被归咎于一个组合:不完整的知识、能力的缺乏、虚假的陈述。本文表明,人类对一致意见的渴望导致了利润预测者的从众行为。[22]

在这篇论文里,奥尔申指出,预测每股利润的难度越大,分析师的从众行为就越强。[23]而压力来源于预测每股利润的困难。同样重要的是,从众行为越强,对利润进行估计时整个偏见也就越强,整个估计也变得更不精确。这是一个自我强化系统,失败会导致更进一步的失败。

之所以从众导致预测者的精度下降,是因为股市的净估价是从众的结果。要在当前群体情绪的基础上预测,就是"预测"目前的情绪,而不是将来的事件。成功只是取决于目前的情绪能否得到保持。当前的情绪通常保持不住。(要了解关于这一点的更多信息,请看第18章。)

看似理性的专业人士为什么会完全受同事观点的操控,以至于他们不仅保持同样的观点,还为了附和集体的观点而改变自己的看法?回想一下,在功能上,新皮层和边缘系统是没有联系的。这意味着,一己之见可能会与不同人的完全相反的想法联系在一起,对于同一个人的不同阶段也是如此。换句话说，同一个脑可以支持具有同样强烈情绪的相反的观点，由脑的原始组成部分根据生存需要来进行判断。这一事实与金融市场参与者的行为直接相关。某一天，这些参与者可能信心饱胀；第二天，他们可能就会彻底丧失信心，惊慌失措。耶鲁大学经济学家罗伯特·席勒(Shiller)说："你会认为开明的人"对市场"不会固执己见"，"但他们确实如此，而且还总是处于变化之中。"[24]在每一种情况下，他们都完全能够解释自己的新信仰，所有的这些言论都只是(然而，有时表明上显得英明)由新皮层一手操办产生的文饰作用。市场分析师保罗·麦克雷(Macrae)·蒙哥马利解释，"对于边缘系统来说，'未来现金流的净现值'这一词组是没有意义的，因为它唯一的时间观念就是现在，唯一的价值就是快乐和解压"[25]。在没有遭受认知不协调之苦的情况下，为了解压，新皮层为人类的行动生成了"理性"，以便证明参与者的情绪需要是正当的。

在整个从众过程中，无论市场是真的还是仿真的，无论参与者是新手还是专业人士，对于每个价格水平的股票估价，他们都坚信其正确性。这种信仰强大、情绪化、不容争辩。古斯塔夫·利本(Gustave Le Bon)是研究群体心理的先驱。他在一个世纪以前说："相信群体和用讨论来反对龙卷风一样弱智……光是时间就可以影响他们。"[26]

与他人一致以寻求自我保护不仅是对积极价值的追求，还是对消极价值的避免。在这种情况下，强化从众行为的情绪甚至更强。爬行动物和鸟类骚扰陌生人。如果一只家禽有伤或者有缺点，一群家禽会啄死它。同样，如果认为互相之间存在区别，人们会成为彼此的威胁。那么，表明自己的共同点以便避免遭拒，就是一个生存优势。

D. C. 盖杜谢克(D. C. Gajdusek)研究了一个长期不为人所知的石器时代部落，这个部落从未见过西方人。D. C. 盖杜谢克很快注意到部落里的人模仿他的行为。每当他抓头或者把手放在嘴唇上时，整个部落也这么做。[27]麦克莱恩说，"事实表明，这种模仿表示，'我像你'，可能具有某种保护价值"。他补充说，"从种系发生上说，这一行为形式是根深蒂固的"[28]。因此，从众行为的另一个优势就是避免表面上的分歧，以便消弥攻击的借口。

模仿他人的这一趋势也许并不局限于石器时代的部落。耶鲁大学心理学教授欧文·贾尼斯(Irving Janis)研究了现代政治环境下集体决策的动力，并得出结论，"总体来说，在决策者的社会网络中，意识到决策的人越多，避免社会反对的动机就越强。反对可能是由于逆转。"另外，"对前一个决策承担的义务越大，预期的功利主义损失也就越大，由于无法延续现行行动道路所导致社会反对和自我反对也就越强，因此压力也就越大"[29]。

这就是为什么在金融市场里，当最佳的买卖时机就在眼前时，甚至参与者本人也认为应该采取行动了，参与者还是会遭遇强大的心理阻力。他认为，如果只是处于半清醒状态，"当我的邻居或者顾问或者朋友认为这是个好主意时，我就也会这样做。如果我现在就做，又犯了错误，他们就都会叫我笨蛋。我就会是唯一的笨蛋。我就会被孤立，遭受嘲讽，这不仅痛快而且危险"。大多数人无法从牛市定位转向熊市定位，或者反之，如果这样做违背了朋友或者熟人的看法。为什么会出现这种情况呢，群体的压力和影响至少是原因之一。这也解释了为什么市场或者其他社会趋势难以长久维持下去，为什么金融估价会走向极端。有些人相信人们应该把决策基于某个可计算的基本价值之上，对于这些人来说，极端的金融估价是不能容忍的。

孤独地坚持自己的信念令人非常不适，会涉及物质反应。“情绪精神作用”，麦克莱恩说，“代表了心理经历的唯一形式，因而其本身可能导致明显的自发活动”比如出汗、抽搐、脸红、肌肉紧张、头发直立。如果去考虑特立独行，一个人的反应可能会产生紧张甚或恶心。根据经验，他知道，如果一个人在任何事情上都随波逐流，尤其是当一个人的边缘系统情绪活动强烈时，(比如政治、宗教、财富或者性)这个人就会得到与自身明显的智力和道德相称的尊敬。一个发表不同意见的人立即遭到惩罚：大家会发出表示反对的微笑、咯咯的笑声、哞哞的声音，嗤之以鼻，冷嘲热讽，甚至直接表示敌意。这听起来可笑，但是，如果你不习惯集体的言语伤害或者拒绝，这些经历就令人难受，大多数人也无法忍受。

摒弃了情绪的历史学家有时谴责人们在很久以前的金融危机之前没有做到未卜先知，然而，如果不是身临其境，就几乎不能想象当时随波逐流的社会压力。在许多政治和社会环境下，比如，“我不像你”可能意味着死亡。边缘系统生硬地认为所有的“我不像你”陈述都充满危险。因此，从众和模仿就是保护行为。从众和模仿是强大的，因为它们受原始的精神作用系统驱动，把理性放在了一边。尽管它们不了解情况，但它们在努力拯救你的生命。

从众的进化优势、从众被纳入原始精神作用的原因，对于动物来说，可能是从众(1)增加了诸如食物采集和准备之类的改善生活活动的成功率；(2)增加了遭受捕食者攻击时的生存机率；(3)减少了被当作另类杀掉的可能性。据此作出的从众行动先于新皮层的反复思考，拯救了许多生命。对于现代人来说，不幸的是，这一益处有着重要的例外。麦克莱恩担心，“一方面，历史悠久的边缘系统为我们保证了食物和配偶的可靠性。但是，要相信我们的想法、概念和理论，我们还需要边缘系统的精神流溢。这时，我们应该怎么办?”[30]和有用的原始精神作用工具一样，在现代金融猜测领域，从众行为会对成功起阻碍作用。如果一个金融市场在飙升或者暴跌，边缘系统感觉到机会或者威胁，命令你加入群体，以便增加你成功或者生存的几率。边缘系统产生的情绪支持者这些冲动，其中包括希望、兴奋、谨慎和恐慌。受此推进的行动使人们不可避免地走向生存和成功的对立面，这就是大多数人推测失败的原因。[31]在许多情况下，希望和从众会给你带来福祉。不是在金融市场里。在许多情况下，随着别人一样恐慌和逃跑减少了你的危险。不是在金融市场里。另外，自相矛盾的是，有时你会环顾四周并自在地说：“那里所有的人都赞成我。”但这不能证明你的立场是正确的。约翰·斯普纳(Spooner)说过：“如果你打扑克牌时在牌桌上找不到一个笨蛋，站起来，因为你就是。”在金融市场方面，要点是一再失败通常也难以阻止这一行为。如果反复的失败和痛苦无法克服边缘系统的冲动，那么，边缘系统肯定能够自由控制相对温和的社会环境。

既指向长期持久的金融趋势，又指向估价的突然巨变，但却没有一个能大体猜测得到。作家J.奥林·格拉贝(J. Orlin Grabbe)一语中的，点出了这一章的主旨。他说：“未来的多变的形象好像是……内源的。这些形象谈不上理性,也不能说是非理性的。它们是先于理性的。”[32]换句话说,它们在人体之内,不是由外界事物导致的。它们不是非理性的,因为它们有目的,无论在现代生活中应用得有多么糟糕。然而,它们也不是理性的,它们处于人们的潜意识之中,也就是处于基底核和边缘系统之中。基底核和边缘系统的作用就是在理性的有意识输入之外操作,并推翻理性的有意识输入。

## 与个体成分相区别的群体超级结构

我们已经确定了人类个体的无意识的且冲动的心理过程。在这一过程中,人们以社会环境中同伴的行为来控制自己的行为。如果我们猜想这些冲动是有形式可依的,我们的猜想是否符合逻辑？当潜意识运作起来时,不能随机进行,因为那就毫无思维可言了。潜意识必须以自己特有的形式运作。对于个体来说显然如此,个体的边缘系统反复产生同样的行为形式。我们能否把这种形式与波浪原理之类的超机体形式组成联系起来？还有证据可以证明这一假说。

古斯塔夫·利本一百年以前说过:“心理群体是一个临时性的生命,由各种各样的要素组成。就像细胞组成一个生命体形式一样。细胞经过再次组合,形成新的生命,新生命所拥有的特性与单个细胞的特性截然不同。”[33]利本提出了“群体心理集合定律”。凭借这一定律,个体停止思考,无意识地加入了“一种集体心智”之中。

19 世纪的经验主义者谈论理论时有点过于轻率。我们是不是把他们那过时的观点又重新搬了出来？现代研究人员在逐步证实利本的观点。1997 年 11 月版次的由欧洲物理学协会(European Physical Society)出版的《物理学 A 辑》(*Physica A*)上有一篇论文,论文明确地把股市和动物的原始精神作用联系在一起。这里所说的精神作用就包括动物偶尔为之的集体精神作用。迪迪埃·索奈特和哥本哈根尼尔斯·博尔研究所的安德斯·约翰森在他们的论文《金融大暴跌》(*Large Financial Crashes*)里提出了这些相关结论:

> 股市是个迷人的结构,与人类心智类似。人类心智可能是自然科学中最为复杂的动力系统。在有效市场假说中,交易人有意识地兼收并蓄,通过他们的行动,市场价格中包含的所有信息。我们并没有像通常那样解读高效的市场假说。我们提出,整个市场可以展示一个“新兴的”行为,这个行为是其任何成分都不具备的。换句话说,我们在宏观层面上通晓了智力行为的出现过程,而在微观层面上的个体却一无所知。这一过程已经在生物学中进行了探讨,比如像蚁群之类的动物种群研究或者与意识出现相关的内容。

这一假设与波浪原理完全相符。整个群体所展示的行为确实是“智能的”,是一种精神作用,与单个个体的经历不同。然而,它不是理性的,它是冲动的,这就是为什么只有群体心理学学者才能坦然接受这一理念,群体心理学学者观察到群体行为和个体行为的差异。当一个群体“思考”时,结果不是理性,而是情绪人际超机体动力。情绪人际超机体动力肯定是波浪的源头。一个人的与社会环境相关的程式化心理动力对群体产生了无意识冲动。无意识冲动与同类心智一起产生了共同社会环境中的互动动力综合形式。由此产生的集体行为形式显然遵循波浪原理的形式。

总之,社会情绪变化不一定需要牵涉每个个体。如果一个人允许自己主要受他人情绪状态的影响,而不是受独立研究、充足的知识和完全的理性之熏陶,那么,他就会被引入无意识的、非理性的、心理相互依赖的社会动力之中。大多数人太忙,而且又缺乏明确的目的,因而不能完成如此过高的要求——独立研究、充足的知识和完全理性。即使那些践行理性的人也发现甚至在特制的环境中也难以完成这些要求,更不可能在所有的环境中完成这些要求。

即使在社会中人们想要维护一些参与者的完全理性,他们的影响能够起作用也必须满足两个条件:在衡量论据的时候,大多数其他人也要有理性,而且理性的参与者所持的论据要一模一样。这个乌托邦式的环境在现实社会中就没有存在过。在现实社会中,所有人都有冲动。跟冲动相比不同个体有逻辑性而又相互冲突的请求在力量上相形见绌。实际上,这些冲突本身为人们提供了一个借口,去放弃理性的艰苦工作并轻易屈从于基底核和边缘系统。尽管任何个体都有不同的思维和行动,群体还是会遵循其独特的行为形式。

对于大多数个体而言,由社会导致的情绪变化可以以这样或者那样的方式进行下去,而独立的大脑皮层却难以插足,不容置喙。这就是为什么,总的来说,直到人类心智成分的操作出现变化为止,人类人际动力会一直保持不变。

## 注 释

〔1〕Larsen, W. J. (1997). Human embryology.

〔2〕Wright, K. (1997, October). “Babies, bonds, and brains.” Discover, p. 78.

〔3〕MacLean, P. (1990). The triune brain in evolution, p. 247.

〔4〕Nesmith, J. (1996, September 14). “The roots of personality...” The Atlanta Journal – Constitution.

〔5〕同上。

〔6〕对物质的痴迷触发了同样的神经传递素,迫使类似的集中自我毁灭行为发生。

〔7〕Ledoux, J. E. (1989). “Cognitive emotional interactions in the brain.” Cognition and Emotion, Vol. 3, pp. 267—289.

〔8〕Goleman, D. (1989, August 15). “Brain's design emerges as a key to emotions.” The New York Times.

〔9〕同上。

〔10〕MacLean, P. (1990). The triune brain in evolution, p. 17.

〔11〕同上,第569页。

[12]同上,第453页、第578页。

[13]在第15章直到第19章,我们会探索其中的一些内容。

[14]Wright, K. (1997, October). "Babies, bonds and brains." Discover, p. 78.

[15]Scuoteguazza, H. (1997, September/October). "Handling emotional intelligence." The Objective American.

[16]Pigou, A. C. (1927). Industrial fluctuations.

[17]来自查尔斯·J.柯林斯为《艾略特波浪原理》所作的序言。

[18]Pigou, A. C. (1920). The economics of welfare, as quoted in Vittachi, N. and Faber, M. (1998). Riding the millennial storm, p. 112.

[19]这些标准包括买卖成交量比率,机构的现金储备,指数期货贴息,边缘投资者的活动,根据经纪人、交易人、业务通讯撰稿人和投资者对市场的看法所形成的报告。

[20]Smith, V. L., Suchanek, G. L. and Williams, A. W. (1988, September). "Bubbles, crashes, and endogenous expectations in experimental spot asset markets." Econometrica, Vol. 56, No. 5, p. 1149.

[21]Bishop, J. E. (1987, November 17). "Stock market experiment suggests inevitability of booms and busts." The Wall Street Journal, p. 31.

在这篇文章里,史密斯还指出,在交易过程中,当他对下滑运动施加人为交易限制时,人们就得到了鼓励,制造了非同寻常的繁荣,继而使后来的暴跌更加猛烈。这些获得批准的交易暂停在今天已经付诸实施。从另一个角度来说它们肯定会使暴跌更加猛烈。如果人们进行了投资,而且知道再下跌一点,他们就无法脱身离场,会被套牢,那么,他们就会更加恐慌。而在其他情况下,他们就不会这样。潜在的新买家就不愿进场,因为他们也可能被套牢。

[22]Olsen, R. (1996, July/August). "Implications of herding behavior..." Financial Analysts Journal, pp. 37—41.

[23]几乎所有压力来源都能导致从众反应。麦克莱恩幽默地提及了政府和大学对紧张局势的反应——设立特别委员会。

[24]Passell, P. (1989, August 25). "Dow and reason: distant cousins?" The New York Times.

[25]Montgomery, P. (1985, April 12). "Neurophysiology and interest rate behavior." Universal Economics.

《一般经济学》(*Universal Economics*)的作者保罗·蒙哥马利第一个认识到麦克莱恩著作中关于投资者冲动的含意。《新千年市场分析》(*Market Analysis for the New Millennium*)(新经典文库,2002)特别刊载了他就这个话题所做的开创性工作。

[26]Le Bon, G. (1895). The crowd.

[27]Gajdusek, D. C. (1970). "Physiological and psychological characteristics of stone age man." Symposium on Biological Bases of Human Behavior, Eng. Sci. 33, pp. 26—33, 56—62.

[28]MacLean, P. (1990). The triune brain in evolution, p. 239.

[29]Janis, I. (1972). Victims of groupthink.

[30]MacLean, P. (1990). The triune brain in evolution, p. 453.

〔31〕有一个神话,经纪公司和国税局(IRS)后台管理系统雇员以外的几乎所有人都相信这个神话:许多人擅长金融预测。实际上,几乎所有的人预测都归于失败。期货经纪公司的领导曾向我透露一个秘密:在他们公司的历史上,总的来说,顾客从来就没有哪年能够获胜。甚至在股市里,当公众或者甚至大多数专业人士获胜的时候,这也只是个暂时的现象,尽管有时还是个长期现象。如果他们不见好就收,下一个熊市通常把他们消灭。如果他们及时收手,消灭的就是后来入市的人。尽管现在大家都普遍认为股市最终总会到达新的高点,被消灭的命运还是不会改变。姑且不说这种信仰的荒谬之处[在中世纪(Dark Ages),罗马股市(Roman stock market)在哪里?],关键是人们采取行动的时机,错误的时机带来了毁灭性的打击。

〔32〕Grabbe, J. O. (1995). International financial markets.

〔33〕Le Bon, G. (1895). The crowd.

〔34〕Sornette, D. and A. Johansen. (1997, November). "Large financial crashes." Physica A.

# 第9章　与冲动和从众相关的理论和言论

许多科的动物从众、聚集、成群和云集。这些动物包括鱼，像蚂蚁和蜜蜂那样的昆虫，鸟，食草哺乳动物，显然还有人类。

“对于大群……社会动物明显的目的一致性”，伊恩·斯图尔特说：“有些东西让人极为忌惮，毛骨悚然。”[1]他认为，原因不是在于“本能”，而是在于心理编码规则。保罗·麦克莱恩说：“爬行动物是惯例、先例和习性的奴隶。”[2]这句话强烈暗示了根深蒂固的行为规则。H. 黑迪格尔（H. Hediger）指出，他观察一只树豪猪达7年之久，这只树豪猪的习性“几乎就像钟表一样有规律”[3]。换句话说，可能有着一个基因密码透露着个体行为规则，进而导致了从众现象。

动物行为与系统成员的行为非常相似。系统成员的行为循规蹈矩，遵循某些简单的规则。洛斯阿莫拉斯实验室（Los Alamos laboratory）的马克·蒂尔登（Mark Tilden）给一个机器人植入了3个规则。机器人的行为好像在以复杂的方式进行，机器人似乎在“考虑”跟着阳光移动，以保持太阳能输入。[4]动物学家弗里茨·福尔拉特（Fritz Vollrath）和凯特（Kate）·道格拉斯创造了“网络蜘蛛”。根据一小段规则，真正的蜘蛛建造的所有的蛛网，网络蜘蛛都可以建造。这些实验表明，规则的心理编码可以解释动物为什么会从事显然复杂而又循规蹈矩的行为。这好像是个有说服力的解释，能说明鸟类为什么迁徙，海龟为什么会游上已经漂移了一千英里的岛屿。显然，它们的行为所依据的不是计算尺或者地图。如果三四个根深蒂固的心理规则可以产生行为过程，那么，它们的精神作用就不需要这么复杂。

把目标输入电脑程序甚至能够使各种规则得以生成。这些规则可能生成于动植物的基因密码用以促进目标的生存和再生。如果是这样，植根于人类基因之中的一些简单的规则好像就是人类从众行为的源头。起初，这些简单的规则由基底核和边缘系统执行，用以促进进化中先于人类出现的所有生物的生存。

许多人确实成了规则的奴隶。在针对程序进行争论的时候，“但我们总是这样做！”之类的回答经常被当作无须加以证明的公理。在谈到人类时，麦克莱恩说：“惯例的实际变化或者受威胁的变化会产生压力。当整个组织牵涉其中的时候，这种压力就会被放大许多倍。”换句话说，人类群体所共有的规则更加抵触变化的建议。

可能有两种规则，一种是密切相关的，一种是临时派生的。一个密切相关的规则可能是,“跟着大家学。大家怎么想,你就怎么想;大家怎么说,你就怎么说。大家怎么做,你就怎么做”。一个临时派生的规则可能是,“大多数人认为股市总是向上的”,或者“我们都知道X国是我们的敌人”。边缘系统的作用就是把感觉当成真相,因此,与这些习得规则相反的初步证据将会(而且通常是)真的被当作空穴来风。这就是为什么社会趋势变化总是出人意料。总之,一般来说,一个人并不是有意识地要去从众,也不认为自己是在从众,他的下意识可能包含了一些与他人行为相关的简单规则,这些规则往往会使他不自觉地随波逐流。

## 心理感染

理念的传播之中有一个理论,群体冲动可能就采取这一机制。这一理论是,文化传播成员有着自我复制的特性,就像一个生命体“从一个脑繁殖到另一个脑”。牛津大学动物学家理查德·道金斯(Dawkins)说:“当一阵狂热,比如说对于弹簧单高跷、纸飞镖、机灵鬼①、海洛因麻醉药品的狂热席卷一个学校时,其过程就和流行病麻疹的历史相似。”[7]这一机制不仅和狂热有关。耶鲁大学经济学家罗伯特·席勒使用感染这个单词来描述金融市场趋势背后的心理机制。对于任何可以想象的事情的态度席卷了金融市场中人。

伊莱恩·绍沃特(Elaine Showalter)是普林斯顿的阿瓦隆基金人文学科教授(Avalon Foundation Professor of the Humanities at Princeton),针对感染提出了社会歇斯底里理论。对于我们的讨论来说,她的论点尤其重要。因为社会歇斯底里是非理性情绪的完美实例,在这种情况下,瞄准的是不恰当的实体。她的书《歇斯底里故事——歇斯底里流行病和现代媒体》(*Hystories——Hysterical Epidemics and Modern Media*)记录了病态的形象传播,人们的心理体现了这种形象传播,就好像它们是真的一样。这些形象传播包括外星人劫持、恢复的记忆、各种人格综合征。就像17世纪的女巫狂热一样,所有的这些狂热已经被证实是没有根据的,但是,在相当长的一段时间里,有几千人都坚持认为女巫是真实存在的并把大量的精力投入其中。社会歇斯底里有时涉及对无助受害者的迫害。在社会上传播的偏执性想象将他们妖魔化。他们可能是妇女(在女巫案例之中)、父亲(在儿童虐待恢复记忆的情况下)、信仰其他宗教的人。我还要补充一点,这种妖魔化还可能包含非生命物体。在20世纪70年代早期,人们纠结于企业集团的罪恶,许多人非常害怕国际电话电报公司[International Telephone and Telegraph company(ITT)]会接管世界。在20世纪80年代和90年代,有无数关于食物的歇斯底里事件:苹果里的艾尔(Alar)②、杀虫剂喷剂、鸡肉和鸡蛋里的沙门氏菌(salmonella)、致癌猪肉、脂肪和油的罪恶。所有这些都在电视访谈节目里经过无穷无尽的讨论。21世纪来临之前,人们开始担心“千年虫”灾难。人们猜测,千年虫会使现代世界戛

---

① “机灵鬼”,商标名,是一种玩具。译者注。

② 当年,据说施用了化学物质艾尔(Alar)的苹果对人体有害。译者注。

然而止。在上一个千年即将到来之际,人们也担心宗教预言中的世界毁灭。这两种担心如出一辙。最终,每一个社会歇斯底里都会从发生走向毁灭,烟消云散,就像流行病消失一样。

这些看法与我们在第8章的讨论相关。第8章讨论了边缘系统的独立性及其把情绪转化成形象再把形象转化成认知现实能力。在个体之中,这些形象浮现出来,给新皮层安排一些事情做,否则,比方说,喷涌的焦虑情绪就会没有所指对象。在社会环境下,形象从一个人传递给另一个人,可能是出于加入集体经历的欲望,出于得到关注的欲望,或者可能只是由于受到了感染。这任何一个原因都反映了对他人思维和行为的依赖,与投资者所展示的依赖并无二致。绍沃特把歇斯底里看作"焦虑和压力的一种文化症状……至少需要3个组成部分:热衷此道的医生和理论家、抑郁且脆弱的病人、起支持作用的社会环境"[8]。这些前提肯定符合投资领域。但是,就像我在第14章证明的那样,文化形象的分享不可能局限于歇斯底里或者股市,而可能是适用于所有的社会经历。

对一些人来说,心理感染不是个丑陋的想法。哲学家丹尼尔·丹尼特(Dennett)抱怨说:"一开始,我并没有被自己脑中的这一想法所吸引,这一想法就是一堆粪便。他人想法的幼虫在这堆粪便里自我更新,然后在信息的移民社群(Diaspora)中释放出自己的复制品。"[9]当然,人们并没有被这个想法所吸引,因为独立是理性之人的标志。然而,摒弃心理感染这一想法是愚蠢的行为,因为对这一想法一无所知恰是因为人们非常在意心理感染在其体内的体现。这是个矛盾(就像如此之多的真理一样):人们必须认识到自己头脑的这一个方面,甚至是为了试图超越它,并重新理解社会中进行的事情。波浪原理使其成为了可能。

## 反馈是金融市场和社会的特点

像整个社会一样,金融市场是一个典型的系统实例。这些系统的结果能反馈回系统成为新的原因。道琼斯工业平均指数是世界上沿用最多的市场指数,它不仅反映了投资者的心态,还影响了投资者的心态。投资者的决策使道琼斯指数朝着一个方向前进,道琼斯指数又使投资者作出了这些决策。每天,投资者观看同样的滴答纸带,阅读同样的报纸,听同样的金融电视节目,观看同样的金融指数上上下下。数百万人参与到市场之中,吸收并反映同样的信息、观点和情绪形式。参与者几乎像是在城镇广场之上,一个演说者努力去煽动革命:站在阳台之上,让群众的情绪随着内容、语气和音量的每一次变化而涨跌。然而,在各种市场里,演说者和群众一般是完全一样的。华尔街的大多数信息,比如价格水平、方向、价格变化速度和规模,都是自我生成的。就和人群一样,金融界由自身的情绪提供能量。原因是每个市场决策都是由信息产生的,也会产生信息。一笔交易,在一方面是结果。在另一方面,则成为市场的一部分,把交易数据传递给投资者,成为他人行为的一系列原因之一。这一过程产生了一个信息和冲动的反馈环,其发动机是大量基底核与边缘系统的群体性互动,由人类的无意识社会本性控制。因为人类有这个本性,所以,这一过程反复生成同样的形式。

股票平均指数甚至可以让群众自我监控,就像关心时尚的人们在步行街互相观察一样。像道琼斯工业平均指数之类的指数具有监控器的功能。在行使这一功能时,这些指数一定会充当一个标准。让我们探索这一想法,将其与道琼斯工业平均指数的完善联系在一起。对于使用道琼斯指数进行分析或者预测道琼斯指数,有一个广泛引用且并无非理性的反对意见:道琼斯指数的成分并不恒定。比方说,道琼斯公司(Dow Jones & Co.)在其平均指数中不时替换股票,一只股票偶尔还会被分割。这两个事件都会改变平均指数单个议题的相对权衡。许多人把这种改变叫做“扭曲”,暗示着这个股票平均指数是具有弹性的标准。[10]

道琼斯公司的一个发言人被公认为这一议题的虔诚信徒,他支持道琼斯平均指数,说:“成分可能会随着事件而改变,但是道琼斯指数所代表的内容保持恒定。”[11]多年以来,道琼斯工业平均指数长期波浪结构和价格关系的精确性清楚地支持这一观点。根据艾略特的说法,比如在图 18-1 直到 18-5 中,道琼斯指数持续构造的长期平行趋势通道也揭示了道琼斯指数的恒定。第 5 章列举了 3 个具体预测的成功。在对这些成功进行解释时,道琼斯指数的恒定是必需的。历史上还有其他的案例。比如,虽然道琼斯公司在 1976 年的主要指数里用明尼苏达矿务及制造业公司(MMM)代替了艾娜康德公司(Anaconda),但是 1977—1978 年的下跌还是恰好使道琼斯指数折回到 1974—1976 年上涨的 0.618,达到我预先公开的目标。在《艾略特波浪原理》的第 4 章,我详细说明了这一点。尽管经过了几次分割和替代,始于 1974 年的道琼斯指数上涨还是在 1987 年达到顶点,处于一个水平线的 0.07% 之内,使 1974—1987 年的上涨在百分比上与 1932—1937 年恰好相等。实现了 9 年前A. J. 弗罗斯特在《艾略特波浪原理》中正确预测的这一波浪关系。

通过以上所有的经历,我可以清楚地看出,投资者与道琼斯指数本身有着复杂的情绪关系,就像粉丝忠于一个运动队一样,粉丝并不在意这个运动队一直换人。道琼斯指数本身是一个实体。道琼斯指数(或者标准普尔指数)的成分发生变化之后,专业投资者会调整投资组合,专业投资者的行动反映了粉丝的那种忠诚。他们这样做可能是想模仿道琼斯公司的做法,或者是他们假定其他人会这么做。这两个原因都符合从众冲动。

## 作为从众现象一个方面的社会愿景

在极高或者极低金融市场估价出现时,为什么如此之多的观察者觉得合情合理?为什么回想起来,观察者们又觉得这些显然是疯狂的估价?极端估价出现的时候,大多数确实相信极端估价是明智的,否则这一定价就不会存在。几年之后,历史学家回顾这个时期,发出感慨:价格多么荒唐呀!然而“每个时期”,查尔斯·麦凯于 1852 年说:“都有其独特的愚蠢行为;一些方案、项目或者幻想之中就有愚蠢行为。愚蠢行为一发不可收拾的原因是对收益的热爱、对兴奋的需要,或者仅仅是模仿的力量。"[12]

像此后的许多心理学家一样,麦凯使用"幻想"这个单词。情绪肯定先于行为(请看第16章),但是,幻想形象不一定先于行为。从众人群以某种方式进行感觉,并可以冲动地表达自己来反映这些感觉。他们不需要分享任何特定的幻想或者形象,分享的仅仅是情绪。然而,这一想法不符合波浪原理,所以,分享的幻想形象可能是个中间步骤,介于情绪变化和由此引发的行为之间。

几个社会科学家已经提出了一些与大众相关的模型。大众分享一个社会观点,这个社会观点充当了基准尺度,大众依靠这个基准尺度来判断世界。跟物质基准尺度不同,社会观点是变化的。当主观心理意象消失时,基于主观心理意象的趋势则要经历剧烈的逆转。人们无意识地应用一个并不恒定的基准尺度。这一现象解释了,人们为什么会在一个十年之内完全相信永久繁荣的梦想,而在下一个十年完全屈服于绝望的恶梦,认为毁灭即将到来。他们的心智去适应群体的态度变化,就好像现实本身已经发生了改变(结果是,现实通常发生改变;请看第16章)。

1952年,威尔弗雷德·R.拜昂(Wilfred R. Bion)向《精神分析国际杂志》(*International Journal of Psychoanalysis*)提交了一份关于小集体动力的论文。根据他的叙述,小集体动力是基于原始的且共享的无意识幻想、形象或者神话。要保持理性定位和问题解决定位,就要面对压力并付出努力。这些幻想、形象或者神话是作为一种减压的方式和一种逃避努力的方式而产生的。[13]心理学家卡尔·荣格(Carl Jung)的许多想法有充足的理由引起争议。不过,在处理人类从众现象这一想法时,卡尔·荣格的观点并没有什么不同。卡尔·荣格提出,所有的个体都通过基因和文化传播继承了概念形式,或者"原型"。概念形式或者"原型"是"集体的、普遍的和非人的",并一起组成了"集体的无意识的"社会心智,社会心智统治着充满情绪的社会行为。[14]荣格的"原型"在本质上是无意识之中分享的社会梦想、幻想、形象或者神话。

心理学家劳埃德·德摩斯(Lloyd deMause)提供了一个"历史心因性理论"案例:集体中的成年人先是基于童年经历产生共享的幻想,然后再把幻想投射成形象,然后再把形象付诸行动。[15]劳埃德·德摩斯引用了一个事实作为证据:新闻图片、卡通、广告、政治演讲娱乐媒体中的社会形象先于当时似乎在模仿这些形象的事件。这一理论和波浪原理并没有什么矛盾。社会情绪经济学的基础是一个想法:社会情绪要对社会行为的特点负责。除了买卖股票之外,情绪有无数直接的表达方式(请看第14章)。流行情绪的表达方式可能确实包括公共视觉形象。这些形象会相当直接地反映形象,而此时,公众还没能充分地把自己动员起来去在经济和政治的角斗场上施展拳脚(请看第16章)。然而,我猜想,劳埃德·德摩斯所假定的形象和童年经历之间的联系来自于弗洛伊德的想法(Freudian ideas),使历史心因性理论的这一个方面具有了高度猜测性。鉴于第8章的信息,依我看,这些形象一定会围绕着边缘系统的忧虑生长,并与忧虑融合在一起。所以,从进化的角度来说,这些形象在本质上是原始形象。对于心理学家来说,这样产生的形象好像是小儿科,虽然孩子通常不关心财富、死亡、生存或者性(这些忧虑塑造了许多社会形象),而边缘系统确实是小儿科。

不管任何相关的精神分析,社会愿景的基本想法还是有着耐力,进入了诸如“范式”之类的现代社会词汇之中。科学历史学家托马斯·库恩(Thomas Kuhn)给“范式”下了定义:“整个信仰、价值、技术等的组合,由特定团体的成员共享。”[16]

瑞士经济学家(Swiss economist)尤金·博勒尔(Eugene Bohler)拉近了我们和金融这一主题的距离,他说:“现代经济和好莱坞(Hollywood)一样,就是个电影制片厂。”[17]对许多读者来说,“幻想”和“社会梦想”之类的词语可能显得言过其实。多年来,我近距离观察公众对股市的印象,我发现这些词语完全与现实相符。1997年底的民意测验表明,美国共同基金投资者通常期待他们的基金在下一个十年每年收益34%。[18]什么词语可以更好地描述这一民意测验结果?

如果社会愿景是社会情绪和社会行为之间的中间步骤,那么,社会愿景表现形式的动力就必须遵循波浪原理。波浪原理控制着社会愿景的原因。社会愿景完全可以遵循波浪原理。1965年,B. W. 塔克曼(B. W. Tuckman)提交了他的研究:小集体心理动力发展序列。[19]20世纪80年代,小集体动力专家、哈佛医学院精神病学家菲利普·韦尔斯·香博(Philip Wells Shambaugh)详细叙述了自己的观测数据。菲利普·韦尔斯·香博观察了小集体共享形象的某种类型的进步,并做了下面的报告:

> 小集体发展的最简单形式就是一系列的5波浪,积极和消极相间。我开始感到惊讶:这种波动为什么会出现。我假定集体发展的每个阶段都是程式化的,由内在的共享幻想决定。第一个是原始的天堂幻想。第二个是消极阶段,包括大量相互竞争的幻想,以愤怒和仇恨为标志。第三个标志是莫尔的乌托邦形象。第四个又是消极的,不经常得到描述,但可能涉及乌托邦形象的衰败。第五个是积极的,是民主的集体结构。如果人们接受普莱切特的论点,也认为艾略特波浪形式是基于群体性心理,那么,小集体发展就讲得通……在这一意想不到的环境里,小集体幻想和大集体幻想的类似变得非常重要。[20]

如果社会愿景出现,如果社会愿景遵循波浪原理,那么,人们就必须一直分享形象和它们的相关的感觉,就好像波浪原理在一直运作一样。没有理由相信人们只是在估价或者情绪的极值才共享形象,这种分享只是反映了人们的强度。人们确实经常分享关于大喜大悲的观点,但这些是级别的极点。在两者之间是对于未来的各种级数的乐观和悲观,以及各种级数的不确定性,它们的形象也相应地温和。股市中的定价极值反映了社会观点的力量,趋势的持续时间则反映了社会观点的持久性。

## 反应减弱

就金融估价而言,心智为何如此易变?显然,人们把最近的历史当成了正常情况,不管从历史的角度来看刚刚过去的历史有多么的不同寻常。病理学家弗雷德里克·A.霍特斯(Frederick A. Hottes)尝试着解释了其中的原因:

实验显示,感官接收部位具有适应环境的特性。基本上,如果持续进行一个感官刺激,接收部位起初就会以非常高的脉搏频率作出反应,然后频率逐渐降低,直到最后许多人都不再作出反应。跟以前的经历/历史书相比,最近的历史是一个较强的行为刺激。脑所作出的逐渐减弱的反应能否解释其中的原因?[21]

反应减弱在生命形式中非常普遍,甚至像海参这样低级的生命形式也有反应减弱。当遭到触碰时,海参的6个相关的神经细胞最终会停止使嘴巴作出收缩动作,就好像习惯了刺激:刺激已经不再是刺激了。人类的物化感官表现出了同样的反应减弱。如果脑以同样的方式作出反应,就能解释人类为什么适应物质新环境或者文化新环境,为什么厌倦娱乐形式的重复,为什么发现新的社会事件和趋势令人震惊而却对旧的社会事件和趋势安之若素。

南佛罗里达大学医学院的罗伯特·撒切尔博士是马里兰大学医学院(University of Maryland School of Medicine)应用神经系统科学研究所(Applied Neuroscience Research Institute)为长期反应减弱提出了一个机制:周期性神经生长"波浪"和脑重构"波浪"。

神经系统发展的新模型表明脑的原始区域先成熟。在生命的头三年里,支配感官技能和运动技能的脑皮层经历了最戏剧性的重构。而且这些知觉中心和诸如边缘系统之类的本能中心,将会受到儿童早期经历的强烈影响。

然而,额皮质支配着规划和决策。小脑是运动技能中心,额皮质和小脑也参与了情绪发展。直到一个人5到7岁大的时候,脑的这两个部分才进行重组。撒切尔说,另外,脑的另一个重要的重构发生在9岁到11岁之间。突然之间,脑看起来不太像一个石雕,而更像一个半成品。

撒切尔对青少年和成年人脑电图(EEG)的阐释表明,从出生到死亡,脑大约每两年就经历一次重组。撒切尔提出,这些重组的发生是对神经生长因素波浪的反应。在为期两年的循环中,神经生长因素席卷了两个大脑半球,在波浪的前沿改组了高达五分之一的脑突触联系,行波理念现在只是个理论,但是,行波理论的更多内容正在被更多的科学家所理解。[22]

这种周期性重构能够为生存提供适应性优势。如果一个人的环境改变了,他的脑就能适应环境。这种以显示为参考的适应性可以解释为什么一代人完全在家务农,另一代人摆弄机器,再有一代人钻研电子学,还有一代人玩电脑。

周期性的波浪重构能够解释人们为什么把新的长期社会趋势当作另类来斗争而对旧趋势安之若素。脑需要时间去自我重构以便适应新的社会环境。所有的脑都会自我重构以便适应新的社会环境,就好像它是实际的新环境,不适应就无法生存。这就是为什么经过一段时间之后,每一个新的金融价格水平,无论高还是低,都被众人安之若素,众人并不在乎在历史上什么才被当作合理的价值。因此,很少有人会在市场高点卖出,在低点买进。

在大多数时间里,反应减弱的滑动回应曲线和脑重构波浪的可塑性都是非凡的适应性机制。但在金融领域并非如此。像边缘系统的原始精神作用一样,这个在其他方面非常有用的心理能力阻碍了成功的金融推测。有时,它变得对人们至关重要:人们需要回想起类似市场环境的意义或者过去的关键时刻。但是,人们却已经忘却了,并已经适应了新的环境,安之若素。脑重构波浪也可以解释人们为什么大多不注意自己的态度循环。把波浪原理植入人们的思想之中能够帮助人们敏感地认识到自身的态度变化使人们不会误入歧途,还能够帮助人们预料社会变化以免遭受突如其来的震惊。

## 动力从众假说:斐波那契双极冲动的模仿功能或者偏离功能

我要提出一个假说,这个假说是关于人类社会趋势的创造、保持和逆转(涉及股市、发型、音乐喜好、裙子长度、领带颜色,或者其他任何东西)。如果你阅读第 12 章之后再阅读这一节,效果会更好。第 12 章提供了勒菲弗和亚当斯·韦伯(Adams·Webber)的著作。

这些心理学家假设并证明,人们的心理决策模型是双极的,而且人们通常有固有的偏见,比率是 0.618 比 0.382,朝向积极或者乐观的极点。一个双极决策统一体,在一个极点上可能是模仿他人的冲动,在另一个极点上可能是偏离他人行为的能力。第 12 章所引用的研究表明任何此种冲动都会偏向模仿,比率是 0.618/0.382。

这一假说有着较强的模仿趋势,因此,在中立语境之中,人们喜好的任何初始随机波动都会迅速导致针对一个物体或者想法的喜好密度略微升高。这一喜好又会引起模仿的偏见,模仿的偏见会增加喜好密度并导致意见趋同。趋势很快会在单边姿态中到达顶点。大多数人都确立了喜好状态之后,个体会间或偏离这种状态,但是其数量太小,无法吸引足够的注意,不能改变集体的定位。最终,偏离的随机冲动会在某个点突然导致许多人的偏离。如果那时出现的模仿涉及足够多的人,趋势的改变就会发生。在关键时刻,整个定位的改变非常迅速,并建立了新的一极。

如果模仿冲动和偏离冲动是随机的,这个模型就会像描述的那样工作。但是,我相信在现实世界里不会如此。一致意见持续了太长的时间,产生了人们的反应。最终,长期的社会一致性条件培育了许多人的偏离。因此,为了微调这一假说,我主张,在某个点上,由于更新的渴望和变化的兴奋,受忽视的一极会变得引人注目、激情膨胀,按照自己的意愿打破斐波那契平衡。这样一个模型或许可以解释为什么选民在保守主义和自由主义之间徘徊,在骤然转向之前一般会达到 62%/38% 的极值。这一模型或许可以称作动力从众假说。

第 12 章引用了波尔顿(Poulton)的一个实验,支持了动力从众假说的可能性。该实验要求实验对象评估一张灰纸的“光亮度”,参照物是黑白两极。[23] 实验对象经常会给灰纸评估为 62%,但到底是哪一极的 62% 就不一定了,产生了白 - 黑光谱 38% 处和 62% 处的数据尖峰。勒菲弗提出了这一解释:

对于一些实验对象,白色样品扮演着积极角色。而对于其他的实验对象,则是黑色样品。前者从0点开始标示了刻度的0.62,后者则从100点开始。[24]

黑/白二分法非常能反映政治角斗场上自由派和保守派的争斗、金融市场上的多头和空头的战斗。就像政治中的左右派别一样,股市信念中的上下派别大多是感觉的一个功能,属于边缘系统的领域。[25]在前一种情况下,"左"和"右"是信念的两极,在人们头脑的积极(吸引人)和消极(不吸引人)之间交替更迭。在后一种情况下,"上"和"下"是信念的两极,在积极(可能)和消极(不可能)之间交替更迭。当大多数人把先前的消极极点当作积极极点时,偏离的后退趋势就会获胜。

## 个体在群体中的位置

对许多人来说,程式化集体行为这一想法并不容易接受,因为程式化集体行为显得非人:程式化集体行为没有反映人之所以为人的原因——理性能力——而社会行为反映了一些冲动。这些冲动来自于脑的一个部分。从进化的角度来说,脑的这一部分先于人类产生。哲学家弗里德里希·尼采(Friedrich Nietzsche)直截了当地阐述了其中的不同:"个体的疯狂是罕见的。但是在集体、党派、国家和时代中,疯狂就是规则。"[26]然而,在几乎每个人之中,冲动心智都是基本相同的。我们的意识使我们成为人并彼此区别,但是,我们的下意识使我们相同。

研究表明,边缘系统可以压倒新皮层,但是对不同的个体来说,边缘系统的力量千差万别。一些人发现难以控制自己的情绪。而在其他情况下,比如动物就几乎无法拒绝自己的冲动。[27]同样的事实也可以适用于从众行为。对一些人来说,模仿可能是难以忍受。其他人好像几乎无法进行独立的理性努力,从社会中摄取所有的想法。每个人都有点从众,大多数人都非常从众。就像非专业哲学家埃里克·霍弗(Eric Hoffer)说:"当人们可以为所欲为时,他们通常彼此模仿。"[28]

在金融市场上,无论一些个体可能有多么理性,完全控制金融市场趋势的还是最冲动的参与者。比方说,即使只有30%的投资者易于恐慌,引发恐慌也就绰绰有余了。当恐慌因而发生时,那些不易恐慌的人也知道,如果不采取行动的话,易于恐慌的人会让他们破产。这一认识创造了一个连锁反应,因为在另一方面,平静的人们屈服于恐惧:恐慌会毁了他们。他们投降,因为别人正在投降。

如其不然,如果像我怀疑的那样,人们的恐慌蔓延广泛,那么最冲动之人的初始恐慌就会诱骗那些有次一级冲动倾向的人,增加卖出量,触发那些有再次一级冲动倾向的人,等等。就信心而言,这一逆转在上升趋势中属实。随着这一趋势一再伸展,不容易受影响的人也屈服了。支持这一观点的是一个典型例子:伟大的天才艾萨克·牛顿最后在著名的南海泡沫(South Sea Bubble)接近顶点的时候上钩。按照1998年的美元价值折算,牛顿相当于损失了100万美元。由此引发的损失使他说:"我可以测量物体的运动,但却无法测量人类的愚蠢行为。"现在,有了波浪原理,我们就有了基础,可以去测量人类的这一特性并揭示其神秘之处。

在面对这种冲动时,我们那挣扎着的新皮层只有两种可能的功能。第一个是在事后把边缘系统的决策理性化,以便消除脑的各个部分之间的冲突。这个活动每天都要浪费数加仑的墨水和数英里的传播线路。参与这个无意识目标的脑可以达到激烈的程度。对于任何一个精通波浪原理的人来说,当新闻与股市相结合时,对新闻所做的无尽的讨论和分析显得徒劳无益,甚至稀奇古怪。(要了解关于这个话题的更多信息,请看第 18 章)

新皮层在历史上第一次有了第二个功能。有了波浪原理知识,新皮层可以利用理性攻击市场分析问题和社会预测。金融市场行为是由程式化的潜意识支配的。那么,理解了这一事实恰好可以使对其的分析客观化。

现在,我们可以假设,原始精神作用思维过程是社会情绪趋势和形式的心理发动机。而社会情绪产生了艾略特波浪。我们如何才能解释波浪原理动力形式?波浪原理动力形式是分形的、以斐波那契为基础的、与螺线相关的。在第 10 章直到第 12 章,我们将会研究神经系统行为相关方面的生物学起源。

# 注　释

[1]Stewart, I. (1998). Life's other secret.

[2]MacLean, P. (1990). The triune brain in evolution, p. 237.

[3]Hediger, H. (1950). Wild animals in captivity.

[4]规则是:(1)如果你的太阳电池没有产生超过 X 数量的电力,你就要随机旋转并向前移动 10 厘米。(2)如果你产生了超过 X 的电力,但时间不到 5 秒钟,你就要以匀速向前做直线运动。如果产生了超过 X 的电力,且时间超过了 5 秒钟,你就要停下来。

[5]Vollrath, F. (1992, March). "Spider webs and silks." Scientific American, pp. 52—58.

[6]Douglas, K. (1996, August 10). "Arachnophilia." New Scientist, pp. 24—28.

[7]Dawkins, R. (1993, December 15). "Is religion just a disease?" The Daily Telegraph.

[8]Showalter, E. (1997). Hystories——hysterical epidemics and modern media.

[9]Dennett, D. (1991). Consciousness explained, p. 202.

[10]A presentation of this objection can be found in Stock Market Logic, by Norman Fosback (1976), The Institute for Econometric Research, Fort Lauderdale, pp. 282—284.

[11]找不到参考文献。

[12]Mackay, C. (1841). Extraordinary popular delusions and the madness of crowds.

[13]Bion, W. (1952). "Group dynamics: a review." International Journal of Psychoanalysis, No. 33, pp. 235—247.

[14]Jung, C. (1959). The archetypes and the collective unconscious.

〔15〕deMause, L. (1982). Foundations of psychohistory, pp. 172—243.

〔16〕Kuhn, T. (1962). The structure of scientific revolutions, (2nd ed. 1970).

〔17〕Grabbe, J. O. (1995). International financial markets.

〔18〕出自蒙哥马利资产管理公司(Montgomery Asset Management)[圣弗朗西斯科(San Francisco)]所做的民意测验,发布于1997年10月。

〔19〕Tuckman, B. W. (1965). "Developmental sequence in small groups." Psychology Bulletin No. 63, pp. 384—399.

〔20〕出自1986年6月15日P. 香博(P. Shambaugh)①写给小罗伯特·R. 普莱切特的私人信件。

〔21〕出自1996年8月21日F.·A. 霍特斯(F. A. Hottes)②写给R. 普莱切特的私人信件。

〔22〕Wright, K. (1997, October). "Babies, bonds, and brains," Discover, p. 78.

〔23〕Poulton, E. C., et al. (1968). "Response bias in very first judgments of the reflectance of grays." Perception and Psychophysics, Vol. 3, pp. 112—114.

〔24〕Lefebvre, V. "Sketch of reflexive game theory," from the proceedings of the Workshop on Multi-Reflexive Models of Agent Behavior conducted by the Army Research Laboratory.

25 See "The Extent of Impulsivity in Political Action" section in Chapter 16.

〔26〕Nietzsche, F. (1886). Beyond good & evil.

〔27〕Samenow, S. (1984). Inside the criminal mind.

〔28〕Hoffer, E. (1955). The passionate state of mind.

---

① P. 香博(P. Shambaugh)即菲利普·韦尔斯·香博(Philip Wells Shambaugh)。译者注。

② F. A. 霍特斯(F. A. Hottes)即弗雷德里克·A. 霍特斯(Frederick A. Hottes)。译者注。

# 第 10 章　生物学与波浪原理强分形方面的联系

## 体内的分形

为什么人类的无意识从众冲动产生了社会互动的强分形形式？如果脑不与行为的强分形形式联系在一起，可能会令人惊奇。人体和自然界中的许多事物一样，是强分形的集合。

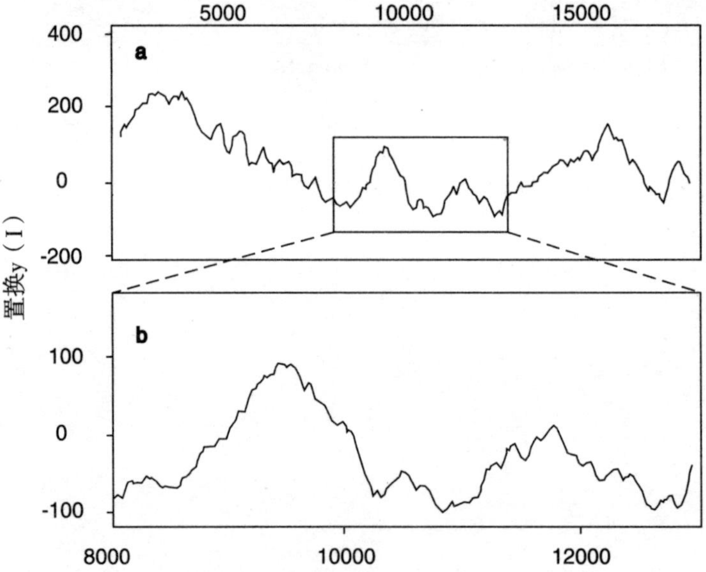


图 10－1　老鼠胚胎骨骼肌凝蛋白重链基因的脱氧核糖核酸漫步代表（α ＝ 0.63）。（a）整个序列。（b）（a）中方框的放大图片。

资料来源：《自然科学和生物学的生长形式》

1992 年，波士顿大学、麻省理工学院（MIT）和哈佛医学院的研究人员发现，脱氧核糖核酸核苷酸序列的分形形式在分子的漫长链条上把各部分连接在一起。这种方式产生了“极长的幂律关联。”[1]图 10－1 显示了整个序列和其中一部分放大后的图。他们那不精确的相似性就像图 2－1 直到图 2－7 显示的不同级数的艾略特波浪形式，至少表明了一种可能性：

脱氧核糖核酸体现的不是不定分形，而是程式化的强分形。[2]

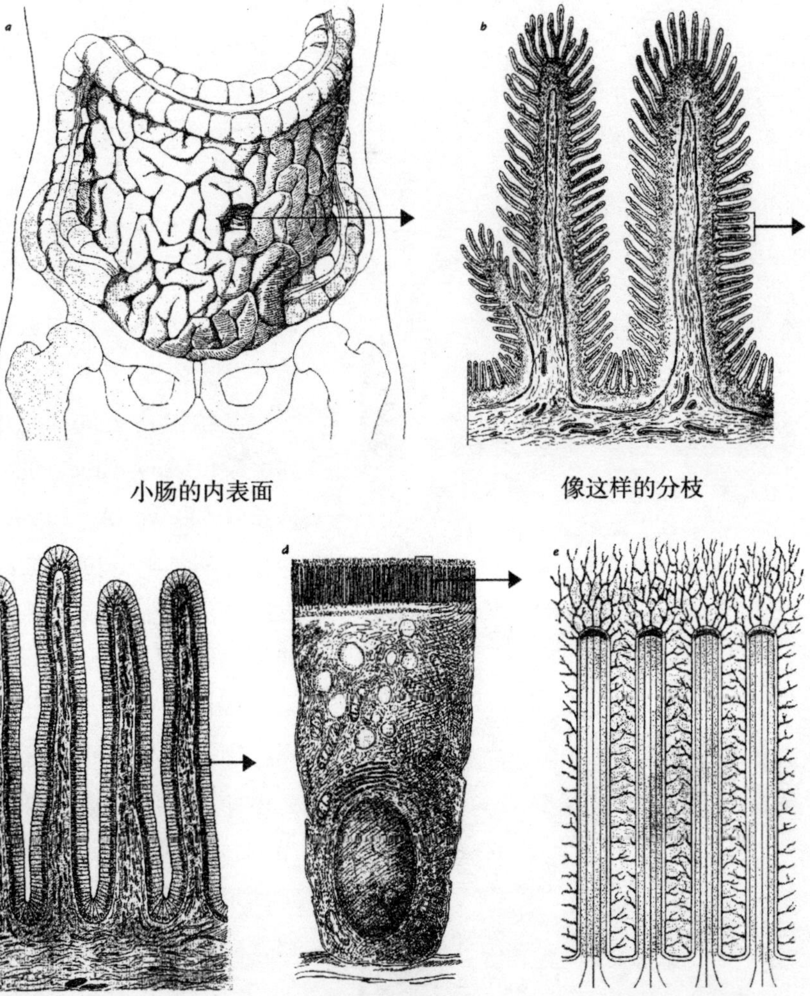


图 10－2

资料来源：1990 年 2 月的《科学美国人》

## 神经系统生理学中的分形

嗯，猜猜怎么着。脑以及与其直接相关的形式反映了同一种图案。阿卜拉姆遍布于视网膜之中（请看图 10－5），直接与神经系统相连，神经系统本身就包含阿卜拉姆。哈佛医学院贝丝以色列医院（Harvard Medical School's Beth Israel Hospital）的阿里·L. 戈德伯格（Ary L. Goldberger）博士在 1990 年 2 月版次的《科学美国人》里发表了下面的言论：

比如，某些神经细胞有着像分形一样的结构。如果通过低倍显微镜仔细观察这些神经

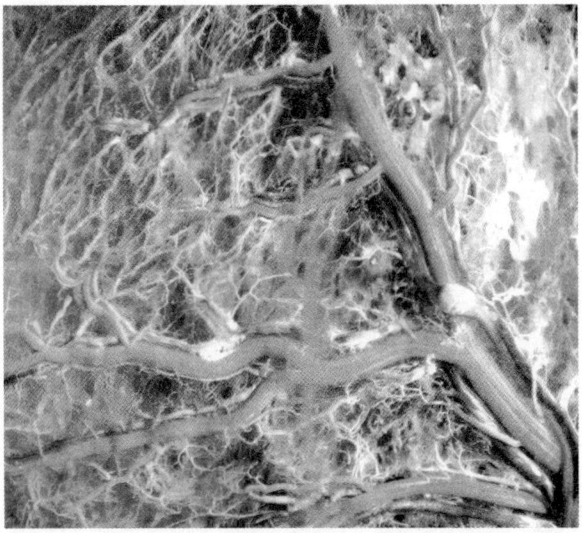

图 10－3　血管形成了一个阿卜拉姆
资料来源:《分形:混沌的形式》

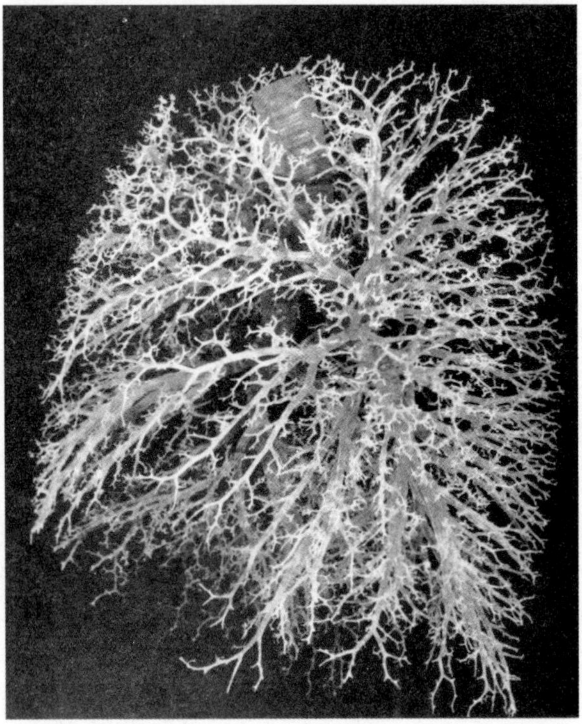

图 10－4　肺的气道形成了一个阿卜拉姆
资料来源:《肺结构》

细胞,就能分辨出不对称的分枝。这些分枝叫做树突,与细胞体相连。如果放大倍数略高一些,就可以看到较大分枝上有较小的分枝。如果放大倍数更高一些,就可以看到另一个水平的细节:分枝上面是分枝,分枝上面还是分枝……如果看到树突在不同放大倍数上的两幅照片(没有任何其他参照物),人们可能难以判断哪幅照片对应哪个放大倍数。[3](请看图 10－6)

戈德伯格与同样供职于贝丝以色列医院(Beth－Israel)的刘易斯·A. 利普希茨(Lewis A. Lipsitz)博士一起,为神经病学阿卜拉姆的名单增加了“额皮质贝茨细胞的派生形式、尾状核的棘细胞、脊髓的前角细胞。”[4](请看图 10－7)我们在微观级别上看到的结构也同样出现在宏观级别上。叫做活树或者生命之树的小脑的白色组织(请看图 10－8)、脑血管(请看图 10－9)阿卜拉姆的形式与一棵孤零零的橡树并无二致,这显然是通过进化的“生长”方式。

## 神经系统功能中的分形

在 20 世纪 80 年代,迭代系统的(Iterated Systems)总裁迈克尔·巴恩斯利(Barnsley)和艾伦·斯隆(Sloan)一起倡导开发了数据压缩软件的分形构图系统。迈克尔·巴恩斯利近来在公共电视网(PBS)若有所思地说:“人体中最重要的分形是无比复杂的线路——脑。我们可能永远也不会明白自己的脑是如何工作的。但是,如果能明白的话,我怀疑脑要用到分形几何学。”[5]确实有可能如此,因为不光是脑和神经系统的结构揭示了分形。

最近的研究表明，脑和神经系统的一些冲动功能也同样有效。比方说，神经系统控制着人类心跳。波士顿大学和哈佛医学院的研究人员披露健康人的心跳是不规律的。《达拉斯晨报》（*Dallas Morning News*）进行了报道。

图10－5 视网膜形成了一个阿卜拉姆

在图上用时间间隔（心跳之间的）的坐标定点，产生了一个有趣的形式。这个形式是一个复杂的曲线，有点像山脉。曲折形式的本质都是相同的，只持续几分钟的短期图片和持续24小时的长期图片都是如此。24小时对应着成千上万次心跳。这一相似的结构在不同级别上出现，数学家称之为分形。[6]

首席研究人员阿里·戈德伯格博士说：

因为本能（或者“自动”）神经系统控制着心跳，所以心跳的分形形式表明了神经系统活动的一些长期相互关系。另外，因为本能神经系统控制着许多事物，所以分形形式可能会在别的地方出现。实际上，我们从其他系统得到的数据表明，分形形式还有更广阔的应用领域：呼吸、血压控制，等等。[7]

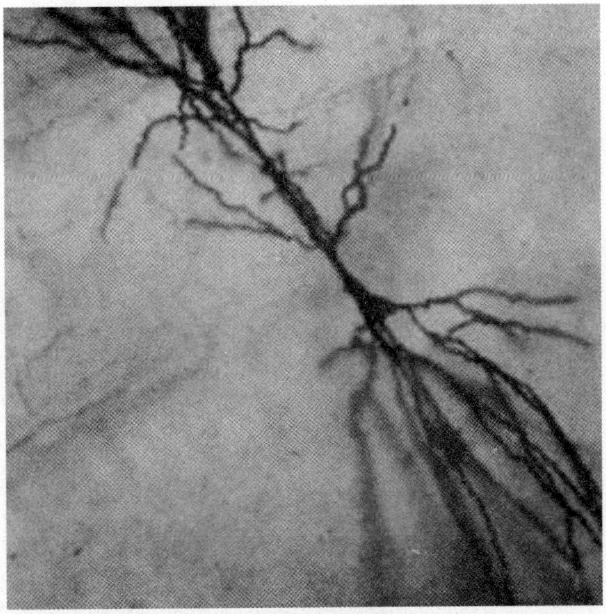

图10－6 神经细胞形成了阿卜拉姆

在上述推测的基础上，贝丝以色列医院杰弗里·M.豪斯多夫博士（Jeffrey M.）与哈佛医学院合作，使用专门仪器监测健康人的迈步形式。杰弗里·M.豪斯多夫这一结论基于神经系统管理功能的分形本质，波浪原理断定金融市场也遵循完全一样的规律：每一次运动都取决于以往或是近在咫尺或是遥远悠久的运动。那么，我们的“脑”按照分形几何学来工作，就像波浪原理的工作方式一样。

这些研究表明,对于我们神经系统中的短期行为、长期行为、自组织而言,分形至关重要。波浪原理表明,对于我们社会系统中的短期行为、长期行为、自组织而言,分形至关重要。假设两者之间的直接联系是不是牵强附会之举?

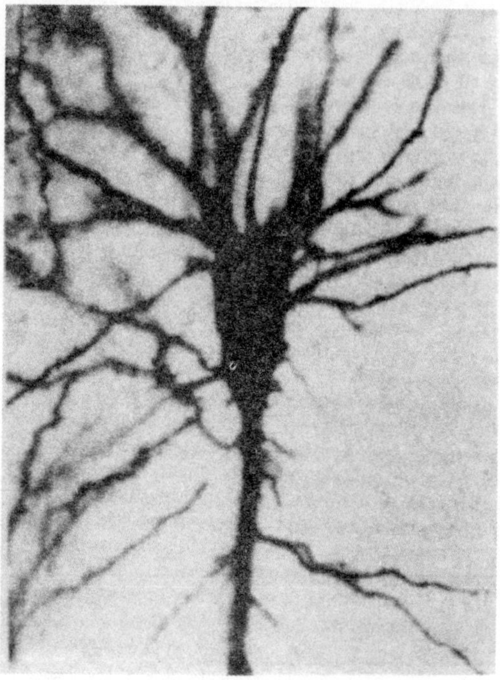

图 10－7 运动皮质的贝茨巨大锥体细胞形成了一个阿卜拉姆

资料来源:《美国医学会杂志》

## 分形——效率、功效和强势的工具

身体为什么采用分形?可能有三个原因:效率、功效和强势。戈德伯格就其他的身体系统作出了解释:

分形的分枝或者褶层极大地增加了现有的吸收表面积(就像在肠里那样)、分配和搜集(由血管、胆管和支气管进行)、信息处理(由神经进行)……分形结构,部分由于其重复性和不规则性,所以是强势的,可以抵御伤害。[9]

图 10－8 羊的小脑是阿卜拉姆

与之类似,国际商用机器公司物理学家理查德·沃斯提出,脱氧核糖核酸的分形形式可

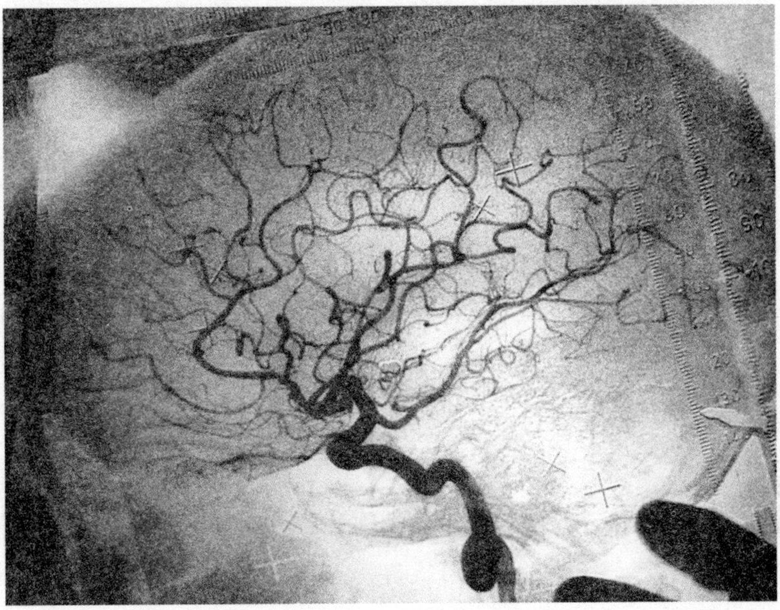

图10－9 脑血管形成了一个阿卜拉姆

资料来源:《国家地理杂志》

图10－10 橡树是一个阿卜拉姆

能有助于促进从一代向另一代复制的精确性。[10]我会作出这样的假设:脱氧核糖核酸的分形本质也使其积极地保证物种的强势。一般认为,脱氧核糖核酸的复制“错误”是个随机错误。这个错误非常像是一个必不可少的间断,由分形控制,保证足够的突变,使得物种可以适应变化中的环境。

分形是如何提升了人类精神作用的效率？神经系统在物质方面和功能方面的分形可以帮助脑理解分形。脑能瞬间分辨出云、树和山。相反，要把云、鸟和飞机的区别交给电脑就要花费一些时间。阻塞气球或者流星可能会让电脑困惑。但是脑通常能够立刻发现自然物体和人造物体的区别。或许，脑之所以能够如此深刻地认识和应对自然，是因为在设计和功能方面，脑和自然都有着相似之处。布里格斯(Briggs)和皮特(Peat)总结了诺贝尔奖(Nobel)得主伊利亚·普里果金(Ilya Prigogine)的观点："脑是非线性行星上的非线性进化的非线性产品。"[11]1990年，拉里·R. 范德弗特向美国心理协会全国代表会议提出了心理学混沌/分形动态统一模型。拉里·R. 范德弗特认为，心智理解世界上的分形的能力可能是脑中分形结构的反映。[12]

社会也由于效率的原因而群集。人们旅行、聚集和定居的方式在群体、社会和文化的结构本身之中产生了分形群。齐普夫于1949年发现，城镇人口的分布根据幂律而群集。德国伍珀塔尔大学(University of Wuppertal)的皮特·格拉斯贝格尔(Grassberger)博士支持这一结论，证明流行病在整个群体中以分形形式传播。也就是说，小规模的人口会受传染病感染，大规模的人口也会受传染病侵袭。但无论是在哪个规模上，受感染人群的分布都非常相像。[14]这一结果是由于一个事实：人们的社会互动产生了分形，而这显然是互动的最有效且最强势的排列形式。疾病就像因特网中的电脑病毒一样，偶尔会利用这一高效的分布系统。分形和幂律对社会集体有着明显的价值。在各种社会数据中，分形的出现就体现了这一价值。社会数据包括了金融市场定价数据，第2章提到了金融市场定价数据。

脑和心智的生理学功能，在本质上都是分形。其产物波浪原理在本质上也是分形。两者相得益彰。同样，原始脑可能会推动人们之间的精神依赖，因为就效率、功效和强势来说，这一合作社会分形是有价值的。正如利本在1895年所说的那样："群体总是无意识的，但这一无意识可能正是群体力量的秘密之一。在自然界里，仅由本能控制的生命可以作出非常复杂的行为，令我们感到震惊。"[15]

## 生长发育所需的分形

生命形式中分形的价值可能还要大于效率、功效、强势和其他此类针对生命的功利主义优势；生命本身可能需要分形。利普希茨和戈德伯格进行研究证明，年龄的增长与神经系统阿卜拉辛的减少同时发生，而且心跳分形不规则之处的减少则意味着心脏病即将发作。换句话说，健康和生长发育需要分形生理学和功能。普里果金对脑发表了如下言论：

> 脑必须非常不规则，否则，你就会得癫痫。这表明，不规则之处、混沌导致了复杂的系统。但是，这丝毫没有无序的迹象。相反，我要说正是混沌使生命和智力成为了可能。脑与众不同，不稳定，即使是最小的影响也能导致次序的产生。[16]

换句话说，或许依赖复杂系统不规则分形形式不仅是复杂系统的效率和适应性，还有复杂系统本身。

碰巧,股市上升趋势的生命也依赖持续的波动。对趋势－反应频率的研究表明,长上升趋势之后反应平平是一个可靠的信号:逆转即将开始。[17]有些迈步、心跳和脑电波平稳得不自然。无独有偶,股票也会上升得异常平稳,这是一个前兆:年迈的牛市即将死亡,或者市场就要心脏病发作,或者市场将要癫痫发作倒地。显然,在此方面,适用于个体生命的,对超机体社会群集同样有效。个体生命和超机体社会都需要分形来维持健康,或许甚至需要分形来维持生存。

## 结　论

分形分布广泛。个体的神经系统内、聚集的人群里、人们的互动形式中,都可以发现分形。这些事实符合一个发现:这同一批人的心智与同类心智一起产生了一个集体精神作用分形。这个集体精神作用分形叫做波浪原理。生理学家与诺贝尔奖得主查尔斯·谢林顿爵士(Sir Charles Sherrington)说,脑是一个自组织系统,就像是一个"被施了魔法的纺织机,数百万个闪烁的梭子纺织一个即将解体的图案,这总是一个有意义的图案,由一批变化中的小图案构成。"[18]这一描述与波浪原理下对社会行为的描述相吻合,一批小形式纠结在一起形成较大的有意义的形式,然后解体,结果只是导致了下一个短暂形式的发展,所有的这些都是许多个体自组织的结果。总之,在有些情况下,脑需要参加集体情绪的分形,因为脑和人体的其他结构和功能一样,以多种方式包含和产生了分形。

## 注　释

[1]Stanley, H. E., et al. (1993). "Fractal landscapes in physics and biology." Growth patterns in physical sciences and biology.

[2]Goldberger, A., et al. (1990, February). "Chaos and fractals in human physiology." Scientific American, pp. 42—49.

[3]同上。

[4]Lipsitz, L. and Goldberger, A. (1992, April 1). "Loss of 'complexity' and aging." Journal of the American Medical Association.

[5]Lesmoir－Gordon, N. (1994). "Fractals: the colors of infinity."

[6]Siegfried, T. (1993, March 29). "Healthy hearts have complex rhythm." The Dallas Morning News.

[7]同上。

[8]Browne, M. (1997, April 15). "Variations in stride." The New York Times.

[9]韦斯特(West)和戈德伯格在另一篇文章中指出,肺的派生"接近最有利的表面积与体积之比率,我们的进化祖先单细胞微生物就有这样的比率。"[ref: Goldberger, A., et al. (1990, February).

"Chaos and fractals in human physiology." Scientific American, pp. 42—49.]可能所有机体的分形形式都是重现远古生命环境的一种方法。比如,肠的吸收表面分形本质也可以接近远古单细胞微生物的表面积/体积比率。很长时间以前,海洋把微生物带到各个角落,血管同样也把营养带给身体的所有部分。(实际上,身体盐度的控制模仿了远古海洋环境。由于同样的原因,我们也用盐溶液洗眼。)

[10]Voss, R. (1992, June). "Evolution of long range fractal correlations and 1 - F noise in DNA - based sequences." Physical Review Letters.

[11]Briggs, J. and Peat, D. (1989). Turbulent mirror, p. 166.

[12]Vandervert, L. (1990, August 12). Presentations: "A chaotic/fractal dynamical unification model for psychology" and (1989, May) "Systems thinking and neurological positivism: further elucidations and implications."

[13]Zipf, G. K. (1949). Human behavior and the principle of least action.

[14]"The practical fractal." (1987, December 26). The Economist.

[15]Le Bon, G. (1895). The crowd.

[16]Prigogine, I. and Stengers, I. (1984). Order out of chaos.

[17]Eliades, P. (1998, May 4). "Danger: bear may be crossing." Barron's.

[18]Sherrington, C. S. (1940). Man on his nature.

# 第 11 章　生物学和知觉与波浪原理斐波那契基础的联系

## 身体里的斐波那契

人的无意识从众冲动为什么会产生以斐波那契为基础的社会互动形式？请做这样的考虑：人体和大多数动植物生命形式一样，是一个斐波那契表现形式的集合，从微观到宏观都是如此。

脱氧核糖核酸分子是按照斐波那契比例发展的人和螺线的数据源。按照通行的最佳测量法，一个坏的长度是 34 埃，高度是 20 埃，非常接近斐波那契比率 34/21（请看图 11－1）。[1]斐波那契可能在脱氧核糖核酸结构中隐藏得更深。斯坦利等人在幂律研究中附带指出，“老鼠胚胎骨骼肌凝蛋白重链基因的脱氧核糖核酸漫步代表（有一长串）0.63（相互关系）”[2]（请看图 10－1），这又一次相当接近黄金分割率。[3]

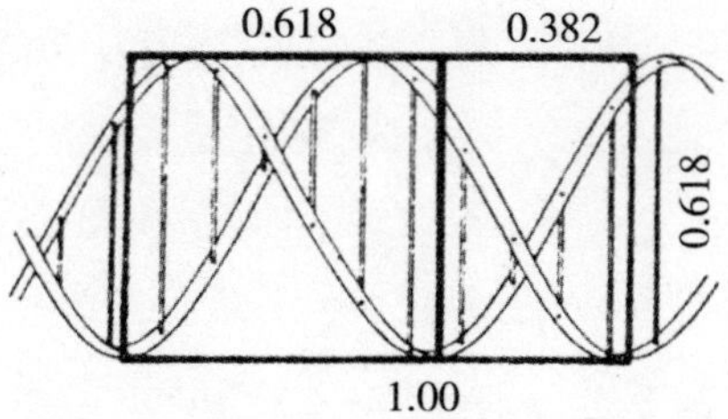


图 11－1

资料来源：1987 年 6 月的《脑心公报》

智力大学（University of Chile）生物化学教授吉多·平切拉（Guido Pincheira）认为，脱氧核糖核酸的对称性使其控制的中间和最终形式也产生了对称性。吉多·平切拉说，这一对称性包括斐波那契的表现形式。[4]

斐波那契确凿无疑地出现在最终形式之中。动物生命的最低形式之一海星，模仿了以斐波那契为基础的五角星，如图 3－8 所示。当双腿和双臂伸展开时，最高生命形式人类也

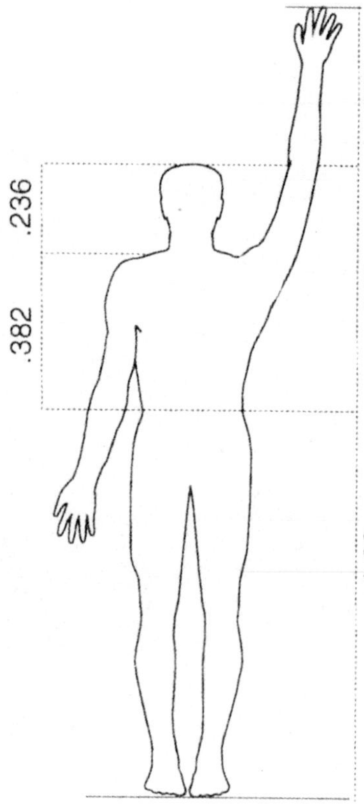


图 11－2

资料来源:1979 年 12 月的《斐波那契季刊》

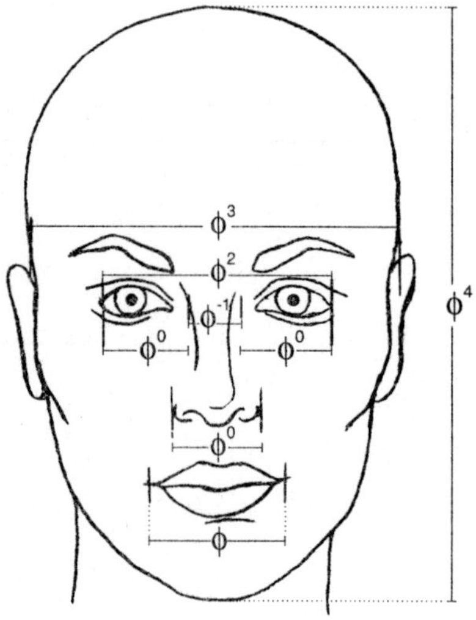


图 11－3

资料来源:1979 年 12 月的《美国正牙学杂志》

模仿了五角星这一形式,就像图 11－4 所描画的那样。[5]

人体处处皆是黄金分割。肚脐,对于一个正在生长的胎儿来说标志着生命的源头,把一个成年人的身体分割成斐波那契比例。颈部把肚脐到头部的距离分割成斐波那契比例(请看图 11－2)。伊利诺伊大学位于芝加哥。伊利诺伊大学的罗伯特·M. 豪斯多夫博士详尽描述了人类头部的斐波那契关系(请看图 11－3)。[6]心脏专家证实左心室由一系列的螺线组成。这些螺线反复收缩到一个点:大约从主动脉瓣到顶点长轴的 62%。[7]在 20 世纪 60 年代早期,E. R. 魏贝尔(E. R. Weibel)博士和 D. M. 豪斯多夫博士非常仔细地测量了肺的结构,指出,对于第 5 级直到第 7 级支气管树而言,短管长度与长管长度的平均比率是 0.62,还是一个斐波那契比率。[8]布鲁斯(Bruce)·韦斯特和阿里·戈德伯格已经发现,在肺里,前 7 级支气管的直径以斐波那契比例缩小。[9]图 11－4 是莱奥纳尔多·达芬奇(Leonardo da Vinci)的名画,指出了人体的斐波那契比例。建筑师介尔吉·多齐认为人体中随处可见的斐波那契:

> 人体的所有部分都有着同样的比例限制。手、臂、躯干的长度关系……等同于……头、颈、躯干、腿、脚的关系。整个人体骨架非常符合 3 个黄金矩形和 1 个倒数,这个倒数就把头包括在内。我们发现,整个人体和人体各部分之间存在着比例和谐,比例和谐之间存在着惊人的统一。[10]

从我们最基本的基因编码到我们整个身体的比例,都反映了斐波那契比例。脑也是这样吗?从生理学和功能上来说,答案好像是肯定的。

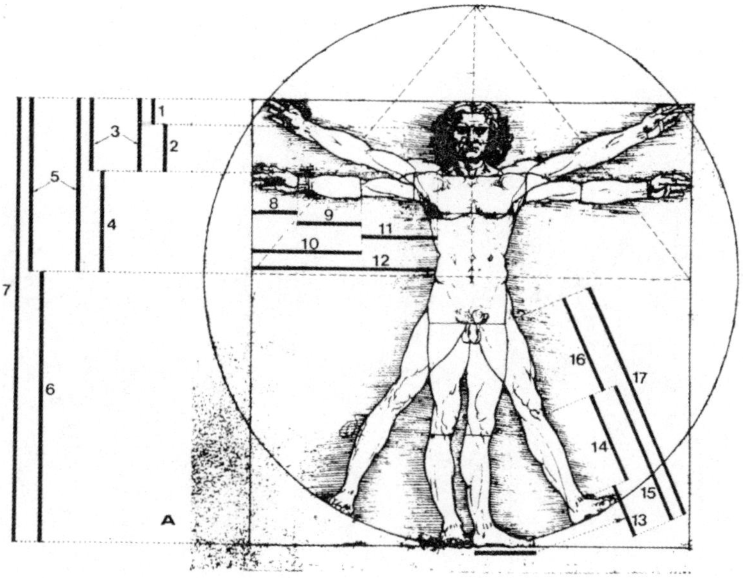


1 : 2 = 2 : 3 = 3 : 4 = 4 : 5 = 6 : 7 = 8 : 9 =9 : 10 = 0.618 ±
10 : 12 = 1 1: 10 = 13 :14 = 14 : 15 = 16: 15 = 15 : 17 =

Leonardo da Vinci's depiction of Fibonacci relationships in the human body

图 11 -4

资料来源:《极限的力量》

## 脑和神经系统生理学中的斐波那契

1988 年,牛津大学数学教授罗杰・彭罗斯与宇宙学家斯蒂芬・霍金(Hawking)分享了沃尔夫物理学奖(Wolf Prize for Physics)。1994 年,罗杰・彭罗斯在他的著作《头脑的阴影》里提出了下面的讨论:

从数学的角度来看,哺乳动物的微管是有趣的。数字 13 好像没有特别的数学意义。但是,并不是完全如此。这是一组著名的斐波那契数字:0,1,2,3,5,8,13,21,34,55,89,144……每一个后起的数字都等于前两个数字之和。这可能是出于偶然,但是,众所周知,斐波那契数字经常(在一个更大的级别上)出现在生物系统之中。比如,在冷杉球果、向日葵头、棕榈树树干中,都可以发现螺线或者螺旋形,右旋线条和左旋线条相互交叉。一个方向的圈数与另一个方向的圈数是两个连续的斐波那契数字。(请看图 3 -9 直到图 3 -11)(当人们从一端到另一端研究这些结构时,人们发现"支路"出现了,然后数字变成了相邻的一对连续的斐波那契数字)令人好奇的是,微管的斜六角形展示了一个非常相似的特点——一般来说,甚至是个更精确的结构——显然(至少按惯例来说)这一形式由 5 个右旋螺旋形和 8 个左旋螺旋形组成。如图 11 -5 所示。在图 11 -6 中,我努力去说明,真正从微管的内部来

“看”,这个斜六角形结构会呈现什么状态。这里,数字13扮演的是和的角色:5+8。还有一点令人好奇,双微管经常像是自然而然地总共拥有21列微管蛋白二聚体,这21列微管蛋白二聚体形成了复合管的外部边界——下一个斐波那契数字!(然而,大家不会被这种想法所误导:比如,出现在纤毛和中心体里的“9”就不是一个斐波那契数字)

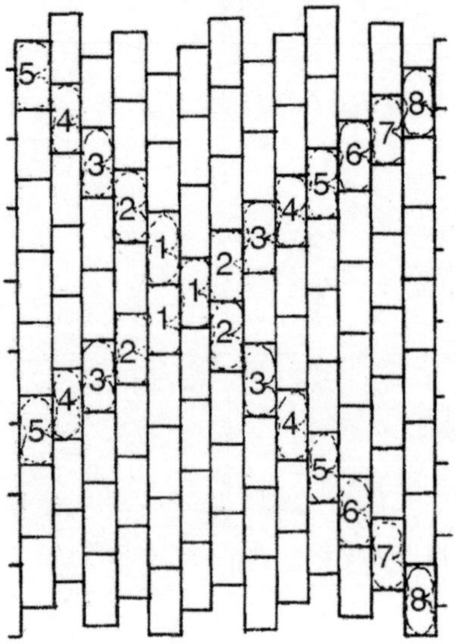


图11-5

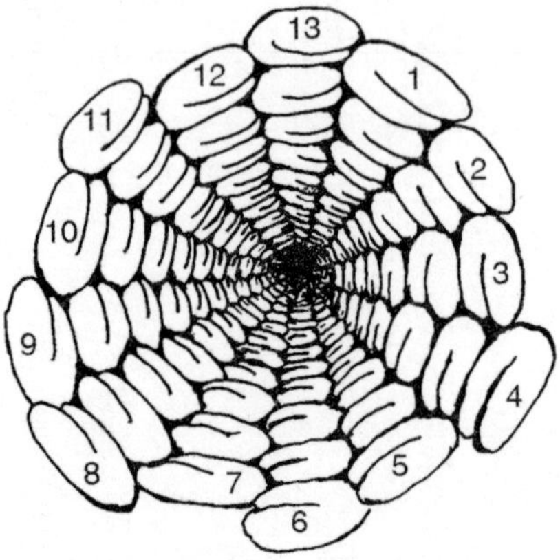


图11-6

资料来源:《头脑的阴影》

因此,在微生物学方面,哺乳动物的脑有着错综复杂的斐波那契表现形式。

在波士顿大学的斯坦利领导下,麻省理工学院、哈佛以及其他地方的15位研究人员最近研究了中枢神经系统神经细胞生理学,目的是量化神经突的阿卜拉辛。神经突是神经细胞的阿卜姆。把猫视网膜的神经节细胞作为样板系统,他们发现这些细胞的分形维数“采用盒计法(box counting method)是1.68+或-0.15;采用相关法(correlation method)1.66+或-0.08。”[11]虽然作者们没有提到,但这个数字相当接近黄金分割率。斯坦利等人指出,扩散限制聚集模型的分形维数也是如此。扩散限制聚集模型是通过阿卜拉辛进行的基因扩散模型(请看第3章)。换句话说,根据一个扩散方程式生长的各种现象都共享黄金分割率的一个分形维数。阿卜拉姆是其中的典型,包括循环系统、支气管系统、树木、细菌、化学反应,等等。我们自己脑里的神经细胞也是其中之一,而且不是一个微不足道的例子。

## 神经系统电脉冲中的斐波那契

反映斐波那契数学的不光是神经细胞和微管的生理学。身体神经系统细胞电荷的比率好像也反映了斐波那契。这里是康沃内和海菲尔德对神经细胞电荷的描述:

身体之中的每一个细胞外面都有一层带电的薄膜,因为细胞内外带电的原子——离子——的数量不同……神经细胞和其他的细胞不同,可以改变它们的电气特性。当接到来自另一个神经细胞的信号时,细胞薄膜的特性改变,允许离子穿过。钠离子通过巨大的以蛋白质为基础的离子通道蜂拥而入,薄膜电位迅速从 -70/1000 伏变成 +40/1000 伏。虽然当地的薄膜特性再次发生变化,恢复原状,但是,这也使毗邻的薄膜发生了类似的变化,所以电气活动的尖峰也发出了。这一电脉冲叫做动作电位,沿神经传递电波。

虽然以前好像并未指出,但是,这里的意思是:在整个神经细胞电荷的范围内,每个神经细胞顶点负电荷都是70/110,或者0.636;顶点正电荷都是40/110,或者0.364。这些比率非常接近斐波那契比率0.618 和0.282。虽然神经细胞电位不同于这些数值,但是顶点负电荷总是多于顶点正电荷。考虑到身体与斐波那契相关的特性,这里有一个审慎的做法:调查神经细胞电荷的大小是否一贯,或者通常,反映了斐波那契比率。

## 斐波那契——效率的工具

为什么脑和神经系统最深处的形式和功能展示了斐波那契比例?可能由于同样的原因,集体人类互动在 5 -3 形式里出现了不时被打断的进步:自然界喜欢效率最高的道路。引用彭罗斯的话:

克鲁加(Koruga)(1974)已经提出,这些斐波那契数字可能为微管提供优势,增强微管作为"信息处理器"的能力。实际上,哈默夫(Hameroff)和他的同事争论了十多年:微管可能扮演着细胞自动机的角色,复杂的信号可以作为微管蛋白不同电极化状态的波浪沿着管道传播和处理……克鲁加认为一个与斐波那契数字相关的结构具有极高的效率。实际上,微管的结构也与之类似。微管的这种结构,确实有其充足的理由。之所以这么说,是因为,虽然对于所有真核细胞来说,这些数字可能会有变化,但是对于哺乳动物微管来说,13 列好像是几乎一成不变的。[13]

以斐波那契为基础的集体人类行动类型源自互动精神作用,可能也是自然界的"极高的效率",就像其内部结构和过程的可能形态。不过,对于波浪原理来说,其目标不是个体生物学的效率,而是物种进步时的效率。

## 神经病学和知觉中的斐波那契螺线

人类的无意识从众冲动为什么会产生社会互动的螺线形式?如图 2 -29 所示,答案是,对于我们的神经系统和感官的运转来说,螺线显得至关重要,并肯定在某个水平上与波浪的产生有关。

就像生活有许多方面一样,我们的感官也充满了螺线。我们都从中学生物学里学到,内耳的耳蜗是螺线形的(请看图 11 -7)。触觉也和螺线有关。根据神经生理学家罗伯特·撒切尔的一篇研究报告,“我们的臂、腿和手指的神经细胞接收区域,以螺线带的形式包裹在外面,就像罗马士兵的鞋带”[14]。

图 11 - 7 螺线耳蜗

资料来源:《美国科学家》第 75 卷“分形维数中的生理学”

所有的生理感官,包括听觉器官、触觉器官、味觉器官、视觉器官和疼痛接收器官,不仅有螺线生理机能,还有对数回应曲线。霍特斯指出了一个可能的更大联系:

细胞动作薄膜电位对于肌肉和神经系统有重要意义,细胞动作薄膜电位的电压等于细胞外内离子浓度比率的对数。脑和神经系统由同样的细胞建造单位构成,在显微镜下呈现相似的形态,所以,中枢神经系统的回应曲线可能也可以用对数表示。[15]

我们感官的生理机能和回应曲线的对数螺线本质显然也延伸到了我们的知觉本身。E. L. 施瓦茨(E. L. Schwartz)的研究表明,当脑从视网膜的弯曲表面、耳道等接到螺线信号时,脑就在一个叫做对数保角映射的过程中把螺线存储成直线。[17]凭借这一人类知觉模型,大脑皮层以一个对数螺线图画为标准,对物体形状进行转化。脑如何保持尺寸不变性,如何保持旋转不变性,如何压缩信息,如何感知深度,如何感知形式,如何感知视觉错觉,如何比较多感官信息,这一人类知觉模型提供了唯一的答案。

视网膜曲线与其在现实中和脑中所代表的直线有什么数学关系?施瓦茨所做的一个估计可能会给我们一个暗示:就放大和变形而言,映射在视网膜上的形状和脑中的形状是有区别的,施瓦茨对决定这种区别的参数值做了估计。施瓦茨根据猫和猴子的数据进行推断,认为参数值是 1.6 到 1.7。虽然施瓦茨并未提及,但这还是斐波那契比率的表现形式。头脑的处理和存储功能把这一数据作为标准,来比较物体。撒切尔博士认为,这一数据不光是螺线,还是黄金螺线:每旋转 90 度,其半径就按黄金分割率增加。

撒切尔进一步提出,“物体的复杂性、脑中的对数螺线形式与该物体的匹配度,产生了美感”。如果这个结论是正确的,就能解释,为什么这么多研究表明人们常常对物体中的斐波那契比例感兴趣,为什么整个历史里如此多的艺术家,从古埃及和希腊的建筑师(Egyptian and Greek architects)到莱奥纳尔多·达芬奇,都非常痴迷于斐波那契关系,有意识地把斐波那契关系融入创造之中。

这一章里讨论的所有形式和过程之间的联系都是它们的斐波那契成分。所有的这些研究表明，以斐波那契为基础的动物精神作用器官和知觉器官的生理机能，都与它们以斐波那契为基础的精神作用冲动传播和知觉过程有关。如果这个说法成立，那么，我们或许应该接受一个想法：冲动精神作用的一个产品，即波浪原理，拥有以斐波那契为基础的形式。神经系统利用感官的螺线形生理机能把现实转化成黄金螺线概念并由此进入心理知觉。波浪原理的黄金螺线方面（请看图 2－29）和神经系统的这种转化方式肯定是协调一致的。在此，我们可以假设，当许多个人神经系统在社会环境之中互动时，主要由理性的大脑皮层控制的个体区别相互抵消，所以，集体净结果就是无意识的、以斐波那契为基础的、情绪和活动的螺线形和分形进展，这一集体净结果反映了所有人神经系统的共同之处：一系列以斐波那契为基础的螺线形和分形结构和过程。第 12 章会完成这些理念。

## 注　释

〔1〕根据吉多·平切拉教授的说法，他向测量脱氧核糖核酸长度的研究人员询问，如果采用更好的测量法，他是否认为长度和高度的实际比率该是 0.618，这位研究人员回答（非正式地）：“当然！”

〔2〕Stanley, H. E., et al. (1993). “Fractal landscapes in physics and biology.” Growth patterns in physical sciences and biology.

〔3〕研究人员用以计算图 10－1a 的相互关系的方法见 Stanley, et al., “Fractal landscapes in physics and biology.” Growth patterns in physical sciences and biology.

〔4〕Pincheira, G. (1997, November 27). Speech: “In the genome, symmetry seems to code symmetry.”

〔5〕如果头在进化中继续生长，后起的物种就会看起来甚至更像海星（或者松果头）！

〔6〕Ricketts, R. M. (1982, May). “The biologic significance of the divine proportion and Fibonacci series.” American Journal of Orthodontics, Vol. 81, No. 5, pp. 351—370.

〔7〕我的资料来源是得克萨斯州阿马里洛（Amarillo）的赫伦·弗雷森（Glenn Freisen）博士。

〔8〕Weibel, E. R. (1962). “Architecture of the human lung.” Science, No. 137 and (1963) Morphometry of the human lung.

〔9〕West, B. J. and Goldberger, A. L. (1987, July/August). “Physiology in fractal dimensions.” American Scientist, Vol. 75.

〔10〕Doczi, G. (1981). The power of limits.

〔11〕Stanley, H. E., et al. (1993). “Fractal landscapes in physics and biology.” Growth patterns in physical sciences and biology.

〔12〕Coveney, P. and Highfield R. (1995). Frontiers of complexity, p. 289.

〔13〕Penrose, R. (1994). Shadows of the mind.

〔14〕McIlvride, B. (1986, March 10－16). MIU Review, Vol. 1, No. 27.

〔15〕1996年8月21日F. A. 霍特斯写给R. 普莱切特的私人信件。

〔16〕Schwartz, E. L. (1980). "Computational anatomy and functional architecture of striate cortex: a spatial mapping approach to perceptual coding." Vision Res., Vol. 20, pp. 643—669. And (1980) "A quantitative model of the functional architecture of human striate cortex..." Biol. Cybern., Vol. 37, pp. 63—76.

〔17〕马克斯·普朗克分子生理学研究所(Max Planck Institute for Molecular Physiology)的马里奥·马库斯(Mario Markus)与杰克·D. 考恩(Cowan)通过实验表明,正在经历幻觉的人或者受麦角酸二乙基酰胺控制的人经常感知到螺线。显然,在这种时候,神经细胞的电脉冲避开了脑的映射功能,因此,无法把螺线转化成直线。[参照:Cowan, J. D. (1982). "Spontaneous symmetry breaking in large scale nervous activity." International Journal of Quantum Chemistry, No. 22, pp. 1059—1082.]

# 第12章　精神作用与波浪原理斐波那契基础的联系

## 个体决策趋势中的斐波那契影响

我们的斐波那契结构的神经细胞和微管、我们的斐波那契螺线形知觉和心理映射系统，是否在实际上参与了斐波那契精神作用形式？我们能否量化史密斯等人的术语“内源期待”？或许，这个领域里最精确的工作是由心理学家完成的，心理学家完成了一系列关于选择的研究。1955年，G. A. 凯利(G. A. Kelly)提出，每个人都用一个两极概念系统来衡量自己周围的世界。[1]比如，当评判他人的时候，每一极的终点都代表了最积极的特征，另一极则代表了最消极的特征，比如诚实/虚伪，强大/虚弱，等等。凯利认为，在价值中立条件下，平均回应应该是0.50。凯利错了。实验表明，人类倾向于有利条件和乐观主义，因而价值中立条件下的回应比率是0.62，也就是黄金分割率。大量“是非二选一”实验重演了这一发现，不管实验对象有什么样的概念类型、年龄、国籍或者背景。这里仅举几个例子，当选择“和”而不是“但”来连接性格特征时，当衡量工作环境中的因素时，当衡量囚犯困境的合作选择频率的因素时，62/38比率就产生了。[2]

加利福尼亚大学欧文分校社会科学院(School of Social Sciences at the University of California in Irvine)心理学家弗拉基米尔·勒菲弗、布罗克大学(Brock University)的杰克·亚当斯·韦伯证实了这些发现。勒菲弗要求实验对象在两个选项中选择一个。对于这两个选项，实验对象都没有什么强烈的感情而且/或者对两个选项都知之甚少。实验对象的答案往往分成斐波那契比例:62%比38%。勒菲弗要求实验对象把难以区分的物体分成两堆，实验对象往往把这些物体分成62/38这样一个比率。亚当斯·韦伯要求实验对象根据两极特性评价他们的朋友和熟人，他们在平均62%的时间里选择积极一极。[3]亚当斯·韦伯要求实验对象认定别人和他有多少共同的特性，实验对象认为平均共性是0.625。[4]心理学家还给实验对象一个要求诉讼的局面，问有多少比例的人会采取好行为对抗坏行为，他们的答案平均是62%。[5]“当人们说他们对一个对象的感觉是50/50时，更有可能是62/38。”[6]如果是这样，那么，波浪原理可能不仅是人类互动推动从众冲动所产生的结果，还是斐波那契趋势在个体决策中的累积作用。

勒菲弗从这些发现中得出结论,“我们可以假定,在一个人之中有一个专门的对数负责处理独立于特定物体之外的密码”[7]。这一观点符合麦克莱恩结论,也得到了勒杜的证实(请看第8章):边缘系统可以产生情绪和态度,这些情绪和态度独立于脑皮层的客观所指对象之外。[8]

在探究“我们能否量化信仰”这一问题时,勒菲弗设计了一个巧妙的观点函数量化模型。[9]勒菲弗提出,人类的反映是多层次的,所以一个人可以没有自己的形象,有自己的一个形象,有自己的一个形象加上自己形象的一个形象,等等。一个人也可以没有他人的形象,有他人的一个形象,有他人的一个形象加上他人形象的一个形象,等等。根据两极模型,这每一个层次的形象都可以是积极的或者消极的。勒菲弗表明,当这些层次结合在一起时,他的处于中立条件的模型预计形象比率位于0.6172到0.6180之间,视采用的理论限制而定。这一预计符合产生形象比率的实验。当评价对象的形象倾向于“好”或“坏”时,勒菲弗的模型还预计了评价的净结果。这些偏颇的测试的平均结果是0.618,涉及好坏形象的一个平均值。这表明,甚至在考虑到客观数据的情况下,实验对象还是通常倾向于按黄金分割率作出积极评价。

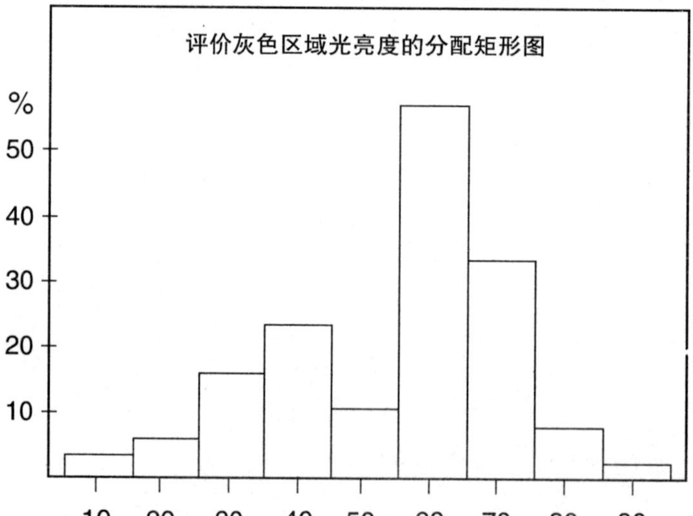


图12-1 资料来源:波尔顿,1989

当要求实验对象把物体放入无价值极点之间时,黄金分割率就以甚至更加有趣的方式出现了。比如,人们可能认为,如果要求实验对象参照纯白和纯黑评价灰纸的光亮度,结果应该是一个钟形曲线。然而,实际上,实验对象执意避免光谱的中部,往往会标示62%或者38%的光感。[10](请看图12-1)

第9章讨论了反应减弱现象:一个熟悉起来的过程。事实证明,正是心理反应减弱过程使人们的积极评价按照黄金分割率偏向于已知事物。[11]当要求美国的实验对象猜测假定的（但实际上是假的）汉字是代表积极特性还是消极特性时，他们在63%的时间里将那些已经向他们呈现多次的汉字归类为“积极的”。[12]勒菲弗假设，当实验对象有任何这样做的理由时，实验对象创造了一个被斐波那契比率倾斜的两极心理概念。在这种情况下，实验对象把汉字分成了两组：“很有名的”和“不很有名的”，因为这是他们能从中发现的唯一区别。然后，他们就此评价这些汉字的积极性，给“有名的”汉字一个积极数值，通常在刻度的0.63点处，虽然物体的这一方面与他们试图去回答的问题无关。那么，简单的熟悉就足以预先决定一个积极评价倾向。第8章讨论了动物和人的一个趋势：喜欢与其相似的个体。换句话说，就是喜欢他们熟悉的个体。这一实验表明这一偏见是被黄金分割率倾斜的。

斐波那契两极倾斜独立于视觉感官之外。实验对象先是把一个物体移动了一段距离，然后被蒙住了眼睛，又被要求把同一个物体移动一半的距离，实验对象通常把物体移动到原距离0.615的地方。[13]勒菲弗作出结论：

> 实验证明，黄金分割现象不是与视觉信息的初步处理相关联，而是与中央处理器的工作相联系。中央处理器处理“普遍信息”[14]。

正是这个“中央处理器”与艾略特波浪的产生有关。

如果这些统计资料揭示了人类思维的一些秘密，那么，这些统计资料表明，在许多个人之中，或许在所有个人之中，当然也对整体的平均数而言，观点预先确定了一个62/38倾向。就每个个体的决策而言，相关数据的呈现、先前经验的影响和/或后天习得的偏见，会在任何特定的情况下修改这一比率。然而，黄金分割率是心智开始的地方。每当参数不清或者信息不足，难以作出完全客观的评价时，就默认为黄金分割率。

这是个重要的数据，因为它表明了个体以决策为基础的斐波那契精神作用趋势。如果个体精神作用反映了黄金分割率，那么，我们就可以顺理成章地认为，同样反映黄金分割率的波浪原理也是黄金分割率的产物之一。为了更加顺理成章地得出这个结论，我们必须证明黄金分割率出现在了现实世界的集体精神作用之中。

## 集体精神作用中的斐波那契，包括股市在内

斐波那契形式的个体决策是否导致了斐波那契形式的集体决策？20世纪30年代和20世纪90年代的数据证明确实如此。

勒菲弗和亚当斯・韦伯的实验清楚地表明，个体决策总结的越多，就越接近黄金分割率。换句话说，在个体的两极决策中，以黄金分割率为基础的偏见可能略有不同，但是，大量的此种决策就相当精确地反映了黄金分割率。在现实世界的社会环境下，勒菲弗用事例指出，一百多年来，加利福尼亚公民表决提案的平均投票比率是62%。对美国十年内的所有公民复决投票和瑞士1886年到1978年的复决投票进行研究表明，同样的比率依旧成立。[15][16]这些数据

不是来自孤立个体的总结回应,而是来自社会环境——产生波浪原理的同样环境。

在20世纪30年代初,这些实验还没有进行,这些模型还没有提出。股市分析师罗伯特·雷亚(Rhea)对1896年到1932年的牛市和熊市进行了一项统计研究。罗伯特·雷亚对斐波那契一无所知,但他对金融市场进行了研究。8年后,R. N. 艾略特发现了斐波那契联系。庆幸的是,罗伯特·雷亚把成果发表了出来。不过,罗伯特·雷亚说,他看不到这些数据有什么直接实际价值。这里是他的总结:

牛市已经持续了8143天,接下来的4972天是熊市。这些数字之间的联系有助于说明,熊市时间是牛市所需时间的61.1%……牛市的……净上涨是46.40点。牛市是通过4个主要振幅分阶段实现的,分别是14.44点、17.33点、18.97点和24.48点。这些上涨总共是75.22。如果用净上涨46.40除以上涨的总和75.22,结果是1.621。第二次回跌的总数折回了净上涨的62.1%。[17]

归纳一下他的发现,无论就价格还是时间而言,股市通常上涨1,撤退0.618。

勒菲弗和他人的工作表明人们作选择时有一个自然倾向:61.8%的乐观和38.2%的悲观。勒菲弗和他人的工作直接反映了罗伯特·雷亚的数据。罗伯特·雷亚的数据表明,在股市之中,上升趋势占据了总时间和整个价格运动的62%,下降趋势占据了38%。在完全净中立的评价环境里,牛市和熊市是乐观主义和悲观主义的典型表现形式。另外,牛市和熊市是由许多人形成的。这些人决策风格的个体差异相互抵消,留下了一幅纯斐波那契表现形式的画面。两极决策实验总体上也产生了同样的结果。理性认识绝不会产生这种数学一致性,这一图画肯定来自于边缘系统的冲动原始精神作用。边缘系统是脑的一部分,诱发了从众现象。

雷亚的数据需要更多的统计研究来证实,然而,证实的前景看来是光明的。比如,1996年,索奈特和约翰森对对数周期结构展开了研究,调查了1987年暴跌前后的连续振荡周期,发现每一个周期($t_n$)都等于数值($\lambda$)的n次幂,n是该周期在序列中的位置,那么$t_n = \lambda^n$。然后他们阐述了$\lambda$斐波那契比率的意义,他们发现了$\lambda$的斐波那契比率:

"艾略特波浪"技术……描述了由不同"波浪"组成的股价时间序列。这些不同的波浪通过斐波那契序列彼此相关,其数字集中在一个常数上,所谓的黄金分割率0.618,表明基本波浪有着近似的时间刻度几何序列。这一想法与上面对比率$\lambda \cong 1.5-1.7$的估计相符。[18]

这一时间现象与R. N. 艾略特描述的1930—1939年时期的价格振幅相同。第5章列举了这些价格振幅(请看图5-2)。

在过去的3年里,研究人员通过实验进一步证明了艾略特的说法:黄金分割率和股市是相互联系的。1997年10月的《新科学家》(*New Scientist*)报道了一项研究。这项研究得出了一个结论:决定着股市分形维数的股市赫斯特(Hurst)指数[19]是0.65[20]。这一数字非常接近斐波那契比率。然而,从那时起,金融拍卖市场活动的数字变得更加接近。《欧洲物理快报》(*Europhysics Letters*)刚发表了卡尔达雷利(Caldarelli)、马尔西利(Marsili)和张(Zhang)①的市场仿真研究结果。这项仿真仅仅涉及十几个实验对象,这些实验对象每次交易一个假定的货币关系。虽然如此,这项仿真的价格波动结果还是酷似股市的价格波动。在测量这些形式的分形持久性时,作者们得出了如下结论:

价格"收益"的标度行为……与现实经济中所遵循的非常相似。这些分配满足了标度假说……指数 H = 0.62。[21]

那么,这一集体动力的赫斯特指数是0.62。虽然这些作者并未指出,但这还是个斐波那契比率。回想一下第11章,我们神经细胞的分形维数是黄金分割率。这两项研究表明,股市的分形维数与黄金分割率是相联系的。那么,股市与我们的神经细胞有着同样的分形维数因素,而且两者都是斐波那契比率。这是一个强大的证据:我们的神经生理学符合,因而也密切联系着波浪原理的产生。

为什么科学家们在平均个体精神作用和集体精神作用的每个方面都发现了黄金分割率?勒菲弗解释了其中的原因:

黄金分割源自迭代过程……只有在满足两个条件的情况下,这一过程才能出现在精神作用之中:(a)两个选择都是极化的,也就是一个选择扮演积极一极的角色,另一个选择扮演消极一极的角色;(b)作出选择所依据的功利主义喜好没有判断标准。[22]

这一描述符合人们与股市的精神作用斗争,符合人们在总的社会生活中的参与,符合波浪原理。

非常令人感兴趣的是,卡尔达雷利等人的研究有意将所有的新闻或者"基本原理"的外部输入排除在外。换句话说,该研究只记录了"玩家在努力超越他人时的所有勾心斗角和足智多谋"[23]。勒菲弗的工作预期,在这种非客观性环境里,实验对象默认为黄金分割率。艾略特模型和最新研究表明,它们在现实世界的金融市场里也恰好默认了这一数字。

## 黄金分割率维数——只是强分形的特性

云和山是不定分形,赫斯特指数接近0.8。上一节引用的研究表明,神经细胞(作为阿卜拉姆生长)和股市(作为波浪生长)有着与黄金分割率相关的赫斯特指数。这些研究促使我提出了一个假说:表现为阿卜拉姆或者波浪的分形物体,也就是生长和扩张分形物体,会拥有一个与黄金分割率相关的赫斯特指数,使它们与其他分形物体区别开来,其他分形物体有着其他的赫斯特指数。这里的意思是,强分形物体以0.618分割了两个欧几里德维数之间的差异,而其他分形物体则不是如此。

---

① 张(Zhang)也有可能是"章"或者其他姓氏。译者注。

## 把斐波那契数据融合在一起

第 11 章推断,以斐波那契为基础的动物感官和精神作用器官的生物结构,与以斐波那契为基础的对数保角映射过程是相联系的。对数保角映射过程通过黄金螺线把来自感官的信息变成心理形象。此时,我们可以反过来补充一句:所有的这些方面似乎都涉及产生以斐波那契为基础的个体精神作用形式和集体精神作用形式。

现在,我们要总结一下前面的 3 章。我们知道,就阿卜拉姆形式和搏动电荷范围而言,我们的神经细胞都有斐波那契特性。我们知道,我们的螺线形感官和它们通过微管进行传播的途径都有斐波那契特性。我们知道,我们的知觉过程,即通过对数保角映射把现实转化成心理形象,也有斐波那契特性。我们知道,我们的个体精神作用采用决策偏见的形式,有斐波那契特性。我们知道,在社会环境下,我们的集体互动有斐波那契特性。我们有 R. N. 艾略特的工作做铺垫。在上述任何一个情况都还不清楚的时候,R. N. 艾略特发现,人类对自身高效益企业(即股市)的评价形式有斐波那契特性。最终,还有我的工作和从中总结出的联系:股市是社会情绪变化的直接记录,社会情绪变化是社会行为的发动机,社会行为又产生了构成历史的事件。我们将在本书的第 4 部分进行探讨。这意味着归根到底,人类的生长形式也有斐波那契特性。

在整个自然界之中,生长和衰败所涉及的无数生命形式过程、扩张和收缩所涉及的非生命形式,都是由黄金分割率支配的。考虑到这里搜集的现代科学发现,提出下面的设想不再是妄加揣测,更不是神秘莫测。设想是,整个历史之中人类的进步形式遵循着同样的自然法则。我要补充一点,考虑到本章所阐明的联系纽带,不应该按照传统思维那样把自然科学与社会科学截然分开。

## 注　释

〔1〕Kelly, G. A. (1955). The psychology of personal constructs, Vols. 1 and 2.

〔2〕Osgood, C. E., and M. M. Richards (1973). Language, 49, pp. 380—412; Shalit, B. (1960). British Journal of Psychology, 71, pp. 39 – 42; Rapoport, A. and A. M. Chammah (1965). Prisoner's dilemma.

〔3〕Adams – Webber, J. and Benjafield, J. (1973). "The relation between lexical marking and rating extremity in interpersonal judgment." Canadian Journal of Behavioral Science, Vol. 5, pp. 234—241.

〔4〕Adams – Webber, J. (1997, Winter). "Self – reflexion in evaluating others." American Journal of Psychology, Vol. 110, No. 4, pp. 527—541.

〔5〕McGraw, K. M. (1985). "Subjective probabilities and moral judgments." Journal of Experimental and Biological Structures, #10, pp. 501—518.

[6]Washburn, J. (1993, March 31). "The human equation." The Los Angeles Times.

[7]Lefebvre, V. A. (1987, October). "The fundamental structures of human reflexion." The Journal of Social Biological Structure, Vol. 10, pp. 129—175.

[8]斐波那契在人际关系中的更多证据:甚至在男女关系中,我们也发现了斐波那契比率。比如,根据美国劳工部(U. S. Department of Labor)的说法,(相对)自由的美国市场支付给女人的每小时工资平均是男人的62%。这可能是男女生产力倾向之区别的表现形式。女权主义者否定性别的经济区别,宣扬大男子阴谋理论来解释男女之间的差异。这些理论姑且不去争辩。如果这些理论是正确的,那么,这些理论的拥护者还是必须承认女人听任自己接受了62%这一限度。这就把我们带回了一个事实:性别之间存在着某种类型的斐波那契区别。无论采取哪种理论,生产力区别都是一个态度差别函数。态度针对的是生产或者异性的欺凌。我们必须记住,平均利润率反映的不是任何一性的总价值,而是其在生产环境下的价值。考虑到这本书的证据,如果男女态度和能力的平均区别不是黄金分割率的话,我们可能就会感到惊讶了。

[9]Lefebvre, V. A. (1990). "The fundamental structure of human reflexion." In H. Wheeler, The structure of human reflexion (pp. 5—70). and Lefebvre, V. A., "A rational equation of attractive proportions", Journal of Mathematical Psychology, 36, 100—128.

[10]Poulton, E. C., et al. (1968). "Response bias in very first judgments of the reflectance of grays." Perception and Psychophysics, Vol. 3, pp. 112—114.

[11]Zajonc, R. B. (1968). "Attitudinal effects of mere exposure." Journal of Personality and Social Psychology. Monograph supplement, 9, No. 2, Part 2, pp. 1—32.

[12]Lefebvre, V. A. (1997). The cosmic subject.

[13]Bigava, Z. I. (1979). "A character of setting effects in various moving problems." In: Nadirashvili, S. A. (Ed.), Voprosy Inzhenernoy I Socialnoy Psychologii (Problems of Human Factor and Social Psychology, in Russian), ii Tbilisi: Metsniereba.

[14]Lefebvre, V. A. (1997). The cosmic subject.

[15]Lefebvre, V. A. (1992). A psychological theory of bipolarity and reflexivity. and Lefebvre, V. A. (1997). The cosmic subject.

[16]Butler, D. and Ranney, A. (1978). Referendums Washington, D. C., American Enterprise Institute for Public Policy Research.

[17]Rhea, R. (1934). The story of the averages. (See discussion in Chapter 4 of Elliott Wave Principle by Frost and Prechter.)

[18]Sornette, D., et al. (1996). "Stock market crashes, precursors and replicas." Journal de Physique I France 6, No. 1, pp. 167—175.

[19]赫斯特指数(H)是根据其创始人哈罗德·埃德温(Harold Edwin)赫斯特命名的。[ref: Hurst, H. E., et al. (1951). Long term storage: an experimental study]。赫斯特指数通过下面的公式与分形或者豪斯多夫维数(D)联系在了一起。E是嵌入欧几里德维数(2是平面情况下,3是空间情况下):$D = E - H$。如果E是生成欧几里德维数(1是在直线情况下,2是在平面情况下),公式也可以表述为$D = E + 1 - H$。因此,如果线形图的赫斯特指数是0.38,或者$\Phi^{-2}$,那么分形维数

就是 1.62 或者 Φ;如果赫斯特指数是 0.62 或者 $\Phi^{-1}$,那么分形维数就是 1.38 或者 $1+\Phi^{-2}$。[source: Schroeder, M. (1991). Fractals, chaos, power laws.] 因此,如果 H 是与 Φ 联系在一起的,那就是 D。

〔20〕Brooks, M. (1997, October 18). "Boom to bust." New Scientist.

〔21〕Caldarelli, G., et al. (1997). "A prototype model of stock exchange." Europhysics Letters, 40 (5), pp. 479—484.

〔22〕Lefebvre, V. A. (1998, August 18—20). "Sketch of reflexive game theory", from the proceedings of The Workshop on Multi – Reflexive Models of Agent Behavior conducted by the Army Research Laboratory.

〔23〕Caldarelli, G., et al. (1997, December 1). "A prototype model of stock exchange.." Europhysics Letters, 40 (5), pp. 479—484.

# 第 13 章　从长波到速颤:生命的发动机?

在第 5 章,我们看到波浪原理经历了几十年的历练。在第 9 章,我们读到了一些理论:想法、形象、希望和恐惧如何在群体之中繁殖。我们能否把这两个事实联系在一起?

社会波浪结构为什么会经历漫长的发展?毕竟,几十年前的社会积极分子现在肯定已经偃旗息鼓了。人们几年前、几十年前,乃至几个世纪前的所作所为,与当今社会所发生的事情有任何联系吗?在回答这个问题之前,我要提供报纸专栏里的一段话来说明我的答案。这段话的作者是体育新闻记者马克·布拉德利(Bradley),这个专栏的内容是关于一次橄榄球比赛的结果。1984 年 11 月,佛罗里达短吻鳄队(Florida Gators)成为东南联盟(Southeastern Conference)橄榄球赛冠军。该大学参加东南联盟(SEC)橄榄球赛已经有 50 年的历史,这是第一次获得冠军。布拉德利描述了当时的情景:

记分牌时钟归零的那一刻,50 年的挫折失败迸发成 5 分枝的欢欣喜悦。替补中后卫杰拉尔德·威尔金斯(Wilkins)冲到中场,扑在草皮上,欣喜若狂。教练的妻子伊莱恩·霍尔(Hall)跳起来亲吻防守队员拉莫斯·布朗(Lomus Brown)的脸颊。在冷淡的边线,阿隆索(Alonzo)·约翰逊弯下腰,双手紧捂着肚子,努力把这一时刻铭刻在心,而不是表现在外。当他直起腰来时,他显然失败了:这位坚强果敢的佛罗里达中后卫在尖叫、哭泣,不光是为了短吻鳄队赢得的东南联盟冠军,也为了 50 年的失败经历。这样的庆祝无可非议,胜利来之不易。如果等待了 50 年然后轻易获胜,短吻鳄队的队员们就不会兴奋异常。这个星期六的胜利确实让短吻鳄队队员们醍醐灌顶、心旷神怡。[1]

这里究竟发生了什么?这些运动员还年轻,19 或者 20 岁。在过去的大多数比赛里,他们甚至还未出生。他们在大学里平均只打了两年橄榄球,所以与以前 96% 的赛季都没有关系。看台上的人有许多学生,不可能在 50 年的时间里都去观看每场比赛并为失败而哭泣。发生了什么?

想想布拉德利的话,“让短吻鳄队队员们醍醐灌顶”。发生的事情是佛罗里达大学(University of Florida)橄榄球队 50 年经历的文化传播。这些经历传播给了相关学生、评论员、大学官员、教练、球员和球迷。所有与佛罗里达大学相关的人都被全面灌输了短吻鳄队的历史。毫无疑问,这种灌输只需要几个月的时间。每个人都迅速吸收并同化了所有这些信息,边缘系统将这些信息处理成果敢。这些果敢的总和在 1984 年赛季的末尾达到高潮,迸发了出来,力量巨大,情绪感人,好像每个参与者都亲自经历或目睹了以往夺冠的失败,直到这一年终于夺冠,每一个参与者好像也经历了失败带来的巨大痛苦。

我也这样想,各种文化经历和价值的传播发生在几年里、几十年里,甚至几个世纪里。我们还能怎样解释一个事实:一些南方人(Southerners)还因为美国内战(Civil War)而憎恨新英格兰人(Yangkees),这个事件发生在一个世纪以前?

社会情绪和经历有记忆。这就是为什么波浪继续在最高的可观测的级别上形成。以前的波浪为每个新的冲动和校正提供了原材料。那么,波浪代表了一种人类经历的向前加权累积作用。

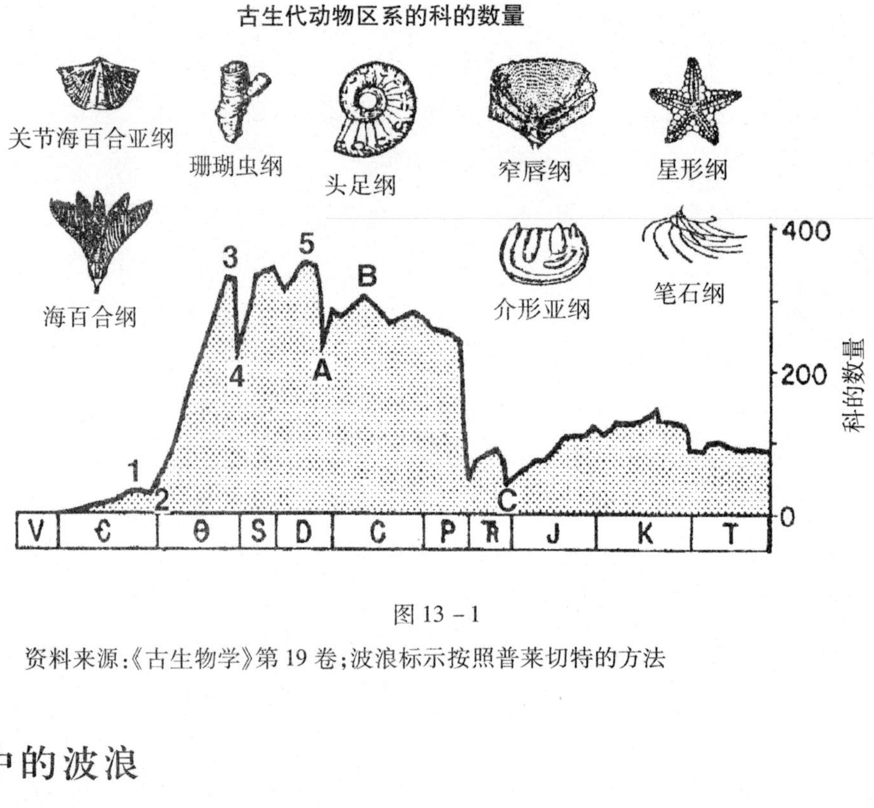


图 13－1

资料来源:《古生物学》第 19 卷;波浪标示按照普莱切特的方法

## 进化中的波浪

现在,我们进一步扩大时间范围,并调查波浪原理是否不仅控制着社会进步还控制着地球上所有生命的整个进步。1997 年 9 月版次的《自然》详细叙述了佩尔(Per)·巴克的研究。佩尔·巴克的合作者是位于巴塞罗那的加泰罗尼亚理工大学(Polytechnic University of Catalonia in Barcelona)的物理学家理查德·索莱(Sole)和苏珊娜·曼鲁维亚(Susanna Manrubia)、布里斯托大学(Bristol University)的地质学家迈克尔·本顿(Michael Benton)。他们推断,物种灭绝的动力与地震有着同样的自相似结构。"大规模灭绝远不如小规模灭绝频繁",这本杂志报道,"但是,一幅图表明灭绝频率和规模的对比接近幂律"[2]。研究人员从这一事实推断,大灭绝可以在没有外界灾变的情况下发生。[3] 换句话说,进化是一个自控制

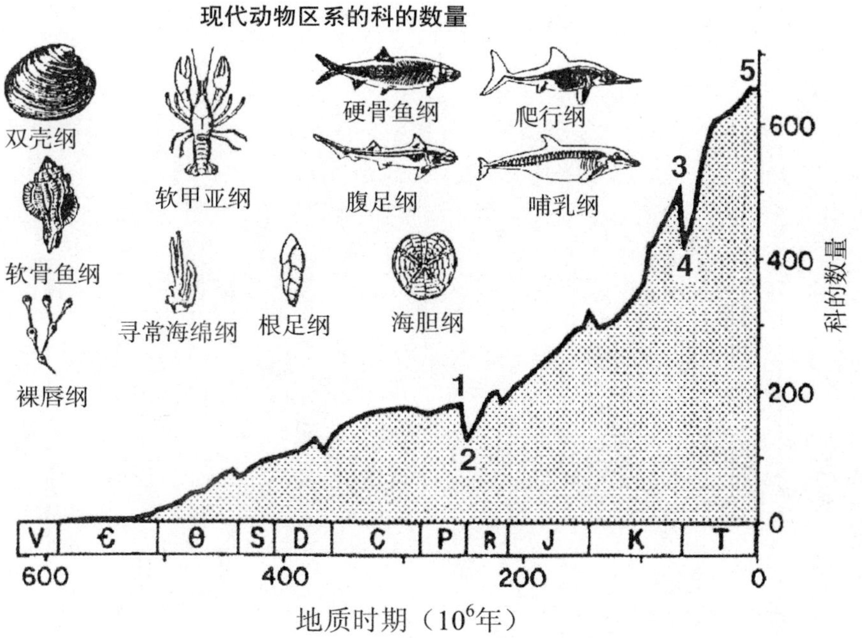


图 13－2

资料来源：《古生物学》(*Paleobiology*)第 19 卷；波浪标示按照普莱切特的方法

复杂动力系统[4]，以分形形式波动，就像股市和整个人类社会一样。[5]它产生了什么样的波动分形形式？

图 13－1 来自 J. 约翰・塞普克斯基(Sepkoski)，J. 约翰・塞普克斯基是芝加哥大学地球物理学教授。对于古生代动物区系的科的估计数量，J. 约翰・塞普克斯基做了描述，并一直流传下来。我给他的图上增加了波浪数字。你可以看到，5 波浪向上之后，数字以 3 波浪形式暴跌，还有波浪 B 和 C 的必要分枝。或许，我们更感兴趣的是图 13－2。图 13－2 表明了现代动物区系的科的估计总量，从寒武纪的末期开始扩张。你可以看到，图 13－2 也形成了一个优美的 5 波浪形式。如果看得仔细一点，你可以发现甚至分枝也有 5 个波浪。偶尔的大规模灭绝只是地球生命波浪形式进步的校正。

图 13－3 是描述了海洋物种的科的总量，时间跨度是地球的整个生物纪元，由 M. J. 本顿(M. J. Benton)①汇编。这幅图表现了相当多的细节，这些细节又反映了波浪原理。你可以从我加在图片上的波浪标示看出，尤其是最近 2.5 亿年的向上发展标示了典型的 5 波浪形式，还有波浪三的伸展。[6]从集体生命的最小级别到最高级别，波浪原理又一次出现了。

我不觉得惊奇，进化的发展与社会系统遵循同样的原理。社会和进化分享了自控制复杂动力系统的本质。我主张，进化是一个社会现象，因为进化涉及生命形式的持续混合。但

① M. J. 本顿(M. J. Benton)即迈克尔・本顿(Michael Benton)。译者注。

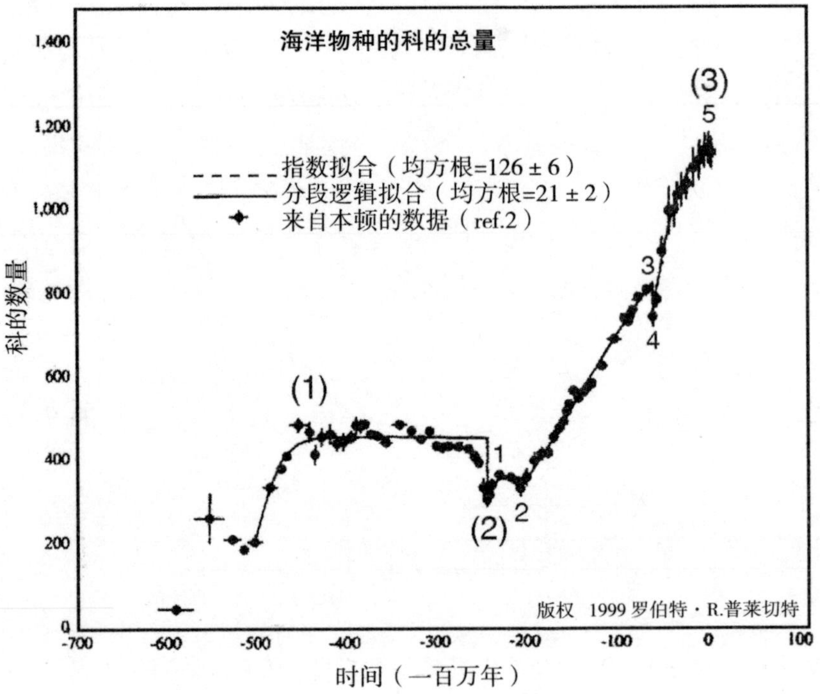


图 13-3

资料来源:《生命中的其他秘密》

是在这个基础上,我就倾向于假设,波浪原理适用于所有的互动生命系统,并不局限于人类。

## 个体生命形式中的波浪原理

波浪原理可能是生命的一个甚至更加基本的方面。有证据表明,波浪原理不仅控制着社会系统的进步,还控制着个体形式的进步。第2章、第3章、第10章、第11章和第12章表明,个体植物和动物是,或者包含,分形、黄金螺线和许多与斐波那契相关的形式和过程。在个体之中,波浪原理本身有点更难以查明,但是有线索可以证明波浪原理在个体中的存在。

比如,大多数动物都有5个主要的附器。因而,控制它们整个形式的数字等于主要支配波浪原理的数字。人体的附器反映了波浪原理的5-3进步。在身体的5个突出部之中,除了头之外都有3个分枝。最终分枝(手和脚)有5个附器。每一个附器,除了两个例外(大拇指和大脚趾),都有3个分枝。整个结构是基于5-3-5-3交替更迭,就像波浪原理一样。人体向空间的扩张就好像波浪在图片上的向上发展。

个体植物的发展过程中可能有波浪原理的表现形式。德国著名诗人约翰·沃尔夫冈·冯·歌德(Johann Wolfgang von Goethe)也把自己看作是一个科学家。他是不是一个好科学家是个有争议性的话题,但他肯定是个高明的观察者,看到的细节足以和R. N. 艾略特的发现相媲美。歌德神魂颠倒,因为自然界反复展示着创造、毁灭和再创造,或许还展示着对“自然界最终秘密”的发现。为了观察自然界,歌德建造了一个私人植物园,仔细研究植物的生长形式。他的文章《论植物的变形》(*On the Metamorphosis of Plants*)发表于1790年,提出了花卉形态学。两百年之前,歌德对植物形态和适应性的描述包括了植物的分形方面(请看下面的第1段)和进化的含意(请看第2段)。就我们的讨论而言,我们发现它还包括了对个体植物发展的描述,几乎与波浪原理的描述等同(请看第3段)。下面是对歌德结论的总结:

刹那之间,他意识到……植物的所有侧部突起都是叶子这一单一结构的变体。他看到,每个器官,虽然在表面上是从相似性向相异性转变,但是实际上有着内部同一性。

对于植物的所有外部特点,歌德只看到了外观的变化;他得出结论……所有的植物可能都是从单一的植物发展而来的。这个不起眼的想法注定会改变植物学,实际上是改变整个世界的思想;进化理念随之而来。变形会成为整个自然界基本原理的关键。歌德说:“我们周围的植物形式不是预先确定的,而是应时而动、变化多端的。这样,植物就能适应整个世界的许多环境,环境影响了植物形式并与植物形式一起形成和再形成。”[7]

歌德还认识到,植物的发展过程和形式改进经历了三重扩张和收缩循环。先是叶子的扩张,然后收缩成花萼和导管;接着大扩张成花冠的花瓣,然后又收缩到雄蕊和柱头的结合点;最后是膨胀成果实,再收缩成种子。这个6步循环结束了,这株芳香植物也准备好重头再来了。[8]

对于了解波浪原理的人,最后一段是个惊人的描述。这一段详细描述了进步的5个波浪,形式是扩张-收缩-扩张-收缩-扩张,然后是一次较大的收缩,回到了起点,再重复一遍这个过程。微妙之处甚至也相符。中间开花的扩张被描述成了“大”。几年之前,我就发现第三个波浪具有这个特点。(“第三个波浪是叹为观止的奇迹。”——弗罗斯特和普莱切特,1978)最后一次扩张是“膨胀成果实”,是对第五个波浪社会成果的极好描述。就像图18-6表现的那样,当社会以和平、富裕和善意为形式得到报偿时,所有的努力就已经预先付出了。然后是整个5波浪扩张之后的较大收缩,使植物的一部分回到了起点,就像一个校正波浪使社会情绪回到起点,开始一个新的5波浪序列。就像股市的形式一样,植物的繁殖不是一个循环,而是一个连续到达顶点的波浪。原来的植物保持不动,所以,新种子的形成很像较高水平的起点。根据波浪原理,较高水平的起点是出现在一次校正之后。两个过程唯一明显的区别是,歌德描述的最终收缩是一个孤立事件,而校正型艾略特波浪细分为一个3波浪收缩-扩张-收缩序列。[9]

同样的进展会不会发生在包括人在内的动物之中?从第2章和第10章,我们已经知道植物和动物都有分形。从第3章和第11章,我们知道植物和动物都有螺线和斐波那契数学。所有的这些相互关系表明,生长的数学和动植物的形式并没有那么多的差别。人类也以5波浪发展吗?我们试试看。

虽然具有高度的推测性,但我还是能按照歌德描述植物发展的方式描述人类的发展。

先是两年的生长,然后是“糟糕的两岁”的倒退(尤其是男孩),孩子较长的开花时期,青少年时期早期的情绪倒退(尤其是女孩),身心的最终成熟,“膨胀成果实”成年,包含了下代的种子。当此人也有孩子的时候,循环又开始了。

这一个5波浪进步和倒退形式既适合植物,也适合人类,承认波浪原理不仅有可能控制生命整体的进步形式,还能支配个体生命形式的进步形式,因而也就覆盖了生命的整个范围。实际上,歌德推断自己已经勾勒出“宇宙大花园里繁多的具体现象,追溯到了一个简单的基本原理……这一定律可以应用于所有的生命”[10]。本书的目的同样是为了表明,有一个简单的基本原理可以应用于所有的生命,并描述整个原理。在本质上,对这一原理每个案例的描述都是相同的,我相信这不是巧合。在此基础上,我倾向于进一步推测,波浪原理不仅控制着社会系统,还支配着所有生命形式的发展。

## 持续波浪分枝的含意

在这一章的第一部分里,我们研究了波浪的长期进展。现在,我们要研究这一范围内的另一端。

在第1章,我们看到波浪原理在极短的时间里发挥作用,如图2-1所示。图2-1是反映了股票平均指数的每个单一递增价格变化,这是我们数据的最小级别。在第10章和第11章,我们看到我们的神经细胞有分形和以斐波那契为基础的结构和功能。我们能把这两个事实连接在一起吗?

社会波浪结构在极短的时间内是怎么发展的?在1987年的演讲中,我在交易大厅描述了5分钟交易形式:

比方说,熊市持续了一个星期。现在,对于一个场内交易人来说,这是一个大熊市:连着5个交易日价格下跌,中间有小的回升。这种情况使他疲惫不堪。一天,交易人们在看着纸带,速度有点慢,因为下跌期间交易量萎缩了。突然,市场好像停止了。有几个交易人在那儿的时间最长。你知道,头发花白的老家伙,谙熟此道,在那儿几乎两整年了,从房间的后面看着纸带,说:“给我买10手,给我买50手,给我买100手。”几个脑袋转了过来,因为买这些股票确实不少。市场理所当然地开始滴答着上扬了一点,然后再度停了下来,开始非常缓慢地下跌。大多数人在说:“啊,还是老样子,反弹和下跌;市场即将再创新低,就像一个星期以来那样。别管它了。”他们又咬了一口三明治,若即若离地看着股票行市牌。这是昏昏欲睡的时刻,这是坚定立场的时刻,是第二个波浪的标志。很快,他们注意到市场不是在创造新低,而是在一个较高的底部继续前进。嗯,对于交易人来说,这是一个爆炸性新闻事件。他们开始仔细观察。突然之间,他们有点兴奋了,一两个交易指令冒了出来。泄水闸门开启了。他们又叫又嚷着下买单,价格毫无悬念地呼啸而起。这是广阔强大的第三个波浪,持续了一分半钟,然后戛然而止。另一次回跌开始了。买得晚的人损失小。这是第四个波浪的

“惊人失望”。现在,在幕后,在角落里,有一些年轻的交易人,他们只做过大概一周半的交易。他们密切关注这一行动,自言自语:“啊呀,看看股市刚才多疯狂!刚才要是出手,我们能赚多少钱!我要是做多头就好了。我告诉你,要是这个市场再启动,我就要下手买了。我做好准备了。”他们仔细观察着,眼睛盯着股票行市牌。毋庸置疑,市场再度启动。这些年轻人开始叫嚷着下交易指令:“给我买1手!给我买1手!”市场跃至新高。来自美林证券(Merrill Lynch)的交易指令最终大幅拉升了股价。第五个波浪到达了顶点,洪水结束了。开启了这一切的老家伙们从后面低沉而沙哑地说:“给我卖10手,给我卖50手,给我卖100手。”5波浪运动结束了。

这一系列的事件可以描写5分钟的时间,但不会持续太久。那5秒钟的时间呢?波浪原理的复合结构暗示,而且或许也要求,我们所能画出的最小的波浪可以细分下去,再细分下去,等等。最终可以证明,在心理活动的最小级别上,人类的心智与其他动物的心智一样,肯定是以波浪的形式在冲动和校正之间速颤。

这一暗示合理吗?或者这一暗示荒唐吗?我们知道神经系统控制着电脉冲,也由电脉冲指挥。电脉冲的正电荷和负电荷好像也遵循斐波那契比例。我们知道,这些电脉冲是作为“微管蛋白不同电极化状态的波浪”通过斐波那契组织的微管行进的。[11]所以,神经系统中的电脉冲、电脉冲以极化速颤波浪形式行进时所经过的生理路径,充满了斐波那契特性。这其中的一些最小级别的波浪不可能充满斐波那契特性吗?也就是说,他们不可能以最终产生波浪原理的5－3形式速颤吗?或许,这一假说可以阐述的更简明扼要,但至少我们这里可能有足够的理由去设计一个实验,来测验斐波那契形式的神经病学速颤。

我已经是在天马行空了,我倒不如坚持到底,提出,程式化电速颤的微小艾略特波浪可能是意识的本质,或许甚至是生命力的本质。如果是这样,波浪原理可能不仅控制着所有生命形式的进步,还支配着生命本质本身。[12]

在第21章,我们将研究天文学家安德烈·林德(Andrei Linde)的提议。安德烈·林德提出,整个宇宙是一个强分形。我们还将研究心理学家弗拉基米尔·勒菲弗的说法:某个天文活动模仿了人类精神作用的一个方面。林德提出了一个建议:不同的宇宙可能有不同的物理过程。在这种情况下,林德提出了问题:

这是否意味着,要理解宇宙中我们的区域,除了物理学知识以外,还需要深入调查我们自己的自然界,或者甚至还包括我们意识的本质?鉴于膨胀宇宙学在近些年的发展,我的这个结论肯定会非常出人意料。[13]

波浪原理描述了互动无意识精神作用的社会产物,是互动无意识精神作用研究的关键方面。波浪原理影响了集体生命力(请看第15章和第16章)。就像我们在这一章里看到的那样,波浪原理或许甚至是个体生命力的本质。所以,毋庸置疑,在研究我们心理功能的本质时,波浪原理是个关键方面。

# 注 释

〔1〕Bradley, M. (1984, November 18). “At long last, Florida wins an SEC title.” The Atlanta Journal - Constitution. Sentences are slightly rearranged.

〔2〕Sole, R. V., et al. (1997, August 21). “Self - similarity of extinction statistics in the fossil record.” Nature, Vol. 388, pp. 764—767.

〔3〕机制如下:生活在适应性和生长性级别低端的物种灭绝了。有时,许多边缘化单一物种灭绝之后,在级别低端的数量会非常大,尤其是当它们有着高度的相互依赖性的时候。另外,环境的一个小变化会导致许多灭绝。

〔4〕据说,这种过程展示了“不时被打断的平衡”。1972年,美国自然历史博物馆(American Museum of Natural History)的奈尔斯·埃尔德雷奇(Niles Eldredge)和哈佛大学的斯蒂芬·古尔德创造了“不时被打断的平衡”这一术语,用来表示被戏剧性跃进或后退所打断的稳定阶段。然而,平衡可能并不意味着停滞。没有地震的情况下,可以说地块处于平衡状态。但是,就像进化一样,力从来都不是静止的。股市总是在运动,以至于难以界定任何时期为“停滞的”。

〔5〕必须郑重声明,索莱和巴克声称灭绝遵循幂律,不过,加利福尼亚大学伯克利分校(University of California at Berkeley)的詹姆斯·W. 柯克纳(Kirchner)和安妮·韦尔(Anne Weil)向索莱和巴克的发现发起了有说服力的挑战。[ref: Nature. (1998). No. 395, pp. 337—338. Published letter from James W. Kirchner and Anne Weil.]无论这个争论如何解决,这些图片还是证明了我的想法:进化遵循波浪原理。

〔6〕对于一个波浪分析师来说,这一形式的含意显而易见,虽然并不令人欣慰,因为5波浪向上预示着在不远的未来会有最大规模的灭绝,而上一次是在3亿到2.5亿年之前。如果这是一幅股市的图片,我就要补充一点:过去4000万年里,上涨变化率的放缓是典型的逆转前兆,强力支持了5波浪确实即将结束这一事实。

〔7〕Goethe, J. W. (1790). “On the metamorphosis of plants.”

〔8〕Tompkins, P. and Bird, C. (1973). The secret life of plants.

〔9〕首先,歌德的描述是基于经验主义者的经验之谈。其次,(据我所知)科学并未充分叙述歌德的描述。这两点再次表明,R. N. 艾略特和歌德所实行的那种极具经验主义色彩的观察和探索,是现代科学的一个关键,而且可能是受忽视的方面。

〔10〕Goethe, J. W. (1790). “On the metamorphosis of plants.”

〔11〕Penrose, R. (1994). Shadows of the mind. (quoting Hameroff).

〔12〕这一想法让人想起了东方哲学观念:对立面之间的紧张状况导致了存在。或许,我们可以向这些神秘主义者表明,阴和阳这两个对立面并不相等,但却由黄金分割率联系在了一起,所以0.618和0.312这两个对立的数值形成了一个整体。

〔13〕Linde, A. (1994, November). “The self - reproducing inflationary universe.” Scientific American.

# 第 4 部分

# 对社会情绪经济学的介绍

第 4 部分只是提供了对社会情绪经济学的介绍。关于社会情绪经济学，我写的远不止这些。我希望这几章可以提供足够的事实，以便建立其中心理念。我的下一个项目是就这一主题写一部更具综合性的书。

# 第 14 章　情绪的成分

这一章并不长。现在，我要在这一章的开始阐述此中尚未完全发展的想法。我预计还需要 10 年的时间来建立关于社会情绪成分、方面、过程和结构的完整理论。等待这些问题的解决会让这本书耽搁太多，所以，我恳求您仔细阅读这些文字。第 15 章直到第 17 章清楚地表明了社会情绪趋势的结果，所以，我想你会“有所感悟”，虽然我们究竟“感悟”了什么还有些模糊之处。我还在制作术语等级体系和一个更具有综合性的解释。但是，为了能引出这些想法，我将给出下面的见解。我想，这些见解最多可以归为观察总结，还不是一个假说。

## 社会极方面

R. N. 艾略特说只有“人类情绪……是有节奏的”，而且其波浪控制着“所有的人类活动，无论是商业、政治还是对快乐的追求。”[1]“人类情绪”不是一个精确的术语。如果说社会情绪趋势在一个特定的级数“向上”延伸或者“向下”延伸，其真正意义是什么？具体说来，波浪反映了什么特点和情绪？什么样的人类感情组成了社会情绪？

在所有的社会互动之下好像有个社会极。我们可以说这些对立面是“积极的”和“消极的”，不仅代表了极，还暗示了关于净社会经历的价值判断（虽然不是关于净社会经历的每个方面）。

大量实验观察和历史调查促成了下面的目录。一个增强中的积极社会情绪好像与下列事物的集体上涨有关：和谐、包容、幸福、宽容、信心、支持、冒险精神、奔放、大胆、活泼、乐观、慷慨、善意、焦点的敏锐、实用思想、表扬的趋势、寻找欢乐、对爱的兴趣超过了对性的兴趣、建设性、供养自己的渴望、聚在一起的渴望、控制自然的渴望、与他人的同质感、思想和情绪的澄清、对努力的接受、与他人的一致感。一个增强中的消极社会情绪好像与下列事物的集体上涨有关：不协调、排斥、不幸福、愤怒、恐惧、反对、保护主义、抑郁、保护、忧郁、悲观、限制、恶意、焦点迟钝、突发奇想、吹毛求疵的趋势、追求享乐、对性的兴趣超过了对爱的兴趣、破坏性、自我毁灭的渴望、离群索居的渴望、控制他人的渴望、与他人的异质感、思想和情绪的模糊、对努力的避免、与他人的对立感。下面的目录总结了这些。

## 积极情绪/消极情绪

接受/拒绝
调和/阻碍
冒险精神/保护主义
同意/对抗
一致/对立
允许/限制
善意/恶意
澄清/模糊
和谐/不和谐
信心/恐惧
建设性/破坏性
趋同/极化
大胆/保护
控制自然的渴望/控制他人的渴望
奔放/抑郁
对努力的接受/对努力的避免
宽容/愤怒
活泼/忧郁
活泛/严肃
幸福/不幸
同质/异质
包容/排斥
对爱的兴趣/对性的兴趣
乐观/悲观
实用思想/突发奇想
寻找欢乐/追求享乐
自信/焦虑
自我支持/自我毁灭
焦点的敏锐/焦点的迟钝
支持/对立
同情/吝啬

表扬的趋势/吹毛求疵的趋势

聚在一起/离群索居

信任/怀疑

当我以目录的形式提出这些特征的时候,我确定对这些特性的正确描画以及这些特性所覆盖的事物是一棵树。比如,“澄清对比模糊”下方是实用思想对比突发奇想这一类型,以及对棱角分明对比圆润汽车类型的喜好。与之类似,“建设性对比破坏性”下面是股市和商业趋势,以及艺术和音乐趋势。然而,我还没有充分发展这一理念。不管怎么说,这一理念需要一整本书来阐述。这一章只是让你了解社会情绪的两极。

上面列举的趋势有具体的结果。这里是几个例子:

(1)**和谐/不和谐**:一个上涨中的情绪导致了政治、文化和社会观念的高度一致;一个下跌中的情绪导致了分裂的和极端的环境氛围。社会情绪上涨许多年之后,社会往往安定平和;下跌许多年之后,社会往往战火不断。

(2)**包容/排斥**:一个上涨中的社会情绪导致的感情是,社会友爱在政治地盘内的接纳,对动物、植物和特定外星人的接纳。一个下跌中的情绪导致了傲慢残忍、继承、视外星人如怪物。

(3)**宽容/愤怒**:一个上涨中的情绪导致的社会表现形式是默许、道歉和宽容。一个下跌中的情绪导致的社会表现形式是抵抗、反唇相讥和不容。

(4)**信心/恐惧**:一个上涨中的情绪导致的是股市和商业之中的猜测。一个下跌中的情绪导致的是股市和商业之中的厌恶。

(5)**对努力的接受/对努力的避免**:在上涨中的情绪趋势之中,人们倾向于付出精神上和身体上的努力。精神上的努力促进理性的应用,身体上的努力提升健康的目标。在下跌中的情绪趋势之中,人们倾向于避免努力,导致了突发奇想和身体慵懒。

(6)**实用思想/突发奇想**:实用思想表现为对理性的哲学保护、自我支持、个人主义、调解、敬畏科学。突发奇想表现为对理性的哲学攻击、自我否认、集体主义等。

(7)**建设性/破坏性**:在社会情绪的顶点,当建造破纪录的摩天大厦时,建设的冲动出现了。在低谷里,几乎不建设什么建筑,已经建好的可能被焚烧或者轰炸,化作一堆瓦砾。

(8)**控制自然的渴望/控制他人的渴望**:控制自然的渴望导致了自然主义思想、政治自由、和平技术发展。

波浪原理表明,人类的本质之中孕育着社会倾向和社会变革的种子。人类是由变革产生的,或者人类之所以产生,就是为了作出变革。人类渴望着变革,或者至少引起了变革,甚至有时从表面上看来安于现状对大家有利。比如,逆境最终产生的渴望是,承担责任、收获、成功;而繁荣产生的是不负责任、自满和懒惰,不管理性的说变革是不是个好事。

## 包容对比排斥

为了让你了解一下单极统一体的深远影响,让我研究一下其中的一个:包容对比排斥。一个增强中的积极社会情绪伴随着社会各个方面的更多的包容趋势。社会的各个方面包括文化、道德、宗教、种族、性、经济、国家、地区、社会、金融和政治。一个增强中的消极社会情绪伴随着社会各个方面的更多的包容趋势。意识到这一点,你就可以预计在牛市中社会各个方面渐增的合作和友爱行为,还可以预计熊市中的反面情况。

比如,在牛市中,大多数人喜欢类似的音乐风格;在牛市中,处于支配地位的音乐风格经常非常不同。在牛市中,政治倾向于中间道路;在熊市中,极端立场被人们接受,选民变得极化。牛市中,自由贸易得到鼓励;熊市要求保护主义。牛市中,种族和谐得到提倡,熊市中则是种族隔离。

这里是一些具体例子。20 世纪 40 年代,种族隔离成为南非的(South African)官方政策。此时是上一个超循环熊市的末尾(使用生产者物价指数 - 调整价格,请看图 15 - 2 或者图 16 - 6),接近消极情绪的顶点。在 20 世纪 90 年代的牛市之中,积极情绪接近顶点,种族隔离政策废除了。在 1997 年的报纸上,敌对了几十年的黑非洲人领袖和白非洲人领袖双手紧握,举过头顶,传达着友爱精神。与之类似,在 20 世纪 40 年代的熊市之中,民族主义是政治主题;随着这波牛市从顶峰逐渐衰退,我们有了一个新的欧共体(European Community):统一货币,谈论虚无缥缈的新世界秩序(New World Order),计划让东欧(Eastern Europe)的前共产主义国家加入北约(NATO)。在 20 世纪 40 年代,美国和俄罗斯(Russia)开始进行"冷战(cold war)"。在 20 世纪 90 年代,斗争了几十年的美俄领导双手紧握,举过头顶,传达着合作精神,反映了典型牛市的那种社会包容情绪。

## 对这些事件的正确定位

每当这些大事一出现,无论是视为善还是恶,观察者往往视其为人类的转折点。这种言论是正确的,但是因为人们习惯于根据因果关系方向来思考(请看第 18 章和第 19 章),所以转折点的方向跟他们想的恰恰相反。传统的观察者从"表面价值"看待每个事件,认为每个积极事件都标志着向更好的方向发展,认为每个消极事件都标志着向更坏的方向发展。然而,上一节提到的每个消极事件都表明正在接近转折点,即将向较好的方向发展;而上一节提到的每个消极事件都表明正在接近转折点,即将向更坏的方向发展。没有社会情绪经济学,传统社会观察者总是对下一个系列的事件猝不及防。相反,社会情绪经济学家能够观察到事件对社会心理极值的揭示,为即将到来的变革做好准备。

表 14 – 1

| 文化领域 | 上涨中的转变 | 顶点积极情绪 | 下跌中的转变 | 顶点消极情绪 |
| --- | --- | --- | --- | --- |
| 校园趋势 | 努力工作，有娱乐 | 带有积极心态的、立志拯救世界的社会关怀 | 反叛、愤怒的社会关怀 | 从暴乱到突然沉寂 |
| 创造性 | 积极情绪创造性 | 积极情绪创造性趋势完全实现 | 消极情绪创造性；缺乏创造性 | 消极情绪创造性趋势完全实现；破坏 |
| 跳舞 | 舞伴在一起，速度加快，舞伴分开 | 舞伴分开，快速 | 舞伴再重新回到一起，速度下降 | 舞伴在一起 |
| 家庭生活 | 婴儿受欢迎，以家庭为中心，婚姻 | 趋势达到极值 | 孩子是消极价值，离婚，"单亲"生活受青睐 | 趋势达到极值 |
| 时尚（颜色） | 各种颜色出现 | 亮色居统治地位 | 灰暗色调出现 | 灰暗颜色居统治地位 |
| 时尚（覆盖物） | 男人的领带变窄 | 身体暴露在外，女人穿短裙和比基尼，男人穿紧身裤 | 男人的领带变宽 | 身体被遮盖住，贴地衣服，灯笼裤 |
| 时尚（式样） | 强调"衣着得体" | 男女都张扬个性 | 反时尚时尚 | 保守服装回归 |
| 健康 | 健康的生活方式，身体健康得到贯彻和鼓励 | 身体崇拜。身体塑造达到了顶点。不吸烟，不吃"垃圾"食品 | 健康狂热迅速消退。社会关怀取代了个人关怀。 | "精疲力竭"已经落伍 |
| 善对比恶 | 坏人对比好人（电影、职业摔跤）英雄受到赞美 | 人人都是好人 | 没有好人，也没有坏人。英雄遭毁弃 | 人人都是坏人 |
| 判断 | 答案黑白分明 | 所有都是好的 | 谁要判断？ | 所有都是恶的 |
| 电影/电视/文学 | 大众级主题，冒险 | 赞美生命；积极向上的、娱乐性的主题 | 社会关怀，象征主义，沉重不堪，猥琐人物 | 以恐怖和绝路为主题 |
| 怀旧 | 怀念黑白分明的价值 | 关注现在 | 怀念神秘的、更简单的时代（回归尘土） | 关注现在 |
| 诗歌 | 有结构 | 感情丰富的 | 不合规范的 | 丑陋 |

| 文化领域 | 上涨中的转变 | 顶点积极情绪 | 下跌中的转变 | 顶点消极情绪 |
| --- | --- | --- | --- | --- |
| 政治家(对其看法) | 力量被放大,弱点被忽视、原谅或者否定 | 政治家得到尊崇[约翰·肯尼迪统治时期(Camelot)、"与批评绝缘的特氟隆式总统(Teflon)"] | 弱点被放大,力量被忽视或者否定 | 政治家遭到憎恨或者神化 |
| 政治 | 相对稳定性 | 保持现状的愿望 | 旧有类型失败了 | 极端政党和解决方法 |
| 流行艺术 | 有结构,传统 | 丰富多彩,天马行空,"活灵活现" | 不合规范的——大杂烩 | 故意做得丑陋、沉重、庄重 |
| 流行音乐(改编) | 简约性达到顶点,复杂性回归 | | 复杂性达到顶点,简约性回归 | |
| 流行音乐(形象) | 肮脏,幸福 | 干净,幸福 | 干净,愤怒 | 肮脏,愤怒 |
| 流行音乐(歌词) | 任何非消极主题都可以 | 欢乐的庆典,爱情歌曲 | 焦虑,社会意识主题出现 | 充斥着绝望、仇恨和暴力的歌曲;还有幸福的否定 |
| 流行音乐(旋律) | 旋律作为关键因素出现 | 欢快、复杂、有创造性的旋律与和声 | 旋律被各种各样的要素所淡化。这些要素是节奏和改编 | 几乎没有旋律或者和弦结构 |
| 流行音乐(情绪) | 上拍,大调 | 上拍,大调和小调 | 小调,下拍,附庸风雅 | 杂乱无章的声音,无调性,不协和音 |
| 流行哲学 | 成就是可能的、可取的 | 爱会拯救世界 | 成就是浪费时间 | 仇恨和破坏会让世界受到应得的报应 |
| 性形象 | "男人味"男人和"女人味"女人 | 异性恋形象达到顶点 | "女人味的"、体贴的男人;"男人味的"、被解放的女人 | 关注同性恋 |
| 运动 | 干净的"好人"运动 | | 粗野的"坏人"运动 | |
| 股市(对高效益企业的流行估价) | 上涨中的 | 正在登顶 | 下跌中的或者正在校正的 | 正在触底 |
| 战争 | 旧战争进行、结束 | 几乎没有冲突 | 较多冲突;新战争开始 | 新战争开始或者加剧 |

表 14-1b

## 预料社会行为的特点

一旦吸收了这些想法,你就能,有可能,预言多种社会行为。你可以用下面的问题来测试自己。

什么时候一个社会才更有可能拥有和平的而不是敌意的集合？在 20 世纪 40 年代,熊市已经持续了十多年,无数人集合在欧洲和远东(Far East)彼此杀戮。1996 年,50 年的社会情绪上涨之后,世界领袖们第一次齐聚联合国(United Nations),友好合影。1967 年到 1969 年,经过 20 多年的情绪上涨之后,成千上万人集合在加利福尼亚的蒙特雷(Monterey)、纽约的伍德斯托克(Woodstock),以及其他地方,举办名为音乐节的盛大聚会。1970 年,熊市持续了一年半的时候,许多学生集合起来抗议越南(Vietnam)战争。1987 年 8 月,牛市持续了 5 年之后,成千上万世界和平爱好者欢聚一堂,庆祝“谐波汇聚(harmonic convergence)[①]”。

什么时候一个社会才更有可能穿着冒险而又活泼的时装,而不是穿着雷同保守的衣服？多姿多彩的服装、短裙、外形的多样,是典型的社会情绪顶点。单调的颜色、长裙和制服是社会情绪低谷的普遍现象。

什么时候一个社会向自由贸易进步？什么时候一个社会会限制自由贸易？在 20 世纪 20 年代的牛市中,自由贸易得到提倡。1929 年,在熊市的开端,国会(Congress)通过了保护性关税,尽管众所周知,这种政策具有破坏性。

什么时候一个政府才更有可能制造原子弹(atomic bomb)(愤怒、恐惧、对立、保护主义)？什么时候一个政府更有可能派人登上月球(信心、冒险精神、焦点的敏锐)？16 年的熊市之后,美国政府扔下了第一颗原子弹(就定值美元而言);20 年的牛市之后,美国政府把一个人送上了月球。

什么时候一个社会才更有可能发展科技？什么时候一个社会才更有可能关注神秘主义？在积极社会情绪趋势里会发生贸易、科学、工业、技术和信息革命。接近消极社会情绪趋势的终点时,宗教皈依的步伐往往最大。

我可以写 100 页,但是我相信你明白了我的意思。

前 165 页的表提供了一些散乱的观察资料,我根据 13 年前制定的方法给出了这些观察资料。这个表旨在给出一个大体意思,不精确,也不具有结论性。

社会情绪总是在所有级数的趋势里流动,在每个可以想到的领域里向一个对立的极端移动,从对未来的希望到对未来的恐惧,从投机的渴望到保护的渴望,从对英雄形象的喜爱到对猥琐人物的喜爱,从欢乐到愤世嫉俗,从建设的渴望到破坏的渴望。艺术、科学、技术、

---

① 谐波汇聚(harmonic convergence)是占星术用语,认为人类会在某个特定时间和地点,欢聚一堂,畅想未来。译者注。

宗教和哲学的历史人物都是如何遵循社会情绪趋势？这其中还有更多的故事。但是，这个问题将留待一本专门研究社会情绪经济学的书去讨论。

## 集体和它们的相互联系

就像本书目前所表明的那样，社会有总的情绪趋势。有些统计资料反映了整个社会，比如投票总数、国民经济、社会范围内不同娱乐的受欢迎程度，等等。这些统计资料也反映了社会情绪。在社会之内有无数较小的集体，这些集体都有自己的波浪。一个交易玉米、铜、棒球卡(baseball cards)①，或者股票的集体有自己的波浪。每个城市、州政治运动、宗教和运动都有自己的波浪。较小的集体嵌入较大的集体之中。人们可以同时是几个集体的成员。社会情绪经济学家必须尽可能多地获得数据，以便孤立自己研究的每个现象，因为这每个现象都有自己的波浪。根据各个集体各自事务之间交集的大小，一个集体必须高度独立于总的社会情绪之外，或者受到总的社会情绪的强烈影响。所有集体的所有波浪一起编织社会生活的结构。第 17 章包括较小集体的一些例子。下面的两章从我认为最易懂的社会情绪经济学对象着手，去关注总的社会情绪及其影响。

## 注　释

〔1〕Elliott, R. N. (1938). The wave principle. Republished: (1994). R. N. Elliott's Masterworks — The Definitive Collection, p. 92.

① 棒球卡(baseball cards)指印有棒球明星或者棒球活动场景等的卡片。译者注。

# 第 15 章　社会情绪趋势的表现形式——流行文化趋势[1]

如果股市趋势反映社会情绪趋势，与这些趋势相关的情绪就必须有其他的表现形式。社会情绪表现形式的主要领域有一些数据。对这些数据的研究表明，与股市趋势和社会情绪趋势相关的情绪确实有其他的表现形式。在共同反映大众情绪时，流行文化趋势恰好与股市一起达到顶点和低谷。

任何迅速反映人类整体感觉变化的活动都是社会情绪变化的一个巧合指标。一个人表达情绪可以有下列的方式：选择一个音乐，决定穿什么衣服，购买工艺品，挑选一部电影，投票，决定观看什么体育活动，或者选择一本书来阅读。音乐、电影、时尚、文学、电视、流行哲学、体育活动、跳舞、英雄形象、商业产品设计、道德观念、与性别相关的理想、家庭生活、校园活动、政治、诗歌，都包含着趋势，这些趋势都反映了流行情绪，有时是以一种微妙的方式来反映。大量的书籍、影院、录制品、体育运动、时装、政治候选人，遍地开花，为可靠数据的生产提供了必要条件。这些不同类型的表达方式在相对流行性上有着自身的方向和范围，这些方向和范围反映了主流情绪的方向和极点。

对这整个社会变化的记录，不一定会表明一个个体或者特定集体会怎么感受或者行动。这种记录表明了整个社会的净情绪。对于那些表达自己的情绪变化，一些非常多疑的人必须经历情绪巨变，而且/或者大多数人必须经历一些情绪变化。我相信，其机制是两个过程的一个函数。随着情绪动力的进步，心态处于变化顶点的人会微微一动，采用新的表现形式。这只是情绪微变的结果，会使他人跨过门槛。集体情绪的振幅越大，微微一动采用新表现形式的人就越多。

文化情绪表现形式的所有渠道往往会统一消长，但是我们不能期待特定的表现形式就一定会引领潮流。在文化的不同时期，不同的媒体居于统治地位。比如，在每个社会情绪的顶点，视听娱乐形式都有黄金时期，但是在每个亚类别里表现就不那么强烈。在听觉类别里，20 世纪 30 年代晚期是波浪 I 的顶点，爵士乐达到了流行的顶峰；20 世纪 60 年代晚期是波浪 III 的顶点，摇滚乐达到了流行的顶峰；20 世纪 90 年代，我们接近了波浪 V 的顶点，乡村音乐达到了流行的顶点。在视觉类别里，电影在 20 世纪 30 年代达到了质量的顶点，电视在 20 世纪 60 年代达到了质量的顶点，电脑游戏可能会在 20 世纪 90 年代晚期达到质量的顶点。历史按照情绪重复,但不一定按照模式重复。

诸如电影行业之类的慢热媒体一旦有显著变化,就能更迅速地揭示趋势的较高级数变化,比如循环级数的变化。更敏感的媒体,比如电视,变化迅速,足以反映大众情绪在大型趋势上的变化。热门歌曲遵循中型趋势,可以随着人们情绪的变化在销量图上迅速上下。当然,所有的这些表现情绪的媒体都受各个级数情绪变化的影响。所表达出来的净印象是特定时刻所有这些领域的力量混合和控制的结果。

主流表演者,无论是电影明星、电视明星还是流行音乐明星,其职业的盛衰都非常符合股市中的顶点和低谷。社会情绪出现大转折时,当红明星迅速变得默默无闻,被其他明星所取代,取代他的明星能反映新出现的情绪。比如,1966 年循环级数的社会情绪达到顶点时,大量长期连播的电视节目恰好停止播出,无数欢乐的流行音乐代表恰好退休。就像菲利普·诺曼在《呐喊》(*Shout*)里说的那样,只是在一年之间,"当今的各个(Mersey)组合就都回家安顿下来了,成为了杀猪屠夫和防潮层工程师(建筑工人)"[2]。下一个顶点是在 1968 年 12 月,是旧趋势的最后喘息,因为此后不久,以前的一批当红明星及其表演场所就成为了过眼云烟。许多分崩离析(比如流行组合),许多取消了(比如电视节目),退休或者死亡。在每一个重大转折都会上演这一幕。

有时,趋势依赖哪个波浪正在进行。比如,第五个波浪试图重演第三个波浪的荣光,怀旧是其表现形式,得到了广泛传播。在波浪 V 中,时尚重演了 20 世纪 40 年代、50 年代和 60 年代的场景。20 世纪 60 年代的歌曲开始弥漫于 20 世纪 80 年代的广播之中,"老古董"成为了收音机最有利可图的制式。从那时起,几乎所有的 20 世纪 60 年代歌手或者组合,都回来做巡回演出、录音或者在电视上露面。埃尔维斯·普雷斯利(Elvis Presley)、披头士乐队(Beatles)、弗兰克·西纳特拉(Frank Sinatra),甚至还有本尼·古德曼(Benny Goodman)都受到了崇拜,进行了作品回顾演出。在电视领域,尼克勒顿(Nickelodeon)频道播放 20 世纪 50 年代和 20 世纪 60 年代的电视节目,办得红红火火。老电影上色、翻新,又在电影院里公开发行。美国电影经典(American Movies Classics)频道播放老黑白电影,取得了成功。在强大的第三个波浪和熊市里,怀旧远没有这么强大,因为在这些时候,人更感兴趣,或者更关心的,是现在而不是过去。

对这些趋势的分析可能只对娱乐公司显得重要,但是这些分析几乎和任何一个行业有关。比如,知道棱角分明的汽车在牛市卖得好,而圆润的汽车在熊市卖得好,就会对汽车制造商有所帮助。设计和颜色几乎影响着每个产品。

要证明我在这一章提出的相互关系,最大的问题是缺乏数据。不幸的是,现在,对这种数据几乎没什么要求,也没有交流中心。需要多年的研究项目去搜集数据并用图表示出来。缺乏数据不是唯一的问题。因为这本书介绍的范围有限,所以对于这一主题,这一章只给出了我所知道的部分信息。我有一个小节只是关于电影领域的微妙之处。这仅仅是一个窗口,人们可以通过这个窗口观察情绪趋势与相关文化事件盛衰的密切关系。目前,我希望一些笼统的例子和观察资料足以表明二者的密切关系。

根据哪种方法更好地说明了观察到的相互关系，前面的一些图表明票面道琼斯工业平均指数，另一些图表明生产者物价指数－调整道琼斯工业平均指数，还有些图兼而有之。票面道琼斯工业平均指数是美元/股份比率，生产者物价指数－调整道琼斯工业平均指数是商品/股份比率。生产者物价指数－调整方法经常被含糊地称作“定值美元”道琼斯指数或者“通货膨胀－调整”道琼斯指数。

## 裙子离地高度的趋势

哈佛毕业生拉尔夫·罗特内姆（Rotnem）是哈里斯·厄珀姆（Harris Upham）经纪公司的研究员，提出了所谓的“裙子离地高度理论”，认为女性裙子的长度往往会与道琼斯工业平均指数同步升降。这一想法经常被当作轻浮之举束之高阁，但是，社会情绪经济学能解释二者的相互关系。股价趋势和女性裙子离地高度的趋势是社会情绪的一个函数。当人们奋勇直前、活泼好动时，就会购买股票并穿着暴露的衣服。当人们感到受到威胁、保守谨慎时，就会出售股票并穿着严谨的衣服。就这么简单。

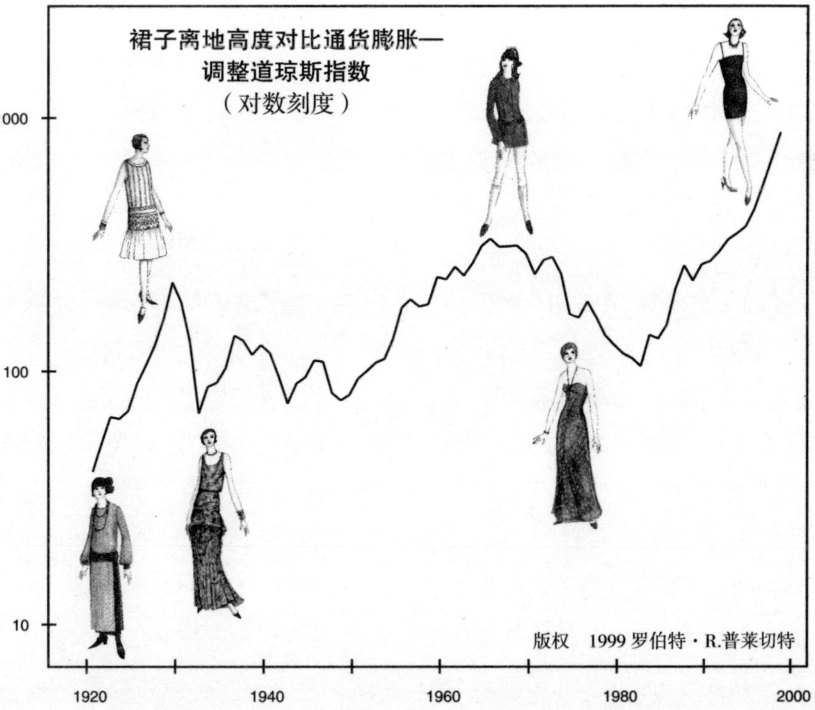


图 15－1

资料来源：《20 世纪时尚完整原始资料集》

裙子的长度是有限的(分别是地板和大腿根),因此到达极限就意味着极度积极情绪同时发生,或者意味着极度消极情绪同时发生。如图 15 - 1 所示,1921 年股市处于底部的时候,裙子离地极近。在 20 世纪 20 年代晚期和 20 世纪 60 年代晚期,则上升为迷你裙,两度与股价同时登顶。在 20 世纪 30 年代和 20 世纪 70 年代,则下跌为拖地长裙,两度与股价一起触底。今天,在 1999 年,模特和名人的裙子非常短(就像是一个宽腰带),而大众所穿的裙子还达不到 1968 年的迷你裙长度。

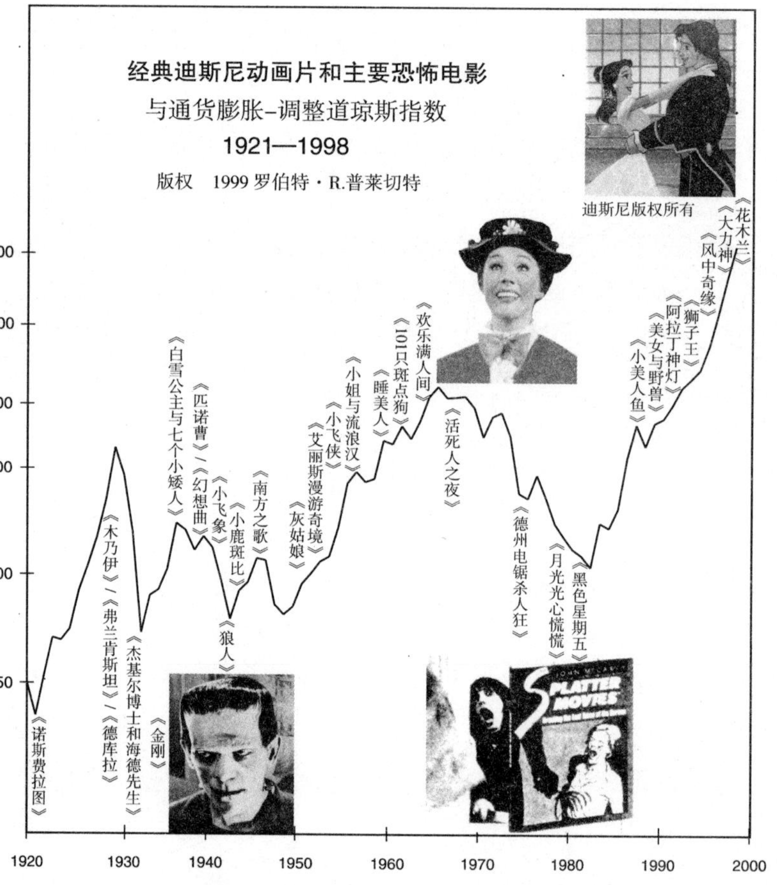


图 15 - 2

## 电影中的趋势

对于社会情绪的表现形式,电影领域生产和成功的盛衰有指导作用。图 15 - 2 画出了生产者物价指数 - 调整道琼斯工业平均指数,并用两种电影娱乐形式中所公认的经典作品标示。这两种电影娱乐形式是迪斯尼动画片和恐怖片。目前为止,如果你还跟我在一起的话,你或许可以猜猜,每种电影在社会情绪的哪端新片迭出,受人欢迎。

1937 年,沃尔特·迪斯尼公司(Walt Disney Company)公开发行了其第一部达到正片应有长度的动画片。就在 1937 年,活跃了 5 年的牛市达到了顶点,伴随着美国股票历史上最快的增长:370%。就像图上方的电影名所表明的那样,这些影片流行了 30 年,在 1964 年与极端阳光的《欢乐满人间》一起达到顶点;在 1967 年与《森林王子》(*Jungle Book*)达到了较小级数的顶点。这个成功时期的终点基本与 1966 年的股市大顶点同时发生。在接下来的 16 年里,股价与社会情绪一起下跌,大多数人觉得迪斯尼的动画正片幼稚可笑、感情用事。实际上,迪斯尼电影制片厂的生产力下降了 50% 还多。《森林王子》可能是个例外,除此之外,在这个时期里,没有一部动画电影堪称经典之作。20 世纪 80 年代和 20 世纪 90 年代,牛市回归,迪斯尼动画正片经典迭出,而且票房巨片层出不穷。在牛市的最后 11 年里,迪斯尼生产了 10 部动画电影正片。一言以蔽之,迪斯尼动画片是牛市电影,反映了创作者和观众的共同情绪。

现在,我们将要研究范围的另一端,电影名在图的下方。1930—1933 年,恐怖片降临在美国的银幕上。这些年正是道琼斯工业平均指数暴跌之时。仅仅不到 3 年的时间,就生产了 5 个经典恐怖片。1931 年,《弗兰肯斯坦》和《德库拉》首映。1932 年,《杰基尔博士和海德先生》公开发行。就在这一年,大熊市触底。也只是在这一年,恐怖片演员弗雷德里克·马奇(Frederick March),以《杰基尔博士和海德先生》获得了奥斯卡奖(Oscar)。1933 年,《木乃伊》和《金刚》上映,检验了股价的低点,正好处在大萧条的低谷。这是经久不衰的经典恐怖片。[4] 具有讽刺意味的是,1935 年牛市的时候,好莱坞试图引入一个新的怪物,但是《伦敦狼人》(*Werewolf of London*)归于失败。1941 年,电影制造商又尝试了一次,此时深陷熊市,《狼人》大获成功。大约在 10 年之内,直到 1942 年波浪 II 触底的时候,制片人制作了上述电影的续集,内容关于弗兰肯斯坦怪物、吸血鬼、人狼和未死的木乃伊。

股市于 1942 年触底之后不久,电影以稳操胜券的方式放弃了黑暗不祥的恐怖:哈哈大笑。1948 年,当阿博特(Abbott)和科斯特洛(Costello)遇到弗兰肯斯坦的时候,事实证明恐怖失去了力量。在接下来的牛市里,以恐怖为基础的电影质量低下,充斥着温和和喜剧。其创新、影响和受欢迎程度也有限。因而与熊市里的恐怖片形成了鲜明对比。比如,1957 年,《我是少年弗兰肯斯坦》(*I Was a Teenage Frankenstein*)公开发行于伸展循环级数牛市的中期,受到的评价是“是不是史上最差的恐怖片呢,有点难说”[5]。

1966 年,社会情绪再次进入大熊趋势,闪亮登场的恐怖片也是如此。《活死人之夜》首映于 1968 年。在此之前,那个时期的迪斯尼动画经典已经告一段落。《活死人之夜》影响广泛,因而又生产了两部续集(都是在熊市里生产的)、几个相关影片和两本书。1974 年,《德州电锯杀人狂》公开发行,在杀戮上取得了突破。当时,股票正处于票面价格低点。

1974 年,波浪 IV 处于低点。恐怖小说家斯蒂芬·金的首部小说《魔女嘉莉》(*Carrie*)登上荧屏。他的小说为大量的恐怖电影剧本提供了素材。1977 年的好莱坞杀人狂电影《闪灵》(*Shining*)就以斯蒂芬·金的小说为素材。在这一趋势最黑暗的极值,生产者物价指数

-调整价格正在于1978年接近底部,电影行业引入所谓的大卸八块电影(slice and dice film),或者“凶杀影片(Splatter movie)”[6]。《黑色星期五》和《月光光心慌慌》影响广泛,因而又生产了多部续集,但是,影评人认为没有一部能超越原著。另外,1979年,百老汇(Broadway)引入了杀人狂戏剧《理发师托德》(*Sweeney Todd, the Demon Barber of Fleet Street*)。就在这一年,金的《死亡地带》(*Dead Zone*)连续6个月登上了《纽约时报》的畅销书排行榜。[7]

自从1982年,尤其是自从1984年,牛市正在进行。从那时起,恐怖电影又一次变得缺乏独创性、默默无闻或者滑稽搞笑,就像1942年之后的那些年。历史上第一个僵尸电影是《白僵尸》(*White Zombie*),公开发行于1932年,处于超循环波浪(IV)的低点。前面第四个波浪低点处的事件又一次表明,上涨趋势会在第五个波浪的终点之后到来。

## 微妙之处

本章讨论的所有问题都与社会趋势有着无数的平行巧合。我们不想沉浸于流行文化的微妙之处,不过,一些观察资料可以表现出这种相互关系的丰富性。这里是与这个领域相关的一些例子。

几年前,我注意到,也经常说,股市在第四个波浪期间的初步恶化为最终逆转创造了条件。[请看《艾略特波浪原理》的“波浪个性(Wave Personality)”]显然,在社会情绪的所有表现形式里,这是个颠扑不破的真理,并不局限在股市之中。比如,根据图15-2,一个较小级数的第四个波浪社会情绪校正后面紧跟着两个大熊市时期,这次校正就预先表明了后续熊市里将要产生的恐怖风格。1920年和1921年,在前一个循环级数熊市的底部,《杰基尔博士和海德先生》与约翰·巴里莫尔(Barrymore),还有我们在电影课上都要学习的德国吸血鬼电影《诺斯费拉图》预示着20世纪30年代和20世纪40年代的怪物电影。1962年,在前一个大型级数熊市的底部,耸人听闻的《精神病患者》(*Psycho*)上映了,《精神病患者》由希区柯克(Hitchcock)指导,内容是关于淋浴时的屠刀。《精神病患者》预示着20世纪70年代的杀人狂电影。[8]

在恐怖编年史中,一个流行歌曲唱片引人注目:博比·“鲍里斯”·皮克特(Bobby “Boris” Pickett)“土豆怪兽(Monster Mash)”。1962年10月20日,这个唱片成为了美国唱片里的第一名,并保持了两个星期。标示为大型波浪④(请看图15-4)的熊市持续了3年,按照正统的说法,其结束日期是1962年10月23日。这又是情绪和表现形式的另一个完美巧合。这个唱片重复了旧的恐怖风格,但还是一个喜剧电影脚本,因为较大趋势的情绪是欢乐向上的。唱片两度回归销量图:1970年8月、1973年5月。1970年8月,30年里最深的熊市刚脱离底部。1973年5月处于1973—1974年熊市之中。(随着这一熊市的加深,“土豆怪兽”的喜剧方法过时了,恐怖再次变得严肃)

为什么英国(England)的哈姆纳电影公司(Hammer Films)能从1957年直到1974年在

英国公开发行一系列相当成功的恐怖片？原因是，与正在飙升的美国股市不同，伦敦股市从1959年到1966年处于温和的熊市之中。两年短暂的上涨之后，从1968年到1974年，伦敦股市积极加入美国的下降趋势，下跌之深几乎可以和1929—1932年相提并论。在20世纪70年代的头五年里，股票和情绪遭受了最严重的暴跌，哈姆纳电影公司公开发行了吸血鬼电影，是20世纪60年代的5倍。1975年，英国（British）股市强势向上，对哈姆纳电影公司作品的需求急剧下降，公司因而倒闭。这是否终结了近乎完美的社会情绪平行？可能不是。哈姆纳公司成为一段记忆，但23年之后，广告巨头查尔斯·萨奇（Saachi）突然买下了哈姆纳电影公司这个名字，打算把哈姆纳电影公司"从债台高筑的遗迹"变成"全球性帝国"。[9]一个专门研究吸血鬼的网站说："在二十多年以来，哈姆纳的未来第一次有了希望。"[10]

在电影出现之前的岁月里，熊市和恐怖就存在着相互关系。比如，美国的恐怖小说大师埃德加·艾伦·坡（Edgar Allen Poe）成功于1835年到1842年的超循环级数熊市。在这几年里，根据《世界图书百科全书》（*The World Book Encyclopedia*），"他生产了最好的几篇故事"[11]。坡死于1847年，"病了5年之后，"这5年恰好与开始于1842年的社会情绪迅速上涨重合。集体情绪的上升趋势并不适合坡的风格，二者的不和谐可能使他原本孱弱的身体雪上加霜。

我们可以认定，根据逆转波浪分析（请看第17章），第一个现代杀人狂戏剧莎士比亚的《麦克白》（*Macbeth*）也是首演于熊市。大众恐怖的历史从戏剧走向书籍再走向电影，历史再一次在情绪上而不一定在形式上重复了这个过程。

我书架上有两本关于恐怖电影的书[《恐怖电影》（*Horror Movies*）和《恐怖电影手册》（*Horror Film Handbook*）]，分别出版于1974年和1982年，当时正好分别位于循环波浪Ⅳ票面价格低点和循环波浪Ⅳ生产者物价指数-调整低点。此外，我书架上还有10卷1套的书，名为《埃德加·艾伦·坡作品集》（*The Works of Edgar Allen Poe*）。我发现这套书出版于1933年，大萧条的底部就出现在1933年。人们有时对这种题目感兴趣，作家和出版商就投其所好。

## 流行音乐表现形式的趋势

在《华尔街日报》（*Wall Street Journal*①）的一篇文章里，一位搜集留声机（78-rpm）唱片的人说，音乐反映了美国"生活的每个纤维"。因此，音乐的主题和音调几乎与社会情绪完全一致，就像道琼斯工业平均指数大趋势反映的那样。图15-3表明了一个主要股市循环、上升趋势和下降趋势之中不同的流行音乐风格。

在20世纪50年代和20世纪60年代初，大牛市正在进行，主要的流行音乐明星都是年

---

① *Wall Street Journal*（华尔街日报）即*WSJ*（华尔街日报）。译者注。

纪轻轻、精力充沛,他们的歌曲主题是“我感觉良好,我爱你”。在20世纪60年代末,穿着苏格兰佩斯利涡旋纹花呢的夏日之恋(Summer of Love)通俗艺术家由衷地唱道:“啊,呀,我感觉很好,我爱每一个人。”下面的摘录让你体味接近顶点时的热门歌曲歌词:[12]

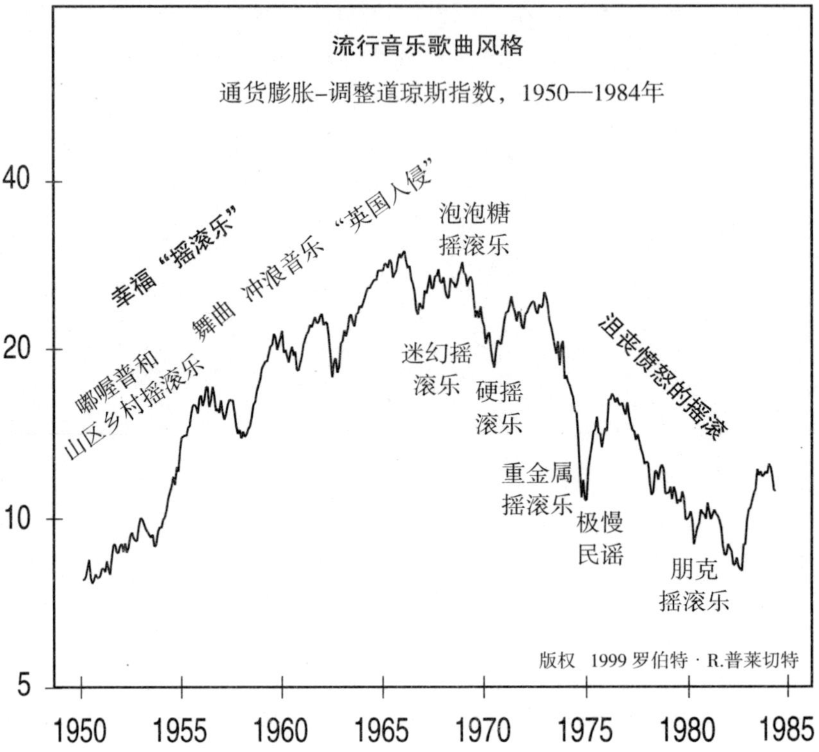


图 15-3

“生活,我爱你!一切都完美无瑕。”(1966)

“当我亲吻天空的时候,行个方便。”(1967)

“如果我们团结一致,一切皆会一帆风顺。每个意识好像都让我们聚在一起。当你幸福的时候,任何地方都像家一样。你还会更幸福的。太棒了。”(1967)

“人们最终走到一起,我觉得真是太棒了。在黑暗之中伸出手,你会发现一个朋友。”(1968)

“把一点爱放入你的心里,世界就会为你我变得更美好,等着瞧吧。”(1969)

几十年的上升大趋势之后,根据道琼斯指数,各支股票在1966年达到顶点;根据价值线指数(Value Line Index),各支股票在1968年达到顶点。与这个高点重合的是流行音乐创造性的顶峰,其产品的生产和发行持续到了下一年。一个音乐产业经理断然地告诉《华尔街日报》,“摇滚乐在1969年达到顶点。”[13][14]

牛市顶点的逆转趋势给音乐的特点带来了戏剧性的改变,主题和音调从上拍变成了下拍。1971年,有一首排名第一的歌曲就这一主题哀叹道:“那一天,音乐死了,我的心灵被深深地触动了。”[15]从20世纪40年代初以来，最深的熊市正在进行之中，流行音乐明星开始担心社会，愤世嫉俗，他的歌曲主题变成，“我垂头丧气，你也好不到哪儿去”。这里是当时的一些歌词，可以作为例证：[16]

“当你情绪低落、烦恼不安时，你需要一只援手，任何事情，任何事情都是一团糟……我会在那里点亮你最黑暗的深夜。”（1970）

“我驾驶着坦克，佩戴着将军军衔，当闪电战肆虐，尸体发臭时，我叫喊，‘谁杀了肯尼迪兄弟（Kennedys）？’当烟消云散之时，事实证明凶手就是你和我。”（1970）

“枯燥的一天，时钟的滴答声把时间带走，你随随便便地浪费时间，虚度光阴。你跑啊跑，追逐太阳，但是太阳快要落山了。你变老了，上气不接下气。有那么一天，你行将就木。”（1973）

“日复一日，我愈加困惑，所以我透过倾盆大雨寻找光明。我开始觉得自己在浪费时间。我想沉浸在你的摇滚乐里，随波逐流。”（1973）

“当我疲倦之时，我藏在音乐之中，忘记白天，想起了我以前认识的一个女孩；我闭上眼睛，她溜走了。”（1976）

“我们只是风中的尘土。”（1978）

在这个十年的终点，朋克摇滚乐演奏者以激烈的方式表达着毫无生气、备受煎熬的思想，“我痛苦不堪，我恨每一个人”。

1982年，牛市到来，朋克摇滚乐突然消失，原有的抑郁的歌词情绪减少了。在20世纪80年代和20世纪90年代，幸福再度成为流行音乐的主流。以前一直保持抑郁风格的乡村音乐甚至也随波逐流，表现幸福的一面！出现了杂糅的场面（这毕竟是弱势的第五个波浪，不是强势的第三个波浪），但是流行明星的厌世情绪还是基本消失了，大多数演奏者和歌手又变得年纪轻轻、精力充沛。

谈到年纪轻轻、精力充沛，就让人想起一种叫做“泡泡糖摇滚乐”的音乐风格，这种音乐甜得腻人，目标是10到14岁的孩子，在20世纪60年代末有过短暂的繁荣。其中，蚂蚁乐队（Archies）和俄亥俄快车乐队（Ohio Express）最为成功。1968年股市高点之后，这一风格突然消失。20年之后，在1987年到1989年，泡泡糖摇滚乐强势回归，代表人物是戴比·吉布森（Debbie Gibson）和蒂法尼（Tiffany）。消失了多年之后，在1998年，辣妹组合（Spice Girls）和汉森组合（Hanson）复兴了这一音乐形式。在美国历史上，有4次最长的经济扩张时期。泡泡糖摇滚乐出现在了其中3次的终点（第4次是整个1944年，年轻的时髦少女为弗兰克·西纳特拉而尖叫）。换句话说，每当经济学家乐观地说，“在所有可能的世界里，这是最好的地方”，年轻的歌手就会鹦鹉学舌。

这个时期的整个故事并不像这里讨论的那样简单明了、一清二楚。比如，20世纪70年代的特色也是上拍、轻快的流行曲调；自从1975年，“迪斯科”舞曲开始风靡一时。趋势会出现这种分歧有两个原因。第一，就像在第14章列举的那样，牛市情绪产生了社会对立，而不是一致。在20世纪50年代和20世纪60年代的牛市里,年轻人几乎都听同样的音乐。与此相反,熊市产生两个不同的趋势,一个是上述抑郁愤怒的趋势,还有一个观点:不懈地追求阳光,在雨中唱歌。每一个趋势的支持者都强烈反对另一方。第二个原因是,从1975年到1982年,按照生产者物价指数-调整而言,熊市正在肆虐,但是,在票面上,牛市正在加速前进。股市的二分法符合流行音乐二分法。这一主题的复杂性、深度和奇观蕴藏在细节之中,内容太多就不在此赘述。我在1985年的一篇文章《流行文化和股市》中更详细地研究了1950—1985年这段时期。[17]

歌曲主题并不是与社会情绪相关的音乐表达形式的唯一方面。通过平面媒体可以轻易地传播歌词,这就是为什么歌曲主题是这一节的焦点。然而,我认为,在传播社会情绪方面,歌曲主题是流行音乐最不可靠的一个方面。旋律的内涵意义、和声、不协和音、噪音内容、艺术自觉、演出者的外貌和风度,暗示了善良或者暴力。就与社会情绪趋势的关系而言,音符的简约与复杂、和弦结构和改编好像比歌词还要可靠。[18]所有这些事物都是可以量化的,我希望有一天对这些事物进行准确的研究。

## 超级明星现象反映了社会情绪顶点的群体情绪释放

当社会情绪极端积极时,人们表现得欣喜若狂。其中一个表现形式就是崇拜公共人物。年轻人尤其容易释放狂喜情绪,向流行音乐表演者倾泻爱慕之情。因此,大级数奔放的一个表现形式就是,青少年兴高采烈、激情满腔地把流行音乐家当作偶像。让我们看看这个想法是怎么在这个世纪出现的。

对于1932年超循环低点之后的流行音乐表演者,有5个主要的群体兴奋例子。每一个例子都出现在牛市,尤其是当大型或者短循环级数发展正在成熟的时候。图15-4展示了这5个例子在波浪结构中的位置。

第一次热潮发生在波浪I顶点附近,焦点是本尼·古德曼,时间是1935年到1938年。古德曼的"摇摆"音乐使年轻人兴高采烈地挤进音乐厅并引发骚乱。本尼·古德曼的绰号是"摇摆之王(King of Swing)"。第二次热潮集中在弗兰克·西纳特拉身上,时间是1943年到1946年,接近波浪①的顶点。人称短袜女郎(Bobby Soxers)的年轻女孩突然聚在一起,为弗兰克·西纳特拉的"声音(The Voice)"如痴如醉。第三次热潮集中在埃尔维斯·普雷斯利身上,在20世纪50年代的后5年,接近波浪③的终点。埃尔维斯·普雷斯利的绰号是"摇滚乐之王(King of Rock'n' Roll)"。第四次热潮围绕披头士乐队进行,时间是1963年到1965年,接近波浪⑤的顶点。披头士乐队被称作"披头四人组(Fab Four)",他们的音乐促成了"披头士狂热(Beatlemania)"。第五次热潮围绕着迈克尔·杰克逊展开,时间是20世纪80年代,在波浪V的③。杰克逊被加冕为"流行乐之王(King of Pop)"。这里是一些引用来例证这些社会经历并反映其相似性:

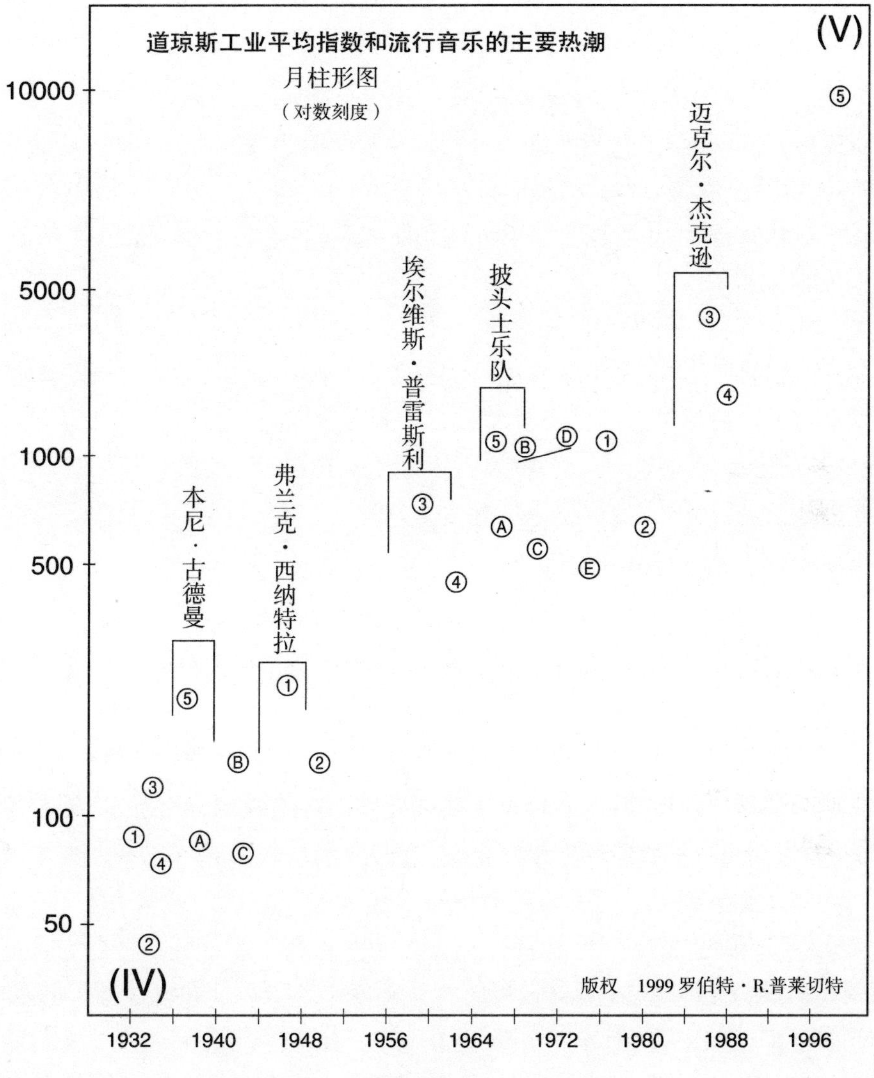


图 15－4

**1935—1938；顶点之年，1937：**

1935 年 8 月，在洛杉矶的巴洛马舞厅（Palomar Ballroom），古德曼乐队一夜之间引起了轰动。古德曼乐队取得了前所未有的成功，靠着著名的 1937 年派拉蒙剧场（Paramount Theatre）受聘和卡内基大厅（Carnegie Hall）音乐会达到了纯流行的顶点。但是，在 1938 年，古德曼乐队到了艺术的最低点，古德曼乐队的唱片清楚地反映了这一点。[19]

注释：这段话也可以描述 1935 年到 1938 年的股市：先是升到顶点，然后暴跌。

**1943—1949 年；顶点之年，1944 年：**

1944 年，弗兰克·西纳特拉上升为美国最受欢迎的歌手，他的歌迷大多是喜欢高声尖叫的年轻女性。无独有偶,埃尔维斯·普雷斯利和披头士乐队在全国各地出现时也引发了热情的迸发……热潮的顶点可能是1944年10月12日的哥伦布日(Columbus Day)骚乱。成千上万的年轻人跑过时代广场(Times Square),因为他们发现,还有歌迷滞留在派拉蒙剧场等待演出之后的另一场演出(一天五场演出),而他们却根本没有机会见到自己的英雄。[20]

注释:尽管第二次世界大战(World War II)正在激烈进行,这一兴奋狂潮还是爆发了。不管社会事件和条件如何,社会情绪之中的牛市必须表达自己,这就是前一个熊市的结果(请看第16章)。

**1955—1963年;顶点之年,1957年:**

这是达拉斯历史上付费观看一个表演者表演的最大群体(总共是30 000美元,埃尔维斯带回家18 000美元)。报纸报道,那一刻,埃尔维斯出现了,从一辆凯迪拉克(Cadillac)折蓬汽车的后座向大家挥手并环绕场地,一种尖声的、震耳欲聋的、惊天动地的欢呼声响了起来,"极端痛苦的惊呼"和"欣喜若狂的尖叫"从未减弱或停止。除了大家的欢呼,音乐家们什么都听不到,鼓手D. J. 丰塔纳(D. J. Fontana)说:"你所能看到的只是成千上万的灯泡熄灭了。我想这家伙干了什么?"[21]

**1963—1969年;顶点之年,1964年:**

根据马克·莱维松(Mark lewisohn)对当地报纸新闻报道的调查,"披头士乐队引发的歇斯底里肯定开始于1963年晚春。大约6个月以前,舰队街(Fleet Street)的报纸使披头士乐队赢得了全国的关注"。不过,全国媒体突如其来的饱和新闻报道没起到什么作用,只是放大了内在的狂热,创造了一个自我强化过程。这个自我强化过程的直接后果就是,当10月31日披头士乐队从瑞典(Sweden)短暂旅行归来时在希思罗机场(Heathrow Airport)受到了完全疯狂的欢迎。披头士乐队自己把这次事件称作披头士狂热的开端。数不清的歌迷尖叫着挤在希思罗机场,这一景象迅速成为新闻传遍全国。在接下来的3年里,披头士乐队离开和到达希思罗机场时大受欢迎的照片,成为英国媒体新闻报道的热点……在每个国家,压抑不住的群体兴奋所表现出来的一幕幕都非常相似,就好像是一个看不见的典礼大师编好了剧本:热闹的机场欢迎、喧闹的歌迷聚在披头士乐队下榻的旅馆外面、表演时尖叫的观众,媒体那几乎连续不断的新闻报道更加放大了这些情景。[22]

注意两个亮点:"自我强化过程"和"在每个国家……群体兴奋所表现出来的一幕幕都非常相似,就好像是一个看不见的典礼大师编好了剧本。"

**1983—1991年;顶点之年,1983年/1987年:**

迈克尔·杰克逊红得发紫:他的一个唱片集产生了多个畅销单曲并创下了历史最高销量。他的音乐影片首映被当作全球媒体的盛事。他的百事可乐广告吸引了更多的观众,使广告前后的天使节目相形见绌。1989年1月，观众通过电视观看全美音乐奖（American Music Awards），欣赏了杰克逊1987—1988年世界巡演的电影片段。这些巡演是在体育场进行的。这次世界巡演吸引了440万人，无论是参加人数还是演出收入都超过了以往的任何巡演。新闻显示，全世界都在欢呼、尖叫、叹气、叫喊、狂喜、心醉神迷、翩翩起舞，年轻人喧闹狂欢。一个欣喜若狂的英国妇女动情地说："这一幕幕重演了披头士乐队的辉煌。"[23]

尽管偶像化一直在减弱，在流行音乐领域，这5个群体兴奋的例子还是达到了粉丝崇拜的顶点。为什么会这样？难道只是由于天赋异禀吗？如果是这样，更有天赋的人为什么反而未受如此追捧？是由于相貌英俊吗？如果是这样，更英俊的歌手为什么失败呢？一些观察家接近了答案。在讨论西纳特拉现象时，作家比尔·霍兰（Bill Holland）说：

磁性和魅力依旧是人类的神秘现象。当看到或听到某些人时，当某些人在场的时候，人们为什么全神贯注、如痴如醉。多少个世纪以来，哲学家和科学家一直在研究这一现象。这一现象得到了解释。……不知出于什么原因，西纳特拉每次都带着独特的神秘登台。在大多数时候，我们这些观众都会高兴地听他指挥，因为他把我们带入了一个特定的情绪状态，而我们都认识、喜欢和渴望这种情绪状态。[24]

对于披头士狂热，乔治·哈里森（George Harrison）直截了当地评论道："世界把我们当作发狂的借口，然后又归咎于我们。但我们就夹在中间，左右为难。"林戈·斯塔尔（Ringo Starr）说："披头士乐队的问题是我们做什么都无关紧要，我们会得到同样的掌声。"[26]一个同时代的表演者宽泛地谈到了1968年参加音乐会的人："处处人山人海，满耳是没脑子的阿谀奉承。"[27]罗伯特·戈德堡（Goldberg）在解释超级明星现象时说："你变得越熟悉，就越受观众的影响：你不再是一个人，你成为了一面镜子，观众可以在镜子里读到自己的人生。"[28]这些描述也反映了金融繁荣和狂喜：当投资者建造自己的社会幻象来取代价值和股份时，价值和股份就变得没有意义。换句话说，这些表演者不仅是出现在牛市，他们的公众形象就是牛市，由许许多多的边缘系统通力合作来推动。每当这种情况发生，就到了股票大上涨波浪结构的相似点，金属融合，热情奔放。简单地说，这些歌手和音乐家是社会狂喜向外倾泻的焦点，显然也完全符合社会情绪的主要仪表——道琼斯工业平均指数。

这些表演者在体现社会狂喜时扮演着重要的角色，因而比当时的其他社会人物享受到了更多溢美之词。流行艺术大家的死亡或者退出会引发广泛而深刻的哀悼，因为人们把牛市情绪那种欢欣鼓舞的记忆与歌手和音乐家联系在一起，歌手和音乐家最能反映和象征这种欢欣鼓舞的记忆。[29]发现了新技术或者治愈了疾病使人们心怀感激，但这种感激不值得一提，因为人们更感激这些表演者，喜欢与这些表演者联系在一起的记忆，也喜欢经历表演者们逝去带来的痛苦。积极社会情绪是社会生产力的发动机（请看第16章），所以，这种感激可能并没有那么不合适。

不要认为这种反应只是一个现代现象，这是亘古永存的社会行为。比如，对伟大的钢琴家肖邦（Chopin）和李斯特（Liszt）而言，尤其是对于李斯特来说，19世纪30年代的牛市产生

了同样的结果。哈罗德·舍恩伯格(Schonberg)描述了一场典型的李斯特音乐会,请阅读:

当李斯特弹钢琴的时候,女士们扔到台上的是自己的珠宝,而不是花束。她们在狂喜之中尖叫,有时昏厥晕倒。还能活动的女士疯狂得冲向台子,一睹神人的真容。李斯特故意把绿色的手套留在钢琴上,女士们你争我夺。一个女士摸出了李斯特吸过的雪茄烟蒂。她一直把这段烟蒂保存在胸前,直到离开人世的那一天。其他的女士带着无价的圣物离开,圣物是断裂的琴弦,来自李斯特弹过的那个钢琴。这些零星物件镶上了框,受女士膜拜。李斯特不光是在举行音乐会,这些音乐会还是纵情狂欢的节日。困惑不解的海涅谈到了他出席的一次音乐会,两位匈牙利伯爵夫人(女伯爵)争夺李斯特的鼻烟盒,把对方摔倒在地,直到打得精疲力竭。有一次,海涅请求一个擅长医治女人的医生解释一下李斯特制造的歇斯底里本质是什么。海涅写道,这位医生,"谈到了磁性、感染力和激情;还说,在一个闷热的大厅里,满是数不清的蜡烛,还有几百个洒着香水且出着汗的人,情绪就容易被感染……"

与1944年的西纳特拉音乐会、1956年的埃尔维斯音乐会、1964年的披头士乐队音乐会,或者迈克尔·杰克逊1987年的世界巡演相比,这场音乐有什么实质性的区别吗?[31]

在这个好医生的诊断中,"感染"是个关键词。在第9章,我们探索了一个想法:感染在社会情绪传播中的作用。1998年,比尔·霍兰写了一篇关于西纳特拉的文章,也用到了"磁性力"这个词。磁性可能只是个模糊的类比,意味着吸引力,但是磁性具体涉及的是无数微粒朝着统一方向呈直线排列。在这种情况下,社会上无数的边缘系统几乎也都是如此。回想一下第8章麦克莱恩的说法:边缘系统可以产生情绪,情绪不一定有基于现实的所指。对于极度狂喜,边缘系统怎么办?对于那些偶然出现的最吸引大众的物体,边缘系统给予其极度狂喜。魅力提供了借口,流行允许不受限制的表现形式。任何人在独自行动时都不会像在狂喜的流行音乐会上那样疯狂(想一想,当别人静静地坐着的时候,只有你在欢呼、哭泣和尖叫,那会是一种什么景象?),但是当别人都在疯狂时,你的行为就不怪异了。我们敢说在古罗马、希腊和埃及时代没有类似的现象吗?

## 社会情绪经济学研究所需要的数据

股市有着精确的测量法和长期的数据历史,可能一直是社会情绪和情绪变化的唯一最佳指标。虽然如此,社会情绪经济学家还是应该开始详述、量化、图示、研究其他的文化现象。体育运动的参与人数、流行娱乐形式的主题、流行旋律的音符数量、流行旋律音符数量的变化、流行歌曲的歌词内容、裙子离地高度、领带宽度、鞋跟高度、时尚和流行艺术中不同颜色的突出、汽车设计中棱角分明对比圆润、公路上的平均驾驶速度、折篷汽车的销量、犯罪率、宗教活动、不同建筑风格的建筑、大众情绪的大量其他反映,都可以量化,根据产销量来权衡。这样,我们就能像现在读整个股价图那样,读大众情绪图。所有的这种遵循波浪原理的数据都可以用来预测本领域的趋势变化。

我相信,如此多种多样的流行文化要素净存在和控制图,与整个股价图会非常相似。把流行文化经存在和控制图与股价运动相比较,我们就可以检测实验的结论。如果数据确实显示了平行趋势,那么接下来我们就可以利用这些数据预测股市。

## 同时相互关系对比滞后相互关系

股市的趋势以及本章描述的活动是同时的,因为它们直接反映了社会情绪趋势。当积极情绪增强时,许多人购买股票,观看迪斯尼电影,更喜欢欢快的音乐,把外溢的狂喜倾泻到流行明星身上。当消极情绪增强时,许多人出售股票,观看恐怖电影,更喜欢表达不满的音乐,几乎没有狂喜可以付出。

对比起来,历史上大多数受到重视的趋势,比如那些经济和政治趋势,都滞后于社会情绪趋势。我认为,原因在于,虽然社会情绪趋势是社会行为的原因,但是社会行为需要时间来实施。

希腊哲学家柏拉图(Plato)提出,2400 年之前的文化事件存在着联系。柏拉图说:"当音乐模式改变时,城墙也颤抖。"或者,根据另外一个资料来源,"当音乐模式改变时,城邦的法律也会随之改变"。换句话说,音乐趋势和政治趋势是相互联系的。我提出,所有的文化趋势都通过社会情绪联系在一起。第 16 章将会探索社会情绪趋势更具体的结果。

## 注　释

〔1〕这一章的大部分和第 14 章以及第 16 章的部分内容,原本发表于我 1985 年的论文《流行文化和股市》里,其中部分内容被《巴朗》(*Barron's*)摘录。[ref: Prechter, R. (1985, September 9). "Elvis, Frankenstein and Andy Warhol..." Barron's.]这里的内容至少被挪用了两次,却并没有说明出处。

〔2〕Norman, P. (1981). Shout: the true story of the Beatles.

〔3〕在本世纪,《杰基尔博士和海德先生》拍摄了 3 次:1920 年、1932 年和 1941 年。在前后 21 年的时间里,3 个最大的股市在一年之间触底。

〔4〕这些怪物影片的寓意好像是人们有着非人、恐怖的一面。1933 年,希特勒(Hitler)被推上了统治地位(几十年来集体情绪最黑暗的表现形式)并应验了这个幻象。弗里茨·兰的(Lang)《M 就是凶手》(*M*)(1931 年)"是第一部把连环(骚扰儿童的人)杀手作为主角的电影"。在讨论这部影片时,1997 年 10 月 7 日的《亚特兰大宪法报》(*The Atlanta Journal - Constitution*)说,"更令人毛骨悚然的是兰预示恐怖来袭的方式。恐怖来袭之时,成千上万的儿童死在了希特勒的集中营里"。实际上,这是有个先后顺序的。电影同步反映了情绪变化,并反映了情绪变化对未来行为的结果(请看第 16 章)。

〔5〕Frank, A. G. (1974). The movie treasury——horror movies.

〔6〕对于部分电影的年 - 日期,不同的资料来源略有不同。如果你有确定的资料来源可以证明其中任

何一个日期是错的,请告诉我。

〔7〕在整个1984年,金的恐怖作品依然大受欢迎。1984年是极端社会恐惧的最后一年(请看第6章关于债券市场的讨论)。从那时起,金的风格软化了,因此他依旧受欢迎,只是风头不再像以往那样盛。

〔8〕就定值美元而言,超循环波浪(V)终结于1966年。之后,僵尸电影立即大受欢迎。

〔9〕Harlow, J. (1997, May 18). "Saatchi revives gory glory days of Hammer." The Sunday Times (London).

〔10〕Web site: www. pathwaytodarkness. com.

〔11〕(1992). The World Book Encyclopedia.

〔12〕(1) "59th Street Bridge Song (Feelin' Groovy)" by Paul Simon. (2) "Purple Haze" by Jimi Hendrix. (3) "All You Need Is Love" by Lennon/McCartney. (4) "It's Wonderful" by Cavaliere/Brigati. (5) "Reach Out in the Darkness" by Friend and Lover. (6) "ut a Little Love in Your Heart" by Jackie DeShannon.

〔13〕找不到资料来源。

〔14〕下面这段关于1937年的摘录来自摇摆时代(The Swing Era),请阅读:"……美国音乐历史上有一个美好的时刻。在这一刻,全国的流行风格与一个叫做爵士乐的创造性音乐结成了联盟……"这是我们这一代人对1968年(加或减一年)的感受:美国音乐历史上有一个美好的时刻,在这一刻,全国的流行风格与一个叫做爵士乐的创造性音乐结成了联盟,这个创造性音乐融合了布鲁斯、乡村音乐、节奏布鲁斯、爵士乐、民谣、拉丁音乐、流行音乐和古典音乐的影响,其改编和演奏都富于艺术性和技巧性。这两个年份都是股市的循环级数顶点。

〔15〕MacLean, D. (1971). "American Pie."

〔16〕(1) "You've Got a Friend" by James Taylor (1970). (2) "Time" by Mason/Waters/Wright/Gilmour (1970). (3) "Sympathy for the Devil" by Jagger/Richards (1973). (4) "Drift Away" by Mentor Williams (1973). (5) "More Than a Feeling" by Tom Scholz (1976). (6) "Dust in the Wind" by Walsh/Livgren (1978).

〔17〕我想在2000年把"流行文化和股市"放入《市场分析新前线》(*New Frontiers in Market Analysis*)这本书里出版。

〔18〕在20世纪70年代的熊市以前,美国流行音乐从未有过如此龃龉的和弦关系,也从未像朋克摇滚乐那样产生许多噪音。黑色安息日(Black Sabeth)的畅销歌曲《黑色安息日》就有从G调到C调的进展。上次有音乐产生这么多不协和音的时候,还是在20世纪30年代的熊市,出现在鲍尔托克(Bartok)的作品里。

〔19〕Schuller, G. (1989). The swing era.

〔20〕Ruhlmann, W. (1998, June 19). "Celebrating Sinatra." Goldmine.

〔21〕Guralnick, P. (1994). Last train to Memphis – the rise of Elvis Presley.

〔22〕Hertsgaard M. (1995). A day in the life.

〔23〕Dick Clark Productions. (1989, January 30). 16th Annual American Music Awards.

〔24〕Holland, B. (1998, June 19). "The mystery of Frank Sinatra." Goldmine.

〔25〕Smeaton, B. (1996). The Beatles Anthology. (Videotape series).

〔26〕Gunderson, E. (1989, July 21). "Drumming up a super Starr tour." USA Today, p. D1.

〔27〕Roeser, S. (1993, October 15). "Ginger Baker: anyone for polo?" (Comment from Steve Winwood, then with the band Blind Faith.) Goldmine.

〔28〕Goldberg, R. (1995, November 20). "The fab four 25 years later." The Wall Street Journal, p. A12.

〔29〕弗兰克·西纳特拉去世的时候,哥伦比亚广播公司晚间新闻(CBS Nightly News)做了 13 分钟的新闻报道,远远超过这个节目此前花在任何一个其他表演者身上的时间。报纸按照惯例在第一页的上半部分特别刊载了弗兰克·西纳特拉的死讯。[ref: Holland, B. (1998, June 19). "The mystery of Frank Sinatra." Goldmine.] 每年有许许多多的人哀悼埃尔维斯的去世,人们时而发现他还活着,虔诚的信徒偶尔还会把他当作救世主。约翰·列侬(Lennon)的去世使许许多多的人陷入悲痛,每年还会朝圣一般地纪念他。他的死经常被当作伟大文化梦想死亡的标志,事实也确实如此。迈克尔·杰克逊可能没有被如此偶像化,因为他的流行处于第五个循环波浪之中,但是他不可能被遗忘。第五个波浪通常是对更强大的第三个波浪的弱势回应。

〔30〕Schonberg, H. C. (1987). The great pianists from Mozart to the present.

〔31〕直到 1836—1859 年熊市波浪(B)上涨的前半段,李斯特几乎一直如此大受欢迎,然后就突然不再举办付费音乐会。他终身都受到尊崇。甚至直到 19 世纪 70 年代,钢琴演奏者还希望"像李斯特那样演奏"。今天,摇滚乐艺人还在努力变成下一个埃尔维斯或者披头士乐队。

# 第16章　历史冲动:源自社会情绪趋势的事件

利本推测,“历史上值得纪念的事件是人类思维不可见变化的可见结果”[1]。人们认为有些重大历史事件对未来有着深远影响(即经济活动、立法、战争),但实际上,这些重大历史事件不是变化的原因;它们是业已发生的社会情绪变化的结果。简单地说,对于集体情绪来说,股市就像是温度计;对于集体行动来说,股市就像气压计。

每种行为的主要原因是一样的:社会情绪趋势。区别在于把思维转化成结果所需的时间。甚至对于个体情绪变化,这一区别的机制仍然适用。比如,如果一个人的奔放跨过了特定的门槛,他就会在这一天购买股票,系上鲜艳的领带,建造一所房子并扩展自己的生意。前两个决定的结果可能仅仅在几分钟里就能完全达到。后两个决定的结果要花几个月的时间才能达到。前两个决定可以直接记录在文化数据之中。后两个决定会稍后在活动数据中出现,这些活动滞后于产生这些活动的初始冲动。

集体行为更是集体情绪变化的滞后指标。其原因是,情绪一变化,个体就可以开始行动;但是社会需要大量的时间让情绪的剧变在所有民众之中传播开来,然后才能着手开始协调一致的集体行为。比如,要推动一个代表社会的团体采取行动制定全新的法律、选择新的政体或者开战,等等,必要的情绪就必须在社会的主体里生根并达到极端比例。然后,就像个体经济决策一样,最终的表现形式必须进一步等待实施的例行手续。

如果我们要非常精确地画出经济、战争行为和选举结果的数据,那么根据这些数据画出的图就能反映股市的趋势,只是会有短时间的滞后。另外,经济、战争行为和选举结果是社会情绪趋势的产物。让我们研究股市发挥气压计功能所预示的一些主要活动区域。

## 社会情绪趋势的经济结果

社会情绪趋势有经济结果。当主流社会情绪趋势积极而不消极时,人们作出决策,进而生产出更多的商品和服务;反之亦然。情绪和经济结果存在滞后的原因是,人们需要时间把决策变成政策,并由此采取行动。

结果是,经济趋势滞后于股市趋势,这是一个既定事实。商务部(Commerce Department)采用了十几种指标来预示宏观经济趋势,位于坎布里奇的国家经济研究局(National Bureau of Economic Research in Cambridge)发现,年复一年,500 种大公司股票标准普尔综合指数(S&P Composite index of 500 stocks of major corporations)是唯一的最佳指标。[2] 换句话说,没人找到比股市更好的经济发展指标。当我们对比股市给衰退历史、萧条历史和经济繁荣历史画图时,我们就看到这种相互关系在起作用。当我们观察一些例子的时候,请注意,在每种情况下,经济变化都不是先于情绪变化,也不引发情绪变化;经济变化遵循情绪变化。实际上,情绪变化越大,影响越大。

图 16－1 研究了塑造历史的股市暴跌。你可以看到,在过去的 250 年里,股市 4 次最大的下跌,先于美国历史上 4 次最大的萧条。这 4 次最大的萧条发生在 1790—1794 年、1840—1843 年、1857—1858 年、1929—1933 年。单次最大股票下跌产生了单次最大萧条。1795—1813 年的多次股票恐慌产生了多次萧条。1874—1879 年、1884—1885 年、1893—1894 年、1896—1897 年、1907—1908 年、1920—1921 年的经济收缩,以及历史上较小的经济收缩,都发生在股票下跌之后。

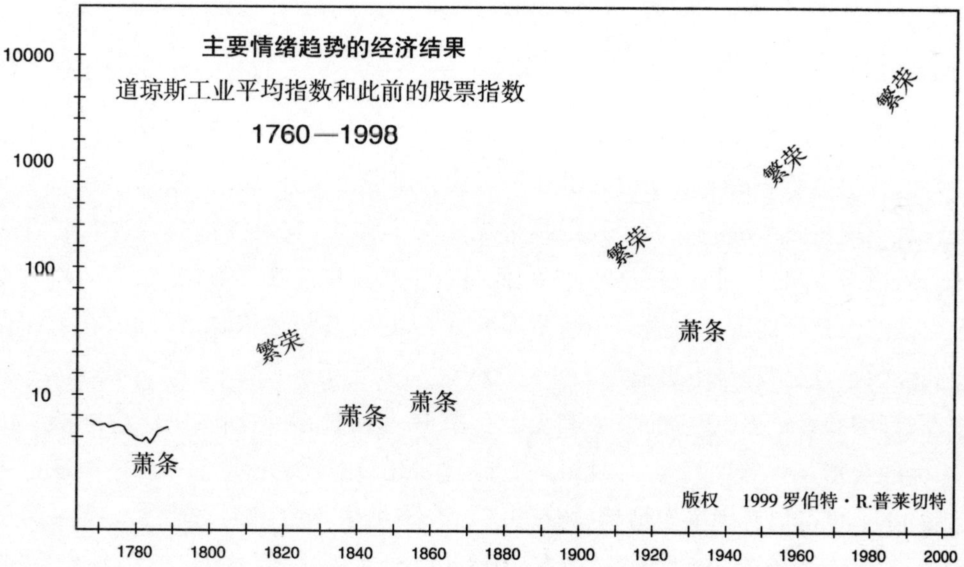


图 16－1

在图 16－2 中,你可以看到,20 世纪的每次经济收缩都随着股市的下跌进行,唯一的例外是 1945 年的衰退。并不是每次股市下跌都产生衰退,但是,每个至少是大型级数的校正波浪确实产生衰退,无论是波浪 A 或 C 或者兼而有之,图 16－3 做了详细说明。比如,在 1937—1942 年的校正和 1959—1962 年的校正之中,衰退出现在"A"波浪之中,而不是"C"波浪之中。在 1946—1949 年校正、1966—1970 年校正、1976—1980 年、1987—1990 年校正之中(从下面的小图可以看出,价值线指数反映了这一点),衰退出现在"C"波浪之中,而不是"A"波浪之中。这幅图上甚至还有两个相对罕见的三角形"E"波浪:1946—1949 年(按照

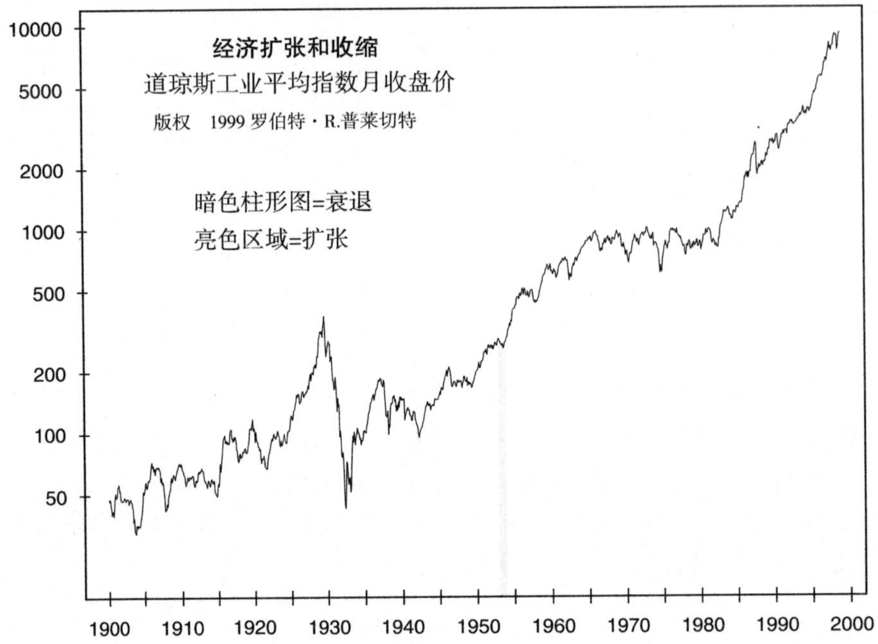


图 16 - 2

生产者物价指数 - 调整价格,请看下面的小图和图 16 - 6)和 1973—1974 年都产生了衰退。[3]另外,社会情绪经济学家还有波浪原理来让衰退股市指标变得更精确。我不想简单地说衰退经常出现在股市倒退之后。我把指标做了如下完善:衰退源自大型级数或者更高级数的任何消极情绪趋势,通常在至少一个较低级数下跌分枝波浪开始之后。有时,衰退出现在多个分枝波浪开始之后。在循环和超循环级数上,这一趋势越来越有可能;在大超循环级数及更高级数上,这一趋势不可避免。

现在,仔细看看过去 50 年的较小变化。在图 16 - 4 中,实际国内生产总值的年度百分比变化、标准普尔 500 指数 12 个月月末的百分比变化,用坐标定点。甚至在年度数据的这一原始版本中,也可以看到主要情绪变化的滞后经济结果。股市上涨于 1954 年,经济扩张于 1955 年。股市下跌于 1957 年,经济在 1958 年变弱。股市飙升于 1975 年,经济飙升于 1976 年。有时,微妙之处显而易见。比方说,1982 年 8 月的股市下跌反映出人们较低的能量水平,结果是 1982 年 11 月生产减少。标准普尔 500 指数在 1983 年达到顶点,此前一年是 40 年来上涨最快的一年。这一朝向积极情绪的迅速变化导致了较高的能量和较大的产量,在下一年也就是 1984 年以 6.8% 的比率达到了顶点,是过去 40 年里最高的年度产量。情绪继续增强,只不过是以一个较小的比率,经济也随之继续扩张,也相应地采用较小的比率。股市,因此还有情绪,在 1987 年到 1990 年进入了“校正”, 价值线股票指数(Value Line stock index)很清楚地表明了这一点(请看图 16 - 3 中的小图)。校正结束后的那一年,也就是 1991 年,增强中的消极情绪终于导致了生产力数字下跌。[4]在 1991 年的衰退之中,股票上涨

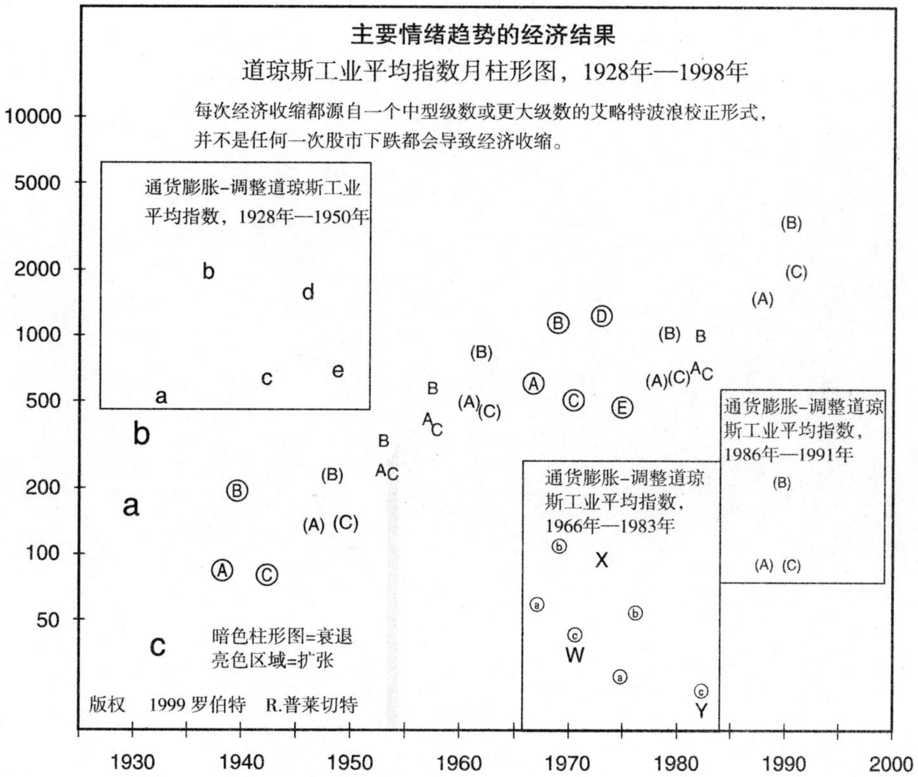


图 16－3

到史无前例的高点，引领经济走出衰退的泥淖。

股市的下一个主要校正形式会导致下一个衰退。如果级数够大的话，就会导致萧条。这一串因果关系会一直进行下去。

我有两个论点：社会情绪的因果关系和股市的直接记录机制。支持这两个论点的是一个不容忽视的观察资料：扩张和收缩的程度和股市前一个趋势变化的级数相关。

许多经济学家无视股市趋势与经济趋势的紧密联系，总是重复一个笑话"在最近 10 次衰退中，股市正确预测了 15 次"，诸如此类。这是目光短浅的言论，其原因有两个：第一个原因是缺乏波浪原理的知识。要观察校正形式与经济活动的正确的相互关系，就必须知道什么是校正形式。第二，一个局已经给衰退下了"官方"定义，需要符合某个武断的收缩门槛。如果经济统计资料不符合这一准则，就不能被认为是衰退。然而，经济的所有变化都关系到调查其与股市趋势的相互关系。有时，情绪的较大上升趋势非常强劲，所以股价下跌只是产生了短暂的收缩或者只是使生产收益减速。结果依旧是后退的，但不是"衰退"。就像社会情绪本身的强度一样，社会情绪的结果是一个函数，不光涉及情绪变化的规模，还关系其在整个波浪结构中的位置。这些情况给这项研究插入了微妙之处。

最后，我要补充一点，任何在最近 10 次衰退中正确预测 15 次的方法，都比历史上的任

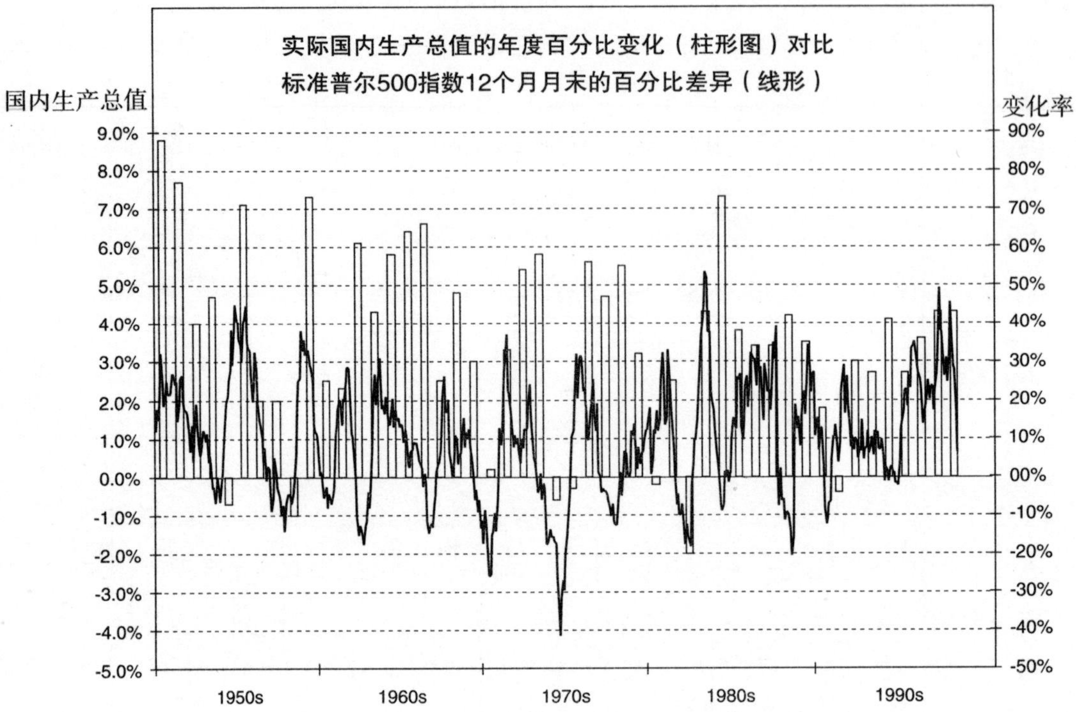


图 16-4

资料来源:商务部

何经济学家成功无数倍,都比所有经济学家成功无数倍(请看第 19 章)。严肃的专业人士取消这一记录,就让人不可理解了。另外,当我们把波浪原理考虑在内的时候,校正形式就已经预告了本世纪的每一次衰退。但还有一个例外(1945 年)。[5]

股市趋势也预言了公司利润趋势,如图 19-3 所示。要说明股票和经济产出如何紧密地相互追随,我还有更多的工作要做。但是,我相信这里有足够的证据建立我的假说:经济趋势的社会情绪因果关系。现在,我们要研究社会情绪的一些政治结果。

## 和 平

大牛市靠后的部分总是相对和平的时期。比如,1815—1835 年、1875—1892 年、1921—1929 年、1954—1965 年、1982 年至今牛市靠后的时期,美国几乎都没有参与战争。

情绪的大发展都会产生和解与条约的序曲。在 1928—1929 年,处于超循环波浪(III)的顶点,胡佛(Hoover)总统实行凯洛格-白里安和平条约(Kellogg-Briand peace pact),并主持了美国军队的收缩。较小级数的社会情绪顶点带来了较小的和平表现形式。比如,在 1966 年 1 月至 2 月,就在循环波浪 III 的顶点,约翰逊总统推进了越南的“和平攻势”。随着继起的牛市展开,“和平攻势”迅速升级为战争。1973 年 1 月 23 日,道琼斯工业平均指数达到了10年以来的高点之后,尼克松(Nixon)总统缔结了和平协议,结束了越南战争(Vietnam War)。1982年,股市处于底部的时候,前苏联和阿富汗开战。1987年,随着股市到达顶峰,前苏联(Soviet Union)撤出阿富汗(Afghanistan)。同时,里根总统与前苏联达成了关于限制导弹的重大协议。当时是9月中旬,离高点有几个星期。(12月8日作为条约签署,是前一个情绪趋势的滞后结果)

在20世纪90年代末,我们在接近波浪(V)的顶点,这也标志着超循环级数的顶点,250多年以来最大的一次。同样,在此期间,和平倡议多如牛毛,不胜枚举。在世界各地,在政治、宗教、种族和社会领域,人们都递出了橄榄枝。许多橄榄枝解决了怨愤,缓和了冲突。而这些怨愤和冲突已经存在了几个世纪。这里是部分名单:以色列人和巴勒斯坦人是几千年的仇敌(从象征意义上说),但是以色列总理(Prime Minister)和巴勒斯坦解放组织(Palestine Liberation Organization)主席(Chairman)在新闻媒体面前进行了具有历史意义的和平握手;117个国家签署了《北美自由贸易协议》[*North American Free Trade Agreement*(*NAFTA*)]和《关贸总协定》[*General Agreement onTariffs and Trade*(*GATT*)];走了几十年的暴力路线之后,爱尔兰共和军(Irish Republican Army)签署了和平条约;俄国(Russia)、乌克兰(Ukraine)和美国,40年来互相进行核威胁,也在一个条约中承诺停止将弹头对准对方;克林顿总统和叶利钦(Yeltsin)总统在峰会上会面,《今日美国》(*USA Today*)把这次会面描述为"求真务实的联谊聚会";叶利钦在国会图书馆(Library of Congress)做演讲时断然说道:"我们绝不与美国开战";[6]法国邀请德国派遣军人在法国最大的节日里沿香榭丽舍大街(Champs - Elysees)游行,以此作为战后和解的象征;欧盟成为了现实,而在此前的1500年里欧洲冲突不断。[7]这份名单中的一些要素描画在了图18-6中。多年来盛大华丽的道歉、让步和同意场面,同时期国际和平和合作的绝妙氛围,都符合我的艾略特波浪事实:大超循环级数上升趋势正在结束。

## 战　争

主要情绪紧缩产生战争,人类最终以代表性的集体行为表达自己的集体消极情绪极值。和经济产出一样,战争规模几乎总是与诱发战争的熊市规模相关。图16-5是对过去300年美国股市(与1789年以前的英国股市相连接)的描画。你可以看到,涉及北美人的3次最大的战争发生在3次最大的股市下跌之后。美国独立战争(Revolutionary War)开始时接近熊市的终点,英国股价的这次熊市开始于1720年,持续了64年。美国内战发生在持续了24年的熊市之后,这次熊市结束于1859年,下跌了74%。1932年股市触底,暴跌了89%,6年之后,第二次世界大战爆发。此时,股市正在下跌,直到1942年触底,下跌了50%。

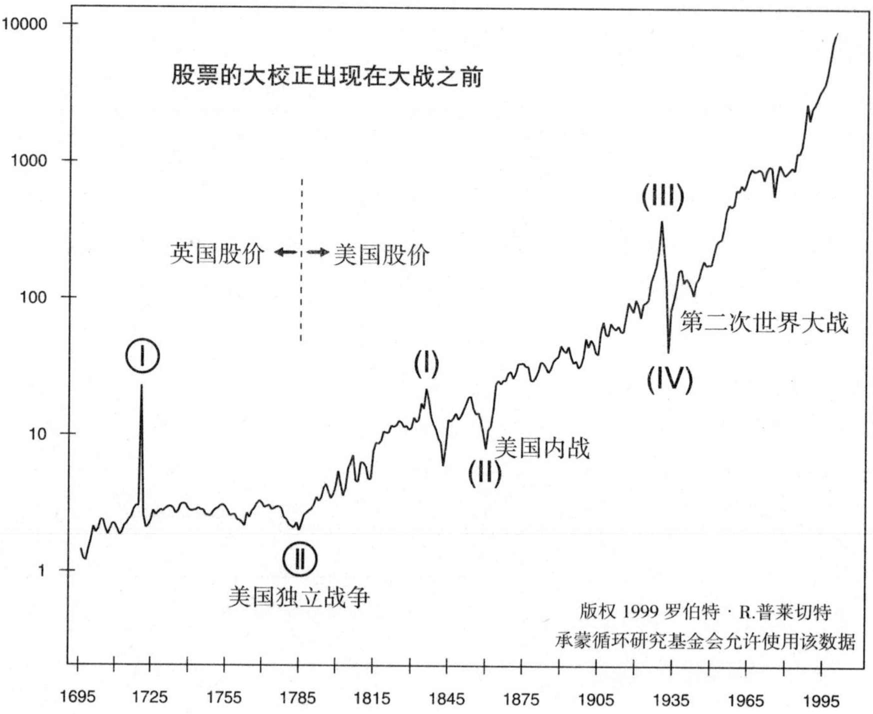


图 16 – 5

我们可以论证美国独立战争是一场英国战争,源自英国的熊市。因为缺乏高效的技术跨越大西洋(Atlantic Ocean)运输军队,因而伤亡相对较低。不管怎样,事实是,一般来说,所有与美国军人相关的战争所产生的伤亡都与导致战争的情绪紧缩规模成比例。一些统计资料强烈地反映了这一趋势。第一次世界大战(World War I)[8]和越南战争伴随着或者紧跟着循环级数的校正。在第一次世界大战和越南战争之中,美国军事人员的死亡总数分别达到了 53 402 人和 47 378 人。美国内战和第二次世界大战伴随着或者紧跟着超循环级数的校正(大一个级数)。战争活动直接导致的死亡总数分别达到了 294 900 人[9][10][包括南部邦联(Confederates)]和 291 557 人。有些战争伴随着或者紧跟着大型级数的校正,比如猪湾完败(Bay of Pigs fiasco)和海湾战争,死亡的美国军事人员寥寥无几。[11]

## 波浪标示对于好战行为的重要性

在这里,我必须指出相当有技术性的一点。这一点非常重要,因而不能放在不起眼的尾注里。冲突源自情绪收缩,但是冲突的出现并不是收缩规模的严格的函数。冲突的出现不仅是收缩规模的函数,还是收缩在波浪中所处位置的函数。那么,要预言冲突,就必须知道波浪原理。最激烈的冲突,比如战争,并不都与大熊市有关,而是通常出现于大型或者更高级数校正过程的最大的 C 波浪之中,或者紧跟着大型或者更高级数校正过程的最大的 C 波浪。A 波浪,别管规模如何,很少导致战争。

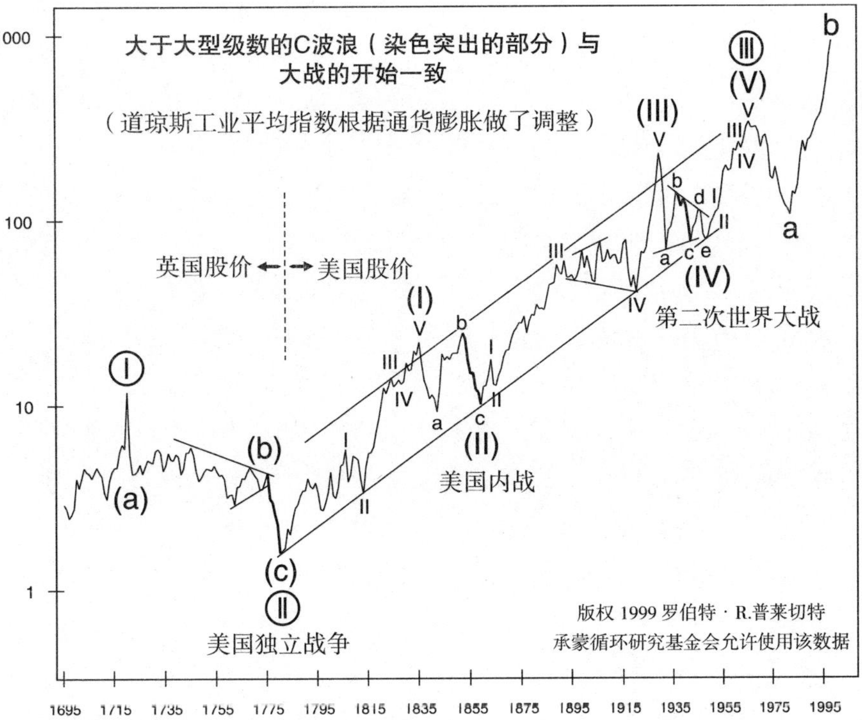


图 16-6

图 16-6 与图 16-5 一样,只是根据生产者物价指数(Producer Price Index[①])做了调整。这样,我们就能看到 20 世纪一些不同的微妙之处。我标示了所有相关的 A-B-C 校正并把波浪 C 描得又粗又黑。你可以看到,在 1720—1722 年、1835—1842 年、1929—1932 年的情绪之中,巨大的 A 波浪暴跌,虽然声势浩大,但并未引发战争。但后面的 C 波浪都引发了战争。

让我们检查这 3 个熊市,看一下事件的发展。上一个大超循环波浪开始于 1720 年,波浪(a)经历了毁灭性的持续了两年的股市暴跌,但随后并没有发生战争。美国独立战争爆发于 18 世纪末期,处于(a)-(b)-(c)校正过程的波浪(c)之中。超循环波浪(II)开始于 1835 年,波浪 a 暴跌了 7 年,但没发生战争。美国内战开始于 1861 年,此时是波浪 c 结束了两年之后。当超循环波浪(IV)开始于 1929 年时,暴跌 3 年的波浪 a 创造了纪录,但没有发生战争。第二次世界大战开始于 1938 年,正是波浪(IV)的 c 开始一年之后(在票面上,所有的这些下跌都是“C”波浪。唯一的区别是,最后一个是波浪 II 的 C,如图 5-12 所示)。

较小的熊市甚至也显出这些特性(下面的 3 个例子没有配插图)。1812 年第二次独立战争(War of 1812)并没有在波浪 A 的 1807 年恐慌中爆发,而是爆发在第二个下跌阶段波

① Producer Price Index(生产者物价指数)即 PPI(生产者物价指数)的全称。译者注。

浪C。美西战争(Spanish - American War)没有发生在1890年的波浪IV的A,而是发生在在1898年,也就是波浪IV的C结束两年之后。第一次世界大战没有随着1907年的恐慌爆发,而是发生在校正形式的第二个下跌阶段1910年到1914年。就艾略特波浪形式而言,越南战争打破了常规,开始较早。[12]不过,在IV的大型波浪C(请参考图16-3)之中,越南战争进行得最激烈,遭到国内的反对也最强[形式是1970年的“五朔节(May Day)”校园骚乱。骚乱的结果是,在股市达到低点的这个月,肯特州立大学(Kent State University)的学生遭到枪击]。海湾战争没有发生在1987年暴跌之际,根据价值线指数,此时处于波浪(A)之中(请看图16-3小图)。海湾战争爆发于1991年1月,恰好发生在波浪(C)结束之后,波浪(C)结束于1990年10月。就像衰退的历史一样,战争的历史也有一个例外。墨西哥战争(Mexican War)是1848年的一次短暂交战,发生时接近波浪b的顶点,而此时正处于持续24年的熊市之中。越南战争至少是部分例外。总之,这一证据表明,战争几乎总是至少是大型级数的校正过程中“C”波浪的产物,并不仅仅是股价和社会情绪的任何剧降所决定的。[13]

显然,社会处理了社会情绪的第一次紧缩,不管这次紧缩有多严重。“A”波浪让乐观的人们吃了一惊,他们没有做好战争准备也不愿意发动战争。实际上,在1720—1722年的急剧暴跌之后,大战没有发生,大国还实现了“关系缓和”(部分是为了处理让许多大国苦不堪言的债务)。是第二次下跌使压力日增的人愤怒起来,达到足够的数量,去对他人发动军事攻击。[14]对于那些遭受“A”波浪折磨的人,“C”波浪显然是心理上的“最后一根稻草”。我提出的这一序列似乎能够解释战争这一社会结果。有些标示方式把问题变得更加复杂,一些股票指数里标示的“C”波浪,可能在其他指数里被标示为“新上涨”的“波浪二”,但这无关紧要。在上面两个图里,美国内战都符合“波浪二”标示方式;第二次世界大战在票面道琼斯工业平均指数里采用了这种标示方式(请看图16-5)。

## 波浪位置对建设和破坏这两种社会行为的重要性

股市第三个波浪和“C”波浪的宽泛度线统计资料表明大量股票参与其中(请看第7章的讨论)。与之类似,在第三个波浪和“C”波浪中,各行各业的许多民众显然也被社会情绪趋势所影响或打动。植根于整个社会的第三个波浪向上中的建功立业思想,导致了建设性社会目标的实现,比如美国在波浪III期间完成的州际公路系统和太空计划[或者埃及(Egypt)的大金字塔(Great Pyramid),或者毋庸置疑还有古罗马帝国的道路和沟渠]。在另一方面,“C”波浪下跌的时候,愤怒、恐惧和贫困在社会上广泛传播,导致了破坏社会目标的实现,要实现这一目标需要诸如战争之类的行动。

这些活动,尤其是那些得到国家资助的活动,需要良好的合作。这些活动也大多得到了国家资助。可以假设如下:“C”波浪大跌时,在广泛合作的基础上实现了破坏性社会目标。同样,第三个波浪正在上涨时,在广泛合作的基础上实现了建设性社会目标。

我之所以把这一节包括在内,是因为这一节特别强调社会情绪经济学的缜密实践依赖对波浪原理细节的理解。本书的其他地方非常谨慎地回避讨论艾略特波浪的微妙之处,以免使你纠缠在细节之中。但是,理解这些细节的极端重要性具有重要的意义。

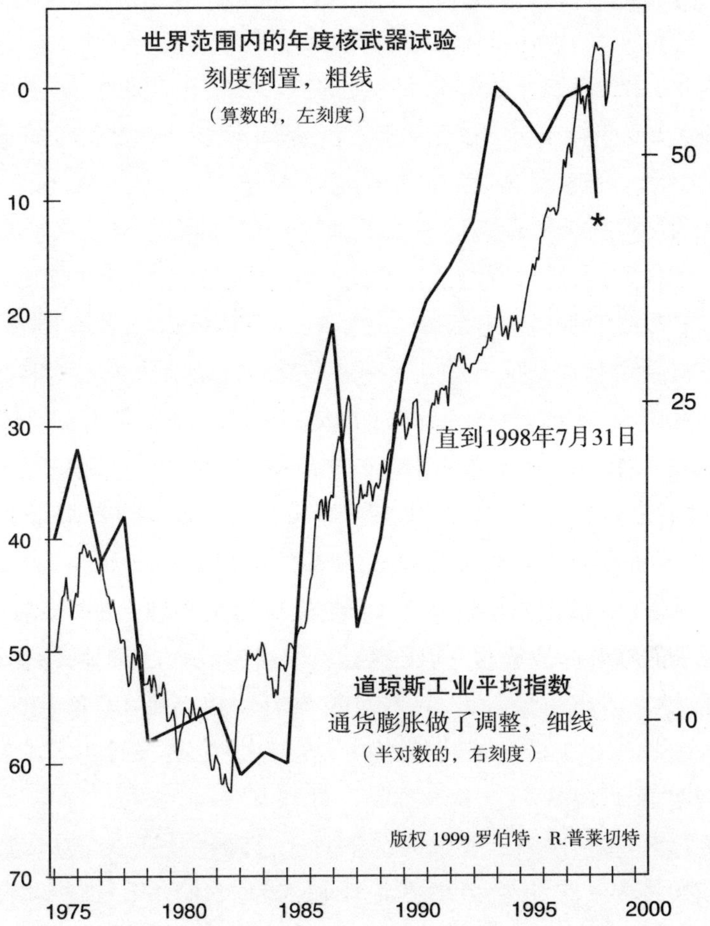


图 16 - 7

# 世界性社会情绪的函数——核试验

如果你花时间阅读战争史,你会发现,导致紧张局势的声明或者事件经常相当忠实地反映了道琼斯工业平均指数所记录的情绪变化。而紧张局势会导致冲突,然后又会逐步升级。比如,墨西哥战争源自 1835 年的紧张局势,1835 年是熊市开始的那一年。1835 年到 1859 年的整个熊市制造了紧张局势,而美国内战就源自这一紧张局势。

我们没有好战思想或者军备的图片来展示它们与社会情绪较小涨落的相互关系,但是,我们确实有一个相关图片。图 16 - 7 反映了过去 20 年世界范围内年度核武器试验的数量,与道琼斯工业平均指数相对应进行坐标定点。注意,两条线平行程度很高。这一关系表明,较小的情绪变化波浪导致的回应有时比发动战争更微妙,但这些回应还是发生了。

## 社会情绪趋势的选举结果

投票人如何选举总统,投票人如何看待总统的表现?对于这两个问题,伴随着牛市或者熊市的社会心理是主要决定因素。与股市、消费者信心、经济业绩和其他标准的相互联系表明,到目前为止,社会情绪是总统人气的主要决定因素。

领导人的行为大多与公众对他的看法无关。这一事实有两个原因。第一,领导的行为虽然遭到了新闻界无休止的分析,但对领导的人气几乎没有影响。第二,领导的人气依靠社会情绪和经济,而领导无法对社会情绪和经济施加反方向影响。如果你刚接触到这些理念,可能觉得难以轻易接受。有些总统不是愚弄或者欺诈其他政治家了吗?有些总统不是对经济施加了或好或坏的影响了吗?对于第一个问题,答案是总统肯定有或高或低的品质和能力。然而,这不影响总统的人气。比如,约翰·肯尼迪(Kennedy)总统只让美国陷入了一次冲突,就搞得一团糟;一气之下去攻击钢铁行业,却铩羽而归。肯尼迪总统受到了尊崇,为什么?因为除几个月之外,在他的整个任期里,美国都处于兴奋状态,3个月之后,兴奋变形为披头士狂热。对于第二个问题,答案是总统的行为肯定影响经济。然而,总统并不能控制自己的社会功效。比如,罗纳德(Ronald)·里根总统的自由放任政策和低税收政策起到了刺激20世纪80年代经济的作用。但是,这些政策没有同样刺激1979年的经济,因为他在1976年没有当选。在需要改变的时候,发号施令的是社会情绪。当大多数人想要较小的税收和管理时,他们就心想事成。

首先,我们要研究一些美国政治首脑的选举时运,有的是位于社会情绪极值,有的是在较温和的时期。我们将会看到,社会情绪决定了他们想象中的功效、遗产和命运。

接近大熊市低点的时候,在职总统一败涂地。显然,民众把情绪向消极的迅速转变以及相关事件(比如经济收缩)归到在职总统的头上,所以投票人齐心协力地拒绝在职总统及其代表的政党。

比如,1840年,接近波浪(II)的a低点时,马丁·范布伦(Martin Van Buren)惨败,失去了总统职位;1932年,在波浪(IV)低点处,赫伯特(Herbert)·胡佛惨败,失去了总统职位;1980年,在票面上接近了波浪②低点,就定值美元而言接近了大低点,(Jimmy Carter)吉米·卡特惨败,失去了总统职位。戏剧性的市场下滑变化有一个有趣的受害者:理查德·尼克松。1972年,离票面上的波浪IV的价格顶点还有两个月时间,他以压倒性的优势当选。不到两年之后,离波浪IV的价格低点还有两个月时间,尼克松在压倒性的社会仇恨中辞职。图16-9显示了这些事件的发生时间(请看图16-5、16-6、5-12中的波浪标示)[15]。

政治逆转的程度与熊市的级数相关。在职美国总统最有戏剧性的失败发生在超循环级数熊市低点附近。较小的失败发生在循环级数熊市低点附近。

市场逆转的级数越大,在逆转终点新当选政党此后掌权的时间就越长,因为人们把突然好转的功劳记在了新当选政党的头上。1859年,位于超循环波浪(III)的低点,民主党党员(Democrat)掌权。此后,共和党党员(Republicans)连续6次当选。同样,1932年位于超循环波浪(IV)的低点,共和党党员掌权。此后,民主党党员连续5次当选(对于波浪标示,请看图16-5)。1828年是小一级的循环低点,民主党党员连任的次数相对较少,是3次。类似的低点还出现在1896年、1920年和1980年(请看图16-6),每次都让共和党党员连任3次。关键的决定因素不是政党的政治,而是先前的下滑社会情绪趋势要归咎于哪个政党。

在新牛市当中的第二次选举使执政党受益匪浅、大获全胜,而候选人通常已经掌权。1832年,安德鲁(Andrew)·杰克逊以压倒性优势连任。1864年,亚伯拉罕(Abraham)·林肯以压倒性优势连任。1924年,卡尔文·柯立芝(Calvin Coolidge)以压倒性优势连任。1936年,富兰克林·罗斯福以压倒性优势连任。1956年,德怀特·艾森豪威尔(Dwight Eisenhower)在选举中以压倒性优势连任。1984年,罗纳德·里根以压倒性优势连任。这些人中的每一个都是在牛市中连任。

在每个正在上涨的循环级数第五个波浪中,候选人的政党也赢得了第三次选举。在1836年,离波浪(I)的V的顶点不超过一年的时间,马丁·范布伦以大优势当选(不过,优势小于他的前任,因为顶点已经在一年之前出现了),保证了民主党(Democratic party)的第三个连续任期。1928年,离波浪(III)的V的顶点不超过一年的时间,卡尔文·柯立芝明智地拒绝竞选总统(否则,他就会赢得选举,但失去历史的尊重),赫伯特·胡佛以大优势当选(这是一个压倒性胜利,因为上升趋势还在延续),保证了共和党(Republican party)的第三个连续任期。1988年,在波浪(V)的V中,乔治·布什(Bush)以大优势当选(不过,优势小于他的前任,因为短暂的顶点已经在一年之前出现了),保证了共和党的第三个连续任期。这些例子表明,迄今为止,循环级数的第五个波浪保证了最近当选的政党赢得两次额外的选举,经常以大优势当选。

接近主要股市顶点时,总统也会在选举中以压倒性优势连任。1872年,格兰特大获全胜。1964年,肯尼迪死后继任总统的林登(Lyndon)·约翰逊大获全胜。1972年,尼克松以压倒性优势连任。

含意已经明确:在第一种情况下,紧张的投票人想让社会"延续"新发现的好运气。在第二种情况下,投票人想保持他们在社会情绪顶点感觉到的兴奋。在这两种情况下,他们认为,让总统再次当选或者维持一个政党的统治地位就可以实现自己的目的。然而,这一因果关系搞反了。

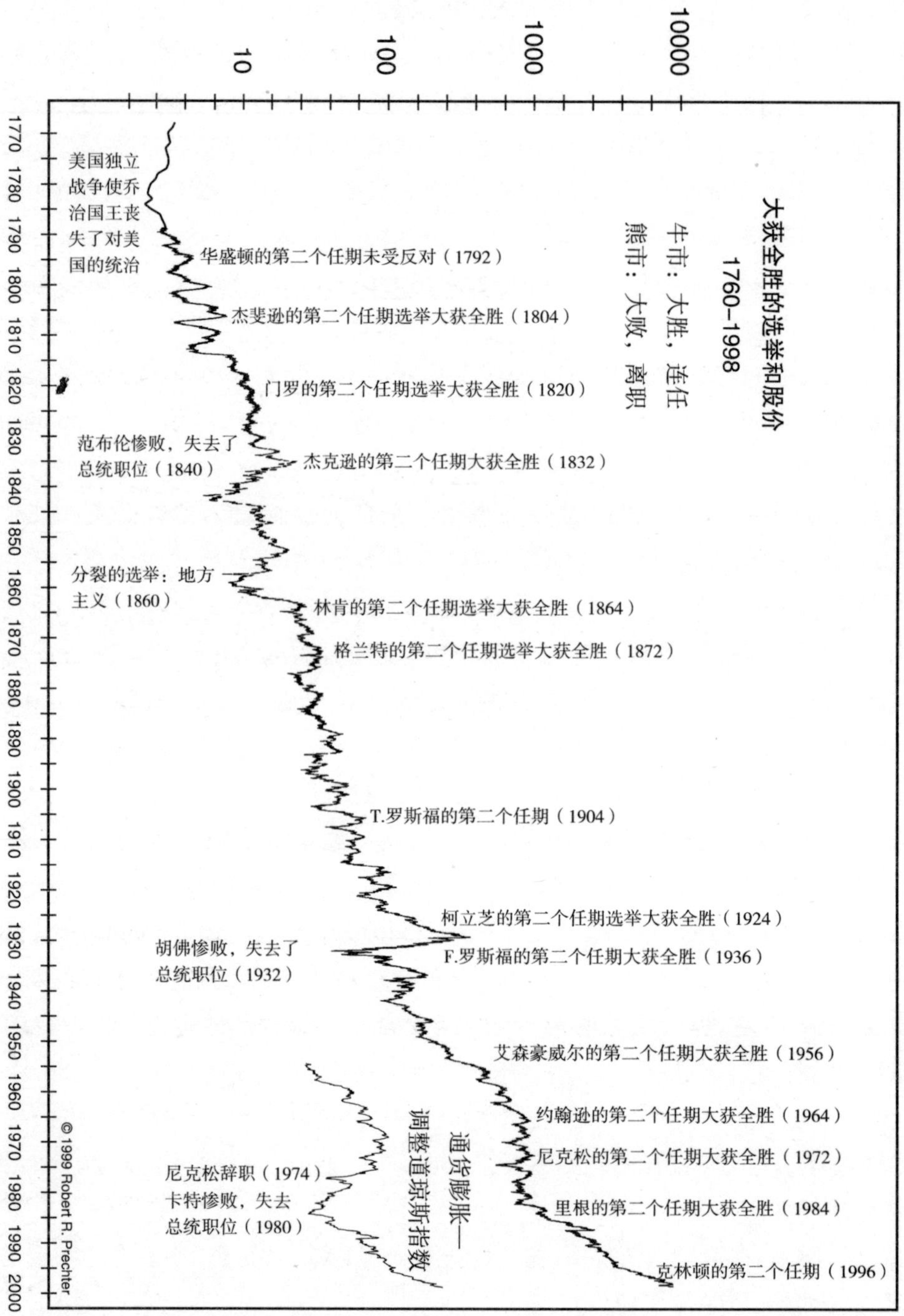
大获全胜的选举和股价
1760–1998
牛市：大胜，连任
熊市：大败，离职
10
100
1000
10000
1770
1780
1790
1800
1810
1820
1830
1840
1850
1860
1870
1880
1890
1900
1910
1920
1930
1940
1950
1960
1970
1980
1990
2000
美国独立战争使乔治国王丧失了对美国的统治
华盛顿的第二个任期未受反对（1792）
杰斐逊的第二个任期选举大获全胜（1804）
门罗的第二个任期选举大获全胜（1820）
范布伦惨败，失去了总统职位（1840）
杰克逊的第二个任期大获全胜（1832）
分裂的选举：地方主义（1860）
林肯的第二个任期选举大获全胜（1864）
格兰特的第二个任期选举大获全胜（1872）
T.罗斯福的第二个任期（1904）
柯立芝的第二个任期选举大获全胜（1924）
胡佛惨败，失去了总统职位（1932）
F.罗斯福的第二个任期大获全胜（1936）
艾森豪威尔的第二个任期大获全胜（1956）
约翰逊的第二个任期大获全胜（1964）
尼克松的第二个任期大获全胜（1972）
里根的第二个任期大获全胜（1984）
克林顿的第二个任期（1996）
尼克松辞职（1974）
卡特惨败，失去总统职位（1980）
通货膨胀—调整道琼斯指数
© 1999 Robert R. Prechter

图 16－9

## 微妙之处

我要再一次短暂地探讨微妙之处,只是为了表现出在波浪结构的相似时期历史有着多么惊人的相似。有一个例子:在过去的 200 年里,循环级数的第五个波浪产生了一系列非常相似的选举和背景环境。波浪(I)的 V 发生在 1828 年到 1835 年。共和党的安德鲁·杰克逊以大优势再度当选(178 张对 83 张选举人票),以压倒性的优势连任(219 张对 49 张),别人充满爱意地给他起了一个绰号"老山核桃(Old Hickory)"。安德鲁·杰克逊任总统期间,股票和土地出现了负债刺激下的投机繁荣。来自同一个党的成员接替了他的位置。波浪(III)的 V 出现在 1921 年到 1929 年。共和党的沃伦·哈丁(Warren Harding)以大优势当选(404 票对 127 票);哈丁在任期内去世,卡尔文·柯立芝继任,以压倒性胜利连任(382 票对 136 票,大众选票的优势是 1.9:1,是历史上最大的优势),别人充满爱意地给他起了一个绰号"沉默的卡尔(Silent Cal)[①]"。卡尔文·柯立芝任总统期间,股票和土地出现了负债刺激下的投机繁荣。来自同一个党的成员接替了他的位置。波浪(V)的 V 的起飞部分出现在 1982 年到 1987 年。共和党的罗纳德·里根以大优势当选(489 票对 49 票),以压倒性胜利连任(525 票对 13 票),别人充满爱意地给他起了一个绰号"伟大的沟通者(The Great Communicator)"。罗纳德·里根任总统期间,股票和土地出现了负债刺激下的投机繁荣。来自同一个党的成员接替了他的位置。1988 年,自 1836 年以来在位副总统(Vice President)第一次当选,自 1928 年以来共和党人第一次连任三届,那两次都接近先前的循环级数第五个波浪的顶点。

如果社会情绪长期保持上升趋势,大家最终会认为上升趋势理所应当。然后,投票人的形势就会变化,因为他们认为,不需要特定的人或政党掌权就可以保持他们现在习以为常的环境。然而,他们的变化恰好反映了日益增长的奔放和信心,积极情绪到达极值。一个典型的结果:政治家的选举更想表达富裕繁荣的社会情绪,支持或者发起社会项目。比如,在长期牛市的初始阶段选举保守的艾森豪威尔担任两届总统之后,公众投票选出温和的肯尼迪,然后顶点附近选出了自由的约翰逊。无独有偶,在 20 世纪 80 年代,在牛市的初始阶段选举保守的里根担任两届总统之后,公众投票选出温和的布什,然后又选出了自由的克林顿。

波浪(V)的 V 正在结束一个更大的大超循环。在波浪 V 之中,股票和土地出现了负债刺激下的上升趋势伸展,第二个总统比尔·克林顿因而从中获益。因为第五个波浪的第五个波浪相对较弱,荣耀的质量就会大打折扣。克林顿没有以压倒性优势连任,他的绰号也爱意远远不足"滑头威利(Slick Willie)"。(如果想知道我对克林顿总统时运的评论和预测,请看第 17 章)

超循环级数的第五个波浪之间可能也存在着联系。1998 年接近波浪 V 的终点,是自

① 卡尔(Cal)即卡尔文(Calvin)的简称。译者注。

1928 年以来第一次出现下列情况:三次连续的选举都让共和党控制了国会两院。

情绪和政治的短期趋势甚至也是相互联系的。

这样,大趋势对选举的影响已经相当明显。那么,单是过去几个月的趋势有什么影响?请和我一起坐上乔治·布什总统的过山车。

1989 年 8 月,《时代》(*Time*)杂志的封面写道,“布什如何决策:他比里根精明,不像卡特那样有紧迫感,和尼克松一样诡计多端(How Bush Decides: He's smarter than Reagan, less driven than Carter and savvy like Nixon)”! 1990 年 1 月的盖洛普民意测验(Gallop poll)表明,在任期第一年的年终,布什的支持率达到惊人的 80%,而里根是 40%,卡特是 55%,尼克松是 61%。只有一个总统在就职第一年的支持率高于布什:20 世纪 50 年代的伸展的大型波浪③之后,在 1961 年,使肯尼迪总统享受到空前的股市高点所带来的兴奋。4 月 20 日的《华尔街日报》说布什是“应时之人”“赢得了赞誉”、“驾驭了巨大的政治人气潮流”。5 月 1 日,一个政治漫画表现了喜形于色的布什:美国已经变成了“一党制国家”!

单单一个季度就能产生巨大的差别。从 1990 年 7 月中旬到 10 月中旬,道琼斯指数下跌了 21%,价值线指数几乎下跌到 1987 年的低点,道琼斯交通指数暴跌 47%,新闻界不再把布什当作政治天才。在 11 月和 12 月,新闻界以揶揄的标题和评论轰击布什,比如,“布什可能已经失去了 1992 年的选举(Bush May Have Lost 1992 Already)”,“从热情高涨到焦头烂额(From Sizzle to Fizzle)”,“布什面临着共和党的反叛(Bush Faces a GOP Revolt)”,“布什勾勒惨败的蓝图(The Bush Blueprint Bombs)”,“布什的卡特化(The Carterization of Bush)”,“布什的总统生涯寿终正寝(Is Bush Presidency Headed for Doom)”,还有“优柔寡断、笨拙无能,布什需要用剩下的总统任期来走出困境”。在世界范围内,社会情绪的变化都直接影响着公众对国家领导人的看法:

1)任职 11 年之后,英国的玛格丽特·撒切尔(Margaret Thatcher)在压力下辞职。11 年是 20 世纪英国首相(Prime Minister)最长的任期。

2)新加坡总理(Prime Minister)辞职了,他是任职时间最长的民选国家元首。

3)根据当时的头条新闻,当政府分崩离析的时候,法国总统“竭力保住总统宝座”。

4)《华尔街日报》报道,“执政 8 个月之后”,巴西(Brazil)总统的政治蜜月“戛然而止”。[16]

新闻界进行了一番狂风暴雨似的嘲笑揶揄。4 个月之后,道琼斯指数重回 3000 点。布什的支持率也如影随形,达到了 91%,是历史上的最高纪录。媒体再次爱上了他。

现在,乔治·布什是历史上最受欢迎的总统。人们认为他在 1992 年稳操胜券。知名的民主党人拒绝竞选总统,所以,一群相对无名之辈参加了竞选。你可能会想起故事的结局。受结束于 1990 年的情绪熊市影响,在 1991 年剩余的日子里,公司利润一泻千里,创造了 20 世纪 40 年代以来的纪录。布什就职时,失业率接近 5%,而现在则暴涨至 8%(请看图 16-10)。经济健康的这两个标准在 1992 年末恢复,但为时已晚,无法取悦幻想破灭的公众。创造最高支持率纪录18个月之后,布什选举败北。

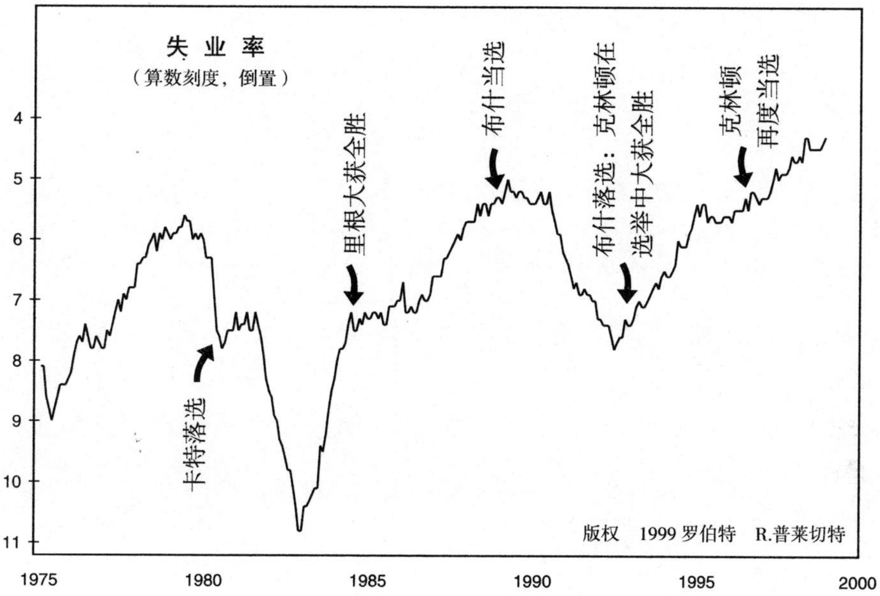


图 16－10

资料来源:商务部

这个异想天开的过山车经历反映的就只是社会情绪吗?有其他的想法是荒唐的。作为一个个体,乔治·布什并没有在3个月之内从一个天才变成一个小丑,又在5个月之内从一个小丑变成有史以来最伟人的总统,然后又在18个月之内变成了可怜的失败者。比如,在上升趋势中,他的税收思想变化被歌颂成了“英明决策”。布什发动了海湾战争,一开始人们认为这是个英明的决策,此时股票飙升;但随后股票低迷了1年,经济放缓,人们觉得发动海湾战争欠妥。布什的本性或者温和而又实用的政治哲学从未改变。在波浪结构的每个转折点,出现变化的不是布什,而是对布什的关注和看法。

我们还有比尔·克林顿的履历,履历表明,克林顿也随着股票和经济而涨落,就和乔治·布什一样。要了解细节,请看第17章。分析师保罗·蒙哥马利制作了两幅图:布什总统和克林顿总统的人气对比道琼斯工业平均指数,各包括8个月的时间。这两段时间包含了极度情绪化的事件,分别是海湾战争和性丑闻。你可以看到,甚至是战争、性和丑闻这些本能主题并没有表现出自身的影响力,无力改变人们对总统的看法。经济统计资料反映了道琼斯工业平均指数的结果,道琼斯工业平均指数的趋势反映了这些事件的整个独立情绪。这种情绪可以无可置疑地决定人们对总统的看法。

有时,这些线会分叉,但分叉的时候几乎总是由于滞后的经济统计资料。有时,领导人的人气会与那些与原始精神作用直接相关的行为,比如战争行为同步。不过,对整个艾略特波浪趋势和位置的背离往往是昙花一现。除了上述情况外,总统的行为根本不会导致剧变。

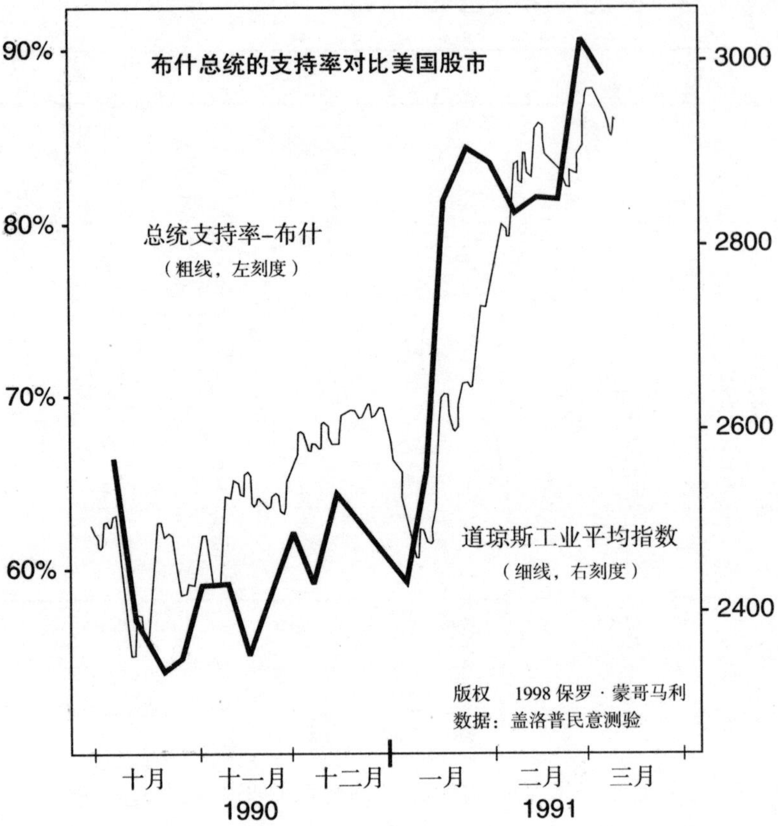


图 16 - 11

## 从众和选择领导人:遵循波浪原理的社会情绪这一单一原因的两个结果

保罗·麦克莱恩通过研究得出结论,“在选择……领导人时,哺乳动物的爬行动物脑起着决定性作用”。这部分脑也产生了从众冲动。人们可能会推测,甚至在脑的最原始部分之中,诸如情绪、从众、评判领导人之类的明显不同的功能可能都彼此有别。图 16 - 11 或图 16 - 12表明事实并非如此。从这种平行之中,我推断出后两个是作为单一冲动运作的,显然受情绪波动的指引。我观察到,投票人总是把主要情绪与总统相联系,不是与国会相联系,这进一步证明了社会情绪与这位领导人的特殊关系。在股市暴跌时,如果总统属于一个党,而国会控制在另一个党手里,那么总统的政党会受到指责。比如在 1929 年至 1933 年的暴跌中,民主党人控制着国会,甚至还通过了斯穆特 - 霍利关税法(Smoot - Hawley tariffs),许多经济学家警告说斯穆特 - 霍利关税法会给经济带来危险。然而,付出代价的是总统的党——共和党(the Republicans)。反对党国会(Opposition Parties)折磨着尼克松和克林顿,

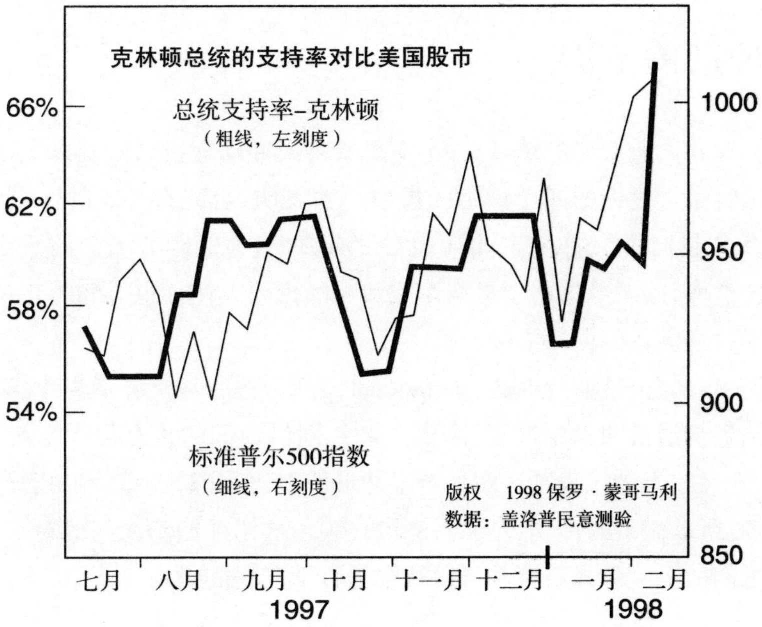


图16－12

但这两位总统都是因为社会情绪才被褒或被贬。然而,情绪、从众、评估领导人之间的本能联系本身几乎不涉及理性思维。当然,不管这里有多少理性思维也都无法削弱爬行动物综合体的集体表达。

1998年1月,《今日美国》总结了持续积极社会情绪对一位领导人形象的影响。《今日美国》指出:"在现代美国历史上,只有克林顿总统挺过了丑闻,总统工作还是干得有滋有味。"[17]"克林顿是与批评绝缘的特氟隆式总统,特氟隆涂层"使各种各样的丑闻指控与克林顿擦肩而过,原因只是积极社会情绪在人们的头脑中根深蒂固。上涨中的股市反映了这一积极社会情绪。经历了无数丑闻之后,克林顿达到新的空前的人气高点,许多观察者认为这是咄咄怪事。蒙哥马利清楚地指出这不是咄咄怪事:

如果有人觉得对于我们领导人的(集体)看法应该是理性的,那才是咄咄怪事。神经系统科学,更不用说那些随便发发的言论了,都表明我们对于领导人的情绪是我们的最高,而不是最低,脑皮层过程的产物。[18]

蒙哥马利还说过下面的话,总结了最低脑皮层过程的运作方式:

根据盖洛普民意测验的数据,布什总统的人气极其精确地沿着艾略特波浪形式移动并遵循完美的斐波那契比例。[19]

显然,如果股市遵循波浪原理,而且如果公众对于领导人的看法反映了股市,那么,公众对于领导人的看法就遵循波浪原理。

## 政治行为冲动的范围

要产生这一节我们所研究的结果,并不需要所有人冲动地投票。实际上,许多投票人确实遵循一个政治哲学。过去的两个世纪的投票总数表明,可能有1/3的民众经常投向左-右光谱的一端,1/3投向另一端,还有1/3通常没有方向,他们跟着当前的情绪随波逐流,没有一贯的思维。然而,甚至是这些一贯偏左或偏右的投票人往往也会随着定位强度而波动,因此也参与进了社会表达的循环之中。

左-右光谱本身完全是前理性的(prerational),因为它通常代表了两种情况:(1)生产者有保持自身生活资料财富的求生冲动,非生产者和同情他们的人有侵吞生产者生存资料财富的求生冲动,左-右光谱代表了这两种求生冲动的对比。(2)一些人有指导他人行为的冲动,一些人有随心所欲做事的冲动,左-右光谱代表了这两种冲动之间的对比。只有个体自由与独裁主义之间的上-下光谱有着可以被视为哲学区别的区别。

## 当社会情绪变化时,事件结构变化的不可避免性

每个艾略特波浪形式不仅关系到自身的发展,还关系到艾略特波浪导致的即将到来的事件。一个人越多地去研究波浪原理,越多地去研究类似形式在重大时刻的历史,这个人就越能够去预测市场外的具体发展(请看第17章)。然而,必须要理解事件总是一目了然地反映市场趋势,并因此反映社会情绪,无论我们能否预先描述这些事件。

有一个例子,当我和弗罗斯特一开始预测20世纪80年代的大牛市时,我们不知道推测的工具会从何而来。5年之后,在1983年,《艾略特波浪理论家》指出了许多与牛市相关的新出现的条件:

情绪、动力、波浪特性和社会现象都支持我们的原先的预测,那么,我们能否说华尔街的环境有助于发展完全是吹制而成的投机躁狂?1978年,一个艾略特分析师就无从知道疯狂投机的机制如何。"使20世纪20年代成为可能的那10%的保证金要求在哪里?"就是一个常用的反驳。嗯,实话实说,我们不知道。但是,现在看看!整个结构巧夺天工,就像是预先设计好的。对几百只股票(现在是股票指数)的选择使投机者交易几千个股份以便得到其中的一些价值。关于股票指数的期货合约毫无意义,主要是作为投机工具出现的,伴随着大规模的举债经营。期货期权使这种可能性进一步增加。而且还不仅如此。大型金融报纸正在鼓吹终结对任何证券的保证金要求的限制。"回顾式"期权出现了。储蓄信贷协会(S&L)跳进了股票经纪行业,向矮小的老年妇女分发传单。纽约城(New York City)的银行已经在建设报价机器亭,这样,储户就能在午餐中途停留一下,操作机器选出自己最中意的股票。期权交易所在创造新型而又专业化的投机工具——猜消费者价格指数(CPI)赢一大笔钱!换

句话说,金融角斗场变成了希望的田野。就好像施了魔法一样,媒体在以几何级数增加金融新闻的报道量。金融新闻网(Financial News Network)现在每天广播12小时,通过卫星和有线电视把股票和商品的实时报价带进千家万户。[20]

同时,评价分析师和基金经理的服务正在形成,共同基金行业开始了历史上最大的扩张。

不光是这些与市场相关的因素在发展,经济环境也随着股票的上涨而改善。利率下跌,通货膨胀降低,就业率上升,失业率下降,生产扩张,商业友好型政治环境占据主导地位。在本质上(还有许多细节,请看第17章),这些情况几年前就预测了出来,因为我们预计股票的波浪V即将到来。

预测这些细节是个巨大的挑战,因为大型社会情绪变化导致了难以相信的社会变化。比如,在1929年,道琼斯指数处于381点,谁能准确预测10年后欧洲会开始战争和大屠杀,谁又能够准确预测12年后日本飞机会攻击珍珠港(Pearl Harbor)?这些行动当中任何一个行动的特点,或者进程都完全符合当时正在发展的波浪结构。然而不能在一开始预测细节,只能猜测。随着社会趋势的发展,我们就能预料越来越多的细节,并及时制订计划,以便利用蓬勃的发展或者避开问题所在。

## 偶然强加的结构刚性

在一些情况下,情绪极值所引发的行动把结构刚性强加到了社会之上。这一制度化的结果持续时间长,因为需要时间才能把群体情绪极点的刚性结果发挥出来。一旦限制性的经济政策出台,就能非常确定地影响经济产出之类的事情。

有一个极端的例子:1932年7月德国的集体情绪非常消极,这种情绪的表达使阿道夫(Adolf)·希特勒的人气达到了顶点,股票也就在这个月恰好达到了低点。从1932年7月开始,由股价所反映出来的基本集体情绪正在向不那么消极的方向发展,但希特勒依然人气旺盛,并获得了德国的统治权。社会情绪低点之后所采取的社会行为的结果在13年之后显示了出来,因为消极大众情绪的代表攫取了如此强大的政治力量。

政策与此有关,但是,政策不是导致这种环境的基本因素。政府制定政策,回应盛行的(有时是刚刚出现的前一个)社会情绪趋势,所以,最终要为变化负责的是公众情绪。另外,当局抛弃政策,或者公众抛弃当局的最终原因是情绪趋势变化。

## 历史和社会情绪经济假说

所有的历史都来自下列事实:人类有本性,人类的本性包括无意识互动形式,这些形式导致了人类社会行为。人性有可能产生没有无意识从众冲动的历史。然而,人性不会产生我们确实拥有的那种激昂的集体历史:战争、条约、建设、破坏、迁徙、政府、社会和文化。直截了当地说,艾略特波浪是历史的一个原因。因为波浪由数学支配,所以历史就有了数学基础。因为波浪由斐波那契数学支配,那么,自然最为亲近的数学就处在了历史进程和事件的幕后。

强分形几何学这一数学(请看第3章)也解释了历史的重复性和唯一性。波浪原理为下面的话提供了科学的解释,“历史在大面上重复,但不在细节上重复”。基本的艾略特波浪形式数量有限,但表现形式多种多样;级数的持续扩张给予每一个波浪唯一性;因此,塑造历史的互动的人类精神作用一致在重复,但不是精确的重复。经验主义和假说又一次协调一致。

# 注 释

〔1〕Le Bon, G. (1895). The crowd.

〔2〕Malabre, A. L. (1987, February 23). “The stock market and the business cycle.” The Wall Street Journal.

〔3〕艾略特应该指出,W、Y、Z用来标示一些其他类型的联系。

〔4〕1991年衰退出现在这一3年大型级数熊市之后,也促成了海湾战争(Gulf War),并导致好莱坞把最佳影片奖在内的5项奥斯卡奖颁发给了《沉默的羔羊》(*Silence of the Lambs*)。《沉默的羔羊》是关于野蛮残忍的连环杀手。

〔5〕这一个甚至也可以看成是结束于1942年的熊市的滞后结果,但是滞后的时间好像有点太长了,因而不能断言其中存在因果关系。

〔6〕Nichols, B. (1994, September 28). “Warm fuzzy summit.” USA Today.

〔7〕更新:1999年7月,基督徒走过十字军的路线,这次是宗教和解的姿态。2002年5月,道琼斯指数回升到10 000点以上,俄国正式与北约结盟。

〔8〕总的来说,跟相关熊市的可能影响来说,第一次世界大战规模过大。然而,在第一次世界大战之前显然是个漫长的熊市环境,社会失望越来越强烈。1914年的股票平均指数略高于1889年的股票平均指数。1889年离1914年已经有足足25年了。在此期间,股票指数有3次大的倒退,宽泛度在40%到60%。

〔9〕还有284 000人死于疾病,是由美国内战间接导致的死亡,使与美国内战相关的死亡达到了578 000人。

〔10〕Price, William H. (1961). The Civil War handbook.

〔11〕1950—1953年的朝鲜战争(Korean War)难以用级数来归类。在票面上,朝鲜战争紧跟着超循环级数三角形形式之中的上一个低点(波浪e)(请看图16-6)。这一低点只是票面上的大型级数低点(请看图5-12和图15-4)。因此,美国因战斗及其他原因死亡的人数是54 246人,介于与这两个级数相关的两个数字之间。这种情况独一无二。

〔12〕越南战争发生在熊市之中。但是就定值美元而言,还处于波浪(a);还包括了两次上涨,重新回到了先前牛市的高点水平。这一事实或许能够解释越南战争为何不得人心。社会的主体还处在社

会积极情绪之中,根本不喜欢战争。

［13］请注意图16－6,当前的波浪位置表明波浪c就在眼前。就战争潜力来说,这次下跌一旦开始就会产生危险。但是,不太可能产生“第二次世界大战”那样的世界性冲突。原因是,就形式而言,即将到来的波浪c不是最大的波浪c。在较大的(a)－(b)－(c)平面校正或者(a)－(b)－(c)－(d)－(e)三角形之中,这可能是唯一的波浪c。这一波浪标示方式将会迅速把定值美元道琼斯工业平均指数带回与票面道琼斯工业平均指数相同的位置,道琼斯工业平均指数现在面临着波浪(a)的开始。要了解关于这个话题的更多信息,请看《在浪潮的顶点》的第5章。

［14］人们的愤怒有无数种表达方式。比如,在牛市中,劳资关系融洽;在熊市中,劳资关系尖锐,导致争论和罢工。

［15］处于大“A”波浪低点时,在惨败中失去职位显得不可避免,因为社会情绪戏剧性地朝着消极变化使民众受到震惊。“C”波浪选举较难预测,因为那时社会环境不稳。1860年的选举,接近波浪(II)的c的终点,反映了极端消极的情绪。前一任总统布坎南(Buchanan)肯定是在1860年的选举中落败,失去了总统宝座。但是,选票的接近恰好是因为政界的分裂,国家并不是作为一个整体在投票[获胜者林肯(Lincoln)甚至没有出现在10个州的候选人名单上],而是分成两个部分来投票[北方(North)对比南方(South)],因此难以反映对现状的满意。按定值美元价格来说,波浪(IV)的c的社会环境显然也是混沌的,因而第二次世界大战在激烈进行。20世纪最强大的动力启动(请看图7－1)及其随后带来的收益,使富兰克林·罗斯福(Franklin Roosevelt)①的公众形象受益。然后,富兰克林·罗斯福从日历上受益。如果他的第三次选举发生在1942年接近波浪II低点的时候,他可能就已经落选了,即使战争还在进行。然而,他运气好,选举位于低点的两边,距低点两年,两次选举都在股市反弹时期进行。

［16］Kamm, T. (1990, November 16). “Brazil's president, after eight months, finds roar of crowd is now against him.” The Wall Street Journal.

［17］Page, S. (1998, January 22). “President's resilience faces biggest test.” USA Today.

［18］Montgomery, P. M. (1998, February 4). Universal Economics.

［19］Montgomery, P. M. (1991, March 15). “Neurophysiology, presidents and the stock market, part III.” Universal Economics.

［20］Prechter, R. R. (1983, August 18). “The superbull market of the ‘80s: has the last wild ride really begun?” The Elliott Wave Theorist, Special Report.

① 富兰克林·罗斯福(Franklin Roosevelt)即F.罗斯福(F. Roosevelt)。译者注。

# 第 17 章　预测成功:实现社会情绪经济学功效的方式

第 5 章直到第 7 章表明波浪原理为预测市场提供了独一无二的基础。社会情绪经济学是一门新兴学科,这一章竭尽所能,旨在证实社会情绪经济学在社会预测方面更加广阔的应用空间。

如果群体情绪变化导致了即将到来的社会事件,那么对于那些想窥探社会事件未来的人来说,情绪变化的证据或者即将到来的情绪变化的证据就是独一无二的最为重要的发现领域。波浪原理的实际价值是,波浪原理为严谨的市场分析、经济分析和社会分析提供了背景,这在有史以来还是第一次。对形式的恰当识别传递了行为统一体中社会位置的大量信息,因而也传递了可能的后续道路的大量信息。

就像本书目前为止所表明的那样,有两种社会情绪经济学预测:

(1)基于社会现象本身的波浪预言社会现象。

(2)基于总的社会情绪指数的波浪位置,预言经济趋势、政治趋势、社会趋势、文化趋势,以及其他趋势。股市就是总的社会情绪指数之一。

除了一开始的定位,这一章的其余部分提供了过去 20 年里所做的实际的社会情绪经济预测。上面的两种预测我都有例子。最后,又提供了把这两种预测应用到社会领域个人经历之中的例子。请花点时间思考这些预测是多么的独一无二。比方说,不要做以下的假设:有一半经济学家正确预测了一个上行季度,社会情绪经济学家侥幸位列其中。这些预测中每一个都带有社会情绪经济学的特征。

## 社会现象的波浪,而不是金融现象的波浪

第 5 章和第 6 章给出了几个例子,属于第一种,应用于金融市场之中。但金融市场不是唯一的应用领域。在回顾以前的预言之前,让我们看看其他社会现象波浪的一个案例。

仔细看看图 17 - 1,在这整个世纪里美国人均香烟消费量。你可以看到,这一数据描绘出 90 年的相当经典的艾略特上涨。对这幅图展开讨论的作家千方百计地猜测上涨趋势和逆转的原因,注意到诸如"第二次世界大战"之类看似相关的事件。我们都知道,在第二次世

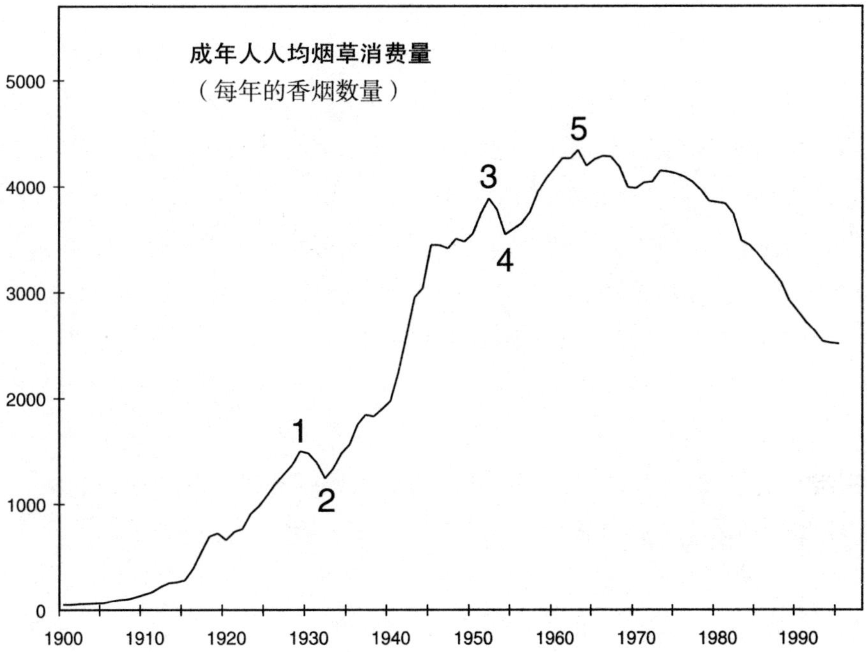


图 17 – 1

资料来源:疾病控制中心

界大战期间,香烟受人喜爱,但这就是香烟受人喜爱的原因吗? 1963 年的逆转出现得更加神秘。比如,疾病控制与预防中心(Center for Disease Control and Prevention)和国家癌症研究所(National Cancer Institute)报告,从 1995 年 8 月报告发布之时起往前的 22 年时间里,黑人青少年的吸烟率戏剧性地从 26% 下降到 4.4%。疾病控制中心(CDC①)吸烟与健康办公室(Office on Smoking and Health)主任说:"这是一个公众健康获得成功的故事,我们不能把这份功劳据为己有,因为我们没做什么。我们(甚至)无法解释这个成功。[1]"然而,这份报告所采访的人还是情不自禁地去引用 6 个阴魂不散的"理论"去解释这种成功,这 6 个"理论"需要不同的解释。

社会情绪经济学家可以直奔主题。吸烟是一个社会现象。既然如此,吸烟的人气就遵循波浪原理。到达顶峰之后又过了 24 年,迎来了卫生局局长(Surgeon General)的报告:禁止投放香烟广告,开始"不吸烟者权利运动",征收更高的联邦(federal)香烟税。当然,人们可能认为这些措施是态度变化的原因,但实际上,它们是态度变化的结果。每一个趋势都孕育着自我颠覆的种子。如果超过 40% 的美国成年人不吸烟,卫生局局长就不会费尽心机调查香烟的健康方面。如果没有公众的支持,政府绝不可能侥幸通过广告禁令或者提高税收。不吸烟者权利运动是对大肆吸烟的后冲反应。在卫生局局长发布报告几十年之前,吸烟可

① CDC(疾病控制中心)即 Center for Disease Control(疾病控制中心)的缩写。译者注。

能会导致癌症得到了广泛报道。在20世纪40年代,香烟被称作“棺材钉”;在20世纪50年代,被称作“癌症小棍”。在20世纪60年代,我还是孩子的时候,人人都知道吸烟有害,但吸烟酷酷的。在20世纪70年代,我听到了一个词:“死亡小棍”,和30年前的那个俚语词汇如出一辙。医学知识没有阻止吸烟的上升趋势。什么阻止了吸烟的上升趋势?答案在于5个波浪:规模相同的波浪2和4,1个伸展波浪3,甚至在如此概约的数据中也表明波浪1和3有恰当的分枝,还有波浪5中正在放缓的上涨变化率。随后到来的熊市充满了针对香烟的社会事件。对于许多青少年来说,吸烟甚至不再是一种酷酷的行为。如果说这种行为和态度的区别导致了趋势变化,那么,这种说法并不真的确切。这种行为和态度的区别就是变化。

在这个时候,下降趋势已经持续了34年,大约是55年之久的上升趋势的0.618,人均消费大约下降了2/5。至少有一家香烟公司在广告中采取咄咄逼人的亲自由立场。这时候,社会情绪经济学家就该注意逆转的迹象了。

这是一个非金融社会的例子,本可以被预测,但却没有被预测。只是在几年前,我才想到尝试着作出预测;正常情况下,我们要付出巨大的努力才能找出这些相当模糊的数据;完成长期预测需要时间。因此,我手头只有两个此种预测尝试的例子,时间至少可以就这两个预测给出部分解答。第一个预测是新手所做。

## 基于社会趋势过程中的波浪预测社会趋势

### 美国储蓄率预测

这里是《艾略特波浪理论家》订户罗伯特·E. 伯特(Robert E. Burt)于1990年10月18日所做的社会预言。他把下面的解说词与图17-2中的图片一起发送了出来:

附上了《华尔街日报》的剪报,你以前可能没注意到。这幅图显示了美国自1970年以来的储蓄率。令我吃惊的是,这几乎是一个典型的例子:5步长期下降趋势的前4步。我把图放大了,并加上了(波浪)数字。……如果认为波浪5会像波浪1那样从最近的高点下跌,那么……储蓄率就是0.6%,在1992年末或1993年初的某个时间出现。波浪3的底部到顶点的距离几乎是波浪1的底部到顶点的距离的2倍。如果注意到这一点,就能发现一个事实:波浪5会出现极为灾难性的负利率,大约只有-3.1%。[2]

图17-3要展示的是同一幅图片,已经更新到了今天。不过,继起的下降趋势让政府感到不安,因此,记录这些数字的人(可能是有道理的)改变了公式,增加了货币市场基金,把比率推到了更高的水平。不管这一刻度变化,也不管由此引发的曲线上的差异,你还是可以看到下面两点都实现了:伯特先生对新低点的笼统预期、下跌到-3.1%这一明确而正确的预

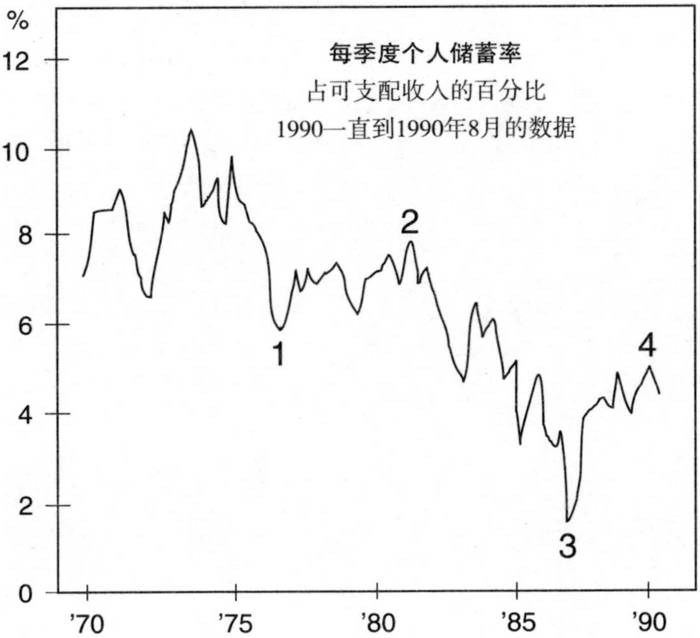


图 17 - 2

资料来源:世界观点国际基金会

测。如果统计学家还沿用原有公式的话,当前利率就应该是 -3.1%。要验证这一预言就要花费比预期的时间更长的时间,因为这一数据中的波浪 3 多延续了两年。[3]

这个预言的独一无二之处在于正确预测了趋势逆转。这个独一无二之处是其最大亮点。在不到两年的时间里,储蓄率刚从 1% 飙升至 5%。但这一预言并未就此做出推断;这一预言正确预测了向新低点的下降趋势。如果任何传统经济学家在当时也有类似说法,那就太让人震惊了。

## 棒球运动预测

在许多不同的社会活动和股市之间,我发现了平行趋势。预测一些社会趋势可能显得无事生非。但对相关产业来说,正确预料趋势变化就等同于许许多多的美元。

就在 1992 年的棒球季节之后,对于这项伟大美国赛事的命运,《艾略特波浪理论家》发表了一个分析和预测,并对投资者、球员和球队业主提出了实际建议。下面的引用摘录自《艾略特波浪理论家》的版次,日期已经列了出来:

**1992 年 10 月 30 日**

棒球运动的顶点? 第一届世界职业棒球系列赛(World Series)于 1903 年开赛。今年是

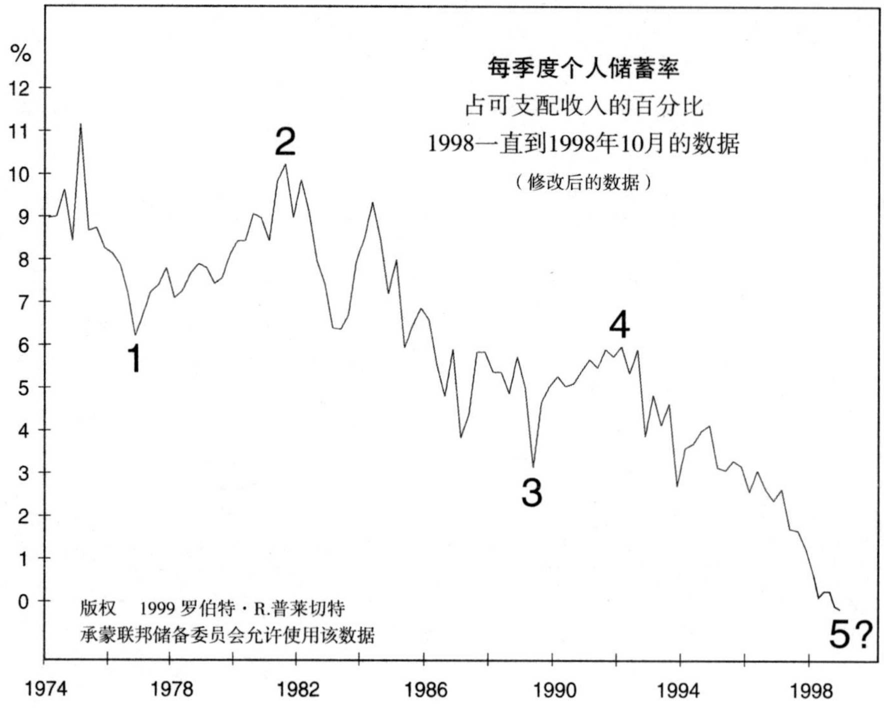


图 17-3

资料来源:世界观点国际基金会

第 89 届世界职业棒球系列赛。围绕着第 88 届和第 89 届世界职业棒球系列赛是强烈的情绪。1991 年的世界职业棒球系列赛通常被广泛描述为"有史以来最好的世界职业棒球系列赛"。有两支球队展开了对决,这两支球队"从倒数第一变成了正数第一",比赛的双方都是弱者(总是受人欢迎)。粉丝们唱着歌,"随着勇士战斧之歌的节奏起舞",就像大学生联谊会的疯子。赛事吸引了高达 24.0% 的电视观众。系列赛之后举行的家乡游行上,总数接近一百万的人向这两支球队致以问候。1992 年的系列赛也同样情绪强烈。尤其是在加拿大,多伦多蓝鸟队(Toronto Blue Jays)披上了国家荣誉的外衣。实际上,亚特兰大勇士队(Atlanta Braves)是唯一一支神奇地 10 年如一日受此荣耀的球队,被称作"美国之队(America's Team)"。这是历史上第一次国家主义世界职业棒球系列赛。[4]

有理由相信,棒球运动员的薪水,以及棒球卡和其他纪念品,也刚刚与球迷的情绪一起达到了"尖峰"。

你可能会回想起,1985 年的"流行文化"特别报道推断出棒球运动是个牛市运动……第一届世界职业棒球系列赛于 1903 年 10 月举行,道琼斯指数处于低点 43 点。在其他的世界职业棒球系列赛中就没有这么低过,创造了 89 年的净上升趋势。如果股票正在像波浪原理所认为的那样在宏观上登顶,那么,棒球运动的上升趋势也是如此。在过去的几年里,好莱坞电影《梦幻之地》(*Field of Dreams*)、《全垒打王》(*The Babe*)、《红粉联盟》(*A League of*

*Their Own*)把棒球运动偶像化。对于一个对象的情绪有时会人气高涨,这种人气高涨经常与群体的一个兴趣顶点同时发生。

在公众喜好方面,棒球运动是否正在经历为期55年的下跌?转折的迹象已经出现。如果你是投资者,从棒球卡中获利。如果你是运动员,签订长期合同。如果你是业主,出售你的俱乐部。孩子们很快就会用棒球棒交换头盔(或者冰球、足球,或者将要到来的更加野蛮的运动的装备)。如果你是一个真正的球迷,你还是会发现自己在20世纪90年代的某个时间抱怨棒球运动。

**结果:几个月之后,传来了戏剧性的报道,棒球卡价格的时运突变,棒球卡制造商股票价格也时运突变。两者都暴跌:**

**《华尔街日报》**

1993年1月27日

纽约——棒球卡股票受到一则新闻的重创,新闻里说,市场领袖托普斯公司(Topps Co.)将要报道其10多年来第一次季度亏损。

托普斯公司——去年,知情人士大肆抛售——下跌31%,从12.5美元跌到8.5美元,成交量放大为往常的7倍。

昨天,这一声明使运动纪念品行业的几家公司股价暴跌。其中就有惊奇娱乐公司(Marvel Entertainment Group),惊奇娱乐公司是连环漫画册巨人。去年9月,惊奇娱乐公司收购了卡片制造商福利尔公司(Fleer Corp.)。据分析师分析,惊奇娱乐公司约一半的收入来自福利尔公司。惊奇娱乐公司的股份从下跌了3.25美元,也就是11.5%,下跌到24.875美元,是正常规模的5倍。

……说,"在新的卡片里,投机泡沫破裂了。"

**《落基山新闻》**(*ROCKY MOUNTAIN NEWS*)

**1993年4月7日**

体育交换卡片:市场开始分崩离析(SPORTS TRADING CARDS: Market has started to fall apart)

市场摇摇欲坠。制造商的股票暴跌,制造商正在裁减雇员并减少生产。零售商停业了。商品价格猛跌。在20世纪80年代,卡片搜集风靡一时,变成了利润丰厚的生意。卡片商标从20世纪70年代的1个增加到40个。然后就是1992—1993年的暴跌。普罗赛特公司(Pro Set)根据《破产法》第11章提出破产申请。交换卡片的领袖托普斯公司报道了预料之中的季度亏损之后,在一天之内损失了股票价值的30%。

## 1993 年 1 月 29 日

(艾略特波浪国际的)皮特·肯德尔刚获得了本世纪棒球运动现场观众人数的数据。从图 17-4,你可以看到,这些数字好像勾画出又一个艾略特波浪,结束于 1992 年的赛季。请注意,1981 年的罢工使现场观众人数降回了先前的第四个波浪,原本也就是这么安排的。当把数据用坐标定点在半对数刻度上时(没显示出来),1916 年低点之后的整个上涨就形成了一个楔形,这就意味着熊市。那么,在最低点,棒球运动面临着现场观众人数的最大百分比下跌,因为棒球运动成了一项国家运动。在这种时候,我们甚至可以认为,棒球运动会在接下来的几年里急剧下跌,直到失去国家第一运动的位置。

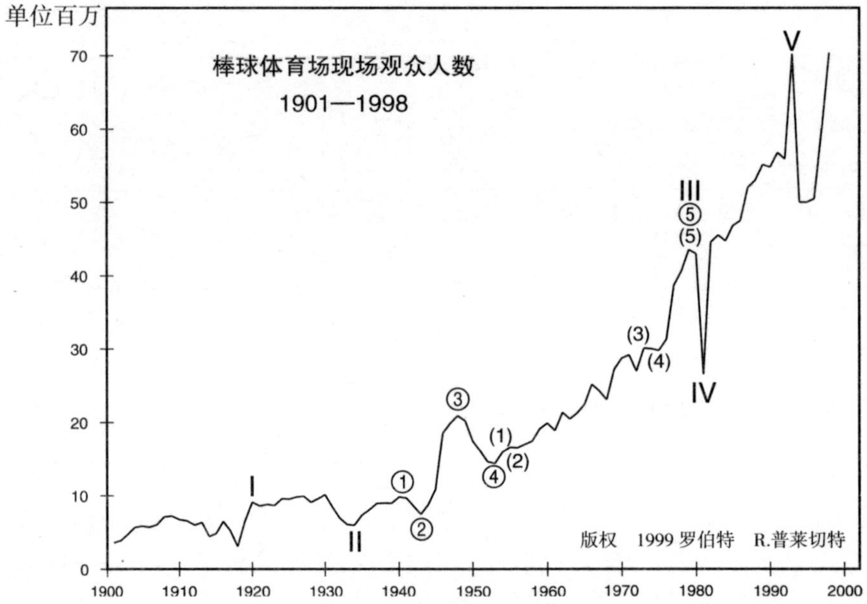


资料来源:美国职棒大联盟

结果:1993 年,现场观众人数创下了纪录。前两年欣喜若狂的体验促使他们购买了 1993 年的赛季票。1994 年,棒球运动员号召发动罢工,这个赛季报销了。结果是,自棒球运动开始以来,就数量(就百分比而言就不太是这样了)而言,现场观众人数出现了最大幅度的下跌。1994 年,世界职业棒球系列赛第一次没有出现。球迷悲伤抑郁,使低上座率延续到 1995 年。下面的文章揭示了时运变化给交换卡片行业带来的巨大压力。

### 《今日美国》

1995 年 3 月 23 日

罢工是交换卡片棺材上的"另一颗钉子"。

由于美国职棒大联盟的罢工,棒球交换卡片行业处于动荡之中,面临着一个严

> 峻的问题:还能降到什么样的低点? 不会太低,凤凰城(Phoenix)的一个批发商史蒂夫·迈兰德(Steve Myland)说:“罢工影响深远,棒球行业正在崩溃。”马里兰州(Md)瑞斯特顿(Reisterstown)的商人乔·博斯利(Joe Bosley)说,近几年发行的棒球卡销售额下降了 90%:“这是棺材上的另一颗钉子。”迈兰德估计,罢工发生之后,20% ~30% 的卡片零售商已经倒闭了,4 个卡片出版物也倒闭了。托普斯公司说其生产处于 30 年来的最低点。阿普迪克公司(Upper Deck)说削减了 75%。

在我们作出预测之后,棒球运动员罢工了,这是运气吗? 有可能。然而,有两个原因可以让我们换个思维方法。第一,下面的认定肯定是不正确的:罢工是“外因”,从一个不为人注意的角落打击着棒球行业。我要说的是,罢工是由球员所号召的,他们的收入达到了几百万、上千万美元,甚至更多,他们认为自己价值更高,这是棒球运动的繁荣所导致的,而棒球运动的人气又导致了棒球运动的繁荣。整个事件都是棒球运动及其时运的内在因素。当人们可以辨认出现场观众人数的 5 波浪向上之后,罢工就立刻发生了。从那时起,棒球运动的人气就开始增强,与股票牛市的延续同时进行。然而,就情绪、交换卡片价值、每支球队的电视观众人数和体育场现场观众人数而言,还是远远落后于 1991—1993 年的顶峰。

1996 年,出现了创纪录的本垒打统计数据,出现了美国联盟和国家联盟(American and National leagues)最受欢迎的加盟权资格,加盟权资格可以和世界职业棒球系列赛相匹敌。但是,现场观众人数还是比 1993 年低 14%。而世界职业棒球系列赛的电视收视率,在电视观众百分比上居有史以来的倒数第三位。1997 年,现场观众人数还是不温不火。1998 年,几个球员的本垒打统计数据创下了空前的纪录(创纪录的本垒打是牛市现象,这是另一个话题了),两支新球队加入了联盟(繁荣的另一个结果,顶点的典型特征),美国又觉得自己和以前一样繁荣了,股票创下了空前的新高,经济处于为期 7 年的扩张之中,美国又开始喜欢棒球了。运动成就和人气的复苏是 1994 年以后股票牛市复现的直接反映。尽管如此,1998 年的世界职业棒球系列赛吸引到的电视观众人数还是创造了历史最低纪录。两支新的球队增加了现场观众总数,可以和 1993 年的顶点相匹敌,但是每支球队的现场观众人数还是没有超过 1993 年的顶点。

大多数预测者会简单地推断几十年的上升趋势会延续到未来。上升趋势可能会继续,无法保证波浪 5 已经终结了,它可以细分成几个波浪,并再延续几十年。然而,我的论点是棒球运动是个牛市运动,我对波浪的解读是超大循环牛市正在接近终点,如果我的论点和解读是正确的,那么,棒球的时运就到此为止了。原因是在此基础上的逆转(请看下一节,下一节讨论了这种预测)以及上述的所有内容。时间会证明一切。但是,我的预测是棒球运动的人气和时运要经历多年的下跌,至少你可以看到我不是在挂着预测的标签描述现状。

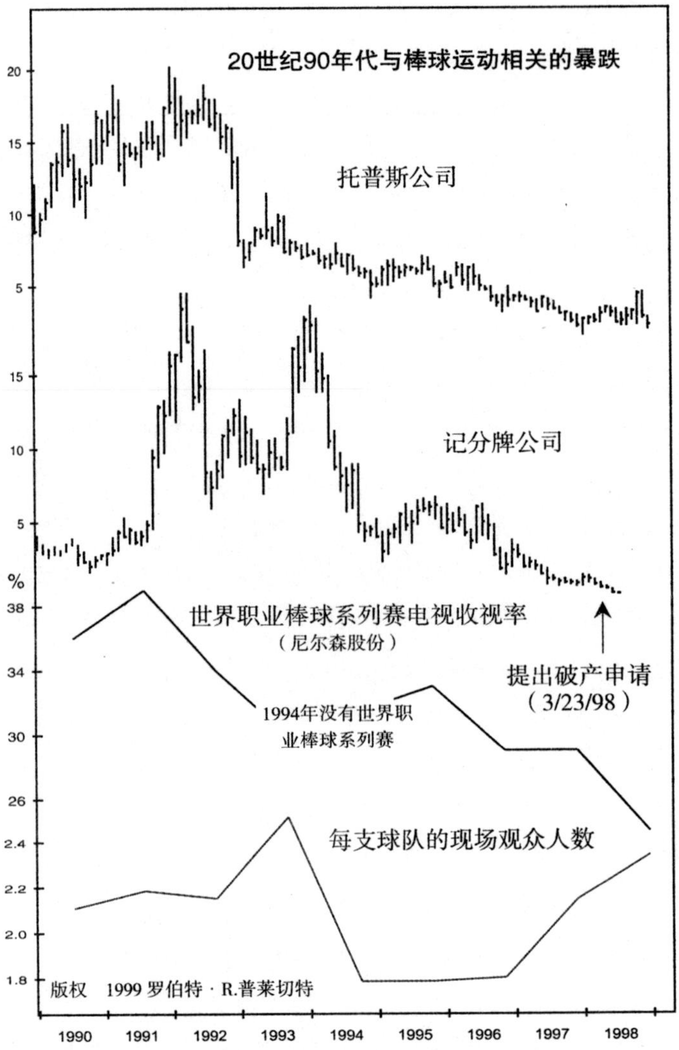


图 17 – 5

## 从股市波浪预测相关社会趋势

在 20 世纪 70 年代，我注意到股市趋势与继起社会事件之间的关系。但是，直到 20 世纪 80 年代，我才意识到对于流行文化和社会历史来说，关系是多么的密切。这就是为什么到目前为止，我们只有为数极少的此种社会情绪经济预测记录在案。然而，跟艾略特主义者所做的金融市场预测相比，记录在案的内容有着甚至更为精确的历史。至少在广义上说，我做的此种社会情绪经济预测几乎都实现了。

## 预测一个宏观经济趋势

1933年3月,大萧条止跌回升。此后就进入了官方认可的经济紧缩时期。20世纪80年代的头3年包含了经济收缩时期的大多数月份。1982年8月至10月,股票靠着强大的上涨动力发展,这表明复苏的开始。11月8日,恰好在收缩的终点,《艾略特波浪理论家》把头版摘要从衰退正在进行(RECESSSION IN PROGRESS)改成了复苏开始(RECOVERY BEGINNING),断然指出,"股市发出了强大的信号:当前极为严重的衰退即将结束"。1983年1月10日的版次宣布复苏正在进行(RECOVERY UNDERWAY),3月7日又改成经济繁荣(ECONOMIC BOOM)。这一预测基于一点:对股市上升级数的理解。循环级数牛市的开始意味着长期的经济扩张。实际上,就在下个月,自从1961—1969年长期的连续的经济扩张开始了。

这一预测也包含了与发展中的长期波浪结构的历史一致性。第5章展示了发展中的长期波浪结构。比如,按类别来说,预期的牛市是超循环波浪(V)的循环波浪V,那么预期中的牛市就与超循环波浪(III)的循环波浪V类似。超循环波浪(III)的循环波浪V发生在20世纪20年代。所以,在1983年4月,当《艾略特波浪理论家》重申"一个经济稳定时期开始了"时,还补充说,这个经济稳定时期的开始与"1921年末平行。"[5]

至于新的长期扩张的最终结果,1985年12月版次解释说,我对其进行识别的方法还是一样的:

> 我们应当记住经济暴跌和金融灾难的最终可能性。但是要做好相关准备还为时太早。大批超级熊市已经预警了下列会持续多年的现象:即将到来的货币暴跌、近在咫尺的全面银行业危机,等等。大批超级熊市一直在警告我们,这种事件会发生的"突如其来",会"随时发生","没有预警"。但历史表明,股市暴跌前总是会预先示警。只要股市在延续向上的趋势,就没有理由怀有这种恐惧。[6]

相反,传统经济学家没有办法预测长期扩张,更无法评论长期扩张在美国经济几十年趋势中的位置。

## 预测宏观经济的微妙之处

有一种想法:出现在第三个波浪里的宏观经济趋势和出现在第五个波浪里的宏观经济趋势存在着质的区别。20年来,这种想法一直是波浪理论的一部分。我们1978的书籍《艾略特波浪原理》把第三个波浪描述为"令人叹为观止的奇迹",因为第三个波浪以"越来越有利的基础"实现了股票上涨的承诺。相反,"第五个(波浪)中的第五个(波浪)缺少先前波浪的那种活力"。这一描述是有用的,因为经济业绩的对立时期可以验证或者抵触一个波浪解读。然而,这一描述也可以成为预测经济趋势质量的基础。比如说,通过标示从1942年3月到1966年2月的牛市,我和弗罗斯特在1978年确定了20世纪50年代和20世纪60年代早期的超市场生命力,以此作为被预测的波浪V牛市所不可逾越的标准。1983年8月,《艾略特波浪理论家》报告了即将到来的“超牛市场”,重申了两个时期之间的预期关系:

这第五个波浪更多的是建立在虚幻的希望之上,而不是建立在健康向上的基础之上。美国在20世纪50年代和20世纪60年代早期就经历了健康向上的基础。这第五个波浪是较大第五个波浪中的第五个波浪,所以当到达顶点的时候,这一现象会放大。这个较大的第五个波浪是始自1789年的波浪(V)。[7]

这是一个非常具体的预测。有一个想法:对预计的多年复苏的相对力量作出评价。这个想法本身非比寻常,没有经济学家曾经做过类似的尝试。一旦你理解了经济趋势符合整个艾略特波浪结构,你就可以理解我是如何大胆作出评价的。这一预言进展如何?

请看图15-4,可以发现两次大的萧条后扩张,每次扩张都伴随着持续24年的股票牛市:第一次是1942年到1966年,第二次是1974年直到现在(1998年)。在第2个24年里,道琼斯工业平均指数的收益百分比比第1个24年的百分比收益大55%(到目前为止)。仅仅在此基础上,人们可能会假定,跟波浪III相比,波浪V应该产生更强的经济。相反,就像预测的那样,在很大程度上,波浪V的进步和基础都无法和波浪III相提并论。图17-6对比了直到1998年6月的波浪III和波浪V的经济力量。图17-7突出了两个波浪后半段的国内生产总值的差异。把国内生产总值与工业生产指数(Industrial Production)的数字结合起来,我们可以概括出波浪V的经济力量是波浪III经济力量的62%。

要完全抓住波浪V“基础”的内在弱点,人们的视线就必须越过经济数字,着眼于潜藏于生产之下的公司、家庭和政府的资产负债表。图17-8显示了8个此种标准下波浪III和波浪V的强烈对比。还有一个值得注意的事实,也能说明问题:在波浪III的终点,美国是净债权人,而今天,在波浪V的终点,美国是债务人,债务达到了空前的程度,债权和债务的差额达到了前所未有的1.3万亿美元。

预测包括这个说法:“当到达顶点的时候,这一现象会放大。”换句话说,随着波浪V的⑤的进步,也随着波浪⑤的(5)的进步,经济扩张会更进一步减弱。就像预期的那样,在波浪V的后半期,经济扩张进一步减缓。迄今为止,跟20世纪80年代的波浪③时期相比,20世纪90年代的实际国内生产总值下降了21%。

天大的预期(以历史上最高的股市股息估价为代表)、经济增长实际上的持续低迷,二者并置揭露了一个真相:接近第五个波浪顶点时,社会乐观主义盛极一时,但却无法产生相当的实际结果。

对波浪III和波浪V的宏观经济方面和财政方面进行客观的对比,表明就每个相关的标准而言,波浪V都是一个弱势业绩。然而,可能是因为自从1982年以来的背景环境比20世纪70年代好很多,传统观察家忽略了这个非常重要的长期差别。相反,对于20世纪80年

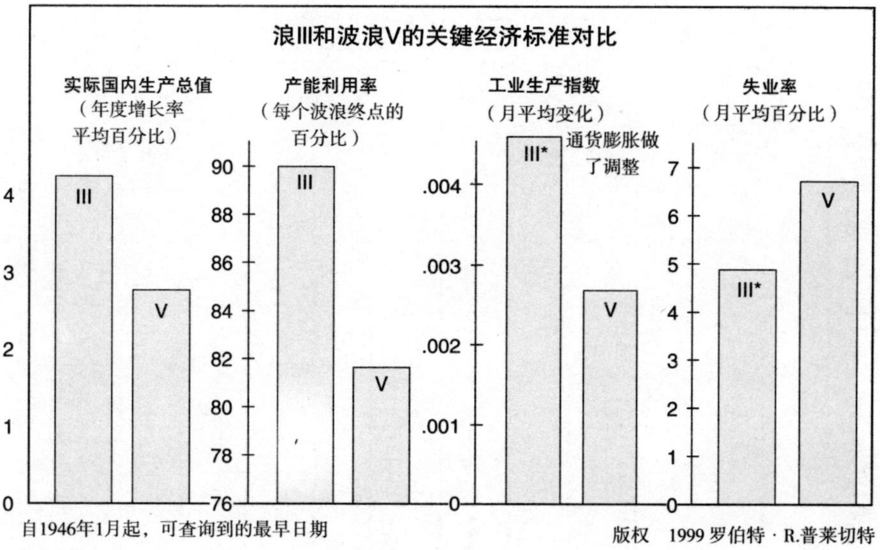


图 17－6

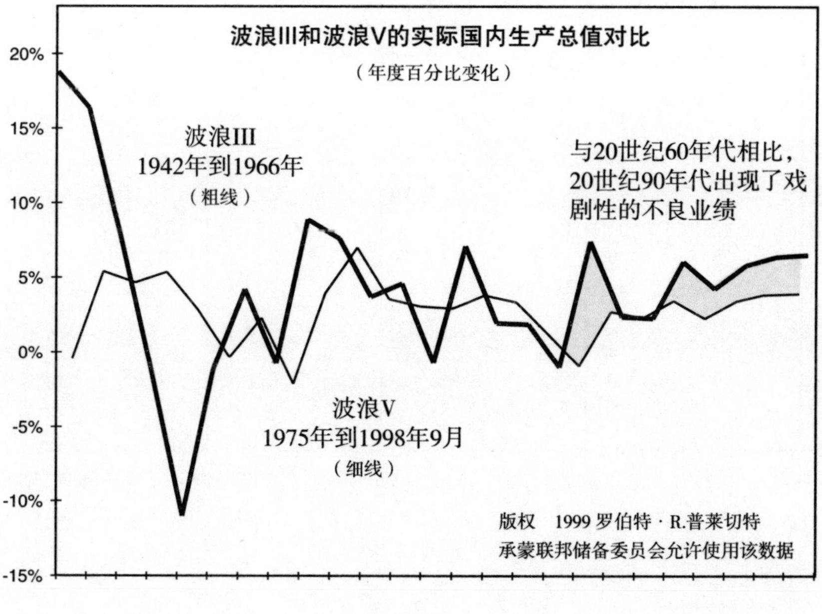


图 17－7

代和20世纪 90 年代经济环境的相对特点,波浪原理提供了一个深入探究的基础。此外,对波浪 III 和波浪 V 的宏观经济方面和财政方面的客观对比,不仅是一个有用的当前的观察资料,还是一个 15 年前作出的预测。[8]

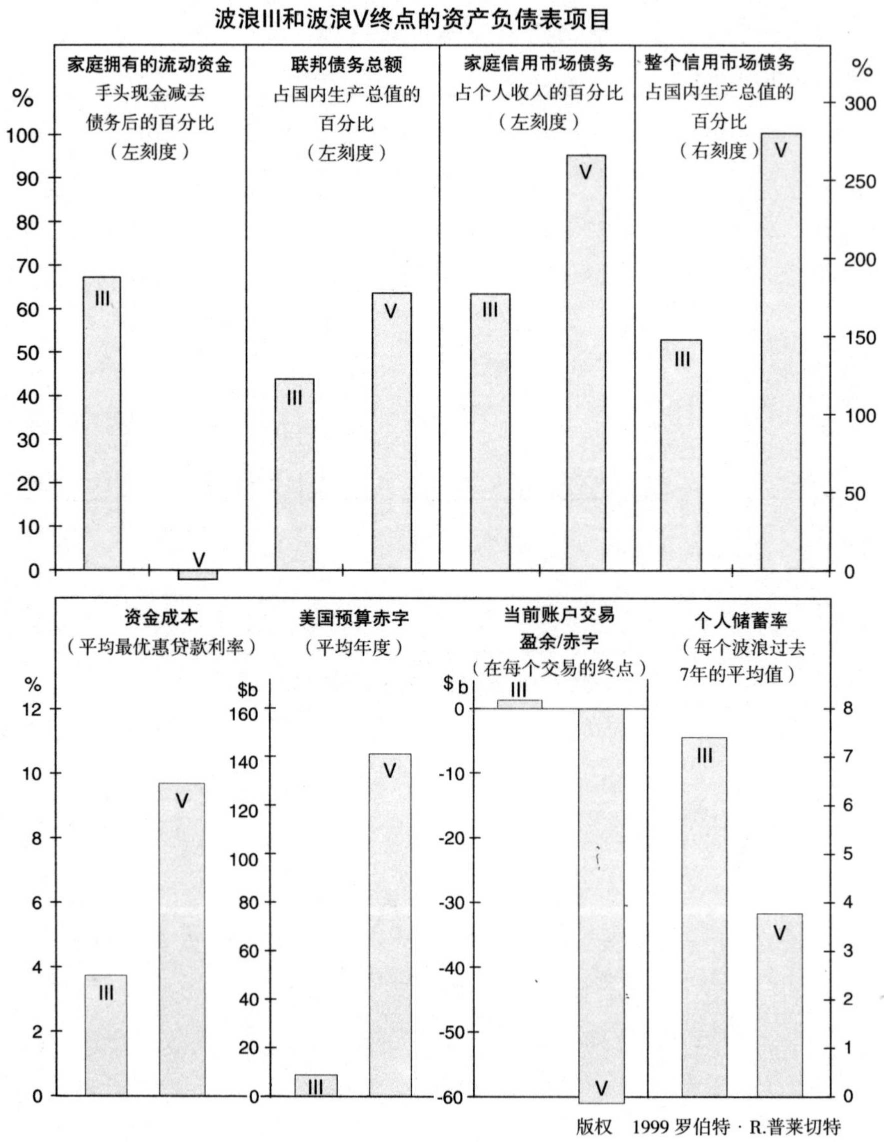


图 17－8

# 预测一个具体的货币趋势

20 世纪 70 年代的螺线形通货膨胀最终在 1980 年 1 月达到顶点。在最后一年，包括经济学教授、众议院议员（congressmen）、参议员（senators）、内阁成员、科学家、研究所发言人，甚至美国总统在内的几十个专家作出了具体的预言：汽油价格会不可避免地迅速从每加仑 2 美元到 3 美元。[9]

不用说，这些名人通常没有掌握预言方法论，无法预测商品价格，然而，这些事实并未阻止他们信口开河。如果上述这些预测者明确地表达相反的情绪,他们就对了。现在已经过去了20年,汽油还会达到他们预测的价格。实际上,今天的通货膨胀－调整汽油价格位于几十年来的最低点。如此多的人预言汽油价格会上涨。其真正意义在于,高油价反映了情绪趋势的极点,因此表明的油价上涨的结束。

就在人们为通货膨胀而恐慌不已时,一个预测者确实持不同看法。据我所知,当时没有一个可以相媲美的评论。当时有成千上万人预测货币趋势,因而这个看法不同凡响。

1979年11月18日,《艾略特波浪理论家》详细说明了自己的预期:翻天覆地的变化即将开始。《商品》(*Commodities*)[现在是《期货》(*Futures*)]杂志在1980年11月版次发表了我的一些评论,这里是摘录:

在不同市场(黄金、白银、利率、债券、商品)里难以置信的"5波浪"同时发生好像都指向了一个结论:世界即将开始一个全面反通货膨胀(即低速通货膨胀)时期。在我看来,几个反通货膨胀年份导致了后来的通货紧缩趋势。对于艾略特股票观点来说,这一形式是一个完美的局面。一个渐进的反通货膨胀会在美国产生乐观情绪,并导致一个结论:我们或许最终克服了通货膨胀问题。这一情绪会在几年之间支持股票的牛市,直到通货紧缩的滚雪球力量开始接管局面。在那个时候,大型的通货紧缩暴跌就不可避免,大超循环校正即将进行。

从图17－9和图18－3你可以看到,加速了13年的通货膨胀趋势就在那个月戛然而止。实际上,就在趋势逆转前几个星期,上述段落已经提前详细说明了过去19年的经历。上述段落也详细说明了接下来的经历,但有待时间的验证。

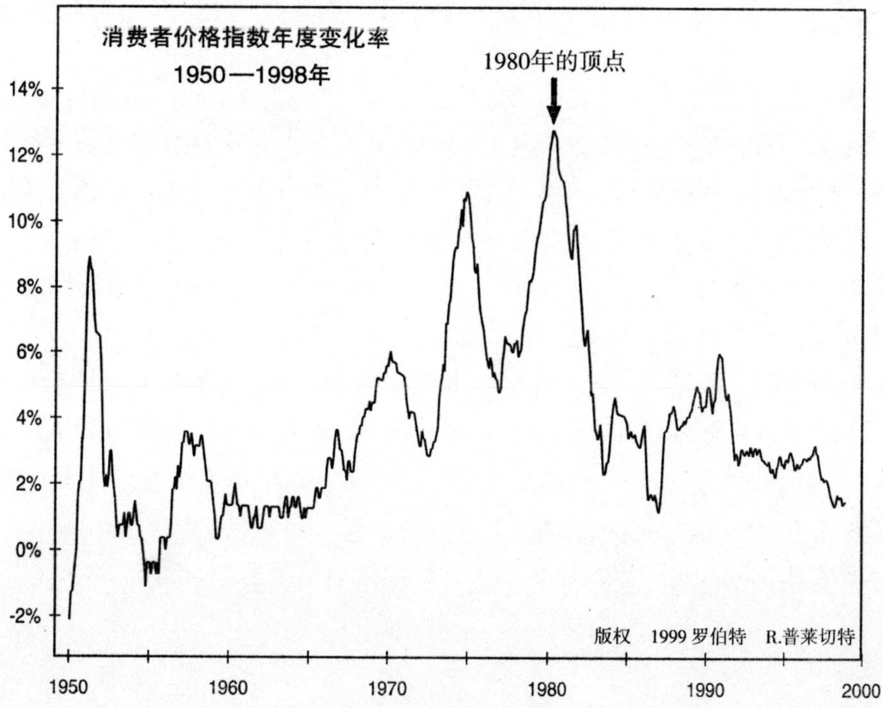


图17－9

这一预测还有些其他细节,欢迎你在《在浪潮的顶点》的第14章加以考究,《在浪潮的顶点》的第14章还尝试着预测了下一个宏观货币事件。就像经济前景一样,货币力量也是艾略特波浪统一体的一部分,所以,对于货币的下一个阶段来说,上一阶段的终点总是有着不容忽视的意义。

## 预测和平

1982年,针对循环级数牛市的艾略特波浪前景预示着越来越温和的社会氛围,因此,《艾略特波浪理论家》在1982年10月6日断言:

股市长期趋势的地位已经确认,这种确认有着重大意义,意味着,至少在10年之内,不会发生国际战争。

这一预测令人欣慰而且正确无误。

## 预测国家领导人的时运

我注意到总统的人气水平紧紧跟随着道琼斯指数以及道琼斯指数的变化率,我开始尝试着预料美国总统的时运。下面是我目前为止所做的3个预测的摘要总结以及结果。

**罗纳德·里根**

**1987年1月5日**

从政治上说,里根总统几乎肯定会熬过伊朗门事件(Iran "Contra" versy)。媒体一直在谈论里根总统的"特氟隆"(一个圆滑的表面)涂层,特氟隆涂层使所有潜在的困难与里根总统擦肩而过,直到1986年的第四个波浪校正。里根总统的特氟隆涂层牛市提供给大众的善意。(对比一下,熊市中的胡佛总统、尼克松总统和卡特总统都经历了什么)考虑到1988年股市的艾略特波浪前景,特氟隆肯定会回来,里根总统(假设他能活到任期结束)最终会作为美国历史上最受爱戴的总统离开政坛。

结果:争议没有打垮里根。1989年1月,里根卸任。此时恰好处于20世纪80年代国内生产总值增长的黄金时期,这时的国内生产总值增长是20世纪80年代牛市的滞后副产品。上面的最后一句话是夸大其词了,但是,当里根最终行将就木之时,(公认地偏执的)《华尔街日报》1989年12月文章标题是,"这个十年的男子汉? 这个世纪的男子汉! (Man of the Decade? Man of the Century)"里根轻易成为肯尼迪之后最受尊崇的总统、罗斯福之后最受尊敬的总统。

## 乔治·布什

第 16 章详细叙述了乔治·布什在任职头一年享受的极高的公众支持率。不过,自 1856 年首次参选总统以来,在乔治·布什总统的时候,共和党党员赢得了 34 次总统选举中的 21 次(一个斐波那契 61.8%)。显然,此时,在比率上,共和党处于失败的一方。

### 1990 年 7 月 27 日和 9 月 28 日

艾略特波浪理论(EWT)已经做过下面的预测:乔治·布什的人气会暴跌,而他此前曾是历史上支持率最高的总统,暴跌的人气使乔治·布什无法在 1992 年连任。在乔治·布什任期的剩余时间里,你会看到对乔治·布什政绩的基本评价会持续发生冷酷的变化。人们会日益认为乔治·布什无法胜任,并最终认为乔治·布什的政绩一塌糊涂。到下次选举还有 2 年 4 个月。布什的支持率还是处于历史上的高水平。无论如何,我还是坚持这个极端的预测。

### 1992 年 7 月 31 日

……乔治·布什会失去选举。就在前一年,乔治·布什人气高涨,支持率达到了 89%(据一项民意测验是 91%)。在当时,《艾略特波浪理论家》就预言乔治·布什会在选举中败北。[10]现在,布什的支持率是 34%(从一个斐波那契数字下跌到另一个斐波那契数字)。《杜恩斯比利》(*Doonesbury*)候选人比尔·克林顿好像会在 11 月的选举中胜出。

### 1992 年 10 月 30 日

最迟在今年 7 月,接受《巴朗》民意测验的投资组合经理中有 69% 的人预测布什获胜,只有 9% 预测克林顿[22% 预测是佩罗(Perot)]。不管星期二的投票结果如何,艾略特波浪理论对这一问题的预测还是极好地展示了波浪原理的价值。在 3 年之前,甚至在 6 个月之前,确实就没有人在出版物中预言乔治·布什会在 1992 年的总统选举中败北,甚至确实也没有人说乔治·布什会面临一场势均力敌的竞争。你可能会回想起,顶级民主党党员拒绝参选,因为人们相信乔治·布什是不可战胜的。比尔·克林顿州长为什么觉得入主白宫(White House)是天大的运气,这就是主要原因所在。

如果你在伦敦的立博博彩公司(Ladbroke's)下注,那么这种预测就相当有价值了。但是对于这位真正的政治家而言,这种预测可能就意味着一切。克林顿有许多负面因素(得到了一个绰号"滑头威利"),但是,一个声望卓著的民主党人如果从一开始就有信心参选总统,这位民主党人就会稳操胜券。

在过去的 3 个星期里,标准普尔指数几乎回升到历史高点,布什还是能够击败克林顿,但是如果布什真的击败了克林顿,布什会悔不当初。在几乎同样的市场形势下,理查德·尼克松赢得了1972年的选举。两年后,理查德·尼克松因丑闻而被迫辞职。

结果:乔治·布什就职的时候,标准普尔指数每股利润正处于高点季度。自从20世纪40年代以来的最大下跌结束了几个季度之后,乔治·布什离开了,这是因为从1987年到1990年熊市持续了3年(价值线指数反映了这一点,请看图16-3)。一年半之前,布什是历史上最受欢迎的总统,但还是改变不了选举失利的命运。对于胜利者来说,11位投资组合经理中的10位认为他会失败,而《艾略特波浪理论家》预言他会"在11月的选举中胜出"。

**比尔·克林顿**

**1994年12月2日**

尼克松的平行线正在显示出来,形式相近。改变的指南规定着这次的区别。自由媒体利用了尼克松的弱点,而今天保守媒体正在利用比尔·克林顿的弱点。甚至在民主党遭受大规模挫败(1994年)之后,还是没有人想看到克林顿坚持不到1996年就中途下台。然而,压力会迅速加强,足以使克林顿失去总统职位。使克林顿的各种阴谋诡计和风流韵事免遭彻底暴露的主要社会力量,是基本上心怀同情的媒体(克林顿的一些风流韵事在欧洲成为头条新闻,一些抱着同情心的美国媒体却视而不见)的合作,还有仍旧基本仁慈的集体情绪,高企的道琼斯工业平均指数反映了这种集体情绪。

**1995年9月1日**

至于政治角斗场,虽然克林顿的总统任期只剩下16个月,《艾略特波浪理论家》还是作出书面预测:由于这些同样的力量,克林顿会失去总统职位,原因可能是弹劾或者辞职,但至少要经过投票表决。知名人士是有着自己的时代。当风向改变的时候,公众英雄的形象就不堪一击了。

**1995年12月1日**

1994年末,校正结束,克林顿的支持率下降了接近40%,甚至一些民主党人也公开指责克林顿的政策。在2月,《华尔街日报》指出总统职务在做"自由落体运动"。然而,从那时起,克林顿又披着特氟隆涂层冲了回来,罗纳德·里根也会因此而羡慕眼红。克林顿的支持率是52%,达到了18个月来的高点。社会情绪控制着社会领导人的形象。在这种情况下,情绪高涨,克林顿的形象是情绪益处的接受者。当熊市开始时,所有的这些都会改变,氛围会变得和1973年的氛围一样。在1973年,美国公民自由联盟(American Civil Liberties Union)在连续刊登广告,解释"如何弹劾尼克松总统"。当趋势向下时,白宫记者团会变得和1973年以及1974年一样嗜血。

**1996年7月28日**

一个头条新闻指出,“名誉子弹在试探克林顿(Character Bullets Are Bouncing Off Clinton)”。……最近,在5月的民意测验中,克林顿以空前的历史纪录领先多尔(Dole)(在历史上还没有挑战者能弥补其中的差距)。今天看来,我们的看法是惊人的。同样惊人的是,我们还是期望着,或许就在11月的选举之前,集体情绪的熊市会把克林顿总统的特氟隆变成维可牢(Velcro),并导致克林顿总统的垮台。

**1996年11月1日**

《艾略特波浪理论家》4年前做了一个不精确的预言:下跌中的股市会使克林顿成为不受欢迎的总统。我们错估了克林顿,因为我们错估了股市。……情况是1972年的重演:道琼斯工业平均指数的空前高点反映了一种社会兴奋,在这种兴奋的支持下,在职总统大获全胜。此后还不到两年的时间,当时的总统尼克松就被逐出白宫。对于白水事件(Whitewater)、旅行办公室丑闻、文件门(Filegate)、对竞选财政法的违反、荡妇门(Bimbogate)、文斯·福斯特(Vince Foster)死亡,等等,公众都没有兴趣,紧张不安的多尔因此一直在问:“美国的义愤在哪里?”1996年,专家们向我们保证“名誉是个已死的问题”。目前是这样。美国全国广播公司(NBC)最近所做的一项民意测验表明,73%的美国人觉得更重要的是总统要体谅民情(“认识到大众的痛苦”),觉得总统无须做到道德高尚……多尔可以以一个事实来安慰自己,当市场向下而且公众义愤已经释放的时候,克林顿不能继续占据白宫。在这种情况下,大家会对克林顿的丑事非常感兴趣。……这一历史性的牛市即将达到顶点,我们也预言克林顿会被迫放弃总统职位。熊市的级数进一步表明,使克林顿遭到罢黜的丑闻会使美国总统政治历史上的任何事件相形见绌。克林顿的一个任期可能不是在任职,而可能会在监狱里。

**1997年1月31日**

根据盖洛普民意测验,比尔·克林顿是美国最受钦佩的人。他的支持率已经超过了60%,达到了历史最高水平。为庆祝他的就职,《今日美国》用整个栏目来介绍克林顿总统即将到来的任期。道琼斯指数非常接近历史高点,就像预计的那样,大多数美国人对自己的生活感到满意并对孩子的未来持乐观态度。克林顿一直在说他的第二任总统任期会仿效西奥多·罗斯福的第二个任期。我们认为,这一类比非常精确,甚至连克林顿都没有想到。1907年的暴跌撼动了罗斯福的第二个任期。罗斯福完成了第二个任期,但克林顿发现很难亦步亦趋,因为消极的社会情绪是发酵的丑闻的自然化学元素,也是发酵的丑闻的味道。

## 1998年1月30日

总统被迫离职的可能性有多大?在(以前的41个)美国总统中,只有理查德·尼克松被迫离职,使这种预期的可能性成为40比1。然而,甚至在克林顿当选之前,我们把克林顿与以前赢得总统职位的人做了类比,发现理查德·尼克松的总统职务最为类似……克林顿与尼克松类比(Nixonian analogy)的结果显示两人的总统职务非常相似,甚至超出了我们的想像。像尼克松一样,克林顿坚持了下来,然后在第一个任期里干得风生水起,灵巧地驾驭着积极群体情绪的波浪。1973年1月,第二个任期开始一个月之内,尼克松的支持率就达到了顶点67%,而当时道琼斯指数达到了破纪录的高点1,51.69点。第二个任期开始几天之内,克林顿的盖洛普民意测验支持率也达到了高点62%。从1973年1月的高点开始,市场开始了为期两年的下跌,下跌幅度达到了45%,丑闻慢慢吞没了尼克松白宫。克林顿第二个任期的第一年比尼克松好得多,虽然出现了这个不利情况:接近去年4月校正低点的时候,美国联合通讯社(AP)的报道确实第一次提到了"水门回声",指出"1997年春季的华盛顿氛围与1973年春季"具有"相似性"。不过,大体上来说,"聪明的政治家"还是在平稳地航行。去年的白水事件听证会没有1973年夏季水门听证会的戏剧性和公众狂热,因为股市还在延续向上的趋势。我们的新兴社会科学的关键是,克林顿去年灵巧地避开了义愤情绪,而市场趋势是1997年8月6日(道琼斯工业平均指数)和12月5日(标准普尔指数)达到了创纪录的高点,克林顿的灵巧闪避与股市高点平行,克林顿的人气因而在9月达到了另一个高点……在这方面,克林顿面临的问题是,自从1994年以来,公众情绪迅猛上升,公众情绪对股票的看法(根据民意测验,在未来的10年里为每年34%)反映了一个事实:美国人预计他们的情绪和投资财产会以创历史纪录的速度继续上涨。达不到这个心理预期都是无法容忍的。我们要补充一句,达不到这个心理预期是不可避免的。因此,克林顿的关键因素不是如果这种情况发生了应该怎么办,而是当这种情况发生时应该怎么办。安德鲁·杰克逊熬过了个人丑闻,一路谈判度过了19世纪30年代的(I)的循环波浪V,类似于今天的(V)的循环波浪V。安德鲁·杰克逊的继任者马丁·范布伦在下跌波浪中随波逐流,结果是在民众中非常不受欢迎。如果牛市能延续到人气结束,克林顿就能挺过政治危机。然而,我们认为这种情况很难发生,因此我们坚持原先对于最终结果的预测。

许多观察家自然害怕市场的弱点源自下面的情况:"一个升级中的丑闻可以使股票陷入困境。"一篇文章说:"克林顿的问题会给市场带来损害(Clinton's Problem Could Bring Damage to Markets)。"另一篇文章说,这些基于总统人气来估计股市前景的努力是在误人子弟。市场会为所欲为,而社会事件会亦步亦趋。最近的丑闻热潮是5个月的校正心理的结果。因果关系实际上和这些报纸的评论相反。实际上,当报纸的墨迹变干时,市场开始反弹,又一次表明市场,而不是丑闻,起着决定性因素。如果市场再次飙升,公众就可能对克林顿的形象持积极评价,不管调查人员发掘出什么。如果股市重挫,那就反映了社会情绪变得不再满意,总统的最强支柱将要垮掉。

**1998 年 7 月 31 日**

昨天,《今日美国》把莫妮卡·莱温斯基(Monica Lewinsky)星期二的豁免待遇称作“惊天剧变”,改变了白宫的法律和政治压力。我们要用这个名词来形容股市里发生的事情。就像股市一样,克林顿团队使用了现有的一切拖延战术。股市和克林顿团队是命运相连的,都已经到了好运用尽的地步。

结果:克林顿总统成为美国历史上第二位遭到弹劾的总统。克林顿的行为历史提供了必要的信息来确定他易受攻击的区域。然后,触发这次下坠的就是道琼斯工业平均指数下跌 20%(从 7 月 20 日到 10 月 8 日)和以价值线指数为代表的股票平均下跌 30%。就我而言,这一结果足以证明,社会情绪经济方法所提供的深刻见解具有价值。

特别报道:弹劾克林顿4–5A,7 · 12A

Sports

■ West Hall, East Hall win Lanierland, 1D
■ Georgia Southern loses, 1D

《泰晤士报》

Lifestyles

■ Buy holiday gifts before last minute, 1E
■ Travelers should get ready for euro, 1E

1998年12月20日星期天

# 克林顿遭弹劾

每周的一系列事件甚至也反映了社会动力。几年来,克林顿避免了政治麻烦,直到 1998 年股市倒退之际,这是 1990 年以来最大的倒退。国会最终在 10 月 8 日采取行动,以 258 票对 176 票通过了弹劾调查。也就在这一天,股价触底。机器开动了起来,无法停止。所以,虽然后来蓝筹股平均值完全恢复到了先前的高点,但国会最终还是在 12 月 19 日星期六弹劾克林顿,但热情已经出现了戏剧性的减弱。4 个弹劾罪状的投票比率是 228/221/205/148 比 206/212/229/285,平均数是 200.5/233。两个通过的罪状的投票平均数是 224.5 比 209,比 10 月 8 日的投票比率低很多。这一差别反映了消极情绪力量的减弱,股票反弹就反映了这一点。到 12 月 20 日为止,标准普尔综合指数创下了历史新高,克林顿的人气达到了 73%,也达到了历史高点。换句话说,不管其他任何问题,股市和经济还是完全控制着克林顿的公众形象。在这种背景下,即使人们知道克林顿的性格和行为存在缺陷也无关紧要。保罗·吉戈特(Gigot)在《华尔街日报》里问道:“跟 20 世纪 70 年代相比,为什么 20 世纪 90 年代撒谎就不那么讨厌?”[11]弗吉尼亚·波斯特尔(Virginia Postrel)在《理性》(*Reason*)中问道:“比尔·克林顿为什么会在民意测验中获得大约 60% 的支持——比他在总统选举时的支持率还要高——而政治集团认为他已经名声扫地？这是今年最神秘之处。”[12]比较一下1973—1974年的熊市与20世纪90年代牛市，你就会看到这些神秘之处的答案。

有一点必须着重指出，无论是里根、布什、克林顿或者未来的领导人，领导人的人气都是社会情绪的直接反映，相互合作的各个边缘系统独立且无意识地控制着社会情绪。对于这部分脑来说，性格、道德、政策和事件都无关紧要。它不进行逻辑思考，它产生情绪。对于社会情绪经济学来说，幸运的是克林顿的传奇富有戏剧性。克林顿的传奇清楚地表明，股价和总统的人气等社会计量器协调运动，即使当传统推理认为与这些趋势相反的事件比例极高时，也不能改变这一事实。

对于社会情绪经济学来说，要点不是这各色公众人物的形象是否真实，要点在于时机。暗地里不道德或者不胜任的公众人物受到牛市心理的保护，而不管事实如何；真正诚实正直或者天赋异禀的公众人物被新出现的熊市所蹂躏，而不管事实如何。

## 篮球运动预测

在1996—1997年篮球赛季的中间，艾略特波浪国际彼得·肯德尔(Peter Kendall)①写了一份详细的关于职业篮球运动100年历史的社会情绪经济研究报告，并预测这一职业运动的时运会发生戏剧性的逆转。肯德尔说：

> 对(篮球运动)历史的这一调查表明社会情绪对一项美国运动具有支配性的影响。比赛结构、规则和时运的发展方式与股票牛市的涨落完全一致。[13]

1997—1998年的赛季和高潮都情绪高涨，堪与1991年的棒球运动相媲美。“我们进入了仙境”，[14]《华尔街日报》这样评价迈克尔·乔丹(Jordan)在决赛中的表现。

就在此前几个月，我正在准备这本书，1998—1999年赛季被大部取消了。罢工导致了这一行为，而结束于10月的社会情绪紧缩(股市下跌反映了这一社会情绪紧缩)导致了罢工这一结果。在美国职业篮球联赛(National Basketball Association)半个世纪的历史里，取消比赛还是第一次发生。每少赛一场，球员、零售商和城市就会损失大量的美元。这一逆转不像金融市场从顶峰的暴跌。在12月，成立于1996年的美国女子篮球联盟(American Basketball League)倒闭了。在垮台之前，阅读了肯德尔报告的球队业主有整个赛季的时间来从容地出售球队。肯德尔专门提到耐克(Nike)股票的股东是空头。1997年2月，耐克股票达到75美元，然后又下跌到30美元，耐克股票的股东有两个月的时间出售股票。《亚特兰大宪法报》问道：“一个年收入20亿美元的生意怎么到了自我毁灭的地步？”[15]答案是，这个生意到达了顶峰。

篮球运动时运的这一逆转是不是肯德尔想像的长期下跌呢？这还有待时间的验证。然

① 皮特·肯德尔(Pete Kendall)即彼得·肯德尔(Peter Kendall)的昵称。译者注。

而,社会情绪经济方法又一次好像为一个独特的情况提供了最有趣的真知灼见。

## 把社会情绪经济学应用于社会领域的个体实验

成为公众崇拜焦点的个体可以熬过不可避免的公众审美疲劳,如果他们理解自己的名声和社会功效的直接维护更多地取决于公众态度,而不是自己的行为。拿破仑(Napoleon)有一个精辟的言论:"当我的星辰上升时,什么都无法阻挡我;当我的星辰下降时,什么都救不了我。"[16]我不知道他为什么得出这个结论,但是如果一个公众人物了解波浪原理的话就能更容易地理解拿破仑的话。

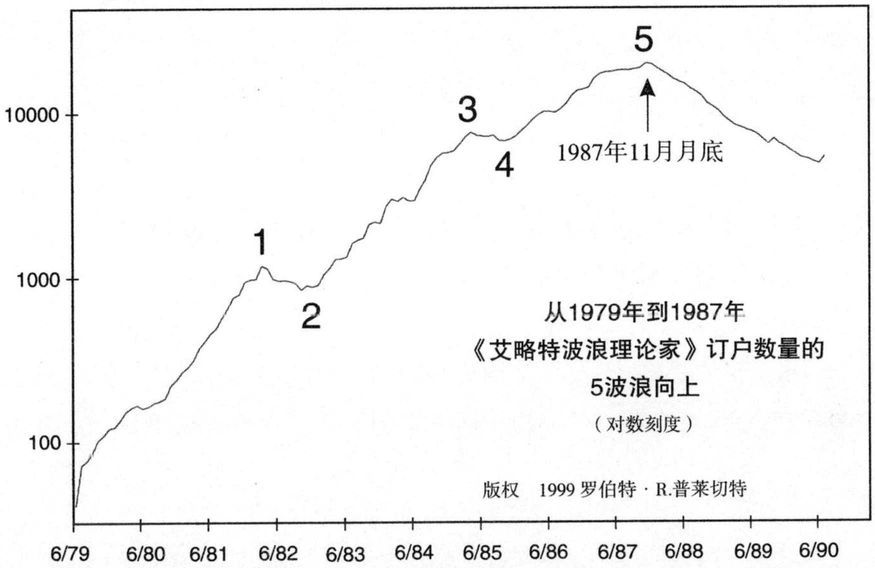


图 17-10

## 从公众形象的波浪预料公众形象的顶点

金融专家是一个类似流行明星的社会现象,因而在某种程度上金融专家的命运也是可以预测的。我知道人和形象是不同的,所以我不太在意市场专家"往返旅行",我在20世纪80年代就经历过。我清楚地知道当时发生了什么,甚至还画出了我的"明星"的路线和位置。图17-10表明了20世纪80年代《艾略特波浪理论家》每月的活跃订户总量。当波浪5的发展开始放慢时,我知道这段旅程即将结束。1987年9月的一天,大约20名记者拿着笔记本和照相机挤进纽约城的一家旅馆的小房间,聆听专家的话语。在这种情况下,其他的所有人都会把这一幕当作大肆宣扬自己的机会,但我决定反其道而行之。对于每一个问题,我都避重就轻,顾左右而言他,记者很快离开了房间。我的形象已经居高不下,我不想让我的形象从一个更高的水平下跌。然而,顶点还没有到来。不到一个月之后,我在 1987 年 10 月 5 日转而下跌,当时处于一次反弹的顶点,离 1987 年的高点不足 90 点。而我从 1984 年的低点开始保持了一直上升的势头。包括《纽约时报》在内的许多报纸报道了这一变化。在 10 月和 11 月,记者不停地打电话,甚至把采访车停在我门外的大街上。几个人告诉我一个谣言:空军一号(Air Force One)降落在附近的大路上。这些事件强烈地表明我形象的时运到达了顶点。直至 11 月份,我的订户数量屡创历史新高。

在这种狂热之中,我预示着变化,出版于 10 月 9 日的《今日美国》作出了评论:"有时,人们会关注我那 70% 的成功纪录……有时,人们会关注失败纪录。"[17]

为了在个人尽可能少受伤害的情况下摆脱这种环境,我在我的 11 月 2 日版次里推荐了一个新的专家伊莱恩·加尔扎雷利(Garzarelli)。[18] 1988 年 1 月,我在图上画出了第一个低于前盘的股票市场交易。从那时起,我立刻停止接受新的演讲预约,停止在媒体露面。不过,在那一年,我已经事先接下了一个抛头露面的任务,这次抛头露面因而备受瞩目。

毋庸置疑,尽管 1988 年是我的最佳预测年份之一,[19]一些媒体还是受够了普莱切特并开始攻击普莱切特的形象,而他们的同事已经给了普莱切特过多的赞誉。一些媒体人认定我 10 月 5 日的卖出建议并不太好。在所有受监测的顾问当中,只有我给出的卖点最高。根据这些媒体人的说法,我应该准确地预言两周之内下跌 900 点,稍有差池就算作失败。我的星辰下降了,星辰肯定会下降,它是社会情绪和焦点的产物,和边缘系统冲动一样转瞬即逝。加尔扎雷利暂时成为新的英雄。这些波浪好像也期望着我在应用中的成功,因为此后不久,我就长期无法作出精准的预测。[20]

## 基于极端事件为公众偶像预测逆转

有时,人们的手头上并没有超级明星的波浪图,但非常极端的事件就足以成为最佳信号。然而,一个人受到了奖励并不足以证明他的形象正在登顶,一个人成为了消极文章的主题也不足以证明他的形象正在触底。要成为这种信号,这一事件必须真正是对价值的极端社会评价。

在此基础上,我做了两个预测。1992 年,伊莱恩·加尔扎雷利的形象非常吸引人,开始出现在电视上的连裤袜广告里。1992 年 1 月 31 日,我对她的形象作出如下评价:

> 基于典型的进步进展,我断定,在 1992 年,她那伟大的公众形象会达到顶点,媒体开始转而关注她的错误。这是社会心理的自然流动。这种自然流动也产生了牛市和熊市。

在几个月之内,新闻界激烈抨击她的货币管理结果,她所在的公司让她走人。

第 15 章讨论了流行音乐超级明星的波浪定位。迈克尔·杰克逊长期享受超级明星的待遇,导致了一个极端事件,这个极端事件标志着迈克尔·杰克逊形象的逆转。这里是我

1991年3月29日的评价:

就像在下文指出的那样,杰克逊先生和索尼公司(Sony)签订的合同价值惊人。我们有理由认为这一惊人的价值标志着对杰克逊评价的顶点。

《今日美国》

1991年3月21日

杰克逊达到了10亿美元的身价

星期二,杰克逊和索尼公司签下了合作伙伴协议。索尼公司说,对杰克逊来说,这一合作伙伴协议有着10亿美元的潜在价值。

"国宝"哥伦比亚公司(Columbia)董事长乔恩·彼得斯(Jon Peters)和彼得·居贝(Guber)这样描述杰克逊。

世界上顶尖的明星迈克尔·杰克逊获得了前所未有的成功。先是1982年的《颤栗》(*Thriller*),售出了4000万张,成为历史上最畅销的专辑。然后又是1987年的《真棒》(*Bad*),卖出了2500万张。

这件事发生不到一年的时间,杰克逊的形象就开始下滑。对他履历的评论从好坏参半变成了吹毛求疵,他的姐姐(妹妹)公开嘲笑他。这是波浪A正在向下。然后就是波浪B反弹,1993年1月杰克逊为超级碗(Super Bowl)中场休息演出献艺。1993年末,在强大的波浪C之中,杰克逊的形象暴跌。人们对他肆意侮辱伤害,不遗余力。他被指控对儿童进行性骚扰。一个关系冷漠的姐妹和一些遭解雇的前雇员(收钱出现在八卦电视节目之中)声称杰克逊有犯罪行为。杰克逊因为毒品问题被送进医院治疗。杰克逊不得不取消了剩下的世界巡演。两家大公司终止了与杰克逊的商业关系。因为世界巡演缩水,承办人起诉他,索赔数百万。两位歌曲作者起诉杰克逊,索赔数百万,声称杰克逊窃取了他们的材料。一个大学明确表示要收回承诺,拒绝授予杰克逊荣誉奖励。警方下令拍下他的生殖器照片以便证实证据。有谣言说这些照片正被兜售给出版物。当然,在这些年月里,杰克逊的行为无论是好是坏都没有变化,变化的是公众的焦点。此外,杰克逊是否真的作恶使自己形象暴跌与动力并没有什么关系。与大多数情况不同,下面的报纸评论实际上相当精确地阐述了杰克逊的处境:

自封的流行之王拥有赚钱的王权,但是他的王国正在削弱,有崩溃的危险。媒体蜂拥而上,去发掘含糊的作恶证据[比如,杰克逊阅读《儿童》(*Child*)杂志],好像忘却了那个思想:无罪推定。这样匆忙作出判断是否公平?可能并不公平,但是,当利害关系如此重大而戏剧效果又如此吸引人的时候,你不能奢望媒体采取克制态度。一个深受儿童爱戴的音乐明星公开承认自己是瘾君子,还被怀疑对儿童进行性骚扰。一个全球偶像可能会永远从人们的视野中消失。别管是否有罪,杰克逊都是一幕正在上演的悲剧。如果男孩的故事能经受住考验,如果陪审团判杰克逊有罪,那么,我们就会看到迈克尔·杰克逊和理查德·尼克松一样声名扫地,留下不可洗刷的耻辱。他们都是受人钦佩的人,得到了数百万支持者的信任。没有好莱坞的丑闻能与之相匹敌。[22]

对于名人来说,遭到群体排斥的滋味并不好受。然而,我理解波浪原理并准备好了变化,结果就是,跟以前的市场"专家"相比,我在心理上受的痛苦就少得多。所以,如果你想成名,请画出你的形象发展并注意各个波浪。如果你知道正在发生什么,你就不会痛苦不堪或者英年早逝,或者在痛苦中空耗生命,期待往日荣光的回归。此外,如果你办事高明,你就能合理安排,功成身退,让人们永远记着你顶点时的辉煌。[23]

艾略特波浪国际还有许多其他的社会预测要做。他们研究一切,既包括职业篮球运动的成功,也包括运动狂热。我们预计这两个研究对象都会在未来的岁月里迎来大逆转趋势。或许,我们会在多年的时间里调查社会经历的这些领域,来了解它们的运作方式。

# 注　释

〔1〕"Call it a miracle, or call it a mystery, but black youths shunning tobacco." (1995, August 13). The Atlanta Journal - Constitution.

〔2〕1990 年 10 月 18 日,R. E. 伯特(R. E. Burt)①写给 R. 普莱切特的私人信件。

〔3〕或者是这种情况,或者波浪 4 是一个平面校正。对于艾略特人(Elliotters)所做的预测来说,这实际上是一个司空见惯的方面。我经常感到困惑:趋势的验证时间要比我预计的长多久。

〔4〕1991 年 11 月 1 日版次的《艾略特波浪理论家》包含了这些额外的描述性文字:

全国棒球联盟(NL)季后赛第三次比赛之前,棒球运动分析师唐萨顿(Don Sutton)接受了采访,看他怎么说:

记者:"你通常在东南部(Southeast)大学橄榄球比赛上看到如此疯狂的人群。难以相信这是棒球运动,人们会如此激情四射。"

萨顿:"人们真正被激发起来并沉迷其中的大多数时间,是来自一个消极的立场,而不是积极的立场。在棒球运动 28 年的历史里,这一幕最令人难忘。"

成千上万人整齐划一地表演"勇士战斧之歌"、"印第安人(Indian)战争之歌"、"本垒打手帕"。四十多岁的人表现得就像二十多岁的人。别管有没有比赛,鼓都敲了几个星期。人们提前几个小时出现在球场上,融入群体之中,感受那种狂热的氛围。这些积极向上的社会仪式直接关系到成千上万人。千千万万的人通过电视间接地参与进来。亚特兰大和明尼阿波利斯(Minneapolis)(尽管雨雪交加)的胜利庆典吸引了 760 000 人。亚特兰大的胜利游行上还有彩车和 16 支乐队,是所有事件之中聚集在闹市区人数最多的一次。比赛之前,一个观察家就在电视上说:"这是体育运动的伍德斯托克音乐节(Woodstock)。"

---

① R. E. 伯特(R. E. Burt)即罗伯特·E. 伯特(Robert E. Burt)。译者注。

〔5〕Prechter, R. R. (1983, April 6). "A rising tide." The Elliott Wave Theorist, Special Report. For the full text, see the Appendix to Elliott Wave Principle.

〔6〕事实证明,我没有提早就怀有恐惧。1990—1991 年的经济收缩紧跟着 1987—1990 年的熊市(这一点在价值线指数上得到了最好的反映;请看图 16 - 3 的小图)。我正确预测了 1990—1991 年的经济收缩,但是,我忽略了之后上涨中的股价,因而没能正确预测随后的扩张。这显然是我的心理失败,但不意味着这一方法出错了。正相反,不管我作出什么预测,这一方法都一直在证明着自己正确有效!

〔7〕Prechter, R. (1983, August, 18). "The superbull market of the '80s: has the last wild ride really begun?" The Elliott Wave Theorist, Special Report.

〔8〕对于下一次经济收缩的烈度而言,把 20 世纪八九十年代几十年间的不良经济业绩与 20 世纪五六十年代几十年间的不良经济业绩相对比有着重大意义。另外,把 1932 年至今与 1857 年至 1929 年的经济扩张比率的不良业绩进行对比,甚至有着更为重要的意义。要详细了解这两个区别以及由此引发的观点,请看《在浪潮的顶点》的第 9 章、第 12 章和第 13 章。

〔9〕《每日新闻摘要》(*Daily News Digest*)第 12 卷,第 45 期,1986 年 9 月 9 日。这一出版物引用了一些大人物的一长串不祥的预言,这些大人物中有斯坦福大学(Stanford University)经济学教授(Professor of Economics)肯尼思・阿罗(Kenneth Arrow);密歇根州选区(D – MI)众议院议员(Representative)能源和电力小组(Subcommittee on Energy and Power)主席约翰・丁格尔(Dingel);能源部长(Secretary of Energy)詹姆斯・施莱辛格(Schlesinger);吉米・卡特总统;《时代》杂志的马歇尔・洛布(Marshall Loeb);《纽约时报》的伦纳德・西尔克(Leonard Silk);俄亥俄州选区(D – OH)参议员霍华德・梅岑鲍姆(Howard Metzenbaum);阿肯色州选区(D – AR)参议员戴尔・邦珀斯(Dale Bumpers);《原子科学家公报》(*Bulletin of Atomic Scientists*)的卡特・亨德森(Henderson)。

〔10〕1991 年夏末,对一位美国总统的空前的支持率创下了最高纪录。此时也正是棒球赛季历史上情绪最高涨的时刻,这一章前面的部分已经描述了这一点。

〔11〕Gigot, P. A. (1998, August 14). "Woodward and Bernstein lose their fastball." The Wall Street Journal.

〔12〕Postrel, V. (1998, December). "The two faces of Bill Clinton." Reason, p. 4.

〔13〕Kendall, P. (1996, December 16). "Basketball and the bull market." a Special Report of The Elliott Wave Theorist.

〔14〕"Too Good." (1998, June 16). The Wall Street Journal.

〔15〕Denberg, J. (1998, December 9). "A League's Fiscal Rift." The Atlanta Journal – Constitution, p. E1.

〔16〕Ludwig, E. (1926). Napoleon.

〔17〕Shaw, R. and Landis, D. (1987, October 9). "Prechter flees Wall St. for Georgia hills." USA Today.

〔18〕1987 年 11 月 2 日版次的《艾略特波浪理论家》说:加尔扎雷利是专家:众所周知,一些客户责怪伊莱恩・加尔扎雷利导致了 10 月 16 日的暴跌,因为她在前一个星期就发出了熊市预警……显然,伊莱恩是个聪明之人,她投入了时间和精力先去了解情况然后才发表谈话,而且她有勇气直言不讳。

我认为伊莱恩是专家。这一次相当成功。媒体喜欢上了加尔扎雷利女士,在接下来的4½年里只关注她的成功。

〔19〕根据业务通讯评价服务机构《商品交易人的消费者报道》(*Commodity Traders' Consumer Report*)的评价,在所有受监测的出版物之中,就股市时机掌握而言,艾略特波浪理论的表现位居第二。

〔20〕1992 年 12 月 31 日,我根据自己的职业成就发表了一个分析:波浪原理会迎来人气的一个较大趋势。这个分析里包含着一个终将实现的预言。[ ref: "An application of the wave principle to business." The Elliott Wave Theorist special report. ]

〔21〕Gunderson, E. (1991, March 21). "Jackson hits billion dollar note." USA Today.

〔22〕Gunderson, E. (1993, November 19). "Jackson faces the man in the mirror." USA Today.

〔23〕在极为罕见的情况下,社会对超级天才的成就极为敏感,或者超级天才本人对社会情绪非常敏感。在这两种情况下,超级天才会卷土重来,达到或者超过公众荣耀先前的极值。然而,卷土重来的路线很少跟第一次重合。

# 第 18 章　从社会情绪经济学的角度去思考

著名金融家伯纳德·巴鲁克和别人一样密切关注着市场,他看到了经济趋势与动物从众冲动之间的联系。他也明白,对于正确的社会分析来说,社会情绪经济知识具有重大意义:

所有的经济活动,就其本质而言,都是由群体心理激起的。没有对群体思想的正确认识……我们的经济学理论还有很多工作要做……我总是认为,困扰人类的周期性癫狂肯定反映了人性中深藏的特征——与这一特征类似的力量激起了鸟类的迁徙,或者使旅鼠投海自尽……这一力量根本触摸不到……然而,要正确判断正在发生的事件,就要掌握关于这种力量的知识。[1]

## 对于复杂系统的自组织而言,外因无关紧要

## 社会系统就是一种复杂系统

让我们重温第 13 章讨论的事实:灭绝遵循幂律。佩尔·巴克及其同事发现,诸如小行星撞击地球之类的大灾难不足以解释不时发生的大灭绝。进化本身的动力就是如此,连大灭绝也可以,或许确实,只是作为系统运作的一部分来发生。计算机仿真证实了内源动力的结果。20 世纪 90 年代初,巴克和金·斯奈津(Kim Sneppen)在布鲁克黑文国家实验室(Brookhaven National Laboratory)利用达尔文理论的基本原理开发了一个进化模型。他们发现,物种只是在互动而已,模型中物种的进化和灭绝遵循幂律;有许多小变化,较少的中型变化,极少的大型变化,就像在实际进化中一样。他们没有在电脑中设计小行星撞击。巴克说:"大灭绝不一定意味着要有相应的大灾难作为原因。"[2]这句话说得太好了,因为巴克的意思是没有相应的外因。多年来,对于金融和宏观经济学我一直持这种看法。在 1991 年 1 月版次的《科学美国人》里,巴克和西门菲沙大学(Simon Fraser University)[不列颠哥伦比亚(British Columbia)]的甘·郑(Kan Chen)①对经济也持同样的看法:

传统模型假定经济中存在非常稳定的平衡状况,因此,集体大波动只能是外界冲击的产

---

① 甘·郑(Kan Chen)是音译,因为无法确定此人的国籍或者地区等具体信息,只能这么处理,比如,Chen 也可能指的是"陈"等等。译者注。

物,这些外界冲击也以同样的方式影响了许多不同的部门。然而,经常难以确定如此大规模波动的那个原因。比如20世纪30年代的大萧条就无法确定原因。如果,在另一方面,经济是个自组织关键系统,那么,即使没有任何贯穿各个部门的震动,周期性的大规模波动也或多或少是可以预计的。[3]

尤其是两项研究打破了一个想法:解释金融市场必须要有外在因果关系。第8章汇报了一个1987年的股市仿真研究,每次使用十几个人,这些人"反复制造繁荣-萧条数据图表"。第12章汇报了欧洲物理学家卡尔达雷利、马尔西利和张(Zhang)①最近所做的股市仿真研究:一定数量的参与者在"没有真正信息输入"的情况下,就货币关系打赌。他们的目标是,"在没有外界因素的情况下",观察金融市场心理。这里是他们在因果关系方面的发现:

我们的模型简单,研究一个个的参与者并不是一个复杂的战略,我们直接把经济的外在因素排除在外,我们……发现市场表现非常现实,令人吃惊。这些结果表明股市可以被看作是一个自组织关键系统:系统动态地达到了平衡状态,特点是任何规模的波动,无需任何标准微调或者外在推动。[4]

马尔西利说:"我们的理解是,金融市场价格历史的统计资料可以理解成内部互动的结果,而不是与外部世界基本互动的结果。"[5]在评论这项研究时,托尼·查普曼(Tony Chapman)补充说:"外部世界没有影响,这可能会让真正的交易人吃惊,因为他们严重依赖交易场地之外经济世界的新闻。"[6]在评论这个模型时,1997年10月的《新科学家》对股市发表了看法,而巴克对地震、灭绝和经济收缩发表过同样的看法:"触发金融暴跌无需危机。"[7]

除了这些尝试性评论所阐明的意义之外,在过程之中还有更多的意义。不光是大灾难不需要外因,整个过程也不需要外因。一个团队成员说:"我们高度简化的模型拥有真正市场的所有主要特性:牛奔、暴跌和微跌。"[8]

这一现象也适用于所有的公司,公司的结构是社会性的,公司产品的成功取决于集体人类欲望。包括斯坦利以及波士顿大学管理学院(School of Management)迈克尔·塞林杰(Salinger)在内的研究团队研究了公司成败中的波浪。《新科学家》声明:"该小组的结果表明各种类型的公司都有着普遍的生长形式,无论这些公司从事什么业务。"[9]这句话几乎等同于我在过去几年里写过一百遍的话。这句话的观点遍布于波浪原理文献之中。

## 对于社会系统而言,外因是不可能的

上述研究具有重要意义,因为它们表明,对于金融市场和宏观经济行为来说,不需要什么外因。在可能的范围内,本书解释了更加重要的内容:金融、经济和社会行为为什么没有,也不可能有外因。想一想,当处理社会事件时,什么是"外界冲击"?什么是"外因"?据推

① 张(Zhang)也有可能是"章"或者其他姓氏。译者注。

测,众所周知的小行星撞击地球可能会使纽约证券交易所(NYSE)中断几天时间。我们多次看到的大地震或者毁灭性的飓风对金融市场行为没有显著的影响。除上述几种情况以外,实际上在社会环境下就没有外力或者外因。金融中曾经提及的任何一个"外界冲击"实际上都是内部事件。股市、利率、贸易差额、政府支出、货币供应和经济业绩,都有趋势。这些趋势归根结底都是集体人类精神作用的产物。人类头脑创造了这些趋势,改变了这些趋势,也改变了这些趋势之间明显的相互关系。人类改变利率,交易商品,创造利润,世界上所有的事情都是人类所为。所有的社会事件,无论是利率上升,还是股市下跌,甚或还有战争,都是集体人类精神作用的结果。如果说这些事情不属于正在研究的社会现象的范畴,还不如说人类在社会生活的方方面面彼此从不交流(有意识的交流或者其他交流)。这样说不仅缺乏证据,还让人感觉荒唐可笑。所有的金融事件,实际上所有的社会活动,都是人类合作互动变化的主要部分。在所有的时间里,所有的这些力量都是彼此交融的。然而,对于传统分析师来说,它们都是彼此分离的原因,就像击打台球的球杆一样。这个错误使传统方法大受其害。在这整本书里,我们看到,波浪原理塑造了市场趋势、经济情况趋势、政治趋势、文化趋势、社会知名人物形象甚至还有进化,意味着所有社会现象生长和衰败的一个普遍形式。[10]现在,我们应该抛弃一个想法:社会情绪和行为的外在因果关系。

对于可以被认为对社会有影响的外界事件,我能想到的最极端的例子是流行病或者大流行病。别忘了,流行病或者大流行病杀死了数千人或者数百万人。流行病或者大流行病为什么没有成为影响情绪的重要社会因素?

有一个事实:流行病和大流行病好像是在大型消极社会情绪趋势期间袭击人类。或许之所以如此发生,是因为人们的心理素质在牛市里比较脆弱。或许是因为人们的个人行为,无论是涉及卫生还是性乱行为,都在社会情绪紧缩期间更容易传播疾病。或许是因为社会情绪紧缩带来了经济收缩,使人们更难以为生物提供舒适的环境以抵挡疾病,也使人们更易于挤进狭小廉价的空间之中。无论出于什么原因,当我们研究中世纪的大流行病时,当我们研究爆发于1917年熊市期间的西班牙流感疫情(Spanish influenza epidemic)时,好像总有熊市在起作用。流行病的程度往往也与情绪倒退的规模相互关联。[11]

R. N. 艾略特注意到市场经常在平行通道内运行。[12]看看图18-1直到图18-5,观察一下历史上一些最变化无常的市场,这些市场在极端多样化的经济和社会条件下运行,但行进路线都反映了集体行为的这一基本方面。这些通道包含各种价格,无论什么战争、能源危机、演讲、暗杀、水门事件之类的丑闻、花生门之类的丑闻(Peanutgates)、旅行门之类的丑闻(Travelgates)、拉链门之类的丑闻(Zippergates)、强烈呼吁或者天气。金融市场好像确切地知道自己身处何方,去过哪里,或者至少在某些方面知道自己要去往何方。关于经济情况、政治和历史的各个事件肯定与金融市场无关。社会因果关系、混沌、随机性和不可预测性(请看第19章和第20章)与这一言论格格不入。在另一方面,波浪原理包含了这一言论。

在20年的时间里,在这整本书中,我一直认为经济状况和政治不会导致金融行为和系

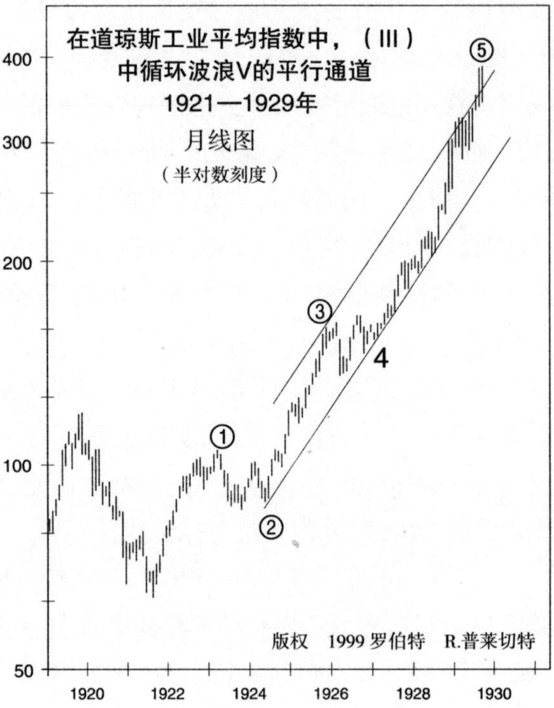
在道琼斯工业平均指数中，（III）
中循环波浪V的平行通道
1921—1929年
月线图
（半对数刻度）
400
300
200
100
50
①
②
③
4
⑤
1920
1922
1924
1926
1928
1930
版权 1999 罗伯特 R.普莱切特

图 18 - 1

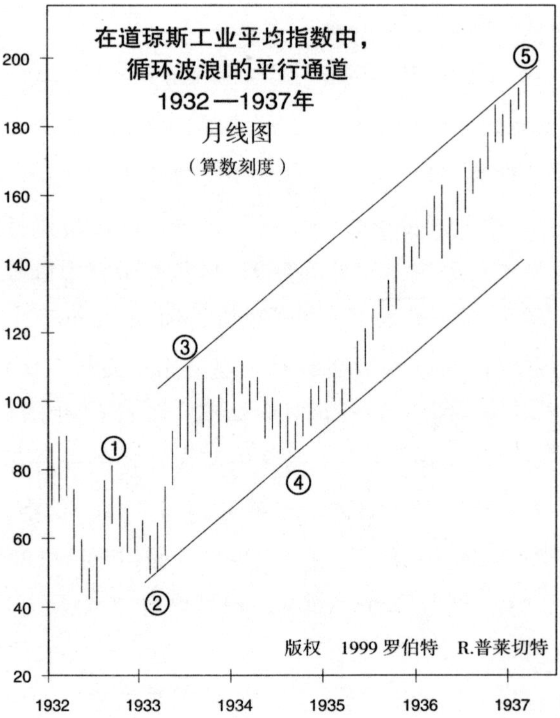
在道琼斯工业平均指数中，
循环波浪I的平行通道
1932—1937年
月线图
（算数刻度）
200
180
160
140
120
100
80
60
40
20
①
②
③
④
⑤
1932
1933
1934
1935
1936
1937
版权 1999 罗伯特 R.普莱切特

图 18 - 2

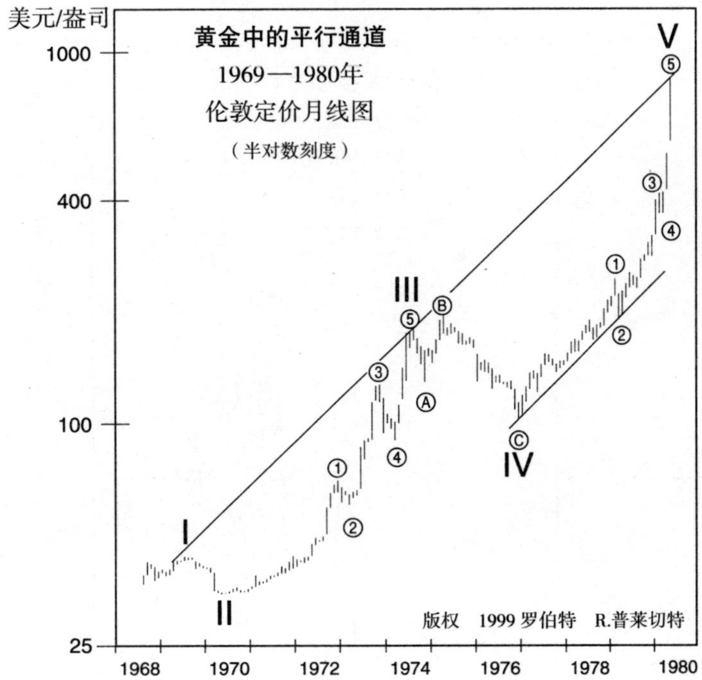


图 18－3

统行为。原因并不仅仅是不需要外在因果关系，现代研究正在证明这一点。还有一个原因，外在因果关系是不可能的，因为金融市场是程式化的，依据的是波浪原理。

## 社会因果关系的方向

如果社会情绪是程式化的，那么社会情绪就不可能是随机社会事件的产物。没有基础表明社会情绪以某种方式成为了社会事件的结果。社会事件本身具有实现了完美的程式化，产生了波浪原理。要认为社会情绪是社会事件的结果，就需要完全的事件决定论。然而，第 16 章表明，社会事件和社会情绪之间有着密切的关系。因此，因果关系唯一可能的方向就是流行观点的反面。现在，对我所谓的社会情绪经济见解做一个总结：社会事件不塑造社会情绪，社会情绪塑造社会事件。群体性心理波动不仅与整个人类历史的进步和退步相关，群体性心理波动实际上是人类历史进步和退步的发动机。集体情绪塑造了社会互动的特点，并进而塑造了由此引发的行为和事件。

这一见解的证据一直不断。就在过去的几个月里，就有几个戏剧性的例子。1997 年 10 月的印度尼西亚（Indonesia）金融暴跌导致了 1998 年 4 月的暴乱，使以前深孚众望的统治者苏哈托（Suharto）下台。而苏哈托在过去的 32 年里一直是印度尼西亚总统。韩国的金融暴跌始于 1997 年 10 月，使韩国股市达到了 11 年里的低点，导致了 1998 年 4 月的大规模劳工罢工。金融上升趋势先于社会兴奋，金融下降趋势先于社会危机。

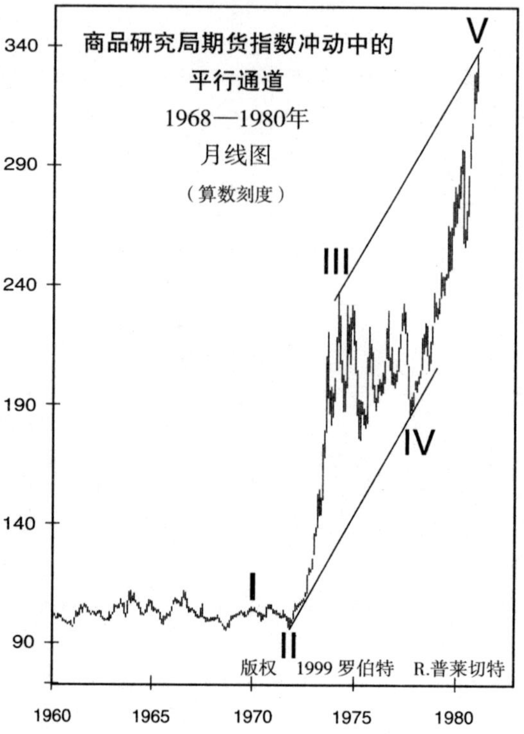


图 18-4

## 甚至对于见识深远之人来说,新闻也没有用武之地

新闻因果关系的捍卫者确实有一个根本问题:没有投资者真正知道任何一条新闻的含义。这一事实被一种轻而易举的态势所掩盖,金融新闻作者可以回顾过去,从关于某一天的众多新闻中择取一个报道,因为这个报道好像能够证实发生过的任何一个市场行动。如果事情反过来说,就没有这么轻而易举了。如果你能建一个时间机器邮箱,这个邮箱可以提前整整一天生成《纽约时报》,但没有股市新闻,那么,你就还是无法预测次日的市场行为,就好像你什么都没有读。暴乱、和平条约、高峰会议、地震、毁灭性的飓风、商品的价格变化、暗杀、政治成就和政治丑闻——这些事情只会对股市产生短暂的影响,更不具备任何预测价值。这一周,《亚特兰大宪法报》一个经济学作者相当精确地说:"如果历史有任何指导作用的话,那么在美国空袭阿富汗和苏丹(Sudan)之后,股市就怎么走都行。"[13]说对了!经济作家在发表意见之前应该看看这句话(现在,回到第16章,回顾一下市场是多么准时地在战争活动之前下跌。市场是社会情绪的仪表,社会情绪触发了种种社会事件)。

在8月,《亚特兰大宪法报》刊登了一篇文章,对42年历史之中的突发新闻和股市进行了回顾,文章题目是,"难以确定暴跌触发器(*Identifying Sell-off Trigger Difficult*)",[14]也就

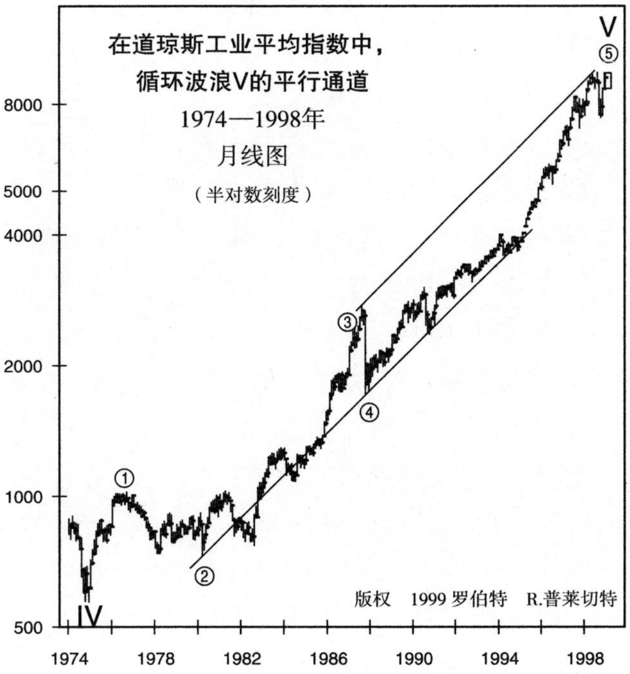


图 18－5

是说，甚至在回想的时候，也难以把戏剧性的突发事件与市场行为联系在一起。在所研究的时期内，最大的下跌是 1987 年的暴跌。这篇文章对 1987 年的暴跌给出了相当精确的说法，“学者们还在为暴跌的原因争论不已”。想一想，历史已经证伪的东西，学者们却还在争论不休！这就是许多学者的所作所为。原因就在于，对于金融市场因果关系、理性和效率，许多学者都持错误想法，而且还做不到迷途知返。

一旦你理解了新闻不是原因，你就会意识到，即使你提前知道了新闻，你还是无法预测股市。一旦你理解了新闻不具备预测价值，你就会认识到，对于市场行为来说，没有有效的与新闻相关的解释。这个市场行为可能发生在黑色星期一（Black Monday）、刚过去的星期二、即将到来的星期四，或者任何一个交易日，或者任何一周、一月、一年、十年或者百年。这些事实是与直觉背道而驰的，但是一个热诚的市场学者还是很快能够发现，新闻对于股市没有因果关系。一个社会情绪经济学家发现了，更重要的是，理解了，相反的因果关系。就像 R. N. 艾略特说的那样：“新闻顶多是对力量的滞后认识，而这一力量已经发挥了一段时间的效力。只是对那些没有意识到趋势的人来说，显得突如其来。”[15]

## 根据形势预先对市场进行推理

有一种看法认为新闻影响市场，这一种看法是最低水平的误解，也是最常见的误解。还有一种较高水平的误解,至少承认了一个事实:市场在各个事件之前有所行动。技术人员断言,利润落后于股价的原因是,聪明的投资者预料或者“预计到”了未来,换句话说就是猜对了未来。

在解释事件滞后于股价的原因时,这一立场是一个由来已久的优秀尝试。但我相信这个立场是错误的。他们的想法是,大多数投资者几乎对经济未来无所不知。这一想法难以自圆其说。这一想法没有对下面的情况给出原因:1928 年,市场预见到的只是蓝天,在 1929 年,极其突然预见到萧条;在 20 世纪 30 年代初预料复苏永远不会发生。

有人可能想努力去证实,当聪明的投资者在工作中遇到一点困难时,聪明的投资者会卖出股票。如果经济通常在股票之前转向,或者甚至与股票同时转向,那么,这一论点可能还说得过去。但是,股票领先于经济,通常领先几个月。那么,就出现了一个问题,当你问投资者他们有什么想法时,他们并不知道未来的经济变化。实际上,他们总是无法做到先知先觉,想法总是与未来的趋势背道而驰。当牛市趋势开始的时候,绝大多数人看跌,大多数人都是错误的;当熊市趋势开始的时候,大多数人看涨,大多数人也是错误的。我们可能不会假设他们“猜”对了未来,因为他们猜错了。在一个新趋势波浪 2 或者 B 的终点,他们的错误信念经常达到极值,此时正是最糟糕的时候。

因为市场是程式化的,所以如果认为有接近完美的集体预测,那就错了。否则,未来事件的程式化就要依照波浪原理,而且,集体也就可以完美地预测每个微妙之处。这是一个站不住脚的立场。

真相是,股市并不像价格反映一切论所表明的那样能洞悉未来。乐观的人扩充业务,消沉的人收缩业务。此后结果表现为明显“被反映的”未来。日益奔放或者悲观的社会情绪刺激着人类的行为,使利润上涨或者下跌。上涨的利润是牛市的结果,下跌的利润是熊市的结果。政治行为也是这样。政治家制定或者放弃政策并不能扭转牛市或者熊市的潮流。市场反映了群体情绪环境,群体情绪环境使政治家在某个关键点采取行动。

## 社会情绪经济学逆转了与市场和事件相关的思考过程

就预言股市而言,对当前事件和市场外环境的了解几乎没有什么价值。对市场位置的了解可以帮助预言外部环境的变化。波浪原理提供了一个推测趋势未来变化的基础,因此,波浪原理也提供了一个基础,用于推测源于社会心理的由趋势所代表的事件。这一能力提供了一个机会,可以为事件即将出现的特点做好准备,有时甚至可以预先为实际事件做好准备。比如说,下面是一些具有重大意义的信息:超循环波浪(IV)的低点出现之后不久,在 1933 年,政府发布命令,关闭了银行;在超循环波浪(II)的终点,在 1857 年,美国的大多数银行也被关闭。因此,就银行健康而言,下一个超循环或者更大级数的熊市也可能是类似的结果。大多数分析师反其道而行之。比如,在看到银行大规模倒闭之前,他们一直在等待,然后他们才宣布银行大规模倒闭对股市来说意味着熊市。而实际上恰恰相反。有了波浪原理,我们就能客观而恰当地使用社会情绪形式,而不是被动地去适应社会情绪趋势。

一个传统分析师问道:“对于股市和债券市场来说,美联储(Fed)①会采取什么行动?”社会情绪经济学家问道:“股市和债券市场的行动会对美联储的声望有何影响?”一个传统分析师认为一国的总理“控制着经济”。[16]社会情绪经济学家认为控制着总统声望的是社会情绪,因此也就是市场,因此也就是经济。一个传统分析师问道,国会的议案如何影响股市。社会情绪经济学家问道,对于那些即将提出的议案,股市怎么说,议案能否通过。一个传统分析师指出,选举引起分歧。社会情绪经济学家说选举是由分歧引发的。一个传统分析师说战争的爆发使人们恐惧和愤怒。一个社会情绪经济学家说恐惧和愤怒的人们易于参战。一个传统分析师问道,联邦政府税收盈余会怎样服务美国。社会情绪经济学家问道,在社会情绪波浪进展的什么时候通常会出现预算盈余。社会情绪经济学家还会对盈余进行预测。一个传统分析师问道,修订后的公司利润估算会对股市产生什么影响。社会情绪经济学家观察股价趋势,并预言分析师会朝哪个方向修订利润估算。让我们探索这种角色逆转的具体例子。

在整个 20 世纪 50 年代,人们在建造防空洞。人们在回应已经发生的事件,实际上是在 10 年之后为 1945 年做准备。1994 年,史密森尼博物院(Smithsonian Institution)把防空洞作为纪念品放入收藏品之中。观察家、传统分析师都为此齐声赞美,认为此举反映了人类和平的新纪元。作为社会情绪的反映,此举真正重大的意义是什么?此举反映了发展中的主要社会情绪顶点中常见的自满情绪。对于社会情绪经济学家来说,此举表明一个长期积极情绪趋势正在接近极值,也表明对战争的焦虑很快就要开始再度增强。传统思想家在不必要的时候浪费时间修建防空洞,然后在最需要防空洞的时候却没有防空洞可用。社会情绪经济学家反其道而行之。

这里是另一个例子。主要市场上升趋势最终使一个反复出现的信念风靡一时。这个信念是,就算不起到反作用,市场时机掌握也已经过时且无用了:“人们需要的只是选好股票。拿稳了,你就能赚钱且处于安全状态。”我们什么时候见过这个盛极一时的情绪?答案是 1928 年、1968 年和 1998 年。1984 年 6 月就很少有人这么说。在 1932 年、1942 年、1859 年或者 1842 年,就没人这么说。当这个观点盛极一时的时候,你可以得出什么社会情绪经济学结论?对于整个市场趋势来说,存在着一个自满症状。只是在上升趋势的最末阶段,人们才会表达这种自满。现在,想一想从社会情绪经济角度思考时,我们一直说的那种矛盾之事。恰恰是股市在整个趋势之中的位置诱使人们说股市在整个趋势之中的位置无关紧要。在熊市的底部,时机掌握成为了新的哲学,受人推崇,而此时实际上应该集中精力持有和选择股票。[17]在市场之中,社会情绪经济学家每天都可以说这一矛盾之事并从中获利;传统经

---

① 美联储(Fed)即联邦储备委员会(Federal Reserve Board)。译者注。

济学家每天都制造矛盾之事,自己却并不知情。

## 媒体反映了集体情绪

社会情绪经济学表明,在报道关于主要社会趋势的预言时,媒体总体上为什么必然总是站在错误的一边。在所报道的领域,记者通常是非专业人士,所以,记者的情绪基本上反映了公众的情绪。记者经常联系金融分析师,金融分析师表达自己对市场的情绪,反映了社会的集体情绪。一个看涨的分析师很少在主要市场底部得到发言机会,而一个看跌的分析师很少在主要市场顶点得到发言机会。在不同的时间,媒体选择引用特定的专业人士,通常使专业人士表现得留恋过去、目光短浅。

投资技术(Investech)的詹姆斯·斯塔克(Stack)不辞辛劳,收集了远自20世纪20年代的与市场相关的文章。[18]由此得出的编年史是一幕悲喜剧,错误不断。约翰·理查德对斯塔克的结论进行了总结:"当预言涉及金钱问题时,经济学家、大投资者,以及引用他们的话的记者有时不会犯错误;他们老是出错。"[19]《一般经济学》的作者保罗·蒙哥马利和内德·戴维斯研究公司的内德·戴维斯研究了主要新闻杂志封面的时机掌握,发现每当一份杂志对股市采取一个立场时,肯定会出现反方向的重大转折,而且通常会延续数年。[20][21][22]

我注意到一个类似的现象。当趋势达到极值时,记者不再需要金融专业人士的服务,不需要金融专业人士提供看法;记者认为趋势的持续显而易见,确信人人都可以审时度势,记者们自己作出了预测。这时候肯定会犯错误。

## 极值在事件特点方面的预测意义

事件是社会情绪的结果,但是当事件达到极值时,甚至也会有一些预言价值。当然,这一价值恰好与通常的看法相反(请看第19章)。在谈论投资时,巴伦·冯·罗斯柴尔德(Barron von Rothschild)概括了这一真理,"当街头鲜血流淌时,买进"。换句话说,当环境显得极其黑暗时,一定处于情绪的低点,股票价格和债券价格也一定处于低点。这里是一个例子。1857年11月12日,持续22年的超循环级数熊市波浪(c)正好处于低点,《波士顿环球报》(*Boston Globe*)的一则标题写道:"能源危机临近——世界即将处于黑暗之中——鲸脂供不应求(Energy Crisis Looms——World To Go Dark——Whale Blubber Scarce)。"几个星期之前,在10月份,《哈珀周刊》(*Harper's Weekly*)发表了下面的声明:

这是我们国家历史上的黑暗时刻。大多数人没有经历过如此焦虑不安的时刻;未来从来没有像此刻表现得那样无法预计。国内经济形势处于混乱之中。在整个世界上,我们的美元都不够坚挺。价格之高难以想象。政治像一口翻滚冒泡的大锅,动荡不安。像往常一样，俄国像乌云一样悬在地平线上，黑暗且安静。这是一个严肃的时刻。没人能看到我们的麻烦何时才能到达尽头。[23]

或许，没人能“看到尽头”，但尽头就近在咫尺。这一月记录下了股价和经济业绩的低点，股价和经济业绩没有再创新低。从此，股价价值在6年之内飙升了3.5倍，在72年之内飙升了47.6倍。

反之亦然。1928年，幸福的事件特点和环境反映了积极社会情绪的极值，而这预示着逆转。与之类似，在1965年，经历了23年的牛市之后，美国没有战争，没有短缺，有着无可置疑的世界影响力，能源便宜，民众幸福，经济多产。人们觉得自己生活富裕，可以心想事成。在这种心态的驱使下，国会和林登·约翰逊总统对政府资助的社会项目进行了有史以来最大规模的扩张：老年保健医疗（*Medicare*）、《投票权法案》（*Voting Rights Act*）、启蒙计划（Head Start）、《中小学教育法案》（*Elementary and Secondary Education Act*）、《住房与都市发展法》（*Housing and Urban Development Act*）。政府启动了伟大社会（The Great Society）。现在应该乐观还是悲观呢？

1979年，经过13年的熊市之后，美国有着“无法控制的”通货膨胀、劳工动乱和暴力，世界影响力下降，面临着短缺，能源昂贵，规章制度令人窒息，税收政策巧取豪夺，美国甚至有史以来第一次输掉了战争。罗珀（Roper）组织汇报，在可追溯到1959年的民意测验中，美国人在历史上第一次认为未来比不上现在。吉米·卡特总统就美国的“信任危机”向全国发表演讲。现在应该乐观还是悲观呢？

超循环级数环境下的极值更具戏剧性。在20世纪30年代和20世纪40年代，政治事件恐怖危险。这些政治事件包括，极权主义接管了大片领土，战争规模空前，国家领导了针对4000万人的屠杀，无数的凶恶暴行，发明并使用了原子弹使城市毁于一旦。这些事件反映了超循环级数熊市的消极社会心理。这一时期还伴随着历史上最大的股市起飞之一。

你可以看到，社会事件的极端性质表明，趋势即将朝着相反的方向变化。这样，当社会事件的性质达到极点的时候，社会事件就能成为社会情绪经济预测的有用工具。

当我们进入1999年的时候，我们是否要把这一理念应用于今天的环境？在整个历史之中，今天的社会事件的性质阳光灿烂，一片和谐。向周围看一看，在这个10年里，情绪的超循环上扬产生了积极的事件，事件的积极程度是以往所难以想象的。官员宣布为期40年的冷战正式结束；前苏联放弃了对东欧的控制，开创了新时代，《华尔街日报》说，“这是一个兴奋的时代，堪与战后时期相比”；美国政治领袖通过修改宪法来保证永久平衡的联邦预算；在46年的时间里，美国第一次赢得了战争；南非（South Africa）结束了荷兰人到达（Dutch arrival）南非以来实行了350年的种族隔离制度，种族隔离制度还作为正式官方政策实行了45年；第16章的“和平”一节对此进行了列举。

今天的传统分析师对这些情况的回应与20世纪20年代末一样乐观。比如，国务院政策规划师（State Department Policy Planner）弗朗西斯·福山在他广受赞誉的《纽约时报》畅销书中宣称“这种历史终结了”,因为西方自由民主制的胜利消灭了政治风险。[24]世界上的官员表示同意,并表达自己的喜悦之情,因为世界和平与繁荣的黄金时代开始了。公众表示同意;在这些大好消息的刺激下,1998 年的消费者信心(Consumer Confidence)统计数据接近了过去 25 年的最高水平。大多数公民,或有名或无名,包括所有的传统未来主义者、经济学家和政治分析师,都看涨股市、经济和未来,认为在可以想象的未来前途一片光明。然而,作为本书的作者,你有基础给出更可靠的观点。

现在,我们明白“看涨”意味着形势会好转,“看跌”意味着形势会恶化。那么,上面描述的事件看涨还是看跌呢?上文列举了近年的事件,这些现象与 20 世纪三四十年代的社会景象相反。图 18－6 详细说明了超循环波浪(Ⅳ)熊市的结果与超循环波浪(Ⅴ)牛市结果在政治气氛方面的巨大区别。下面几页的照片表现出人类方面的巨大区别。

最近的事件大受欢迎,是因为它们符合社会情绪底部的事件,还是因为它们符合社会情绪顶点的事件?考虑到你的答案,我们应该预料我们一直在享受的趋势会加速或者长期持续下去?或者考虑到你的答案,我们应该开始预料逆转?

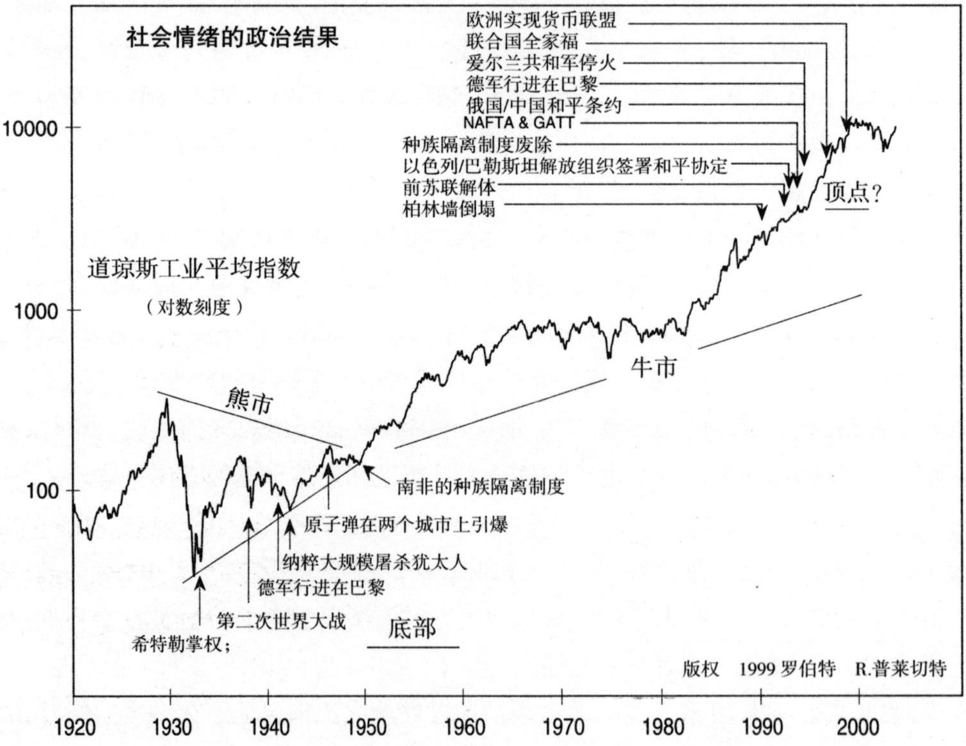


图 18－6

如果你的答案和我的一样,那么,你与(非常接近这个百分比)100% 的经济学家意见相这些照片好像有悖常理。这些照片代表了消极社会情绪的极值，因此也代表了一个日趋乐观的时期。

原子弹，1945年7月

资料来源:曼哈顿计划

这些照片好象有悖常理。这些照片代表了消极社会情绪的极值，因此也代表了一个日趋乐观的时期。

**南非历史性的一天**

**一个时代的结束：各种族在新宪法下实现平等**

资料来源:戴维·布劳赫利,美联社(AP),1993年11月18日

左。这些经济学家断定,这些事件创造了"有利基础",看涨不确定的未来。根据《华尔街日报》1998年7月对55位经济学家进行了民意测验,55位经济学家都说"衰退不大可能发生,

**英国和爱尔兰共谋和平**

资料来源:《金融时报》(*Financial Times*)1993 年 12 月 16 日

**条约标志着历史性的一天**

在俄国的突破，处处洋溢着温暖之情

资料来源:美联社(Associated Press①),1994 年 1 月

股市也不大可能进入熊市阶段”。[25]《纽约时报》在 8 月 15 日补充说,“经济学家没有在一支蓝筹股身上发现衰退的迹象”[26]。《商业周刊》(*Business Week*)杂志 1998 年 8 月 31 日的版次特别刊载了关于 21st经济的封面文章。一组记者和编辑“检查了经济的每个方面”并断定“所有的要素都井井有条,长期增长的时代万事俱备”[27]。在 1974 年或者 1982 年的第 4 个季度,如果得出这个结论可以说是目光远大,当时就没有传统经济学家说过这种话。美国所有的传统经济学家和未来主义者都不认可,那么,社会情绪经济学家应该改变观点吗？第 19 章讨论了经济学家总的成绩记录,着重回答了这一问题。答案是否定的。在这种情况下,无论我们关于可能性(不是确定性)的声明正确与否,答案都是否定的。

**不再打仗**
约旦、以色列同意寻求永久和平

资料来源:《今日美国》,1994 年 7 月 26 日

在主要顶点,事件看起来美妙无比;在主要底部,大多数人想象得到的趋势,如果不是现有趋势的加速,就是现有趋势的延续。这一节的要点是要表明,极值这一事实本身表明变化的可能性增加了。

请记住事件极值是相对的。原因就在于,时代的美好并不意味着已经达到了顶点。还有一个原因,时代的灰暗并不意味着已经达到了底部。文艺复兴(Renaissance)和中世纪都持续了漫长的时间。和其他情况下一样,关键是波浪结构提供的合适的视角。

## 预言社会情绪经济学本身的人气

一个社会情绪经济学家甚至具有这样的优势:预料公众对自己工作的价值和功效所持的观点会发生什么变化。原因在于,对于社会情绪循环和波浪这些概念本身而言,公众的兴趣是存在涨跌的,社会情绪趋势是与这些涨跌相关联的。在上升趋势中,社会循环本身日益被忽视、被嘲弄,甚至被宣布死亡,因为把推动上升趋势的力量归功于政策的制定者身上。在顶点,这一情绪蔓延开来。比如,1929 年 9 月,纽约证券交易所(New York Stock Exchange①)主席对银行总裁、经济学学家和政府官员的情绪做了回应,说:"显然,我们已经摆脱了商业循环,因为我们知道这些循环。"[28] 1991 年,一个政治经济教授这样为自己的所有同行辩护,说:"对于宏观经济学中的想法,严肃的经济学家很少会达成一致,但是怀疑康德拉捷

① New York Stock Exchange(纽约证券交易所)即 NYSE(纽约证券交易所)。译者注。

夫(Kondratieff)(循环)的存在是一致看法之一。”[29]1998 年 7 月,一位麻省理工学院教授宣布“这一扩张会永远持续下去”因为我们有“政策杠杆”来“使当前的扩张进行下去。”[30]在这些时候,社会循环想法就受到传统思维的排斥。

相反,当消极社会情绪增强而且金融和经济多变时,循环又变成座上宾,因为人们要为他们不曾预料的戏剧事件找到原因。1929 年到 1949 年就是这种时期。受到激励的 R. N. 艾略特在 1929—1932 年暴跌之前进行工作,分别在 1938 年和 1946 年出版了著作。尼古拉(Nikolai)·康德拉捷夫于 1935 年把自己的论文《漫长的经济循环》(*Long Economic Cycles*)送到哈佛大学。哈佛大学经济学教授约瑟夫·熊彼特(Schumpeter)在其 1939 年的著作《商业循环》(*Business Cycles*)中对康德拉捷夫的循环(他称其为“举世无双的、最为重要的经济预测工具”)进行了扩张。[31]美国政府要求爱德华·R. 杜威(Dewey)解释 1929 年暴跌的原因,此后,爱德华·R. 杜威于 20 世纪 40 年代创立了循环研究基金会。他和埃德温·F. 戴金(Dakin)于 1945 年完成了《循环:预言之科学》(*Cycles:the Science of Prediction*)。[32][33]

多年来,当股市上升时,循环研究基金会会员数量下跌;当股市校正时,循环研究基金会会员数量上升。在 20 世纪 60 年代的上升趋势中,循环又一次成为半老徐娘,意兴阑珊。在 20 世纪 70 年代的校正时期,循环研究基金会与康德拉捷夫时来运转,一些书,比如杜威(1971)的《循环——触发事件的什么力量》(*Cycles——The Mysterious Forces that Trigger Events*)、舒曼(Shuman)和罗西瑙(Rosenau)(1972)的《康德拉捷夫波浪》(Kondratieff Wave)、迪克·斯托顿(Dick Stoken)(1978)的《循环》(*Cycles*)销量极大,以循环为基础的业务通讯盛极一时。在 20 世纪 90 年代,循环又一次被看作过去的遗物。在这一背景下,你对下列情况不会感到奇怪,在 1997 年和 1998 年,经过 15 年的连续牛市之后,循环研究基金会停止发行出版物。而此前,循环研究基金会的出版物已经运作了半个世纪。[34]

对这一问题的兴趣为什么会波动?答案是人们把上升趋势等同于可预测性,把下降趋势等同于不可预测性。1857 年的《哈珀周刊》包含这样的话,“未来从未像此刻一样不可预料”。也就是说:“几年来,市场一直在下跌。”媒体一再把市场倒退描述成向未来景色之中注入“不确定因素”的行为,而媒体认为未来景色原本和水晶一样清澈。当我说这一关于可预测性的瑕疵亘古永存时,我并没有夸大其词。就在这个月,道琼斯指数下跌 3 个月之后,价值线指数下跌 6 个月之后,《华尔街日报》说:“这些天,投资者中盛行的情绪好像是慌乱。慌乱代价高昂。此前许多年都是可以预测的。”也就是说:“上升了几年之后,市场向下延伸了几个月。”如果上升趋势如此可以预测,那么,还是这些投资者为什么就不知道一个上升趋势已经在 4 月/7 月结束了,而另一个上升趋势已经在这篇文章出现 6 天之前开始了?上升趋势的可预测性是一个亘古永存的幻想,这一幻想解释了人们为什么会在上升趋势中忽视循环,而在下降趋势中接受循环。

今天,经过几十年的发展之后,几乎没有人对人类行为的循环感兴趣。大多数人又一次相信，市场和经济是“可以预测的”，而且上升趋势可以持续下去，因为政策制定者已经使社会紧缩销声匿迹。这一信念是新皮层的奢侈品，并不会受到边缘系统的威胁。边缘系统害怕严重的经济倒退，或者不想因为严重的经济倒退受到指责。当然，今天，人们对过时的社会循环想法的痴想达到了极点，这又是一个信号：大型社会趋势逆转正在接近，趋势开始翻转，人们对社会行为的形势感兴趣了。我希望本书能为这一趋势作出贡献。[36]

## 尊崇预测：从过去的事件中归纳出波浪

如果，像本书的图片所表示的那样，社会行为在 5 分钟、5 小时、5 天、5 周、5 年和 50 年之中都是程式化的，那么，在 500 年和 5000 年之内，社会行为也可能是程式化的。实际上，我感到满意，因为所有的历史都可以从波浪的角度去理解，而且实际上也只能从波浪的角度去理解。

因为波浪在事件中证实自己，所以，我们现在有基础去探索没有股价图的过去，也有基础利用社会事件和环境去归纳出波浪的位置。图 18－7 是自罗曼时代以来西方文化中历史趋势的可能归类。我们有 1690 年至今的市场价格数据，但是，在这幅图中，1690 年之前的波浪是以社会趋势和事件为基础构建的。图中的一些注释暗示了波浪标示背后的理由。依我看来，从青铜器时代（Bronze Age）开始的时候至今的艾略特波浪形势都是可以归纳出来的。这一分析为过去提供了一个全景，而且还含蓄地提供了未来的全景。显然，这一主题还有许多内容要说，但要留待另一个时间进行。

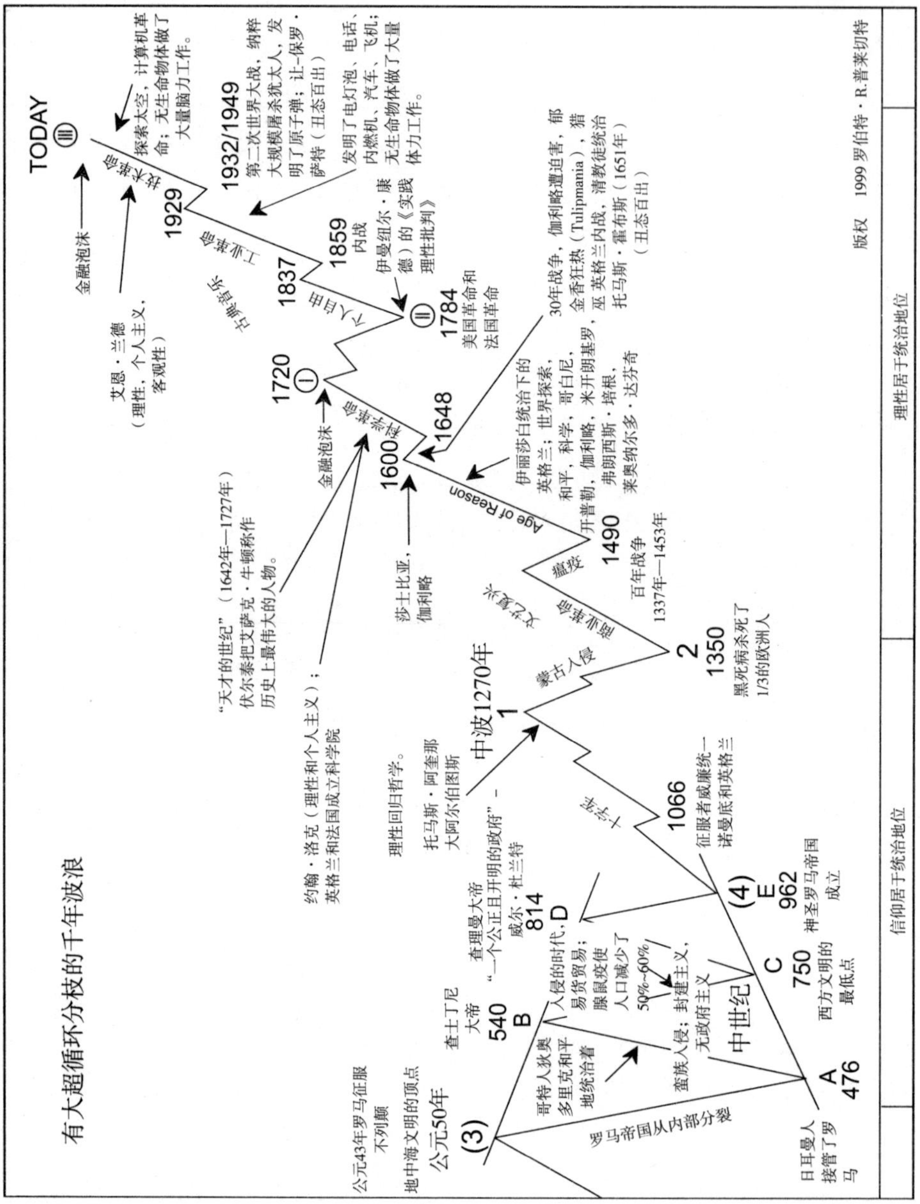


图18-7

图 18 －7

# 注　释

〔1〕From Baruch's foreword to Mackay's Extraordinary popular delusions and the madness of crowds.

〔2〕Bak, P. and Chen, K. (1991, January). "Self－organized criticality." Scientific American, pp. 46—53.

〔3〕同上。

〔4〕Caldarelli, G. , et al. (1997, December 1). “A prototype model of stock exchange.” Europhysics Letters, 40 (5), pp. 479—484.

〔5〕同上。

〔6〕Chapman, T. (1998, January - February). “Speculative trading: physicists’ forays into finance.” Europhysics News.

〔7〕Brooks, M. (1997, October 18). “Boom to bust.” New Scientist.

〔8〕同上。

〔9〕Buchanan, M. (1997, November 8). “One law to rule them all.” New Scientist.

〔10〕外部事件因果关系的无效性可能不光适用于社会科学。形式因果关系可能还适用于自然科学，生物学当然也包括在内。

〔11〕艾滋病(AIDS)好像是一个例外,因为在20世纪八九十年代的牛市岁月里,这种缓慢传播的流行病还在大行其道。然而,就生产者物价指数-调整艾略特波浪而言(请看图16-6),大超循环级数的熊市形式开始于1966年。开始于1982年的发展只是一个分枝波浪b。此外,在这次发展期间,艾滋病这种流行病已经显著减弱了,艾滋病不再是美国致死率最高的十种原因之一。[ref: Kim, L. (1998, October 8). “Fewer lives lost to AIDS.” The Atlanta Journal - Constitution, p. A1. ]

〔12〕有时,通道表现在算数刻度上,有时表现在半对数刻度上。通道最常涉及的是一个线条,把波浪二和四的终点连接在一起。新注释:在图18-5中,波浪⑤也行进在平行趋势通道之内。要看图解,请参照“A Confluence of Fives” from July 1999 in View from the Top (New Classics Library, 2002), Figure 4.

〔13〕Walker, T. (1998, August 21). “Impact of air strikes on stocks uncertain.” The Atlanta Journal - Constitution, p. E1.

〔14〕Walker, T. (1998, August, 6). “Identifying sell - off trigger difficult.” The Atlanta Journal - Constitution, p. F3.〔15〕Elliott, R. N. (1946). Nature’s law.

〔16〕Sakarui, J. (1998, July 10). “Japan goes with veteran at helm of wayward economy.” The Atlanta Journal - Constitution.

〔17〕1982年10月6日,道琼斯处于900多点,《艾略特波浪理论家》说:“这一牛市应该是20世纪60年代以来的第一个‘买入持有’市场。过去16年的经历使我们都变成了交易人,这一习惯应该摒弃了。”

〔18〕James Stack, Investech Research, Whitefish MT.

〔19〕Rothchild, J. (1998). The bear book.

〔20〕Davis, N. (1992). “Being right or making money.” Ned Davis Research Inc.

〔21〕Montgomery, P. (1986, March 8). “Volcker part III: The Godfather.” And (1990, October 11). “Magazine covers and real estate.” Universal Economics.

〔22〕Montgomery, P. (1995, April 6). Presentations. “The logical primacy of immaterial mental states in the price structure of investments. . . .” And (1996, May 17). “Economic theory and technical analysis. . . . ”

〔23〕“he lesson of the day. ”(1857, October 10). Harper’s Weekly.

〔24〕Fukuyama, F. (1992). The end of history and the last man.

〔25〕Ford, C. M. (1998, July 7). “Survey sees brunt of Asian crisis hitting U. S. soon.” The Wall Street Journal, p. A2.

〔26〕Nasar, S. (1998, August 15). “Cloudy blue skies.” The New York Times.

〔27〕“The 21st century economy.” (1998, August). Business Week.

〔28〕Source unavailable.

〔29〕Angrist, S. W. (1991, August 8). “Believers in one wave theory see U. S. in deep trough soon.” The Wall Street Journal. (quoting Allen Meltzer, professor of political economy and public policy at Carnegie – Mellon University.)

〔30〕Dornbush, R. (1998, July 30). “Growth forever.” The Wall Street Journal.

〔31〕Schumpeter, J. (1939). Business cycles.

〔32〕Dewey, E. and Dakin, E. (1945). Cycles: the science of prediction.

〔33〕这里的关键是人气。康德拉捷夫的原作和斯彭格勒的《西方的没落》都于 1926 年出版,但在 20 世纪 30 年代和 20 世纪 40 年代,他们的观点才成为讨论的话题。

〔34〕更新:董事们进行了权力斗争,斗争涉及多项指控和管理不善。此后,循环研究基金会于 1999 年 10 月解体,只比主要股票平均指数的顶点早一个月。

〔35〕Ip, G. (1998, October 14). “Risk and uncertainty wreak havoc on stocks.” The Wall Street Journal, p. C1.

〔36〕社会情绪经济学的一个经典的讽刺是,在大超循环校正过程中,波浪原理会得到更多的接受,只是因为波浪原理更难以应用。

# 第 5 部分

## 继续延伸

# 第19章 金融市场传统方法的问题、社会情绪经济学对这些问题的解答

在第18章，我故意在整章中引用同时期的传统金融和经济思想，来表明人们需要做的只是在某个星期打开报纸找到相关例子。大多数例子都来自1998年下半年，差不多都是在我写这本书期间挑选的。

## 随机漫步；有效市场假说（Efficient Market Hypothesis）

多年来，一些理论家[1]认为股价运动是随机的。在有效市场假说下，他们坚持认为，所有投资者都会作出明智且理性的决定，或多或少地采用相同的方法衡量影响市场的不同事件和环境的意义，并立即就此调整投资估价。因为没有人能够预言随机外在力量，所以市场随机波动。统计学家已经对金融市场价格进行了检验，以证明金融市场价格遵循"随机漫步"因而是不可预测的。"20年来"，《财富》（*Fortune*）杂志在1988年说："金融教授教授高效市场假说（EMH①），就好像有效市场假说和万有引力定律一样无可争议。"[2]

重温第4章，回顾艾略特波浪国际设计的简单的模型，模型由电脑生成，旨在基于波浪原理创造仿真市场。显然，模型的每一个运动都是完全确定的；毕竟是一个简单的公式产生了这个模型。然而，你知道吗，评估决定论势力的标准统计方法会发现我们的模型结果是随机的？怎么可能出现这个错误？康涅狄格大学（University of Connecticut）经济学系（Department of Economics）助理教授（Assistant Professor）斯蒂芬·R. 坎宁安（Cunningham）提供了一个答案。他在《金融经济学评论》（*Review of Financial Economics*）中的研究论文得出了这样一个惊人的结论：

塞缪尔森－法马（Samuelson－Fama）对有效市场假说进行了检验。扩展迪基－富勒（Dickey－Fuller）（1979年）单位根检验得到了广泛的使用。但是，对于由非线性（混沌）过

---

① EMH（高效市场假说）即Efficient Market Hypothesis（高效市场假说）的缩写。译者注。

程产生的完全确定的时间序列以及随机漫步,这两个检验无法成功地区别。一个研究人员把这些方法用于简单的非线性价格过程,这样容易引起误导,使人相信这样的序列是个随机漫步。[3]

这一事实证明有效市场假说和随机漫步的拥护者并没有证明市场是随机的,虽然他们说市场是随机的。有效市场假说研究人员的统计应用无法成功地确定,完全确定的混沌数据序列存在随机性。这一失败使这些研究人员的工作丧失了实验基础。我希望这本书可以使这些研究人员的工作丧失理论基础:整个金融市场行为是基于对市场外信息(第 2 个错误)高效理性的处理(第 1 个错误)。

随机漫步的旗手们沾沾自喜地笑谈起产生的随机数据序列因为很像股价图而愚弄了人们,让人们相信这些序列就是股价图,觉得这说明了一些问题。随机这个单词的定义是数据可以看起来像任何东西,那么,一些数据为什么不能看起来像股价图呢? 类似的随机数据图和股价图不能证明股价是随机的,就像不能证明随机数据是股价一样。如果刻度上随机产生的一些点碰巧形成了音乐,也难以证明音乐是随机的。就技术而言,就像保罗·蒙哥马利指出的那样,这一断言犯了逻辑错误,"断言的是结果"。[4]

在最近版次的《布隆伯格个人理财》(*Bloomberg's Personal Finance*)中,随机漫步的一个拥护者还在鼓吹自己的公理,使用下面常见的论据来证明市场随机性:"标准普尔 500 指数超过了 90% 以上的职业共同基金经理。如果利用市场中可预测的形式赚取超额收益如此容易,我们就能发现一大批能够这样做的专业人士。"[5] 这是胡说八道,之所以这样说,有下面几个理由。(1)在过去的 10 年里,股市中的大多数钱都是由专业人士操作的。要求专业人士胜过自己,就是要求否定同义反复。(2)在整个世界上,在过去的 16 年里,在所有的股票指数、债券和商品之中,标准普尔指数是业绩最佳的投资项目之一。以此作为基金经理需要超过的基准尺度,就像一个反向偷换概念辩论术。(3)要求职业投资者打败牛市,就是要创造一个负和游戏,然后坚决要求大多数人都赢。每一位经理都必须有一些现金,每一位经理也必须支付佣金。显然,大多人无法打败牛市。甚至随机漫步主义者也必须拒绝这一阴谋诡计。可以相当确定,如果我们能孤立熊市的某个阶段,在这个阶段,许多货币经理仅仅靠着持有一些现金就打败了市场,那么,随机漫步支持者就不会宣称这一业绩证伪了他们的模型。(4)打败市场是个错误的标准。为了保持一致,随机漫步主义者还应该坚决认为投资组合经理应该在熊市的空方打败市场。别忘了,市场价格只是比率,使方向无关紧要。达到极值之后,他们的基准尺度在每一次市场波动之中都至少要求经理们始终胜过市场。唯一有效的问题是,跟你的个体投资行为相比,经理能否赚到足够的钱使自己成为优秀投资助手。(5)非随机性几乎并不意味着赚取超额收益会"如此容易"。这完全是用一种理念代替另一种理念。第 8 章解释了为什么如此不容易。(6)如果专业人士在错误的前提下运作,那么,他们感知到的形式就是反复无常的,因此也就无法做出可靠的预测。在这种情况下,他们的失败就不能证明随机性,证明的只是认识论错误。(7)这一论据提供了一个错误的二分法，一个并不必要的“非此即彼”。有一个更笼统的问题：为什么很少有人擅长投资。随机漫步提供了一个可能的答案，但并不是一个必要的答案了。冲动从众行为可以解释为什么大多数人在金融市场表现不佳，思路不清。冲动从众行为碰巧也是真正的原因。

在我们 1978 年的书中，我和 A. J. 弗罗斯特说：“在任何情况下，艾略特波浪原理都挑战了随机漫步理论。”[6]就像波浪原理所揭示的那样，股价运动的整个形式是非随机的，实际上股价运动的整个形式是循规蹈矩的，因此价格波动（就像第 18 章所证明的那样）不可能是理性决定的结果，而一般的看法是信息充足的个体持续处理新信息并作出理性决定进而左右股价。通过对市场及其参与者 20 年来的观察，我的论点是投资和交易决定很少是基于从综合研究中得来的理性、逻辑和知识。我不会讲述自己的故事，也不会重复查尔斯・麦凯（Mackay）在其传世之作《非同寻常的大众妄想和群众性癫狂》中所描述的典型案例。丽塔・科尔察（Rita Koselka）最近在为《福布斯》（*Forbes*）撰稿。我要丽塔・科尔察描述，在每天的拍卖市场上进行着怎样的与金融行为类似的举动：

受免费餐饮的诱惑，我与一些从前的哈佛商学院（Harvard Business School）女性同班同学一起去参加了大拍卖行苏富比（Sotheby's）公告出来的仿真拍卖会。吮吸着夏敦埃酒，我们和其他几百位受邀出席的人一起涌进会场，出席者都是商学院的毕业生，我们每个人（都有）40 万美元的虚拟资金。我们此后的表现没有给我们的工商管理学硕士（M. B. A. s）学位添什么光彩。一个蓝釉东方花瓶（Oriental vase）的售价恰好超过了我们假定的 40 万美元界限。

竞标的最后一个项目是与苏富比总裁的黛安娜・布鲁克斯（Diana Brooks）在 8 点共赴茶会。但这次我们在用真金白银竞拍。我认为自己可以找到一些朋友共同出资，所以我把投标牌伸向空中，出价 600 美元。拍卖师希尔兹利（Hildesley）迅速地点点头表示认可，然后我就被遗忘了。茶会以 1200 美元成交，买主是一个狂热的年轻女性，坐在比我靠前两排的位置。她势在必得，好像在说，无论你出什么价，我都会出更高的价。

苏富比可能并没想让我上这样的商业课：我学到的是，在拍卖场几乎不可能有理性行为，所以，预先写下竞拍价交给拍卖师就是唯一的解决办法（如果最高竞拍价低于你的书面竞拍价，你只需支付较低的竞拍价）。如果你的自律性不比大多数人强，你就要远离拍卖场。[7]

学术模型是基于投资者的理性、完全散布的知识和随机外在推动力。跟这些学术模型相比，上文对人们在此种环境下行为的描述非常接近现实。情绪控制着拍卖场群体中的大多数竞拍人；一些竞拍人越天真且/或冲动，竞拍就越缺乏理性。

有一个新开发的科学研究领域叫做行为金融学。上述行为是行为金融学的焦点。行为金融学的拥护者一直在做实验，实验表明了技术（即市场行为）分析的有效性以及有效市场假说的无效性。一个例子就是威廉・A. 布罗克、约瑟夫（Josef）・拉克尼施克、布莱克（Blake）・勒拜伦的论文《简单技术交易规则和股票收益的随机特性》（*Simple Technical*

*Trading rules and the Stochastic Properties of Stock Returns*),该论文于1992年发表于《金融杂志》(*Journal of Finance*)。[8]该论文表明,基于移动平均线和趋势线的两个简单技术交易方法,产生的收益超过了随机性模型所预言的收益。这两个方法都依赖一个极为简单的事实:市场趋势是对有效市场假说的挑战。

在趋势型市场或者情绪性拍卖会中,理性之人处于什么地位呢?当从众股市投资者随波逐流时,理性的个人无力阻挡蜂拥而上的人群。实际上,理性之人经常别无选择,只能把趋势考虑在内,而不管他们会以什么别的方式衡量股票。

那些为数不多的非从众职业基金经理会摆脱这一动力吗?在大多数情况下,不行。他的选择是,他可以在牛市里筹钱,在熊市里买股票,这都是精明的投资,或者他可以继续经营。这就是他的选择。如果他逆市场趋势而动,那么,他的顾客就会成群成群地离他而去。方针反映顾客情绪的经理才能得到顾客的资金。如果一个共同基金经理的个人观点与大多数人的意志相左,他就会身陷困境,备受打击。对于大多数经理来说,理性意味着,投顾客所好以致富,并以精明的投资笼络住大多数顾客。那么,不管任何一个特定的基金经理对市场有何看法,从众的多数人还是完全控制着职业经理手中的大多数金钱。

有效市场假说为何如此流行?好像有两个原因。第一,许多学者是和真正的金融世界相互分离的,这就是为什么他们不会立刻对有效市场假说感觉不适。1995年《国际先驱论坛报》(*International Herald Tribune*)的一个作者字斟句酌地说:"如果你相信市场和投资生活在抽象思维的冰冷地带之中,那么你可能不曾在疯狂、无理的牛市上涨,或者怪诞、失望的熊市下跌中耗费过精力。"[9]有效市场假说流行的第二个原因源自一个事实:和大多数人一样,学者们在市场里失去了金钱。然而,和大多数人不太一样的是学者们相当确信自己智力高深、信息充足。他们想:"如果有人和我一样聪明,有着逻辑思维能力,但却一直亏钱,那么,市场肯定是随机的。"当然,想笑就笑吧。然后读读一个学术经济学家的评论:

> 我个人努力用客户的钱和自己的钱去投资,投进任何一个异象以及学者们(第1个错误)凭空想出的预言手段之中。我还未从所有这些假定的市场失灵中挣些零花钱。如果投资者(这里是对所有其他人的推断)不能以系统的方法利用任何东西,斗转星移(一定是贯穿始终吗?),那么,就很难说信息没有被恰当地植入了股价之中。[10]

如果这是我们唯一的信息的话,这一结论或许可以解释他的失败。但是,如何解释期货交易人保罗·图德·琼斯(Paul Tudor Jones)巨大而持续的成功?显然是解释不通的。社会情绪经济学可以解释上述两个人的经历。大多数人不能逃脱边缘系统的冲动。很少有人能逃脱。

我发誓不在这本书里做直言不讳的批评。我要感谢詹姆斯·B.罗杰斯(Rogers),他是哥伦比亚大学商学院(Columbia Business School)的安全分析副教授,还是一位大获成功的投资者,他作出了即决审判,"随机漫步理论是荒唐的"。[11]我还要感谢耶鲁大学经济学教授罗伯特·席勒,他脱口而出:"有效市场假说是经济史上最大的谬误。"[12]我和A.J.弗罗斯特感到光荣:早在1978年,我们就在合著的书中断然否定了随机漫步理论的有效性。

席勒的话情绪激昂,但是经济学和社会学中最大的谬误不是有效市场假说,而是有效市场假说的基石:对事件因果关系的某种看法。几乎所有人都对事件的因果关系持这种看法。本书旨在纠正这种看法。

## 脆弱的有效市场假说

当学者们开始指出市场行为的形式时,有效市场假说开始遇到问题。比如,在1985年,德邦特(DeBondt)和塞勒(Thaler)报告,不及市场的股票常常会在此后几年里胜过市场。[13]

研究报告从1933年的数据开始,从而掩盖了其中的一个瑕疵。在此前的6年里,弱股变得更弱,许多都沦为了墙纸。在那些年里,购买相对失败的股票导致了灾难。从1983年至今的15年里,略早于该研究报告发表的时间,市场产生了同样明显的异象:在一段时间内胜过市场的股票此后还是常常胜过市场,反之亦然。之所以会出现这种差异,是因为20世纪20年代以及1982年至今都是第五个波浪。在第五个波浪,宽泛度变弱(请看第7章),投资者着重关注日趋减员的大赢家名单。那么,这一研究的结果就不是一个一贯的事实,而是波浪标示的一个函数。这一研究报告的结果还是市场相当持续的上升方向的函数,因为这一研究报告的时期包含了超循环波浪(V)牛市的大部分时间,从而歪曲了结果。[14]相反,在大多数熊市里,绩差股只会变得更弱。尽管存在数据偏见,这一研究报告确实通过与市场相关的行为趋势的持久性,表明了市场会失灵并缺乏理性。

德邦特和塞勒这两位作者的假说是,投资者偶尔对公司的新闻"反应过激"。换句话说,这两位作者把外在因果关系——有效市场假说的基石——定为起点。然而,因为公司新闻滞后于股价,所以,投资者不可能对任何此类事情"作出反应"。如果他们不作出反应,那么,他们就不可能反应过激。

这份研究报告引起了相当数量的后续工作,但是,这份研究报告的结果是清晰可辨的,只是定向波浪的一个函数:一些股票会朝着某一方向行进特定的时间长度,任何寻找这些股票的研究报告都肯定会包括许多接近波浪形式终点的此种股票。所以,当投资者愿意从一个部门转到另一个部门并从一支股票转到另一支股票的时候,先前的弱势股票就会领先一段时间,先前的强势股票就会落后一段时间。在这种情况下,其理性的效率和修改就成为了不相关的概念。不过,这里的好消息是研究人员至少通过统计资料指出,至少在有些时候,市场趋势会以某种方式忌用有效市场假说。

有时,市场极为动荡。在这些时候非常难以隐瞒理性的效率。比如,威斯康星大学社会系统研究所(Social Systems Research Institute)的威廉·A.布罗克断然说道,"依我看来,(对于)最近的暴跌,无法找到满意的解释……黑色星期一,1987年10月19日。"[15]换句话说,在外部条件中,没有事件或者变化可以解释人们在那天(实际上是两周的时间,开始于10月

6日)的理性决策为什么变化得如此之大。当然,有效市场假说也解释不了,[16]而且,这会使有效市场假说名誉扫地。另一位教授说,“1987年的暴跌使我们意识到价格并不完全是高效的。”[17]

这些教授都是勇敢的人,勇于挑战有效市场假说正统观念,理应得到赞扬。然而,就像第20章所详细讨论的那样,在下列情况下,没有任何理由断言市场只是暂时或者偶尔缺乏理性。这里有两种情况。第一,市场多变或者下跌或者处于短期趋势之中,而在其他时间保持理性。第二,市场平静或者上涨或者处于长期趋势之中。这些只是推测,据我所知也没有科学依据。所有这些看法都只是有效市场假说的便利条件,或者至少是有效市场假说的基本推测:市场参与者主要在一开始对外在事件和新闻作出“反应”。但,事实是,市场参与者并没有这样“作出反应”。

一些分析师相信市场有时会失灵,并投入大量的时间寻找市场中的“失灵例证”,有效市场假说可能会把这些“失灵例证”包括在内,这在本质上意味着“别人还不知道的重要信息”。即使这些事件是原因所在,寻找这些隐秘的例证所付出的努力也是对时间的浪费,因为大多数投资者不会采用理性做法,而会采用其他做法。我在第16章已经证明,社会现实是社会情绪的产物,所以,就整个市场趋势而言,从传统意义上说,有价值的与事件相关的信息之类的事情并不存在。[18]导致这些事件的社会情绪已经成为了过去时。

## 同义反复的理性

或许,对理性模型依赖的极值刚在《金融分析师杂志》(*Financial Analysts Journal*)的一篇文章中发表了出来。这篇文章认为,因为价格正在上涨而购买是理性的,所以“各个投资者的理性行为会导致市场泡沫”,这篇文章把上述做法定义为“某种自我强化、自我延续的机制,防止后继的证券价格变得随机”。在本质上,这一立场认为非理性并不存在。如果这一理论是正确的,那么市场暴跌也是理性的,市场暴跌时的卖出行为也是理性的。有没有人对此持肯定态度?事实是,只因为价格一直在上涨而购买是不理性的,因为正在上涨的价格意味着市场已经非常接近顶点。由于同样的原因,只因为价格一直在下跌而出售也是不理性的。

## 内在价值理念

既然理性是市场背后的推动力,那么,有效市场假说必须假定金融推测的对象有着内在价值。然而,价值并不是推测对象的内在因素。只有当人们想要什么时,价值这个词才有意义。人类的欲望,尤其是对投资的欲望很少是持续的。在投资的时候,人们非常想赚钱,同时又怕亏钱。尤其对于投资价格而言,人类的欲望更不具有持续性。在拍卖市场,出价和索价之人变动着的情绪状态几乎完全控制着投资价格。如果只在计算机上计算一下就可以了解投资的价值，那么，投资就很难不出现戏剧性的波动。

在不同的时候，股市赋予各种实际事物大相径庭的价值，其中最重要的是（1）股息，（2）公司资产价值，（3）高信用等级债券的红利率。当需要把增值潜力排除在外来评估股票时，依据的只是这3种价值。投资者用金钱交换一个季度支付和一个保证。季度支付叫做股息。保证是，在迫不得已的情况下，公司可以破产清算，并在股东中分配收益。投资者之所以这样做，是想把钱借给一个可信赖的、健康的债务人，并由此得到利息。就在这个世纪，道琼斯工业平均指数的股息曾经低至1.5%，也曾经高达17.4%。道琼斯工业平均指数曾经被高估为公司账面价值（公司资产负债表资产价值）的5.6倍，也曾被低估为0.5倍。道琼斯工业平均指数的红利率曾经是长期国债的4.9倍，也曾经低至0.25倍。[20]这些巨大的差异是因为一件事情，人们对股票资本收益潜力的看法，即股票看涨或看跌的程度。因此，这种评估是投资者乐观或悲观的直接标准。这些精神状态没有给予内在价值足够的重视，没有让内在价值体现价值。

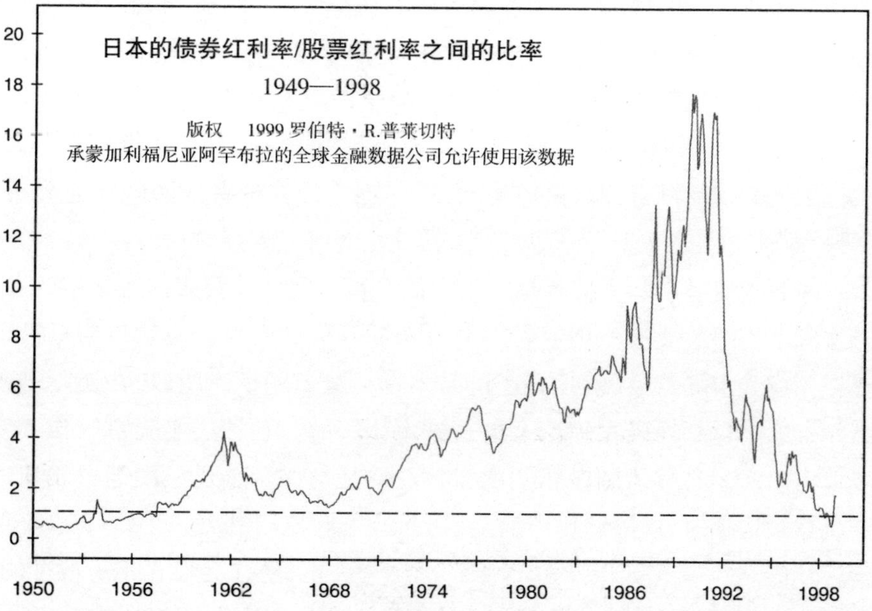


图19－1

图19－1表现了过去50年里日本人投资的债券红利率/股票红利率之间的比率。1968年，债券红利率和股票红利率基本持平。1998年，30年之后，债券红利率和股票红利率再度基本持平。但是，看看1968年到1998年之间发生了什么。拥有公司股份而不是债务的相对欲望扩张了18倍，然后又收缩了18倍。把利率包括在内的估价模型没有把这一差异考虑在内，因为从这一比率中分解出来的恰恰是利率。利润的变化无法解释这一差异，除非人们断言利润变化驱动了非理性行为。这一差异并不是小调整；这一差异是出现在这一时期

内的牛市和熊市的实质。就像保罗·蒙哥马利所说的那样,这一比率记录了“含糊不清的心态”,使内在价值理念成为笑柄。

如何通过“基本价值”方法来解释这个现象:1991 年,棒球卡是一个价格;而在 1993 年,价格跌到了 1991 年的十分之一。如何解释这一现象:1996 年 5 月,约翰·肯尼迪总统的摇椅以 453 000 美元售出;而不到两年之后,在 1998 年 3 月,以 23 000 美元售出,只有原来的二十分之一。显然,这些物体和公司股份一样没有明确的内在价值。

一些理论家构建了股票“应有”价值模型。显然,这种模型并不存在。有时,这些模型的前提是令人信服的。但是,与价值相关的事实一直具有不确定性。而且,不考虑价值的情况下,天真的大多数人的做法一直具有不确定性。这两点就足以证明,按照“内在价值”进行投资的企图是不切实际的。

## “太流行的”理论和“自我实现的预言”理论

随机漫步主义者、基本分析师、“逆势投资人”等人的一个论据是,因为“人们学习”,所以,市场中的价格形式分析无法奏效。这个论据认为,如果形式奏效,那么形式会迅速流行起来,当流行起来的时候,形式也就不再奏效。在此基础上光说价格形式无效是没有意义的;如果人们学到了一定程度,使随机漫步主义者、基本分析师、“逆势投资人”等人的这一异议变得令人信服,那么,就没有办法可以奏效,这一理论的支持者所做的任何分析也都无法奏效。

这是否意味着随机漫步的支持者是有道理的?否。有一种荒唐的想法:在投资之前,大多数投资者实际上学习了波浪原理或者市场分析的任何一个综合方法。如果是这样,他们就都会放弃工作成为市场专家,就没有经济来支撑金融市场了。所以,在实际基础上,上面的异议是有争议的。这一异议在理论上也是站不住脚的。勒杜的实验室工作表明,摘除了脑皮层的老鼠可以产生与具体刺激相关的恐惧。但是与保留脑皮层的老鼠相比,当刺激和结果之间的关系被取消时,摘除脑皮层的老鼠无法学会放弃恐惧。[21]这一实验证明,边缘系统不具有学习功能。这一事实,以及边缘系统的巨大力量,是社会形式不可改变的原因。即使许多人了解了市场分析的任何一个有效的方法,也无法阻碍形式的继续。

上述异议还依赖一个谬误:知道市场方法就等于市场走向。所有的分析方法都只是预测可能性的工具(请看第 20 章),使大多数投资者无论采用什么方法都始终捉摸不透未来。这一情况使边缘系统在人们的心灵中找到了足够的空间,来为所欲为。

也有事件可以证伪“太流行的”异议。1977 年 10 月,一个国家性金融杂志给出了这一强制性的评论:“在过去的一些年里,波浪原理已经网罗了太多的支持者,因而,在今天,波浪原理的价值已经减少。有一个几乎一成不变的事实:当一个技术网罗了太多的支持者之后,你就可以放弃这一技术。”[22]但是,在接下来的十年里,波浪原理传播了全世界,达到了历史上人气最旺的时期，那么，我们对这一评论应该作何感想呢？[23]

最后的也极其重要的是，市场方法可以流行到自我毁灭的程度，这一声明本身揭示了这一声明站不住脚的原因，因为这一理念的信念反映了人类怀疑论的特征。有一段时间，我预测准确，一些人说："长期以来，你预测准确，你肯定会下跌。"有一段时间，我预测欠佳，同样一批人，"看到了？不管用。"他们不能做到始终如一，告诉我我会有一段才华横溢的时期。无论我是否正确，他们都持怀疑态度。所以，人们会问："如果你或者艾略特波浪变得太流行时，你们的理论会不会因而毁灭？"这一问题本身就提供了答案：怀疑论不会让我们的理论变得"太流行"。

现在，让我们仔细观察硬币的另一面。有几次在基于波浪原理做了成功的预测之后，批评家宣称这一方法本身没有价值；只是一旦一个特定的成功预测传播开来，这个预测就变成了"自我实现的预言"；人们使这种情况发生。在几个层面上，这个想法都是荒唐的。第一，预测变得广泛传播的唯一方法是，他或她在一开始就有一段相当成功的经历。显然，那些预测不可能是自我实现的预言。第二，如果一个当红分析师的预言确实变成了自我实现的预言，那么，他此后就不会再失败，不是吗？每一个新的预言都会被当作绝对真理并因此而实现，永远都是如此。显然，后起的预言错误证伪了这一理论。第三，只从这类事件中选一个例子，考虑其荒唐之处。如果人人都知道道琼斯指数会在1087点触底，为什么有人都在1100点或者1088点卖出？为什么不是人人都买进更多的股票？如果是这样，他们会从谁的手里买？最后，这一假说忽视一个事实：预测每天都广为传播。显然，并不是所有的预测都是实现了，实际上，大多数预测都被证实是完全错误的。根据这个理论，自我实现什么时候才起作用？只有在奏效的情况下。现在，"自我实现的预言"被证明是同义反复。

这里，我们发现了有趣的一幕。有一个前提产生了"如果太流行，就无法奏效"理论，"自我实现的预言"是与这个前提相反的结论。两个论据都起源于一个想法：基于特定方法的预测可能变得流行。然后一个得出结论因此预测无法奏效，而另一个得出结论因此预测会完美地奏效！每个论据都只是由人们实现的迅速且专门的理性化，人们相信概率上精确而且目标上确定的社会预测是不可能的。

这些假理论为什么会流行起来？社会情绪经济学家知道，边缘系统推动新皮层想起理由来避免与人们的情绪发生冲突。这两个理论是典型例子，而且，我几乎可以肯定地说，个体在不同的时候说过这两个理论。

波浪原理描述了人类行为本质的基本方面。为了让社会通过波浪形式继续进行，下面的情况肯定就是人类本性的一部分：相信确定的群体性心理理论是站不住脚的也是不值得研究的。人们必须准备好在顶点接受看涨论据，在底部接受看跌论据。这意味着他们必须始终通过市场行为的假理论接受理性化。他们还能怎样生成恐惧、贪婪和希望一直在产生的形式？

# 宏观经济公式:人是机器

经济学家设计了今天的宏观经济公式化表述,宏观经济规划是根据一个推测:人们对外界刺激作出反应,就像台球遵循物理定律一样。然而,与物理学公式不同,这些方程式的变量所代表的概念经常是不精确的。许多概念之所以被看作精确的概念,是因为这些概念忽视了人们不同的精神状态。这些方程式经常与现实世界衔接得不够好。模糊的定义、不当的假设、不切实际,这三者结合起来促使诺贝尔奖得主纽约大学经济分析学院(Institute for Economic Analysis)的瓦西里·列昂季耶夫(Wassily Leontief)于1982年说:

年复一年,经济理论家继续生产了几十个数学模型,继续非常详细地探索了这些模型的形式特性;计量经济学家使所有可能形状的代数函数符合如出一辙的数据组,但没能以任何可辨的方式去系统地理解真实经济系统的结构和与运转方式。[24]

1986年,加图研究所(Cato Institute)小威廉·尼斯卡宁(Niskanen)更直截了当地说:"宏观经济理论踉踉跄跄、难以为继。"[25]

宏观经济公式化表述的最大瑕疵是其基本假设:"台球"有着固定的精神状态。然而,人们的精神状态并不相同,所以在不同的时候他们对"原因"的"反应"也各不相同。比如,货币供应的增加在一些情况下可能导致较低的利率,而在其他情况下则可能导致较高的利率,如果人们对货币供应增加这一事件有看法的话,这种不同取决于人们的看法。因为精神状态是变化的,所以,界定一个恒定关系的企图就是徒劳无功的。在股市中当然是这样的。在一些股市环境中,正在上涨的债券价格被当作上涨的标志;反之则被当作下跌的标志。在两种情况下,总是有明显无懈可击的符合逻辑的论据支持这种关系。比如,对于股票和债券趋势,根据旺季提供的相互冲突的论据是:(1)债券和股票争夺投资者的美元,当一个市场上涨时,另一个下跌。(2)较高的债券意味着较低的利率,会帮助经济并使投机借款更加容易,所以当一个市场上涨时,另一个也上涨。这两个论点不时显得是正确的,这意味着另一个是错误的。没有宏观经济公式可以表示一贯的关系。

只一个讨论就可以使这一点具体化。长期以来,政府的运作依据一个假设:加在公民头上的税率越高,政府收入就会越高。(政府收入 = 固定社会产品 × 税率)如果社会是一个物理系统,这实际上就会是个一贯的关系。然而,人不是机器。有时,当税率高的时候,人们提高生产力;实际上,近几十年来,在美国就出现了这种情况,大多数家庭的双亲现在必须工作以弥补高税收带来的实际收入亏空。因此,考虑到一定的社会心态,较高的税率可以导致较低的政府收入。在这种情况下,最终结果与预期结果相反。经济学家阿瑟·拉弗(Laffer)于1980年解释了这一现象。他由此提出了一个不同的宏观经济公式,把税率与政府收入联系了起来。拉弗曲线宣称,一个特定的税率会给予政府最大的收入回报。如果税率低于或者高于这个标准,政府收入就会减少(政府收入 = 可预测的可变社会产品 × 税率)。这一公式也依赖于一个假设:社会是一个机器一样的物理系统,会达到不堪重负的程度,以至于放慢速度。和以前的假设一样,这一假设听起来明智,如果人们是机器人,这一假设还可以投入使用,得到协调一致的结果。然而,假设这一公式被政府所接受,这一政府正在向公民征税,征税额度超过了假定的可以实现最大政府收入的理想税收水平。为了实现增加政府收入这一目标,政府降低了税率。政府收入上升。奏效了! 然后,过了几年,人们开始明白,较低的税率使他们更加富足。他们情绪激动地要求进一步减税,并选举了会执行这一方针的政治家。税收进一步降低。政府收入下降。人们甚至开始憎恨被降低的税率,觉得被降低的税率妨碍了他们的富足生活。税收被大幅削减;政府收入缩水。最终结果与预期结果相反。在任何特定的情况下,这种事情是否会真的发生可能还存在争议,但是,这种事情有可能发生,这就是社会系统和物理系统之间的区别。

在经济学大学生的课程中,一些公式长期是教学内容,康沃内和海菲尔德对这些公式进行了指责:

经过长期的研究,经济学家才发现其研究对象的内在复杂性。几十年来,经济学的中心信条围绕着陈腐的平衡原理进行,采用的方式完全类似于平衡热力学的应用……许多经济学家力图把整个经济学塞入一些理论之中。这些理论的优点是其数学简约性和优雅,这些理论没能就现实世界经济的运作方式给出只言片语……以平衡为基础的古典思想影响了几代科学和经济学学生的头脑,向他们的头脑中灌输一个信条:只需总结复杂系统的组成部分,就可以演绎出复杂系统的行为。[26]

只有两点我不同意:第一,经济学家多半没有认识到自己前提中的错误,只有少数人认识到了。第二,原有的经济学理论并不优雅,它们是丑陋的。相反,在波浪原理中,我有一个真正优雅的定律,这一定律是社会学和金融的基本原理,因而最终也是宏观经济学的基本原理。宏观经济学这一科学必须抛弃物理学的数学,转而采用社会学的数学。头脑不是台球或者机器或者电脑:头脑就是头脑。

## “强力指导者”推测

几乎所有的传统金融分析师和经济学家都接受某些假设:一些人有能力控制社会的未来,这些人可能是总统、财政部部长(treasury secretaries)或者中央银行银行家。上个月,《华盛顿邮报》(*The Washington Post*)一篇《关键人物控制着货币供应》(*Key Players Control Money Supply*)的文章告诉我们国际清算银行(Bank for International Settlements)“帮助银行系统在多事之秋保持稳定……保护世界金融系统……(并)着力于保证(地方)危机不会威胁世界上盘根错节的(银行)系统。”[27]一篇文章说,国际清算银行(BIS①)的“秘密对话可以

① BIS(国际清算银行)即Bank for International Settlements(国际清算银行)的缩写。译者注。

确定全球经济的道路”。这种信仰弥漫于实际经济论述之中。官员们试图控制货币、利率、商品价格、零售价格、股市和经济生长和收缩,但一再失败。尽管如此,这种信仰还是根深蒂固。事实是,中央银行当局从未逆转过金融螺线,无论是朝着哪个方向。他们在上升趋势中参与(通常鼓励)金融活动,在下降趋势中徒劳无益地敲打着金融活动。当我打这句话的时候,我正在看着《华尔街日报》的一个标题:“为什么世界银行没有预料到印度尼西亚的深刻危机(*Why the World Bank Failed To Anticipate Indonesia' s Deep Crisis*)。”文章以这个遁词开头:

世界银行认为摆脱贫困是印度尼西亚最大的成就。一场严重的经济逆转使印度尼西亚两亿人口中多达半数的人重新陷入贫困。在一些村庄,村民买不起食物……银行处于困境之中……这里的世界银行高官说(这是)历史性的倒退。[28]

世界银行被假定成了印度尼西亚繁荣的创造者,但是世界银行为何无力阻止这场暴跌,世界银行为何完全无视一个事实:事与愿违的事情正在发生?这篇文章的副标题解释了所有你需要知道的事情:“(世界银行)沉浸在繁荣之中,无法自拔([It Got] 'Caught Up In [the] Enthusiasm')。”是的,银行家也是人,银行家也和大多数人一样完全沉浸在乐观和悲观的波浪之中,甚至没有意识到自己在波浪之中而不是在波浪之上。

人们相信,联邦储备委员会具有神一般的力量,可以通过调节利率来推动和控制美国的经济增长。对于这个“显而易见的”事实几乎没有经济学家持有异议。杰出的科学家在自己的领域内从不会接受漫不经心的假设,但也接受了这个“显而易见的”事实。[29]然而,考虑一下:如果中央银行实际上能够调控经济,那么,20世纪利率和经济行为的疯狂历史就不会出现。是不是联邦政府把经济领进了大萧条(Great Depression)?是不是联邦政府设计了20世纪70年代和20世纪80年代初的两位数利率?是不是日本的中央银行安排了日本债务危机并促成了20世纪90年代的萧条?如果一个中央银行降低利率的力量可以使经济翻转,那么1931年之前贴现率从6%剧降至1.5%为什么没能阻止美国跌入20世纪30年代的萧条?从6%到0.5%,持续了8年的较低的贴现率为什么没有把日本拉出衰退?旨在逆转通货紧缩、熊市和经济收缩等趋势的政策都没有奏效。

事实上,美联储甚至控制不了利率。利率不是市场的司令官,而是股票市场的傀儡。如果利率是市场的司令官,那么1981年的联邦基金利率就不会飙升至19.1%。相反,联邦储备委员会想把各种利率保持在4%,这样股票市场就会忠实地遵循这一利率(如果你相信这句话,我还有一座桥卖给你呢)。所以,如果认为联邦储备委员会关于贴现率的决策就像一幕戏剧正在上演一样,那就是对时间和感情的浪费。没有必要察言观色,试图从政府成员的脸上读出决策的蛛丝马迹。听联邦储备委员会主席宣读联邦储备委员会决策时,没必要屏住呼吸。监测短期国债(T-bonds)利率的社会情绪经济学家可以相当精确地预言美联储的做法。监测美联储决策的人无法预言短期国债利率的走向。

1913年,旨在“保持稳定”的联邦储备系统(Federal Reserve system)成立。自从1913

年，美元失去了94%的价值，[30]这是对财富的肆意侵占。近来，报纸一直在报道，国际货币基金组织[International Monetary Fund(IMF)]在解决俄国金融暴跌时彻底失败。国际货币基金组织确实做成了一件事情：在试图解决俄国金融暴跌时迅速使一千多亿美元化为乌有。由此可见金融政策的效果。

人们为什么没有注意到当局的做法于事无补？一个重要的原因是，大多数时间属于繁荣时期。那时，公众会轻易地认为当局成绩斐然。只有在市场下跌、利率飙升、经济一落千丈的时候，真相才会被揭露出来，但这种时期相对较短。或许这就是为什么失败的例子只会产生理性化。经济学家可以总是引用"反常"行为的假定原因。20世纪30年代，"联邦储备委员会那时候还年轻，不知道自己在做什么"。1974年和1980年，"政客们把事情搞得一团糟，美联储最终善后这些事情。"日本，"日本的银行不如我们的美联储精明；日本银行没有采取正确的行动。"亚洲人，"对于宏观经济管理，他们知道些什么？"理性化永无止境。最近的世界银行溃败报道了3个星期之后，同一家报纸发表了麻省理工学院一位经济学家的重要评论，这位经济学家坚定地支持传统推测。谈到过去7到8(依据你使用的是哪一个统计资料)年的经济扩张时，他说："这一扩张会永远持续下去。近年来不会有衰退……因为我们有办法让当前的扩张继续下去。政策杠杆(和)我们的政策团队……会防止衰退的发生。"[31]佐治亚州立大学(Georgia State University)经济预测中心(Economic Forecasting Center)的名人主任随声附和，"另一次萧条需要一定级数的政策失误，这样的政策失误再也不会发生。"[32]

今天，我们也被告知当局可以改变股市的道路：

美国的高层金融官员组成了一个紧急状态委员会，叫做"暴跌保护小组"，"暴跌保护小组"有自己专门的人员，在财政部的控制下工作……这一小组的官方名称是金融市场工作小组(Working Group on Financial Markets)，目的是避免重复1987年10月19日的准灾难……小组中的永久性成员包括美联储(Federal Reserve)主席艾伦·格林斯潘(Greenspan)、美国证券交易委员会(Securities and Exchange Commission)首脑、商品期货交易委员会(Commodity Futures Trading Commission)首脑……与白宫的国家经济委员会(National Economic Council)、纽约联邦储备银行(New York Federal Reserve Bank)的强大领导者，一起作出决策。他们有彼此的24小时联系电话号码，处于一种复杂的"市场监视"系统之中，这一系统帮助他们预料麻烦……每个机构都有一个机密危机计划。在美国证券交易委员会(SEC①)，这一计划是红书(Red Book)，或者更恰当地说，叫做市场紧急状态执行指南(Executive Directory for Market Emergencies)。小组依赖"上限条款"，采用间歇性的交易中止，来保证各个市场的有序下跌。金融市场工作小组可以扩张信用额度，把资金注入系统之中，削减利率……金融市场工作小组还可以直接插手股市，进行投机活动，购买股票和期货合约来支撑

① SEC(美国证券交易委员会)即Securities and Exchange Commission(美国证券交易委员会)的缩写。译者注。

指数。[33]

那篇文章出现在1998年9月2日。3个星期之后,在9月24日,对于同一个小组处理亚洲金融危机的企图,《华尔街日报》作出了下面的评估:

劳动节(Labor Day)①那天,克林顿总统不动声色地把他的顶级顾问召到椭圆形办公室(Oval Office),在深夜召开会议,讨论正在蔓延的全球性金融危机……美国如何恰当应对这场危机,总统几个星期以来的焦虑一直在增长。从马萨诸塞州(Mass.)的马莎葡萄园岛(Martha's Vineyard)度假归来之后,克林顿总统几乎每天都给财政部部长罗伯特·鲁宾(Rubin)打电话,罗伯特·鲁宾正在阿拉斯加州(Alaska)用苍蝇钓鱼。在去莫斯科的路上,克林顿总统逼着顶级助手们拿出新的主意。克林顿总统及其政治知音英国首相托尼·布莱尔(Blair)讨论了召开世界领袖的紧急会议……问题重大,克林顿先生希望能提出大胆的解决办法。但是鲁宾先生希望谨慎从事,鲁宾担心世界领袖会议会造成不切实际的期望。

对于华盛顿"最好且最聪明的"经济人物来说,持续一年的金融大爆发可能正在变成越南。傲慢自大、政治笨拙、出于好心的政策引发的始料不及的后果,克林顿政府及其在国际货币基金组织的盟友目前为止还没有控制住克林顿总统现在所谓的"半个世纪以来最严重的金融危机"。

在许多方面,美国的力量都比以前强,但好像也无法跟国际货币流相抗衡。国际货币流的释放部分是由于美国本身的要求……几年之后,世界才能完全明白什么出了差错,才能完全明白可以采取什么别的政策来减轻一些痛苦。[34]

这一文章说需要几年的时间才能明白什么出了差错,这种说法是不正确的。上面的摘录中的每一句话都强烈地表明应对亚洲金融危机的计划是何等荒唐。剩下的唯一问题是,经济学家要过多少年才能承认此种措施只是画了一个饼,以这个饼充饥的人都遭受了毁灭性的打击?显然还要过一段时间才能承认,因为"暴跌保护小组"之类的东西依然备受信赖。

有没有任何科学研究支撑我的立场?得益于近来的研究,有。实验表明,没有中央当局的金融市场在行为上和有金融当局的金融市场并没有什么区别。想想第12章和第18章所讨论的卡尔达雷利(Caldarelli)、马尔西利(Marsili)和张(Zhang)②制造的金融市场仿真模型。这一模型模仿了股市,只用了一些参与者,没有外来信息。作者们说:"我们的模型没有实施那么多的校正(原文如此),在类似情况下的真实市场里,中央当局采用过那么多的校正。"[35]别管是有意还是无意,这项研究表明,中央当局的行动对市场行为的本质来说无关紧要。因此,中央当局的这种行动显然不会产生任何明显的校正,因为它们无关紧要。

政府总是最后一个作出反应的机构,因为政府是终极群体,委员会作出的每项决策都是多数选民压力的产物。比如,1934年通过了证券法律是为了防止已经出现的暴跌和已经触

---

① 美国的劳动节(Labor Day)在9月的第一个星期一。译者注。

② 张(Zhang)也有可能是"章"或者其他姓氏。译者注。

底的萧条。实际上,它是一个滞后指标:底部已经过去了。与之类似,1980 年通过了《货币控制法案》(*Monetary Control Act*),旨在处理肆虐了 10 年的恶性通货膨胀,而这次恶性通货膨胀已经在一年前结束了。法案的通过又一次成为滞后指标:加速通货膨胀时期已经结束。你可以看到,政府的这种政策看似成功,但这些成功都无一例外是逆向因果关系的产物。明显的社会政策败笔和明显的社会政策政绩都是社会情绪经济循环的结果,而不是原因。

今天,人们几乎一致相信政府、国际货币基金组织、世界银行、日本中央银行和联邦储备系统有着强大而神奇的力量,可以引导宏观经济力量。之所以会出现这一错误,又一次是因为相信了市场外因果关系。实际上,正是千百万人的互动决定了利率并调控着经济。金融"当局"的管理市场和经理的力量就像是奥兹国魔法师(Wizard of Oz)的力量:混淆视听和夸夸其谈。对这些巫师的信任略微不同于未开化的人们授予巫医类似力量的做法。和巫医举行宗教仪式一样,"政策"的典型结果,如果有任何结果的话(别忘了,政策也是一个社会现象),就是使情况变得更糟。复杂性理论便认识到自然界的自组织过程。意识到社会也是如此运作的只是一小步。这就是为什么自由社会比专制社会更成功也更多产。自组织比任何人类指导者施加的外力都更高效。

总之,手段和"工具"都于事无补,除非你在修理一台机器。人类社会不是一台机器。幻想控制波浪就肯定会被波浪所席卷。这是社会情绪经济学所要消除的又一个幻想。

## 假定的市场运动机械决定因素

假定社会是一台机器这一方法有一个变体,这一变体是一个想法:股市是一台机器。如果机器运转正常,暗含的想法好象应验了,然后价格上涨。如果价格下跌,机器就出了问题。那么,窍门就在于偶尔确定薄弱之处并进行维修。1987 年的暴跌是一场群体情绪风暴,导致"市场是机器"理论家加班加点来解释这场下跌并想出如何"维修"这一系统。最受信赖的理论是,所谓的投资组合保险电脑程序导致了暴跌,投资组合保险电脑程序实质上是在市场走低时卖出股票。这一过程可能吞噬了自己。不幸的是,这一理论并没有很好地解释世界各地的市场为什么会同时暴跌或者下跌为什么会停止。[36]世界上的许多指数并不存在电脑交易,但跌得却比道琼斯工业平均指数还要厉害,这一理论根本无法解释这一现象。这一理论还忽视了一个事实:在整个 1986 年和 1987 年,市场观察家一致在以同样严肃的口吻解释股市暴跌为什么是不可能的,因为像投资组合保险那样的"保险装置已经就位"。[37]1988 年,我感到很开心,我举起暴跌图,然后问听众,如果没有程序交易的话,多少人觉得暴跌不会发生,或者多少人觉得暴跌会缓和下来。通常半数或者更多的参与者会举起手。然后,我会告诉他们答案是明确的"否",顺便说一下,我没说这是 1929 年暴跌的图片吗?

《华尔街日报》7 月的重大评论证明,不利的事实与信徒众多的机械论因果关系没有关联。针对投资组合保险以及股市的其他一些机械方面,两个顶级金融教授报告了"美国最重要学者”的看法,解释道,“(股市)结构脆弱性的根源已经大部,如果不是全部,校正了,(使)1987年那样毛骨悚然的事件再现的几率极低。”[38]作为对这一推测的回应,我要说,在进化历史上,直到今天,人类边缘系统的情绪脆弱性还是没有得到校正。直到新皮层进化得足以控制脑的原始部分,股市才会永远上涨、下跌和偶尔暴跌。

## 线性推断:“预言”现在

趋势外推法是技术分析的最粗略形式,几乎所有的传统分析师都使用趋势外推法,但却很少能够实现趋势外推法。主流社会和经济预测永远是通过现在和最近的形势和趋势推断未来。更明确地说,(1)明显的预言只是对当前形势的描述,并且(2)在无意识中对当前趋势做了一个移动加权平均运算。现在,在变化的世界里,这一方法注定要失败。因为这一做法,经济学家和未来主义者总体上一直采用一个众所周知的做法:在顶点乐观,在底部悲观,对即将到来的事件作出非常不精确的预测。现在,你知道为什么了。因为预测者没有进行真正预测的可靠基础,所以,盛行的社会情绪就可以完全掌控局面,影响他们的结论的调子。社会情绪越强,他们就越容易受其摆布,他们的理性化就有创造力,他们的推断也就越极端和自信。这意味着,社会情绪越接近变化的主题,传统预测者就越容易相信形势不会发生变化,他们对未来的推断也就越远。(请看第6章债券市场部分1984年7月的典型例子)

这一准则几乎每天都得到了金融新闻界的证实。1998年刚出的一本书是股票观察者的“必”读之书,其中有个说法,“我预言我们很快就会看到历史上最伟大的经济繁荣”[39]。如果退回到1982年,这本该是个有用的预测,实际上,这本该是个真实的预测,别管这个预测实现与否。今天,这只是对过去16年发生的事情的描述,倍增和推断成了此时流行的社会梦想。最近,我最喜欢的是《华尔街日报》的一个标题“经济学家预测直到2008年会都有每年2.5%的温和通货膨胀(Economists Forecast Mild Inflation of 2.5% Yearly Through 2008)”。这个长达10年的逐年预测有没有任何基础?显然没有。和所有的此类“预测”一样,它只是对当前形势的阐述,受近来的趋势所影响。它是对现在的“预言”。

这完全是个心理现象,适用于几乎所有领域的所有人。比如,1997年泰格·伍兹(Tiger Woods)赢得了大师赛(Masters Tournament)。一个体育记者解释,在此之前他一直怀疑杰克·尼克劳斯(NIcklaus)对泰格·伍兹能力所持的观点,但现在他认为杰克·尼克劳斯“低估”了泰格·伍兹的能力,因为在接下来的30场大师赛里没人能打败伍兹。[41]无数体育作家附和这一情绪。但目前为止,伍兹还没有赢得另外一场大师赛。关键不是预测者错了两次,是他们两次都没有作出预测,至少没有使用预测工具。他们只是在描述伍兹最近的成就。他们宣称自己在做预测,但这改变不了事实。经济学也同样宣称自己在做预测,但实际上也没有作出预测。

就预料现实来说,自然且无意识的方式是观察一段时间并假定趋势会和以往一样继续下去。这一方法适用于物理学，但不适用于社会趋势。预测者屈服于推断的自然趋势，成为每个波浪的一部分，而没有置身波浪之上。

还有更大的矛盾之事。人们用这种方式推断趋势，尤其是当他们的同胞用赞同来表示支持的时候，这一事实本身创造了社会情绪的极值。因此，产生社会行为转折点的现象恰好遮盖了社会行为的转折点。

所有领域的未来主义者都必须放弃推断实践，转而采用一种方法来确定社会形式以及与之相伴而来的社会趋势变化迹象。利用合适的数据，任何人都能认识到经济状况及其最近的趋势，这是今天的经济学家的得意之作。然而，没有合适的工具也就没人能预料变化。在经济学工作者中，预料是立足之本。在衰退之中，知道（甚至就概率而言）衰退是行将终结还是即将下滑进萧条之中，等同于一笔巨款。对于几乎所有人来说，知道经济大趋势的顶点或者低谷即将到来也具有难以估算的价值。在转折开始之后几个月才辨明情况相对来说没有用处。上升之后，便宜货消失了。下跌之后，你的垃圾债券难以售出，企业买家消失了，在房地产市场里流动性干涸了。

## 传统的事件因果关系推理

传统分析师研究市场外数据，也就是说，研究市场外的事件、形势和过程。传统分析师认为，市场外的事件、形势和过程是驱动市场的因素或者"基础"[42]。比如，人们一般认为驱动股市的是利率、经济、政治、公司利润和美联储。

传统分析师坚持认为某个事件或者其他市场（利润、经济、油价、债务水平、利率、流动性，等等）导致了股市运动。但是，如果你要求他在同样的基础上预言股市，他无法给你一个答案，除非他预言假定的原因会产生什么结果。我们揭露了一个秘密：传统分析师必须预言他们自己的指标。比如，这是个不够好的说法：只要利润增加，股票就会上升。为了得到结果，你必须预言利润。因此，你需要一个利润指标，等等，这是一个无尽的循环。此外，传统分析师无法纠正错误。如果利润下跌且股票正在上升，或者如果利率下跌且股票随之下跌（比如，过去5年里日本就是这样），传统分析师就没有改变态度的基础。他只是将错就错。

人们相信外在因果关系，这一信念根深蒂固，所以，人们使用外在因果关系的预言来胡言乱语。8月份，一个作者注意到，"每当一个女人走上前来揭露克林顿总统的风流韵事"，[43]股市就上涨500点。这个作者没有因此觉得牛市与总统的性生活无关，而是认为性丑闻肯定看涨。这位作者只是不敢想着去放弃新闻因果关系这一错误想法。最近的一份报纸引用了一家大型经纪公司的经济学家的话，这位经济学家认为自己给出了经济将继续扩张的理由。这位经济学家说，"支持国内经济的基础依然坚如磐石，"[44]基础包括正在上涨的收入、充足的工作岗位、金融部门提供的信贷。这不是一个孤立的错误言论，而是众口一词的错误说法。你能看到这一分析是个同义反复吗？良好的经济是正在上涨的收入、充足的工作岗位和正在扩张的信贷。他实际上在说,“基础支撑着基础……”或者“国内经济支撑着国内经济……”对经济当前形势的描述并没有谈及未来,然而,经济学家们依然夸夸其谈,就好像已经预测了未来。

误信外在因果关系并不局限于经济学家。甚至是发现了这一推测无用之处的物理学家也难以释怀。比如,卡尔达雷利、马尔西利和张①证明在没有一个外界因素的情况下一小组交易者还是可以模仿真实的市场,但是他们还是坚守着古老的神话。“绝不能说”,他们说,“我们的模型抓住了真实市场的所有相关方面……在真实的经济之中,还有外在的驱动因素,比如政治、自然灾害、人类心理,等等”[45]。第一个句子是严谨的科学,第二个句子纯属假设。把“人类心理”包括在内也是不严谨的,“人类心理”不是外界因素,而是研究人员所研究的本质。这就剩下了对股市毫无影响的自然灾害(努力在平均指数图上找出一个)和政治。那么,他们所假定的外界因素就只剩下了政治。这几位作者的研究具有戏剧性的意义,但是,他们还是坚持一个假设:在“真实”世界之中,“当局”可以“校正”市场,本章上文引用的话表明了他们的这一立场。外部事件因果关系这些例子是缺乏支撑的,但是倔强的科学家们还是把这些例子包括在内,这说明他们的这一基本推测是多么的根深蒂固。

## 传说中的经济关系和金融关系的跟风性和不可靠性

这一节粗略探讨传统经济言论对投资者看法的影响。什么数据对股市预测有用,投资者会形成自己的看法。这一节会让你明白,用于推理的连贯框架是多么缺乏。

在20世纪80年代的大多数时间里,股市观察者在恐惧中等待着货币供应周报。人们广泛和坚定地相信,这一数字会决定股价的道路。当这一固着型偏爱死亡的时候,债券市场变成了关键。债券的每一声滴答都被详细检查,以便预先知道股票的下一个短期运动。后来就坚持认为美元的短期趋势解答了股市的走向。在每一种情况下,对于相关的因果关系,经济学家都有现成的详细解释。投资者抛弃一个焦点的速度和接受一个焦点的速度一样快。区别是,对自己的行为缺乏任何解释以及根本没注意到没有任何解释。

作为市场行为的关键,这些焦点是如何起作用的?关于货币供应,流行的论据是“高”数字看跌,因为它可能导致较高的利率,较高的利率对股票有害。与这一传统智慧相抵触的唯一一件事情是一个事实:在20世纪80年代的牛市之中,货币供应飙升,而当货币供应增幅最终放慢时,股市暴跌。换句话说,流行的经济学智慧所假定的货币供应与股市的关系与事实相反。

“债券市场”指标在20世纪80年代中期变得非常流行,依据的是一个理论:对于股票来说,正在下跌的利率看涨,反之亦然,而且人人都知道这一点,那么,美国长期国债的期货价

① 张(Zhang)也有可能是“章”或者其他姓氏。译者注。

格的每次运动都会转化成股市的同方向运动。换句话说，债券价格上涨意味着利率下跌，这意味着股票的竞争减少，意味着股票会上涨。大约在这一关系大行其道的时候，股票和债券的每日趋势和每周趋势都开始分叉。在1987年年中的几个月里，它们变得完全不相关联。当时，大多数货币都压在了它们以前亦步亦趋的关系上。很快，每日评论员就把这个想法完全抛到脑后。

美元价值是下一个焦点。1979年到1985年，美元在上涨。一开始，美元上涨受到了欢迎。人们认为美元上涨证明，通货膨胀可能正在放慢而且在世界的眼中美国再度变得强大。然后，经济学家说美元"太高了"，因为美元的价值可能伤害了出口。股市追随者起初欢迎始于1985年的美元价格下跌。这一趋势既有戏剧性，又有持久性。所以，在1987年初，人们非常担心美元下跌得"太狠了"，而且更糟的是，出口几乎没有变化。所有的这些绝望苦恼都是杞人忧天。在这整个时间段里，相对于其他货币来说，美元价格出现了巨幅振荡，但是，道琼斯工业平均指数继续发展，美元好像并没有对道琼斯工业平均指数造成影响。实际上，事实就是如此。最终，人们也停止观察美元（但是，像所有的这些焦点一样，它还会回来）。

这些固着型偏爱有什么共同之处？第一，它们揭示了投资者的欲望：希望有一个简单的股价未来道路指标。第二，这些指标没有一个是源自股市活动本身；每一个都来自于市场之外，都被假定对股市有影响。第三，都有显然符合逻辑的解释。第四，对这些"关键数字"相加考察实际上无法正确评估股市趋势。所有的这些固着型偏爱都使投资者丧失了警惕。最后，每一个新的关键关系认定乍一看都听起来合情合理，但都没有与足够，或者任何历史联系在一起。实际上，这些关键关系认定都没有经过详细推敲，简单地看一下图就可以立刻揭穿这些关键关系认定。好像没有人上心看一看。

为什么没有人研究这些传说中的金融和经济关系？原因之一是它们不是要成为理解的工具，而是要成为理性化的工具。每一次，知道得太多都会破坏工具的功效。当知道得不多或者想得不多的时候，新皮层可以较为容易地作出理性化的分析。这就是为什么，一天，在牛市之中，新皮层在解释，日经指数（Nikkei）上涨为什么看涨美国股票（"这是一个信任票：日本的衰退不会加深，也不会蔓延到美国"）；次日，新皮层却在解释日经指数下跌为什么看涨美国股票（那一货币会逃到一个强大的市场里）。上述的所有"关系"都存在同样的二元性。这里是一个例子："上涨中的美元是好的，因为它使我们的出口更有支付能力"以及"上涨中的美元是好的，因为一个强大的货币反映了一个强大的经济"。用"货币供应"指数能否作出同样的解释？

## 两个详细的例子：公司利润和国家贸易差额

对于假定的因果关系，我可以选择给出详细的例子，你会迅速发现这些因果关系是错误的。相反，我会特意调查两个想法，大多数人都坚信这两个想法，大多数人对这两种方法的信仰也持续了许多年。如果我们可以揭穿这两个历经时间考验的信仰,我们就可以轻易地揭穿随之而来的下一个信仰。

## 公司利润

当我写这一段话的时候,当天的报纸在商业栏目打出了这样的头条新闻:"确定推动市场的力量并不难——预测市场的方向比较难(Determining What Will Move Market Not Difficult——But Forecasting Its Direction Is Harder)。""容易"部分并不意外,因为几乎金融界的所有人都同意:"利润是股价运动的主要原因,这能说明华尔街为什么全神贯注于下个月的利润报告……"

这一指数对吗?股票是由公司利润驱动的吗?1991 年 6 月,《华尔街日报》报道了高盛集团(Goldman Sachs)巴里・威格莫尔(Barrie Wigmore)的研究,巴里・威格莫尔发现"在 20 世纪 80 年代,只有 35% 的股价上涨可以归因于利润和利率"。威格莫尔推断,其余所有的股价上涨都可以归因于对于持股的社会态度,这一态度是处于变化之中。(实际上,所有的股价上涨都可以归因于变化中的社会态度,利润是其产物)《华尔街日报》说,"(这一推断)洞穿了给华尔街顶礼膜拜的圭臬。"[47]这一研究表明,甚至是事后看来,大多数分析师所依赖的"基础" 也和股价运动没多大关系。[48]

只是利润趋势对比股市怎么样?喔,从 1932 年起,公司利润有 19 年下跌。在这 19 年之中,道琼斯指数上涨了 14 年。在 1973—1974 年,道琼斯指数下跌了 46%,而利润上涨了 47%。在熊市的低点,12 个月的利润达到了顶点。利润并没有驱动股票。就像第 16 章所证明的那样,就像阿瑟・梅里尔多年前所表明的那样,[49]利润滞后于股票趋势。因此,利润或者经济不可能驱动股票。当假定容易的部分是个错误的前提时,预测股市实际上是不可能的。

## 贸易数字

根据《华尔街日报》,1988 年,投资者"全神贯注于"美国与外国的贸易差额月报。以前引用的数字现在被暂时放弃了,和以前这些数字一样,这一数字好像也是股市的简单指标。这一数字来自市场之外。它有一个显然符合逻辑的解释:贸易赤字(美国出口减去进口所得的负值)对我们国家的"国际收支"有害,所以贸易赤字也对我们的国家有害,所以也对股票有害。只有一个问题:事实又一次与假设截然相反。

图 19-3 表明,实际上,贸易赤字紧密跟随着美国股市和经济的涨跌,但与经济学家所假定的恰相反。赤字越大,股市和经济就越强大,反之亦然。尽管有无数报告说"贸易赤字正在使经济增长放慢",但统计资料表明,几十年来事实与这些报告相反。粗略观察图 19-3 就可以发现,在 1975—1998 年牛市的大多数时间里,每月的贸易赤字都在增加。如果魔鬼在 1975 年来到你身边用接下来 23 年的贸易差额数字来交换你的灵魂,你当时就是在卖空

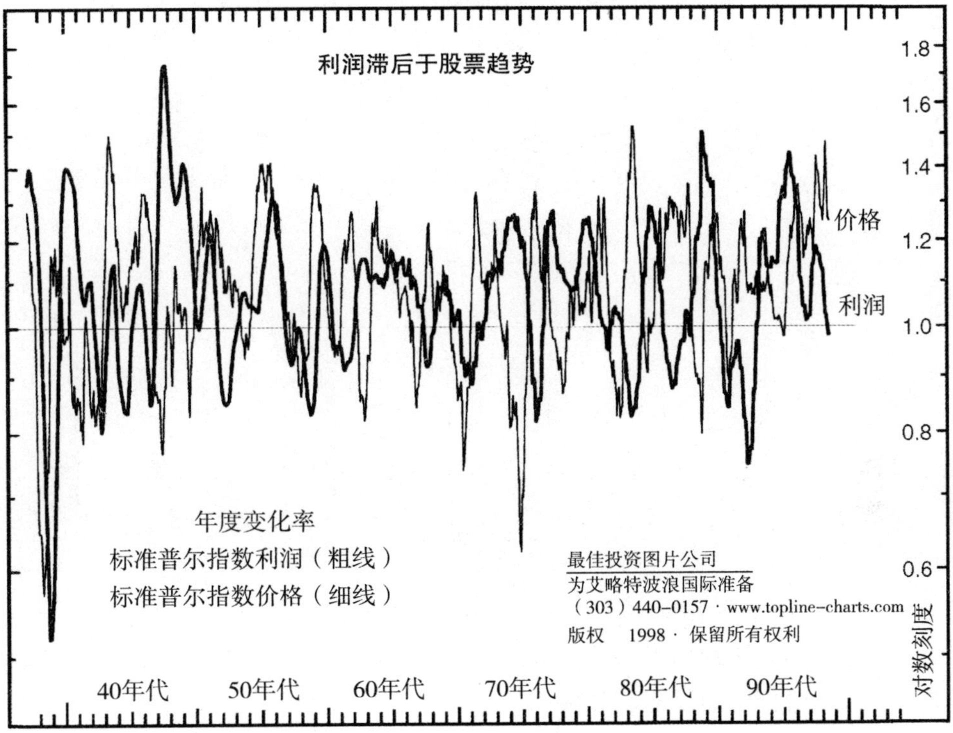


图 19－2

并会因此破产十几次。在你要看涨的仅有两个时期（1978—1982 年和 1987—1991 年）里，你会一无所获。

对于经济来说，1980 年和 1982 年的衰退跟随着缩小的贸易赤字。1987 年底，贸易赤字再度开始缩小，又导致 3 年的经济衰退，3 年之中逆差一直在缩小。有些人听从经济学家的言论，并在 1979 年或 1989 年根据经济学家的预言扩张业务。经济学家预言，新的正在缩小的贸易赤字看涨。这些人陷入了这两次衰退。

在这两种情况下，贸易赤字开始再度扩张，经济亦是如此。然而，在 1994 年，在经济学家的鼓动下，联邦政府为持续的贸易赤字而疯狂，甚至冒险为之发动贸易战。如果政府以某种方式成功削减了贸易赤字，那么，随着贸易赤字再度扩张而来的经济复苏就会因此半途而废，其结果与经济学家所允诺的相反。

有些人想避免损失并采用有效的投资战略。对于这种人来说，无论是从长期来说还是从短期来说，都有一个无价的知识：上述数据与股市趋势没有可靠的关系。比如，1988 年 5 月 16 日，每月贸易数字即将公布的前夜，艾略特波浪短期更新（Elliott Wave Short Term Update）的戴夫·奥尔曼不顾每月贸易数字即将公布，列举了 3 个艾略特波浪关系指出短期高点“在道琼斯指数 2025 点的 5 点之内”，并补充说，“我们一直在追踪的（短期）循环高点现在到来了”。用一位电视经济学家的话说，第二天早晨开盘前公布的贸易数字“好得令人难

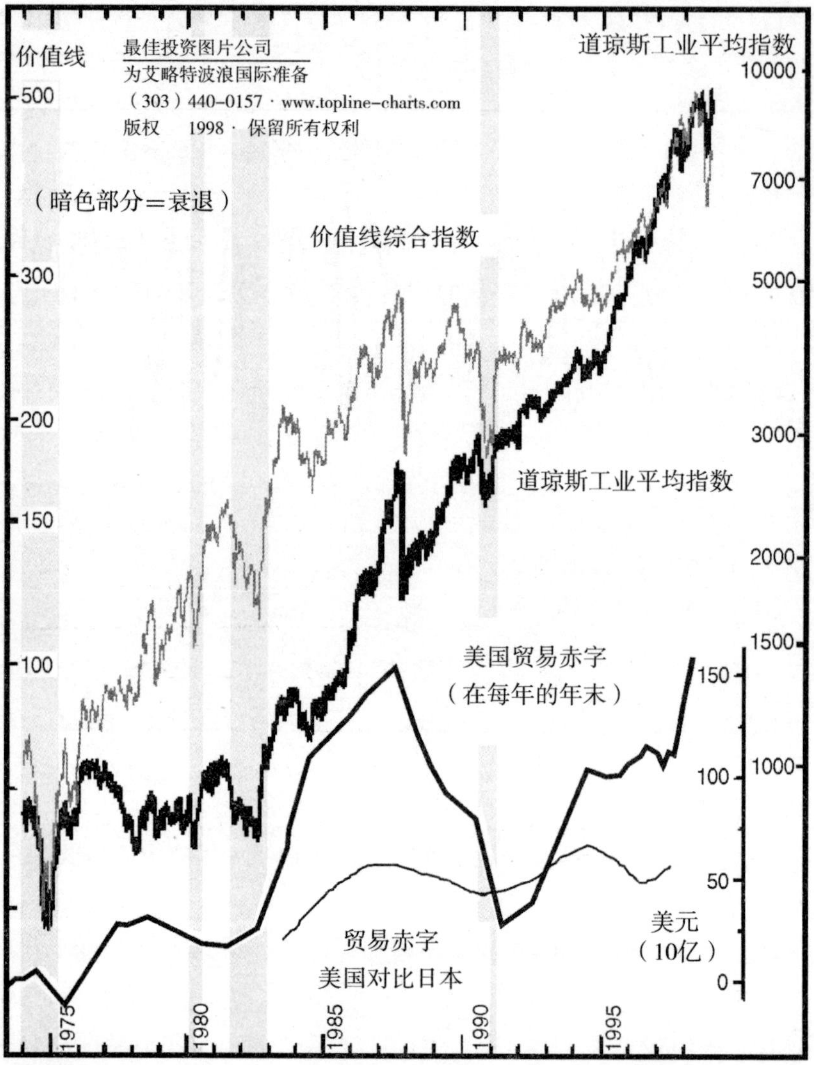


图 19-3

以置信”。那天早晨的道琼斯指数高点是 2023 点,此时,贸易报告观察者根据较低数字这一“好消息”买进股票;而前一天买进的人已经在庆祝了,因为他们“猜对了”。反弹在 30 分钟内结束,在接下来的两天里,道琼斯指数暴跌 100 点,达到了当月的新低。关键不是此时在市场里谁是正确的,而是谁在浪费时间,谁关注了起作用的事物。“关键数字”观察者关注魔术师那花里胡哨的助手,而不是关注魔术师本人,他们被愚弄了。

购买新闻的人因为懒惰而付出了代价,但是对于市场的神秘下跌,他们并不乏解释。毕竟,如果市场上涨,解释就显而易见!所以,下跌之后的一些解释是必要的。因此,经济学家提供了一个想法:较小的贸易赤字报告可能产生了“通货膨胀恐惧”,导致了市场下跌。通过逻辑延伸,从 1982 年年中直到 1987 年年中,贸易赤字持续上升,大额赤字不应该导致通货紧缩吗？然而，从 1982 年年中直到 1987 年年中，货币供应飙升 170%。还有，如果市场有通货膨胀恐惧，美元为何反弹？和假定的否定贸易赤字的案例一样，这一新的解释都是理性化的，没有证据或者综合。

许多人熬夜猜测这多种多样的数字并解释这些数字的意义，他们没有进行任何相关研究。他们有无数的理论，但却不调查研究数据。与这些纷繁复杂的强迫症相比，社会情绪经济学家主要关注市场形势和心理，并不着眼于背景事件。社会情绪经济学家进行足够的研究，开始至少确认自己的结论和历史数据存在着积极的相互关系。

今天，关于贸易赤字的错误假设依然活蹦乱跳。美联社最近告诉我，“亚洲货币危机在 3 月份给予美国全力的打击，使该月的贸易赤字达到了历史记录”[50]。意义何在？“分析师预言今年的整个赤字会轻易成为历史上最糟糕的一个”，“最糟糕”意味着对经济有害，尽管有 24 年的逆向相互关系。《亚特兰大宪法报》一个经济学作者告诉我们，“正在飙升的贸易赤字给出了明确的证据：亚洲的混乱局面开始延伸到美国的海岸”[51]。过去的 24 年基本上保持上涨趋势，那么，其间的任何一次赤字飙升是否提供了亚洲混乱局面的“明确的证据”？没有，因为亚洲没有混乱局面，亚洲一片繁荣。与亚洲危机的任何假定的联系都不存在。当我写这段话的时候，8 月的数字刚刚公布。随着股票在 7 月达到新的历史高点以及经济持续扩张，贸易数字创下了历史上最高的赤字，表明趋势依旧亦步亦趋。不用说，“华盛顿智囊团”的首席经济学家说，“在贸易方面，我们面临着漫长的艰苦岁月……我们会轻易陷入衰退”[52]。如果他的预测是关于“艰苦岁月”，即较高的赤字，那么，他预言的就不是一场衰退。如果他预计一场衰退，那么，他应该预测缩小的贸易赤字。至少《亚特兰大宪法报》(*AJC*①)文章作者承认了这些内容：“难以理解这个情况，因为事实乱七八糟。”事实并不乱七八糟。乱七八糟的是思想，因为错误的前提与事实越来越格格不入。正确的前提是，当美国经济强大的时候，美国公民从国外购买更多的商品，而其他国家的公民把自己得到的一部分钱存起来而不是用于消费。这些国家大多有着较高的储蓄率。贸易差额不导致经济趋势，贸易差额源自经济趋势。这一情况可能变化，但是至少在过去的几十年里就是这么发生的。[53]

20 年来，许多人一直执迷不悟，为上涨中的贸易赤字而惊恐万状。传统论断更进一步的矛盾之事是，当美国经济再度收缩时(肯定会收缩)，这同一批作者和分析师就会说：“瞧，我们告诉你大额赤字是有害的！看看最后发生了什么。”然而，我们当中有些人观察着图片，我们当中的这些人可能看到收缩的赤字伴随着再度出现的经济收缩。我们可以进一步假定，直到关系发生变化的时候，随着经济的继续收缩，贸易赤字会继续随着经济的收缩而收缩。同时，传统分析师会说，新的趋势看涨。相信传统分析师说法的人会陷入发展中的经济下降趋势之中，同样是因为一个他们一直太过在意的原因：相信贸易差额和经济健康之间的关系与实际情况相反，在因果关系和意义上都是如此。

---

① AJC(《亚特兰大宪法报》)即 The Atlanta Journal – Constitution(《亚特兰大宪法报》)的缩写。译者注。

## 现实和错误前提之间的冲突

即使大多数经济学家使用股市作为主要经济指标,他们还是习惯性地朝另一个方向推理,因为他们无法想象正确的因果关系链是真的。传统分析师努力从经济学和政治政策朝着情绪(即股价)去推理,他们称经济学和政治政策为“基础”。这一方法是落后的,正因为如此,在大多数关键时刻,这一方法都宣告失败。所谓的基础就是火车上的最后一节车厢。当火车在进行长途直线行驶时,这一方法偶尔显得是个成功的预言。那么,趋势就是相同的。那些在最后一节车厢里的人,没有做好准备预言铁路前方的弯道,而铁路前方的弯道会改变机车的方向。然而,那些在前面观察机车方向的人可以相当可靠地告诉你最后一节车厢会怎么走。所以,经济学家无法预言股市,而股市观察者可以相当好地预言经济。

因果的实际方向并没有组织经济学家继续反其道而行之。泰国(Thailand)股票和货币暴跌6个月之后,美联社于1997年12月8日说:“破产的金融公司永久倒闭,预计会使5000到10 000名工人失业,动摇已经遭受重创的股市,并促使泰国货币泰铢进一步下跌。跟美元相比,泰铢已经失去了超过40%的价值。”[54]请注意,股市和货币先暴跌,造成了公司破产和失业。尽管有这个先后顺序,接受新闻界采访的专家还是情不自禁地推测公司破产和暴跌会成为股市趋势的原因。如果是这样的话,为什么在1933年的大萧条之中,股票触底接近一年之后,失业才达到顶点。当时,公司破产和工人失业达到了近一个世纪之中的最高数字,这一最高数字为什么没有“动摇已经遭受重创的股市”?《华盛顿邮报》同样在5月28日说:“……最近,劳动力市场不稳定威胁着韩国(South Korea),有可能使韩国进入新的金融危机。”[55]然而,在最近的金融危机之前,并没有“劳动力市场不稳”或者任何其他社会危机,不是吗?实际上,1997年夏,韩国的社会情绪自信、奔放,甚至飘飘欲仙。但是,压倒性的冲突并没有阻碍传统分析师,错误的基本假设顽固地控制着所有的评论。

这一怪癖并不新鲜。加菲尔德·德鲁(Garfield Drew)[56]和约翰·特雷恩[57]描述了20世纪40年代晚期投资者面对“典型战后萧条”的方式。大多数经济学家预言第二次世界大战之后会出现“典型战后萧条”。第二次世界大战之后从未出现“典型战后萧条”。第二次世界大战之后也不该出现“典型战后萧条”。19世纪50年代的金融危机先于美国内战。20世纪30年代的金融危机先于第二次世界大战。第一次世界大战之后确实出现了严重的衰退,这是经济学家使用的两个明显的先例之一。通常的先后关系也是板上钉钉的。在第一次世界大战开始之前,股市持续下跌了两年,低于8年前的顶点;在5年之中,经济出现了史无前例的4年衰退。战后没有经济收缩的传统,但是,战前熊市是个一贯的先例。因为这些事实不符合传统规定,所以这些事实被作为无意义的事情忽略了。

## 传统分析师会不可避免地使用趋势外推法

使用市场外事件预测市场有没有内在的逻辑瑕疵？我想是有的。

如果有人因为利率近期下跌而看涨股票，你就有理由问："你怎么知道利率在今天不会停止下跌而且股票也会随之下跌？"他可能回答："喔，最近的经济报告表明了一个平面趋势，自持较低的利率。"而这时，你有理由问："你怎么知道经济刚刚没有好转？"在某个时刻，他肯定会回答他会等待某种变化，等待美联储的一个报告：经济变强以及利率上调。然后，你可以问："你怎么知道的下列情况？第一，自己等待的经济报告不会反映唯一的经济繁荣。第二，美联储不会一度提高各种利率，然后再降低各种利率，因为你在底部卖出了股票。"如果他回答不知道，那么他还是没有预测的基础。如果他继续为自己的因果指标提供更多的因果指标，那就没完没了了。这两个答案都是死胡同。他摆脱困境的唯一办法就是最终提供了基于趋势外推法的预言。困在这个胡同里的分析师多半只是说，从他假定的原因里没有看到趋势变化的证据。这一答案依赖于一个事实：趋势持续不变。可能的趋势型原因（在这种情况下是经济）会影响下一个原因的趋势（这种情况下是美联储的政策），然后会影响一个市场（即利率），又会影响他实际想要预言的内容（即股票）。

传统分析师不可避免地会在某个时刻使用趋势外推法，那么，我们是否可以问他："只是推断你实际想要预言的市场趋势，是不是容易得多？"他不说，"经济趋势是个平面，趋势会继续下去，所以，美联储会继续降低利率，所以股票应该继续上涨，直到趋势改变"，他可以只是说，"在这一趋势变化之前，股票的趋势向上。"这样，他省去了麻烦，也避开了陷阱：需要自己的整串因果关系来自我维持。对于每一个假定的关系，历史都表现出许多例外，所以，从他想要预测市场中移除的每一步都进一步弱化了他的市场结论。相比较而言，趋势外推法一直都是左右逢源，从一开始就与他打算预测哪些市场没什么因果关系。

传统分析师最好放弃他们所有假定的指标，只是以单一的移动平均线追踪市场趋势，就像迪克·费边（Fabian）[58]所做的那样。和艾略特波浪分析一样，带有移动平均线趋势指标的论据链是直接且确定的。这样的指标直面未来，情况就是这样。

## 传统工作不利于预料未来

我希望本书可以永久地改变一些经济学家的方法。固执己见的传统经济学家可能会攻击本书的论点。如果他们以学术方法攻击本书的论点，好的。如果他们蛮不讲理地诋毁社会情绪经济学，你就能比较容易地发现他们缺乏什么样的支撑。

1982年，《商业周刊》总结了现代经济学的状态，《商业周刊》说："业绩惨淡……经济学家非常清楚地揭示了……自己的职业在知识上的落后程度。"[59]传统预测方法的失败证据确凿,绝非空穴来风。《华尔街日报》研究了1982年以来自己对美国顶级经济学家所做的民意调查。研究结果表明,总的来说,这些公认的专家精确预言利率方向(忘了程度吧)的时间只有22%,还不到单纯猜测成功率的一半。[60]传统方法是起误导作用。保罗·蒙哥马利直言不讳地说:"经济理论显然根本无法预言任何时间范围的利率。"[61]

预测公司利润和股票价格做得怎么样呢?长期观察股市的人都知道(统计资料也表明了这一点;请看第8章引用的研究报告)经纪公司"基础"分析师的利润估算以及买/卖建议持续落后于股价曲线。股票爬得越高,所有分析师就越会调高利润估算,他们也就越会坚持买进股票。股票达到顶点之后,当股票下跌35%的时候,"强烈买进"变成了"买进";当下跌50%的时候,变成了"持有";在底部时,变成了"卖出",此时公司利润估算最终下调。最低的利润报告和估算出现在股价复苏之后,因为我们已经看到了,利润落后于股价。

居高不下的失败率不是经济学家的败笔。大多数经济学家只是稳扎稳打,始终只预言上涨。1996年《商业周刊》说:"在过去的25年里,已经发生的5次萧条中,预测者错过了4次。"[62]伦敦的《金融时报》把经济学比作"占星家和江湖郎中"这两个行业,然而,"占星家和江湖郎中"的客户还是"继续听信他们,轻易上当受骗"[63]。

人人都知道经济学家几乎总是错的。现在,我们要搞明白经济学家为什么几乎总是错的。1995年,伦敦经济学咨询公司(London Economics consultancey)分析了英国34个顶级经济预测小组的预言,"包括被引用最多的预测机构,(比如)财政部、国立研究所(National Institute)、伦敦商学院(London Business School),(这些预测机构使用)精巧的计量经济学模型来预测经济"[66]。伦敦商学院经济学教授约翰·凯(Kay)把这项研究报告给了《金融时报》。他的评论有理有据,既描述了问题所在,又暗示了原因。仔细读一下这段描述:

这是个常见的笑话:有多少经济学家,对于经济的未来就有多少不同的观点。事实恰恰相反。经济预测者没有各抒己见;在同一时刻,他们说的都或多或少相同,相同的程度令人震惊。通过比较发现,预测之间的差别微不足道,而所有预测与事实之间的差别巨大无比:他们的说法几乎总是错误的。通过分析可以发现,有一个雷同预测,大多数预测者围绕在这个预测周围,几乎没有必要把他们的估计区分开。然后,在过去的7年里,雷同预测并未预言经济的最重要发展中的任何一个——20世纪80年代消费繁荣的力量和弹性、20世纪90年代衰退的深度和持续性,自从1991年通货膨胀的持续戏剧性萎缩。对于预测工作者来说,过去4年也没有变得比过去更糟。在20世纪80年代,他们的工作乏善可陈、平平淡淡。与大家一起犯错总是比较安全。在大机构里,因为正确的原因而犯错经常比做得对更重要。即使事实证明他们是错误的,预测者在事后还是强调保持一致。比如,银行让我们相信近期衰退的深度和房地产市场暴跌的强度本来是不可预言的。更仔细地观察表中的数字,(我们发现)雷同预测易于计算,因为取现在和过去的平均值即可。然而,这一方法的基本弱点在于无法确定经济的结构变化。[65]

这些评论符合本书的论点。持续从众行为源自深不可测的不安定情绪,深不可测的不安定情绪又源自对无法奏效的方法的应用。持续从众行为使经济学工作者处于永恒的迷雾之中。《在浪潮的顶点》的第10章和第11章详细论述了传统预测背后的心理,更详细地揭示了这一心理产生更甚于随机理论的严重后果的原因。

基于他们的成绩,经济学家没有理由抱怨波浪原理实践者成绩记录中的错误。相关的问题是,“跟什么相比”? 对于趋势和事件的未来变化,只要不是老是犯错的任何方法都优于传统方法。背后有逻辑依据的任何方法也优于传统方法。社会情绪经济学在两方面都胜利了。[66]

这并不是说我们这些新兴的社会情绪经济学家施展手艺的方式无可挑剔。可靠预测的关键需要是完全理解自己的模型的局限。虽然我们在迅速学习,但是,我们还是没有确定这些局限。许多艾略特波浪实践者不够严谨,有时太容易轻信受骗,经常超出波浪原理的能力范围无限索取。艾略特主义者和经济学家一样受到原始精神作用冲动的困扰。有时,原始精神作用冲动会影响我们的预言,达到了起相反作用的地步。其中的一些问题源自一个事实:社会情绪经济学是一门崭新的科学,没有步步为营的问题链,没有铁杆支持者,没有成套的著作,因而无法对我们的工作提供支持。然而,我们确实开始于一个较强的基础之上,因为我们的前提是正确的。这就是为什么我们的结果和他人的结果迥然不同。

## 传统方法为何依然如此根深蒂固?

如果新闻不是市场趋势的发动机,如果外力不会导致社会情绪和行为,那么,人们为什么会持肯定态度呢? 这些神话经久不衰有两个主要原因。

就像在第16章表现的那样,就像在第18章讨论的那样,经济和政治新闻与股市无关,经济和政治新闻滞后于股市。人们可能被市场行为与市场外事件的相似性所愚弄,因为一个简单而重要的技术事实:市场有趋势,源自社会情绪变化受社会情绪变化推动的新闻也有趋势,所以,二者前进的方向相同。当传统预测者显得正确的时候,只是反映了一个社会事实:社会趋势是存在的。经济学家滞后于这些趋势,但是,只要他们一开始发现的趋势继续下去,他们就会显得正确。市场和新闻相互关系确实存在,这一相互关系愚弄了人们,让人们相信有经验支撑着经济学家那显然自然的假设:市场外事件是原因。经常是在较长的时期,经济学家和投资者偶尔会因为对新闻作出假设而得到回报。偶尔的回报是强化信念的唯一手段。实验表明,在偶尔随机产生的回报刺激下,实验用鼠会更起劲地操纵控制杆,而有规律的可预测的回报则没有这个效果。[67]至少在这种情况下,同样的趋势好像也适用于人类。

人们之所以如此相信事件因果关系,第二个原因是省时省力。在第21章我们探讨天文学家安德烈·林德的理论:宇宙的构成部分以自我复制分形呈指数级膨胀。安德烈·林德把这个过程叫做“混沌膨胀”。对于长盛不衰的“大爆炸”理论,林德冥思苦想,说:“老旧的大爆炸设想之所以大行其道,一个主要原因就是把宇宙想象成一个朝四面八方膨胀的气球是一件相对容易的事情。抓住内在自我复制分形宇宙的结构要难得多。”[68]我想,“外因”范式以同样的原因牢牢掌控了人们的头脑。和大爆炸理论中正在膨胀的气球类比一样,简单地从物理学推断是容易想象的。

林德补充说:“一旦我们开始削弱这些(大爆炸)假设,我们立即发现,膨胀不是理论家为解决问题所做的奇思妙想。膨胀是一个基本体系,出现在关于基本粒子的许多理论之中。”无独有偶,当我们言归正传时,我们发现波浪原理这一“基本体系出现在许多”涉及生长和生命的“理论之中”。而外在因果关系更适用于台球和气球的行为。

我断言问题所在,并不仅仅是传说中的宏观经济学因果关系极为复杂,或者这些因果关系不合时宜地发生变化。我断言,问题所在是,从根本上说,没有任何因果关系。无论怎样,市场都遵循波浪原理,这是唯一保持不变的原因。一旦你向自己证明股市有着自己的生命,你就会开始觉得,你也有充足的理由觉得,当预料股市的下一个运动时,真正“废物”一堆的人注视并钻研着关于经济道路的每个新统计资料,或者注释并钻研着每个新的政治微妙之处。传统分析不是一个健康合理的方法,是胡说八道。它分析的不是基本,分析的是外部事物。

那个古老的笑话说,“经济预测”“就像是努力蒙着眼睛开车,指引开车的人在看着后车窗”。有了社会情绪经济学,我们不再看后车窗了,我们目视前方。有了波浪原理,我们不再蒙着眼睛开车了。前方的道路在我们眼前一览无余,汽车在我们手中驾驭自如。

## 注 释

〔1〕Cootner, P. H. (1964). The random character of stock market prices. Samuelson, P. (1965). “Proof that properly anticipated prices fluctuate randomly.” Industrial Management Review, 6, 41—49. Fama, E. (1965). “The behavior of stock markets.” Journal of Finance, 41, 843 – 856. Firth, M. (1977). The valuation of shares and the efficient – markets theory. Malkiel, B. G. (1985). A random walk down wall street.

〔2〕Hector, G. (1988, October 10). “What makes stock prices move?” Fortune.

〔3〕Cunningham, S. (1993, Fall). “Unit root testing: a critique from chaos theory.” Review of Financial Economics.

〔4〕Montgomery, P. (1996, May 17). Presentation. “Economic theory and technical analysis.”

〔5〕Malkiel, B. (1998, July/August). “Still on a random walk.” Bloomberg's Personal Finance.

〔6〕Frost, A. J. and Prechter, R. R. (1978). Elliott wave principle ——key to market behavior.

〔7〕Koselka, R. (1996, June 3). “The madness of well – heeled crowds”. Forbes.

〔8〕Brock, W. A., et al. (1992, December). “Simple technical trading rules and the stochastic properties of stock returns.” The Journal of Finance, Vol. 47, No. 5.

〔9〕Baker, M. (1995, October 7—8). "Investing: rhyme or reason?" International Herald Tribune, p. 6.

〔10〕Malkiel, B. (1998, July/August). "Still on a random walk." Bloomberg's Personal Finance (quoting Richard Roll).

〔11〕Klein, E. (1986, November). "Psychology meets the stock market." Columbia.

〔12〕Donnelly, B. (1987, October 23). "Efficient – market theorists are puzzled by recent gyrations in stock market." The Wall Street Journal.

〔13〕DeBondt, W. and Thaler, R. (July, 1985). "Does the stock market overreact?" The Journal of Finance, Vol. XL, No. 3, pp. 793—808.

〔14〕学术研究报告通常有足够的证据来发现显而易见的、恒定的市场关系。这一市场关系就是一个例子，此时，这些关系即将崩溃。这些关系经常是令人信服的，但只能是在波浪原理的环境里。

〔15〕Brock, W. A. (1991). "Causality, chaos, explanation and prediction in economics and finance." Social Systems Research Institute, No. 387.

〔16〕《华尔街日报》给出了极富创造性的评论，努力把这一现象归咎于一位政府官员口中的只言片语，就好像这是一个偶发事件。但是，还是解释不了。

〔17〕Hector, G. (1988, October 10). "What makes stock prices move?" Fortune.

〔18〕第18章讨论了与直觉背道而驰的例外。

〔19〕Treynor, J. (1998, March/April). "Bulls, bears, and market bubbles." Financial Analysts Journal.

〔20〕这些比率源自圣路易斯联邦储备银行(Federal Reserve Bank of St. Louis)(PO Box 442, St. Louis, MO 63166)和内德·戴维斯研究公司(2100 Riveredge Parkway, Atlanta GA 30238)提供的数据。

〔21〕Goleman, D. (1989, August, 15). "Brain's design emerges as a key to emotions." The New York Times.

〔22〕Kulkosky, E. (1977, October 15). "The Elliott wave's surprising message to investors." Financial World.

〔23〕波浪原理本身的接受程度可能遵循艾略特波浪：三步向前，两步向后。

〔24〕Leontief, Wassily (1982, July 9). Letter to the editor. Science.

〔25〕Brock, D. (1986, June 30). "Seeing the economy's future with a shattered crystal ball." Insight.

〔26〕Coveney, P. and Highfield, R. (1995). Frontiers of complexity, p. 335.

〔27〕Berry, J. M. (1998, July 6). "Key players control money supply." The Washington Post.

〔28〕Brauchli, M. W. (1998, July 14). "Why the world bank failed to anticipate Indonesia's deep crisis." The Wall Street Journal.

〔29〕比如，哈佛大学生物学家爱德华·O.威尔逊在其著作《符合》里令人信服地假定遗传学与文化存在着直接联系，但却和颜悦色地认为下面的话是个毫无疑问的承诺"在美国，联邦储备系统现在有了足够的知识和法律力量来控制货币的流动并防止——我们相信！——经济陷入严重的通货膨胀和萧条之中"，把遗传学、文化和6000年的经济历史抛在了一边。

〔30〕"Stand still, little lambs, and be shorn!" (1998, March). Economic Education Bulletin. American

Enterprise Institute, Great Barrington, MA.

〔31〕Dornbush, R. (1998, July 30). "Growth forever." The Wall Street Journal.

〔32〕atajczak, D. (1998, August 30). "Global economy requires action." The Atlanta Journal – Constitution.

〔33〕Evans – Pritchard, A. (1998, September 2). "'Plunge team' ready to spring into action." Electronic Telegraph (internet).

〔34〕Wessel, D. and Davis, B. (1998, September 24). "How global crisis grew despite efforts of a crack U. S. team." The Wall Street Journal.

〔35〕Caldarelli, G., et al. (1997, December 1). "A prototype model of stock exchange." Europhysics Letters.

〔36〕实际上,许多人会悄悄地说,美联储在低点那天,也就是10月20日,买进了标准普尔指数期货。如果美联储不买进标准普尔指数期货的话,我们就会根据电脑因果关系模型进行推测,下跌会一直进行到零点。

〔37〕这一说法来自伦敦大通曼哈顿银行(Chase Manhattan Bank of London)1987年1月的一份报告。

〔38〕Litton, R. E. and Santomero, A. M. (1998, July 28). "Why a market correction won't replay 1987." The Wall Street Journal.

〔39〕Dent, H. S. (1998). The roaring 2000s, p. 94.

〔40〕"Economists forecast mild inflation of 2.5% yearly through 2008." (1998, May 26). The Wall Street Journal.

〔41〕Sheeley, G. (1997, 14 April). "Runaway Tiger: Woods wins Masters by record 12 shots with 18 – under total." The Atlanta Journal – Constitution, p. D1.

〔42〕令人不安的是传统分析师已经占用了这个单词,因为市场行为的实际基础,是在社会精神作用中引导人的无意识力量,无意识力量产生的艾略特波浪,而在更深层面上,市场行为的实际基础是自然生长形式的斐波那契形式学。

〔43〕Acker, L. (1998, August). "Why so bearish?" 3F Forecasts.

〔44〕"Economy surging behind spending." (1998, June 27). The Atlanta Journal – Constitution.

〔45〕Caldarelli, G., et al. (1997). "A prototype model of stock exchange." Europhysics Letters, 40 (5), pp. 479—484.

〔46〕Walker, T. (1998, June 21). "Determining what will move market not difficult——but forecasting its direction is harder." The Atlanta Journal – Constitution.

〔47〕Lowenstein, R. (1991, June 6). "Goldman study of stocks' rise in '80s poses a big riddle." The Wall Street Journal, p. C1.

〔48〕在20世纪80年代和20世纪90年代尤其明显,因为股市出于第五个波浪,其成果弱于第三个波浪的成果(请看第17章的讨论)。

〔49〕找不到参考文献。

〔50〕"Trade deficit soars to $13 billion." (1998, May 20). The Atlanta Journal – Constitution.

〔51〕Geewax, M. (1998, June 21). "U. S. could become entwined in downturn." The Atlanta Journal –

Constitution.

〔52〕"Trade deficit hits record." (1998, October 21). The Atlanta Journal - Constitution.

〔53〕全部的解释更为复杂。美国近几十年经济强大,众多出口物品之一就是美元。其他国家的银行相信这一难以说清的无足轻重的东西是一个价值载体,所以它们把美元作为"储备金"储备起来。一天,当美国经济健康状况显得可疑时,这一社会共享的心理形象就会解体,许多美元就会被不顾一切地调回美国。

〔54〕Horn, R. (1997, December 8). "Thailand starting big financial overhaul." The Atlanta Journal - Constitution, p. A12.

〔55〕Jordan, M. (1998, May 28). "S. Koreans walk off their jobs...." The Washington Post.

〔56〕Drew, G. (1955). New methods for profit in the stock market.

〔57〕Train, J. (1994). The money masters.

〔58〕Fabian Investment Resources, Huntington Beach, CA.

〔59〕"A dismal performance." (1982, January 18). Business Week, p. 124.

〔60〕Harman, T. (1993, July 6). "Economists look for moderate growth in second half...." The Wall Street Journal, p. A2.

〔61〕Montgomery, P. (1998, February 4). Universal Economics.

〔62〕Mandel, M. J. (1996, September 30). "Especially dismal at downturns" Business Week, pp. 88 - 89.

〔63〕Kay, J. (1995, September 29). "Cracks in the crystal ball." Financial Times.

〔64〕同上。

〔65〕同上。这些句子实际上进行了重新排序;为阅读时清楚起见,我省略了省略号。

〔66〕很少有经济学家真正尊重基础层面的问题。克拉伦斯·B.卡森·(Clarence B. Carson)说:"在整个经济学研究中需要记住事物的永久本质。只有这样,我们才能发现或者认识到原理、因果关系、支持和维系变化的秩序。"[ref: Carson, C., (1990). Basic economics.]

〔67〕找不到资料来源。

〔68〕Linde, A. (1994, November). "The self - reproducing inflationary universe." Scientific American.

# 第20章 社会情绪经济学中的一些关键基础

## 金融人和经济人不一样

经济学的主要定律是，价格是供求的函数。我们都认为这一定律也控制着金融。然而，在本质上，关系到投资价格的人类行为，与关系到商品和服务价格的人类行为相反。当商品和服务价格上涨时，购买的人较少；当商品和服务价格下跌时，购买的人较多。这一回应使定价具有了保持供求平衡的能力。相反，当投资价格上涨时，购买的人较多；当投资价格下跌时，购买的人较少。这一行为不是偶然的金融市场异象，这一行为司空见惯。回去看一下图7-3，图上是股市中用美元衡量价值的交易规模，用流行的国内生产总值作除数。你可以看到，当股价上涨时，规模扩张；当股价下跌时，规模收缩。在经济事件中，上涨中的价格驱除买家，在投资事件中，上涨中的价格吸引买家。这一区别不是偶然的，是基本的。

许多市场理论家认为，供求定律在金融中运作，但只是在一些时间里"暂时失灵"，因为人们"反应过激"且以"充足的理由""作出理性化的分析"：他们为什么应该为投资倾其所有。[1]根据传统经济学理论，任何此种想法与商品和服务市场中的行为都是格格不入的，两者迥然不同。对商品和服务来说，人们从未这样做过。大多数投资者可以迅速地给出理性化的分析：卖出一项投资是因为其价格在下跌，买进是因为其价格在上涨。但是，没有人贸然作出理性化的分析，想要较少的面包是因为面包价格在下跌。也没有人因为汽油价格翻倍就把自己的开车时间扩大一倍。在经济行为中供求定律从未中止。和万有引力定律一样，供求定律时时刻刻发挥作用。供求定律不能"失效"，即使暂时失效也不行。价格是平衡木，供求刻度标注其上。对于面包、汽车、电视和鞋子的价格变化，买进形势几乎瞬间就会作出回应。

同样，投资行为有自己的铁律：波浪原理。这一定律控制着无意识的、冲动的、集体的从众行为。而供求定律控制着有意识的、符合逻辑的个体经济决策。波浪原理控制的价格代表着不可见价值，别管相关的商品是有形的还是无形的；供求定律控制的价格代表着功利主义有形资产。[2]试图把供求定律应用于投资市场，就像把物理定律应用于相爱。方枘圆凿，不相配套。

供求定律总是在经济学领域产生实际行为。波浪原理(尽管对生命和发展本身有着明显的价值)却在金融领域产生了不切实际的行为。在产品市场,理性的求生目标导致了价格稳定性和客观性。在投资市场,先于理性的求生冲动导致了狂野的高估价和低估价。一次又一次,观察家,尤其是那些理解经济学铁律的观察家抱怨说,股市行为显得不合情理。这一言论大错特错。追涨杀跌的决定不是由理性的新皮层控制的,而是由无意识的从众冲动支配的,因而在金融领域产生了不合适的行为。这一不合适的行为是宽泛的企图的一部分,旨在提高生存几率。只有那些坚持认为"供求"统治着金融的人会感到困惑。

金融之中并不是完全没有合理性,我们不是在讨论非理性。投资于各个市场的人通过冷静的理性知道自己珍惜自己的生活和繁荣。在牛市买进的人在遵循着合情合理的愿望:提高生活水平。在熊市卖出的人在遵循非常合情合理的愿望:生存。不幸的是,产生无意识冲动的那部分脑对他们的行为进行了这样的引导。采用的原始机制与环境格格不入,因而无法助力成功,而只会导致失败。

因为这些愿望本身是理性的,所以这些愿望在商品和服务世界运转良好。在产品市场里,消费者想降低价格,而生产者想提高价格,都是由于同样的基本原因:生存和自我维系。极化的交易双方有着相同的目标。调和这些目标的过程产生了客观自然的平衡,其表现形式就是价格。

然而,在投资世界里,消费者(买进投资的人)和生产者(创造并想卖出更多投资的人)都想让价格升高。消费商品和服务的人不同,当价格下跌时,投资者不是高高兴兴地去买进。当价格上涨时,投资者高高兴兴地去买进。因为愿望和希望都完全依赖价格上涨,所以价格下跌就只能与恐惧和绝望相伴。因此,当价格上涨下跌时,投资者禁不住卖出。这两个冲动都与商品和服务市场的消费者行为大相径庭。

波浪原理的动力驱动着金融市场并导致不客观的估价。个体投资者想在金融投机中保持乐观,就要面临不可避免的需要:理解波浪原理的动力驱动着金融市场这一事实,并理解这一事实的意义。

## 方向、多变性和持续时间并不能决定社会动力的来源

罗伯特·席勒对个体投资者和机构投资者进行民意测验,调查他们为什么在1987年10月19日卖出股票。接受民意测验的大多数个体投资者和机构投资者都坦承"他们之所以卖出是因为其他人在卖出",即他们在从众。这项研究告诉我们1987年的暴跌是一个"心理事件",这项研究受人欢迎。然而,没人想到对投资者进行民意测验调查一下他们为什么在去年一直买进股票。如果任何一个民意调查人确实问了一下,真相就会完全相同,但是你恐怕难以得到关于真实的回答,因为在正在上涨的市场中,人们有足够的时间让新皮层采取各种

措施文饰从众行为。与希望相比,恐慌是一种容易迅速蔓延的情绪,新皮层经常难以为此给出解释。在这方面,我最喜欢的引言之一,毫无疑问是在付印时间匆忙作出的,来自《华尔街日报》:“美元昨日继续下跌。如果不是交易者情绪如此看跌的话,经济新闻是可以看涨货币的。”

市场评论员经常把下跌趋势归罪于从众现象,但他们几乎从不把上涨趋势归功于从众现象。这一惯例经常上演,只需要翻一翻几天之内的报纸就可以找到例子。1998 年 6 月 2 日,大批科技股票价格下跌了几周之后,道琼斯新闻服务社(Dow Jones News Service)引用了一家经纪公司投资战略顾问的话:“从众心态卷土重来。”也就是说,从众心态与多年的买进热毫无关系。创下历史纪录的买进热使科技股票产生了历史最高估价。也就是说,我们要假定,具有独立思想的个体作出了理性的决定进而导致了股市的上涨。1998 年 6 月 15 日,道琼斯指数一个校正出现了当日低点之后,《今日美国》鹦鹉学舌一样重复经济学家的话:“这场下跌更多的是基于心理而不是基础。”[5]这一估计发布了只有 6 个交易日之后,纳斯达克指数(NDX)迅速升至历史新高。又一次,没有专家声称上涨的原因是心理。和以往一样,他们发现了足够的“基础”来解释这场暴涨。

人们甚至认为方向影响了基础指标的功效。读一读去年 10 月 9 日的这些话:

就在 18 个月之前,处于稳步上涨的牛市之中,华尔街的顶级战略家可以打开电脑,并输入最近的通货膨胀数字、利率数字、股息数字、公司利润数字,并由此对股市的走向得出一个貌似合理的数字。

但是,我的天,时过境迁了。全球金融市场冲高回落。通常的关系不复存在。当利率下降时,我们不能期望股票上行。恐惧心理成为一个大变数,这一个大变数不能输入以经济学为基础的模型之中。毋庸置疑,这些模型已经不再游刃有余。[6]

也就是说,当价格上涨时,心理从未介入这些因果理性模型;只是在价格下跌时,心理才发生。你可能会猜,就像第 18 章讨论的那样,贸然认为心理只对下跌起作用,是人的一种本能:把下跌趋势等同于不可预测性,把上涨趋势等同于可预测性。当然,上述模型所做的预测对上涨并没有益处,人们只是觉得舒适,并不需要解释所有的错误。市场下跌导致了不适之感,证据是上述评价恰好是在低点之日写下的。此前,在 3 个月之内,标准普尔综合指数下跌了 20%;在 6 个月之内,更广泛的股票平均指数下跌了 30%(边缘系统不仅控制着股价趋势;对于股价趋势来说,受心理驱动的理性化的时机也受边缘系统控制)。

问题是,许多人一直顶礼膜拜的一个断言是否站得住脚。这个断言是,心理只对群体的股票卖出行为起作用,对群体的股票购买行为不起作用。有一个立场:上涨是理性的,而下跌是情绪化的。这一立场的问题是认为市场方向只是一个函数:两个资产的比率是如何表达的。比如,人们可以根据美元给股票画图,或者根据股票给美元画图。股价用美元来表现了股票的价值(每股多少美元),但是也可以翻转过来,用股票来表示美元的价值(每一美元多少股票)。本书的一些图描画了通货膨胀 - 调整道琼斯指数,根据特定商品的数量来表现股票的价值(每股多少商品)。无论在哪种情况下,比率的一个表现形式的上升趋势,都是另一个的下跌趋势。人们只是可以无休止地选择是持有股票还是持有美元。对另一个来说,一个就会在价值上上涨或下跌。这意味着,对于每一个方向来说,发动机不可能不一样。可能是理性、可能是从众行为,或者二者兼而有之,始终如此。

一个世纪以前,利本注意到,职业心理学家犯了同样的基本错误,他们把唯一的"坏"行为归罪于从众心态。由此,利本断言了群体行为的双重性:

> 毋庸置疑,罪犯群体是存在的。但是,道德高尚和英雄勇武的群体,以及许多其他类型的群体也是可以碰到的。群体犯罪只是组成了他们心理的一个特定时期。群体的情绪构造不能仅靠研究群体犯罪来了解,就像不能仅靠研究个体恶习来了解个体情绪构造一样。[7]

各个市场也是如此:单纯研究市场暴跌,人们不能明白从众行为。人们还必须研究发展。

对大多数人来说,一些市场的方向确实确定了哪个冲动情绪被牵涉其中。对于股价来说,尤其如此,大多数人都打赌股市会上涨。这就是为什么在股市图上,上升确实看上去与下降趋势不同。希望刺激股票的上涨,恐惧刺激股票的下跌。希望、恐惧和自满有不同的表现形式。希望往往慢慢增长,恐惧经常迅速成形。然而,希望和恐惧都还是情绪,所以都来自于同样的发动机。

在诸如商品市场之类的市场里,这些情绪的价格方向经常相反。商品图和股票指数图看起来不同,是因为商品的最剧烈的运动出现在顶点附近而不是底部附近,商品的闲庭信步出现在成熟的下降趋势之中而不是成熟的上升趋势之中。恐惧(恐惧干旱、短缺和战争等)使商品产生了最剧烈的运动,乐观使商品闲庭信步。

在一些市场里,方向不存在这种关系,因为双方在情绪上势均力敌。比如,美元对比日元,下跌中的价格表明了两个同时发生的趋势:日本投资者的上升趋势,美国投资者的下降趋势。

无论市场趋势朝着哪个方向延伸,所有控制市场趋势的情绪都是由从众冲动产生的。从最基本的意义上说,价格的方向不会改变人们的想法,也不会改变人们的行为。人们的潜意识仍在从众,表现着波浪原理的形式。

多变性决定不了社会动力的来源。就像这本书里所证明的那样,有许多理由得出如下结论:甚至当金融市场显得平静和/或"物有所值"时,起决定性作用的还是原始精神作用,这些时候只是情绪统一体过程之中的过渡状态。当吃草或者在安静的地方休息时,从众或者聚集的动物经常保持长时间的平静。然而,当其中一个开始奔跑或者飞翔时,就极易引起整个集体的恐慌。与之类似,在股市之中,当再有一个人改变想法就可以打破平衡时,趋势逆转就到了。当此人作出决定时,趋势逆转,动力就朝着另一个方向发挥。

趋势的持续时间同样与市场动机的来源无关。一些教授公开发表不同意见,宣布,有时,而且在短期内,金融市场变得情绪化,而不是变得理性。比如,一个教授说:"在短期内

(可以是一天,也可以是几个月),情绪和其他偏见可能会引导我们作出一个决定,这个决定或许不是基于理性。"[8]对于自己揭示的永恒形式,前面那些章里讨论到的市场仿真实验作者给出了相似的解释。和暴跌之后的政府一样,他们把结果归结于以技术为导向的投机者,有别于以基础为导向的长期投资者:"(结果)表明,我们在真实市场中观察到的统计资料主要是由于'投机者'之间的互动,这些投机者在根据技术进行交易,把经济基础抛在了一边。"[9]艾略特在60年之前就证明了这个想法的荒谬性,艾略特指出市场是分形。10年前,曼德伯特也证明了这个想法的荒谬性,曼德伯特谈到短期和长期市场波动时说:"这些机制好像没什么区别。"有一个想法:"投资者"根据外在经济基础进行理性交易,而"投机者"根据内部心理进行情绪化交易。这一想法给予长期交易者和短期交易者不同的动机。除了时间范围之外,我自己的说法也没什么两样。几年的牛市之后,公众致力于长期投资,这完全是个心理现象,跟着眼于登顶前一两天反弹的投机者类似。就像第5章、第6章、第16章和第18章证明的那样,对于任何级别的趋势,外因都不驱动其市场行为。

我们必须认识到,上涨中的市场和下跌中的市场有着同样的缘由,平静的市场和多变的市场也是这样,长期市场和短期市场也是这样。波浪原理明确表明,可能是由原始精神作用推动的结构动力控制着整个股市趋势和水平,因而也控制着社会情绪,始终如此。

## 非线性理念不适用于形式逻辑系统

"混沌"表示的物理过程表面上显得随机,因为它们的结果多变,但是实际上,这些过程暗地里是程式化的,遵循数学公式。混沌理论取得了巨大的突破,发现了假定的随机过程的次序。虽然是完全确定的,但是,在短期内,混沌过程是无法预测的,因为初始条件下微小的变动改变了结果。

"复杂性"表示的动力系统产生了进化道路。复杂性理论声称在自组织系统中发现了一个含糊的次序,这一次序基于结构影响,但不是完全由结构决定。因此,人们推定复杂系统就和混沌系统一样无法预测。

混沌和复杂性被认为是"非线性的",这意味着产出和投入不成比例。以我之见,把金融市场描述成非线性现象是不正确的。线性和非线性概念本身依赖因果理念,对系统产生影响的"投入"产生了因果理念。在线性系统中,同样的原因总是产生同样的结果;而在非线性系统中,同样的原因产生迥然不同的结果,比如最终导致雪崩的雪花。然而,金融市场运动不可能源自一串触发了反应的递增原因,因为金融市场运动遵循波浪原理。如果市场过程的原因是其形式,那么,在某种意义上,系统就是线性的,或者最好说,是直接的。当股市完成了第五个波浪时,股市就进行相应级数的收缩。结果从来就没有本质上的区别。这一结论适合每一个以波浪进步的系统。因此,在这些系统中,非线性这一概念并不是至高无上的,甚至并不适合。

那么,对于所有遵循波浪原理的系统而言,或许对于所有是强分形的系统而言,非线性理念可能是一个间歇性概念。非线性理念错误地假定线性事件因果关系而且推断出事件的不可预测性,而事实却是:(1)有一个一贯的过程来解释结果,(2)结果并不是不可预测的。这并不意味着形态发生(那一形式是原因),有一点是肯定的,对于预言来说,自然界的主要组织原则非常——如果不是唯一——有用。这些系统不是线性或者非线性的,因为外部事件是不相关的。这些系统是符合形式逻辑的,这意味着这些系统按照形式持续进行。我提议用符合形式逻辑的系统来命名这些现象。

1997年11月的《新科学家》表明一些科学家可能正在接近这些思考方式:

几百年来,科学在沿用一个观念:把事物分成小块并完全了解这些小块,就肯定能理解这些事物,这些事物也只能这样被理解。临界状态下的系统——好像有很多这种系统——无视这个原理。[10]

作者的意思是,临界状态下(请看第3章),系统的结构并不依赖各部分的特性,也不依赖各部分造成的事件的方向因果关系,而是依赖系统内部出现的形式,或者依赖强加在系统之上的形式。波浪原理表明,形式,而不是原子因果,决定了所有社会系统或者所有生命系统。

## 复杂系统不可预测性的错误推测

有些人固执己见,认为复杂系统具有内在的不可预测性。本书的第1部分认为,除了诸如强分形之类现在被人相信的形式逻辑系统之外,还有更多的次序,包括波浪和阿卜拉姆。下面的讨论表明那些固执己见之人的想法有多么极端。

混沌理论家和复杂性理论家认为随机性理念对自然界无关紧要。但是,此后,混沌理论家和复杂性理论家又迅速把随机性理论奉为至宝,因为他们发现自己不能立即预测过程的结果的细节。在《宇宙蓝图》(*The Cosmic Blueprint*)中,保罗·戴维斯(Davies)简洁地给出如下结论:

一般说来,普通动力系统的错误与时间成比例增长(即,是线性的)。相反,在混沌系统中,错误加速增长;实际上,错误按照时间呈指数级增长。因此,混沌运动的随机性是基础,随机性不仅仅是我们的无知造成的。了解系统的更多信息并不会消灭随机性。换句话说,所有的预言力量都消失了。[11]

1997年4月,《新科学家》重申了复杂性理论家现在的信条:即使我们知道复杂现象遵循幂律,"我们甚至还是无法大致预言"遵循幂律的任何系统会"在下一步有什么样的规模",[12]这个系统可能是地震、鸟类飞翔或者股市。

科学家们说,混沌系统具有内在的不可预测性,其原因在于"蝴蝶效应"(这是一个由麻省理工学院气象学教授爱德华·洛伦茨(Lorenz)创造的词组)。"蝴蝶效应"是一个理念:

"初始条件"的小变化会导致此后的大变化。比如,一个蝴蝶在玻利维亚(Bolivia)舞动翅膀,影响了气流,如果你不把这只蝴蝶考虑在内,你就无法预言西伯利亚(Siberia)的天气。

社会预测方面的文章、书和项目附和这一想法,错误地把这一想法应用于逻辑系统之中,就好像这个想法是一个原则。迈克尔·巴恩斯利在公共电视网说:"曼德伯特集合说明一个问题……即使是在乌托邦里,在实践上,你可能无法预言未来;在理论上,未来是可以确定的,但在实践上不行。"[13]

埃德加·E. 彼得斯向《金融分析师杂志》提出了一个市场分形理念,挑战了有效市场假说。然而,在 1991 年 3 月至 4 月的版次中,他断言:

在时间上走得越远,我的预测就越不可靠。这一点尤其重要。这意味着,和天气一样,从实践的立场来看,精确、长期的经济预测并不可行。即使我们能够确定标准普尔500 指数内在的运动方程式,我们的预测还是无法超越短期时间范围……[14]

威廉·谢登(Sherden)的《运气兜售者》(*The Fortune Sellers*)断言:"无论在微观层面(个人)还是在宏观层面(经济),复杂系统都没有定律来控制其行为;因此,复杂系统是不可能科学预言的。"[15]《迪克·戴维斯文摘》(*Dick Davis Digest*)总结了几个作家对这一主题的结论,断然指出,"把混沌学应用于金融市场的底线是,预测是浪费时间;事件纽带的混沌本质使预言不可能。"[16]约翰·利肖(Liscio)在《巴朗》中说:"任何对大约一个月之后的未来作出的预言都有一个简单的结果——失败。"这一立场的推理方式恰好是"简单的",它先是假定一个错误的因果关系(事件导致事件),然后,又因此宣布失败不可避免。

这个想法充斥于复杂性言论之中,听起来耳目一新,但并没有什么新意。英国经济学家艾尔弗雷德·马歇尔(Marshal)是约翰·梅纳德·凯恩斯的老师。艾尔弗雷德·马歇尔在他 1890 年的著作《经济学原理》(*Principle of Economics*)中指出,经济现象"不能草率地用数学来表示。"哲学家卡尔·波珀(Karl Popper)于 1957 年说:"毋庸置疑,具体社会情况的复杂性使任何针对具体社会情况的分析变得极端困难。"[18]这些长期推测要成立只有一种情况:仅限于那些适用于物理学的数学公式,而且还要像人们今天做的那样,继续推测没有数学方法明确地适用于社会互动。这一长期错误是可以理解的,因为到目前为止,几乎没有基础做另外的假设。然而,对于这一观点的部分现代支持者来说,几乎没有基础做另外的假设不能成为宽宥他们典型做法的借口。他们傲慢无礼,说话斩钉截铁。

上面引用的各种说法都是错误的。确切地说,如果使用适用于线性因果关系系统的工具来预言形式逻辑系统的结局,就会归于失败。对于这些系统来说,恰当的预言不是采用这种方法。预言形式逻辑系统的关键在于其形式。以前,我采用波浪原理进行过预测,我不能苟同上面的市场行为观点、"蝴蝶效应"观点。他们在讨论什么"错误"?什么随机性?什么事件?随机性、事件、错误和股市的道路无关,它们更不是基础。

实际上,根本没有证据表明预测中的错误会随着时间升级。前面引用的两句话声称"短期时间范围"内的预言,如果只延伸了"大约一个月",就可以做到精确。但是,没有迹象表明，任何一个依赖事件因果关系的分析师可以预言大约一个月的股市，即使一天或者一分钟也不行。因为在所有时间段内，此基础上预测股市都同样是不可能的，所以，事件因果关系和混沌错误放大的前提肯定是错误的。

当应用波浪原理时，延伸到未来的时间长度本身根本与预测的精确性无关。决定预测精确性的基本因素是形式的清晰。重要的问题是，在什么级数上，发展形式提供了足够的信息来产生有用的概率？在这些级数上，预言最可靠、最精确，不管是预料几天之内的发展，还是几个世纪之内的发展。

混沌科学家说长期社会趋势难以预言。但是，和当前针对这个问题的所有流行看法相反，长期社会趋势实际上比较容易预言。第5章和第17章证明了这一事实。长期趋势之所以比较容易预测，是因为有更多的数据可以用于形式分析（比如市场的宽泛度、容量、情绪和行为统计资料，就像第7章所描述的那样），而且人们使用的社会计量器也有更高的精确组成部分（比如整个股价）。

哲学家凯尔克高（Kierkegaard）正确地假设进步并不是平稳的，然而他也同样持悲观态度，认可不可预测性。“在生活中，只有突然的决定、跃进或者反射可以导致进步。决定性因素的出现总是突如其来、不可防备，无法根据往事来预言，往事也无法起决定性作用。”[19]波浪原理这一事实：(1)证实了凯尔克高关于进步和退步的说法，但(2)否定了他关于不可预测性的假设，并且，(3)澄清了什么样的往事决定或者无法决定后来的突变。

1990年，普里果金说：“对于股市或者交通量，我永远都提不出纯粹的理论，因为我无法读懂你的灵魂。”[20]波浪原理是股市的纯粹理论，因为波浪原理允许我们观察，并在很大程度上读懂了集体人类的灵魂。

对于经济可预测性，谢登补充了这个可能致命的理由：“复杂系统高度关联，有许多积极和消极的反馈回路，经常产生与直觉背道而驰的结果。”[21]这句话给出了从众现象发生的原因。这句话还是一个正确的说法：典型的结果与新皮层的因果推测在直觉上背道而驰，新皮层的因果推测是行为和事件导致了行为和事件。尽管这位作者作出了这样的推测，这些说法还是没有说到可预测性，这些说法符合波浪原理。

1985年，詹姆斯·格莱克在一篇文章里说：“曼德伯特对股市和河流图片的模仿，并不能帮助语言特定的反弹和洪水。”[22]这是真的，因为曼德伯特只是模仿了股市和洪水形式的一个非常粗略的方面：股市和洪水的分形不规则性。曼德伯特甚至没有考虑，更没有发现，股市和洪水展示了形式。

波浪原理使一个想法过时。这个想法是，在所有的复杂系统中都有某种内在的不可预测性原则。波浪原理使科学知识和价值出现了跃进：对于任何展示了波浪原理的系统，预测都是可能的。

# 科学社会预测的概率本质

对于自然界的可预测性,一个名为“混沌”的文章对比了两个长期以来的观点:

(1776年),法国数学家皮埃尔·西蒙·拉普拉斯(Pierre Simon de Laplace)提出,自然法则意味着严格的决定论和完全的可预测性,尽管观察资料的瑕疵使引入概率理论成为必要。1903年,普安卡雷(Poincare)预示了当代的观点:系统状态之中任何小的不确定性都可能最终被放大,所以无法对遥远的未来进行预言。[23]

波浪原理认为,至少在应用于自然界社会趋势的时候,这两个观点都是错误的。就自然界社会趋势而言,遥远的未来既不是完全可以预测的,也不是根本无法预测的(根据这一情绪的现代表达方式,“遥远的未来”意味着“任何有用的时间段”)。实际上,就总体和概率而言,自然界的社会趋势都是很好预测的;就细节而言,在某种程度上也是可以预测的。另外,不管时间刻度如何,这些事实都是适用的,因为形式的清晰是可预测性的主要决定因素。

波浪原理只是保证了概率方面的可靠预测。波浪原理允许我们预言未来的某些方面,另外的方面则不能顾及。比如,在一个新的社会情绪趋势刚开始的时候,我们可以预测社会即将出现的特点变化,但不一定能预测具体事件。我们可以预测,一个大型上涨冲动会带来善意和生产力的增长。每个人作出的具体决定、导致的具体社会行为和事件,依赖无数的细节,因而是混沌的。然而,随着趋势的进行,我们可以留心表明这些细节的信号,并在实际上相当好地预料其中的一些细节,就像第17章所证明的那样。

当预言波浪形式本身时,我们或许能够预料一个相对困难的任务,比如,某个相对规模和时间段的5波浪上涨。第5章的摘录表明,形形色色的艾略特人曾经这样做过。然而,并没有已知的方法来预料上涨是否有延伸的第一个波浪、第三个波浪或者第五个波浪,或者是否根本没有延伸;也没有已知的方法来预料运动是否会坚持平行通道;也没有已知的方法来预料冲动是否会以对角三角形结束(图2-1直到图2-7展示了冲动表现形式的多样)。尽管如此,我们确实还是有大量的概率知识,你可以从第3章引用的所有冲动标准中看到这一点。好消息是,这些问题经常无关紧要。如果我们预料一个5波浪结构,需要做的所有工作经常是观察其进步并认定它会在什么时候结束。考虑到这一行动的分形本质,第五个波浪会细分为5个较小的波浪,等等,为决策提供了坚实的基础。

一些人接触到波浪原理,但却不再考虑波浪原理,因为他们发现波浪原理无法完美地预言未来。这就像一个盲人拒绝接受给一只眼做复明手术,因为他想两只眼睛都看到东西。社会预测的概率方面只是已经存在的事物;它是环境的现实,没有什么可以改变它。要在金融或者其他任何社会科学中寻找众所周知的“圣杯”是白费工夫,因为“圣杯”这个名称本身就意味着遥不可及。

跨过这个障碍并不困难。1927年,沃纳·海森伯格(Werner Heisenberg)发现,亚原子微粒的位置和时间安排只能根据概率来预言。如果我们必须满足一个事实——物理事件只能进行概率预言,那么,我们真的应该抱怨社会事件也有着同样的限制?我们都认可,有具体的定律支配着云的形成、地震和植物生长。我们也认可,这些定律的产物非常复杂和多变,只是在概率上是可以预测的。人类社会情绪、人类社会情绪所产生的历史,也是如此。所以,有时,通过理解这些定律,我们会比大多数人知道得多;而且,我们会经常能够预料社会情绪下一个趋势的特性;而且,对于即将出现的事件,我们就会有一些非常重要,甚至关键的见解;但是,对于这些定律的具体产物,我们不会有办法洞悉一切,或者甚至无法知晓大多数内容。与之类似,我们可能能够预言这些条件会产生丛林或者沙漠,而且,我们可能能够猜测相应的相当多的详情,但是,我们可能无法预言每一株植物的未来,也无法预言每一个沙丘的位移。这一个级数的波浪原理预测能力反映了耶鲁大学应用物理学教授罗德里克·V.詹森(Roderick V. Jensen)的说法。与其大多数同事相反,罗德里克·V.詹森的说法适用于所有的混沌系统:

> 混沌动力系统也像橄榄球比赛。即使使用最大的可以想象得到的数字计算机,你不能确切地预言结果……因为混沌的复杂性和不可预测性,即使使用最大的超级计算机,橄榄球运动和湍流的直接数字仿真可能还是不切实际。然而,对于这些过程的结果,我们仍然可以计算可靠的可能性或者概率。[24]

最近,就在几个月之前,索奈特和约翰森的文章发表,支持了这一观点。这两位作者把股市称作"动态的、失去平衡的……复杂系统"。上面提到的那些作者说股市根本无法预言,然而,他们得出了一个罕见的结论:

> 暴跌起源于许多互动人员的"群众"行为……暴跌的内在原因必须追溯到几年前,当时股价还在逐渐加速上升……暴跌的源头是……由整个市场逐渐构建的。这篇论文的要点是市场以微妙的自组织和合作方式预料暴跌,因此使股价呈现了前兆"特点"。[25]

上面的话,可以用下面两句话来解释。我们不能说,尽管市场存在复杂性,市场还是有可预测性元素。我们应该说,因为市场存在复杂性,所以市场有可预测性元素。[26]这一结论符合康沃内和海菲尔德那犹豫不决的话语"(涉及)……进化和非线性原则的工作……提供了极端重要的证明,证明金融市场的复杂行为在某种程度上是可以预测的。"[27]

我不明白这个看法提得为何如此谨小慎微、欲说还休。一般来说,自然界的定律产生可预测的结果。然而,目前,大多数科学家相信复杂性(1)是由定律控制的,(2)产生难以预测的结果。我相信,这一看法必须修改。在一定范围内,就概率而言,遵循形式的系统实际上是非常难以预测的。那么,最终,我们可以说,在概率陈述的范围内,形式逻辑系统定律导致了完全可预测的结果。我就是这样看待波浪原理,波浪原理在这个角度的成功应用阐明了这个想法。

实际上,科学家迅速而断然地假设随机性存在于任何一个过程之中是否合情合理?我们还未在这些过程发现适用的定律。"宇宙"这个单词意味着"一种次序"。几个世纪以来,尤其是在过去的20年里,如此多的随机性假设已经被证伪。或许,开始进行相反的假设会更好。艾略特的第一份关于股市的出版物就提出了相反的假设:

宇宙是由定律支配的。没有其他真理像这个真理一样得到如此普遍的认可。没有定律,那么不言自明就会有混沌,在有混沌的地方,什么都没有……与人类活动相关的极为广泛的研究……表明,几乎所有源自我们的社会经济过程的发展都遵循一个定律,这一定律使社会经济过程自我重复,重复有一定的数量和形式,采用相似的并一再重现的连续波浪或者冲动……股市说明了社会经济活动中常见的波浪冲动……股市有自己的定律,整个宇宙中的其他事物也是如此。[28]

用现代的话语来说,社会情绪中没有"蝴蝶效应",没有飓风效应或者地震效应,没有和平效应,也没有战争效应,没有外源效应,就是这么回事。社会情绪是形式逻辑的,不是反应的。在另一方面,源自社会情绪的有形行为的细枝末节几乎是变化无穷的,可能确实受蝴蝶效应的控制。比方说,消极社会情绪表现形式的具体结果,比如战争,可能依赖英吉利海峡(English Channel)是否有雾,也可能依赖一方的首领是否受到了肺炎细菌的感染。

## 采用波浪原理预测价值

波浪原理的已知方面存在着许多具体的变数,应用者需要提高警惕,小心谨慎。尽管如此,事实是,在我们所了解的范围内,波浪原理具有许多实际价值。波浪原理提供的第一个了不起的价值是令人惊奇的视角,你在第5章里可以看到。第二个价值偶尔出现的高度精确性,你在第6章里可以看到。第三个巨大价值是,波浪原理提供了一个基础,用以在一贯的环境里评估过去和分析现在,所有关于这一主题的预测作品都证明了这一点。最后,波浪原理预先表明社会进步或退步的下一个时期的相对量值。有了这些天赋,在预料未来事件的进程时,我们就有基础进行明智的且真正理性的决策。波浪原理的本质本身使我们着眼大局,使我们的认识高于每日新闻的众说纷纭,提供了一个机会去理解巨大的社会趋势变化和伴随巨大社会趋势变化的戏剧性事件。结果是,波浪原理提供了一个基础:在很大程度上做到对未来的先知先觉,使得未来不再显得混沌一片、迷雾重重(有时,只是部分可知的混沌形成了一片乌云)。

社会情绪的基本结果,即,经济趋势、政治趋势、和平和战争,相当容易预言,因为它们遵循社会情绪中已经出现的内容。诸如股票指数趋势、时尚和娱乐趋势等,是社会情绪趋势的直接反映者。预言社会情绪趋势本身及其直接反映者更为困难,但是波浪原理至少提供了一个预言的基础。知道了形式的展开方式,在我们能力、努力和情绪公正的范围内,我们甚至可以成功完成这个艰巨的任务。

因为波浪原理描述了集体行为的形式,所以,任何据此作出的预测的精确性都依赖(1)投资集体行为形式的可靠性,(2)分析师恰当确定相关形式的能力。实际上,形式虽然变化多端,却非常可靠;在其定义的范围内,它们是不受侵犯的,这一特性使波浪分析跟其他方法相比具有不可估量的优越性。分析师确定相关形式的能力、恰当解读相关形式的能力、预料后续形式的能力,都是另外的事情。这一任务是极端困难的。然而,即使在这一方面,波浪原理还是提供了一些优势,而大多数预测方法并不具备这种优势。比方说,波浪原理提供了一个设想和评定替代方案的方法。或许,更重要的是,波浪原理为改变想法提供了一个固有机制。客观的分析师的想法尤其是最终的决定因素:市场本身,不是对外因的推测。这一方法提供了一个客观的基础,可以与发展趋势保持一致,也可以在需要的时候改变观点。

社会预测是一个能力,人类始终难以把握社会预测。实际上,社会预测一致被当作永动机一样的虚幻事物。波浪原理改变了这一切。因此,我们最终有办法就社会未来作出许多预测,不是依赖魔术或者神示或者占星术或者妖术或者巫术或者盲目的线性推断,而是依靠科学。

康沃内和海菲尔德相当宽大地考虑到传统经济学的状态,断言"经济学跨越了科学和人文学科之间"。有了波浪原理,经济学现在是科学。有了社会情绪经济学,人文学科甚至也成为科学的工具。

## 感知在形成人类社会行为精确概念中的作用

一些批评者性急地推测,波浪原理"基于"一个机械模型。其他人推测,波浪原理"源自"对自然界过程的宏观类比。这两个假设都是完全错误的。如果有一个是真的,那么,成见的风险,因此还有理论形成言论的风险,都会是真的。但是,各个形式是用实验揭示的,没有任何符合上述两个假设的先入为主之见,本书明确证实了这一事实。因此,波浪原理的发现开始于感知,也可以归根为感知。实质上,我们可以指指,并说:"看。"

这一事实与宏观经济学的大多数分析截然相反,这些分析经常不顾观察资料就提出公式和理论。比方说,有多达几百次,新闻媒体报道经济学家的说法(通常是股市下跌了几个星期之后)"美国贸易赤字庞大而且正在增长,对美国经济有害且看跌股市。"乍一听,好像符合逻辑,请再看看图19-3。你看到了什么?你看到,贸易赤字趋势的涨跌恰好与经济学家的理论推测相反。那么,你要相信什么,一个符合逻辑的断言,还是你的眼睛?

这个关键问题决定了你成功的机会。就贸易赤字而言,错误答案是符合逻辑的。如果是这样,错误答案为什么会是错的?错误的原因是,逻辑背后的前提不正确。在这种情况下,人们单纯通过观察就可以辨明事实。你的眼睛不会欺骗你。

当你把图19-3拿给持不同信念的人时,你认为会发生什么?他视而不见,避而不谈,不作评论。如果他认为树应该是蓝的,他就不会认可树是绿的。矛盾使他进退两难,不会激起他探索的欲望。就像斯蒂芬·M.高登菲尔德(Goldfeld)曾经指出的那样:"经济学家看到某物在实践上奏效时,就会问在理论上是否也讲得通。"[29]更精确地说,一个传统经济学家经常看到某物在实践上奏效,却拒绝其有效性,因为不符合他的模型。金融家迈克·爱泼斯坦(Mike Epstein)开玩笑说:“对于一个经济学家来说,现实生活是个特例。”

即使传统经济学家看不到为什么某物是真实的,他也必须把对现实的看法置于想法之上。假设一个经济学家碰到了一个问题:用税金来强行抑制进口和补贴出口,以便削减贸易赤字,政治力量的这种行为会产生什么结果。如果他相信自己的眼睛,即使他不知道原因也还是会推断出,这种行为对市场和经济都有害。事实确实如此。所以,在阻止政治大灾难的时候,感知对经济学家有所裨益,即使机制并不会立即清晰可辨。给予感知重要性具有重大价值:可以强迫你检查和重塑想法,直到想法符合现实。[30]

你对波浪原理的评价要依赖一个问题:看法对比推测。如果你是科学家,你别无选择,但这不意味着这就是个愉快的工作。伟大的A.汉密尔顿·博尔顿对波浪分析作出了这样的评论,“最困难的事情是相信你看到的东西”[31]。

感知是理解整个金融行为的基础,但是,波浪原理也有巨大的概念模型,这个巨大的概念模型是从感知发展而来的。这是科学的本质,而且,在这个新兴领域,我们在尽量表现这个本质,虽然我们做得还不够。

## 社会情绪经济学与好科学的融洽性

社会情绪经济学拥有科学所必备的4个特性[根据E. O. 威尔逊(E. O. Wilson)①]。言简意赅:人类社会情绪遵循波浪原理,图1-4简洁地表现了这一点。普遍性:社会情绪经济学包括了所有的社会科学,并具有人文学科的特色。符合一致:社会情绪经济学与自然科学协调一致,并源自自然科学。预言性:跟现有的任何一个方法相比,社会情绪经济学都能作出更好的预言。

还需要建立一个可证明的、直接的因果链,把生物学中的斐波那契方面与社会中的斐波那契方面联系起来,我们只有它们一致性的线索,第3章、第11章和第12章详细论述了这一点。推进这个理解是自然科学的职责。

## 波浪的困窘和好处

一些人对波浪原理表示厌烦,因为波浪原理挑战了一个理念:人们通过政府或者其他机构可以控制集体行为和社会未来。他们确信政府可以“设计”复苏;他们相信中央银行可以“调节”货币供应;他们希望现金注入可以“助推起动”外国经济。所有的这些信念都是错误的。

然而,真相更令人欣慰。不,我们无法引导社会未来,但是,作为一个物种,我们经历狼

① E. O. 威尔逊(E. O. Wilson)即爱德华·O. 威尔逊(Edward O. Wilson)。译者注。

奔豕突的是系统的特征。系统生存、生长和繁荣。伊利亚·普里果金获诺贝尔奖，因为他发现了一个非常惊人的事实：有序的复杂性和生命必定在开放系统中出现。在这个排列方式中，熵并不是一个对手，而是一个伙伴，因为系统吸收能量，并向更大的环境里输入熵。耗散熵的结构"是由极为失衡、高能量、不稳定，甚至多变的环境创造的，耗散熵的结构会在这种环境里兴旺发达。"[32]比如股市，比如社会，比如地球上的生命。迈克尔·哈奇森（Hutchison）在《脑动力》（*Megabrain*）中说：

普里果金认为宇宙是一个耗散结构。普里果金用"过程"宇宙代替了机械的观点："事物"宇宙……"过程"宇宙是难以预测的、自组织的、进化的……特点是一系列跃进和限制，或者不连续性，而不是逐渐递增的进展……普里果金的想法……不稳定的、混乱的、动乱的、暴跌的、混沌的时期不应该被看作十足的罪恶，因为每一个结构都必须经历这些阶段，以便向更高的复杂性阶段进化……[33]

对于波浪原理下发展的类别及其向人类传达的信息，这都是一个极好的描述。这意味着，波浪原理描述为人类社会经历发动机的行为类型，既是必需的也是好的，无论我们是否喜欢这些行为类型当前的表现形式。"文明"，艾略特说，"取决于变化"。[34]老子、赫拉克利特（Heraclitus）、尼采（Nietzsche）、歌德提到过著名的相反的力量、冲突、斗争、创造和毁灭的循环，这些术语虽然不一样，但说的都是同样的一系列内在变化，这些内在变化都是自然进步的秘密发动机。波浪原理认为，这些哲学家的模糊看法是正确的。甚至更有价值的是，我们因此得到了这些相反力量的形式和进展的视觉直观描画，所以这些哲学家的看法和情绪不再模糊。

社会趋势之中整齐的反复出现的校正是事物的自然强分形次序的一部分。它们有目的而且是好的，否则就不会存在。因为人类进步以"三步向前，两步向后"的形式出现，所以，显然需要"两步向后"来使心理和刺激到位，以便支持材料、社会、文化和知识进步的下一个几何上涨。就像第13章所表明的那样，校正可能是生命机制本身的一部分。生命的最终成功本身可能依赖某些人的偶尔失败。这些人不够聪明，没有做好准备；不够强壮，无法战斗；不够善良，不可避免地去参与毁灭他人的活动；或者非常不幸，处于错误的地点和时间之中。然而，虽然我们现在确实知道生命系统的维持和繁荣需要倒退和灾难，但是波浪原理还是进一步表明，这种倒退只是部分的，而且长期趋势是始终向上的。在困难时期，这一知识是受人欢迎的慰藉。

## 社会情绪经济学的好处

社会情绪经济学让我们知晓了危险的概念错误，并从我们的头脑中清除了危险的概念错误。一个例子是个想法：战争创造繁荣。现在，如果你真的停止考虑这个想法（10秒钟就够了），你可能会得出结论：毁掉数千人或者数百万生命并消耗价值数十亿美元财产的任何行动,实质上都是在毁灭繁荣,而不是创造繁荣。实际上,战争就是这么做的。不幸的是,事件因果关系的错误前提在经济学家和历史学家头脑中根深蒂固,大多数经济学家都认为战争“刺激了经济”。他们是如何得出如此奇怪,甚至邪恶的结论的?原因并不复杂,在战争期间,导致战争的下降趋势通常会逆转,生产往往会随新的上升趋势一起上升。经济学家推测这一先后顺序意味着因果关系。发生于其后者必然是其结果。

对于盛行的经济智慧,这是一个实际且典型的总结:“第一次世界大战迅速理好了经济……如果曾有一场为经济而发动的大战,那就是第二次世界大战……越南战争起初对经济产生了积极影响……但对通货膨胀产生了不利影响……”[35]这些看法来自美利坚大学(The American University)一位经济历史学家的一篇文章,这篇文章的题目是,“战争对经济有利吗(Is War Good For the Economy)?”无数遍读了这类说法之后,我知道,几乎所有的经济学家都持这种观念。

利用社会情绪经济学这一科学,我们可以理解,战争只是一个社会行为,这一社会行为遵循并表达消极社会情绪。大型校正波浪开始并长时间持续之后,战争才来临,因为人们需要漫长的时间来变得足够愤怒并想发动战争,然后才会真正策划发动战争。随后的情绪上升趋势、作为结果的经济扩张,都是自然而然的,与战争是否真的爆发无关。用与价值相关的话来说,战争是消极特性的结果,不是积极特性的原因。

这一知识有着巨大的价值和好处。一方面,社会情绪经济学家建议你,“战争是消极社会心理的结果,因此,战争会在接近熊市终点的时候出现。我劝告你在这种环境里仔细观察潜在的敌人,尤其是有些潜在的敌人,他们的社会完全屈服于消极社会情绪的力量。我还劝告你,小心国内发动战争的冲动,并采取可行措施使其转向。毕竟,战争是一件坏事,如果可能的话,就要避免战争”。

## 决定论或者自由意志?

有人已经提出,自然界稀奇古怪、变化多端,可以认为自然界具有自我决定性,就好像自然界有自由意志。[36]更精确的说法好像是,自然界的生长形式是强势的,但又是确定的,无可偏离地遵照波浪、分枝、螺线,或者其他一些内在(显然是以斐波那契为基础的)基本形式的表现形式。这些形式的强势产生了极为丰富的多样性。在准确预测详情的全部,甚至许多具体属性时,这种多样性(至少在目前)是无法预测的。另外,不可预测性不等于说自然界有自由意志,可以为所欲为、随心所欲。

同样清楚的是,集体系统没有,也不会行使自由意志。谈到上市公司的扩张和失败时,《新科学家》说“有些系统的单位有‘自由意志’,甚至在这些系统中”,尤金·斯坦利“也发现了幂律……”[37]“自由意志”尽管加了引号,但一个遵循幂律的系统不大可能行使自由意志。诸如公司、政府、社会之类的集体的动力主要是由从众现象决定的。从众现象是冲动的,是由原始精神作用推动的。当然，作为个体，这些公司首脑有着巨大的影响力，但，是谁选择这些个体担任领导？是集体。这些首脑被董事会任命，被选民选举，或者以知名人士的面目出现。那显而易见的力量是一种反映：他们有能力取悦雇员、顾客或者选民等各个集团，这一说法与斯坦利的结果一致；波浪原理要应对集体和社会。集团对公众的依赖产生了公司历史，我们预计幂律和波浪原理恰好会在公司历史中出现。波浪原理形式表明，集体系统和整个自然一样，是强势的，但又是确定的。

另一方面，在许多，甚至大多数事情上，一个个人没有决策能力、没有有意识选择的能力，也没有独立意志。自由选择是独立的新皮层[38]的天赋，独立的新皮层可以反复思考、斟酌利弊、作出选择。从哲学上说，没有其他可能的立场，因为一个完全的决定论者没有理由去努力让任何一个人相信任何一件事情。如果他相信所有的思维都是确定的，那么他的思维和我的思维也是确定的，那么还有什么讨论的必要？完全决定论者的论据陈述本身就否定了论据。

一个人的独立意识能力包括，理解潜力、认识潜力，在一定程度上还包括减轻或克服下意识的一些冲动力量的潜力。波浪原理在结构上限制了社会趋势可能结果的数量，但波浪原理让个体自由作出选择：如果个体理解结构是存在的，个体可以采取措施，并在一定程度上避免自己悲剧性和/或喜剧性地无心参与到这些趋势之中。实际上，他有时可以从中受益。你怎样才能成功完成这个任务？

就像弗朗西斯·培根所解释的那样，“唯有服从自然界，才能支配自然界”。社会未来的进程就像物理定律一样，不能被支配。但是，如果你理解了起作用的力量，你就可以控制自己在未来的位置。关于波浪原理动力的知识是唯一可靠的基础，让你超脱于群体之上，独立地思考和行动。如果你有坚强的毅力这么做，你就可以超脱于盛行的社会幻想之上进行独立行动，拒绝被社会压力所席卷。实际上，为了生存，也为了繁荣，你都可以利用人类社会学的形式。你可以把自己放在一个位置来观察群体，并由此避免群体的过激行为或者甚至从中受益，而不是成为其一部分。

不幸的是，在社会环境中，大多数人都极难坚持独立，因为形式的影响如此盛行而且潜意识的力量如此强大。希望、恐惧、否定和惰性都是过程的一部分。工作使用并锻炼你的新皮层，来克服这些影响并独立行动。跟市场参与者的总数相比，一贯成功的交易人和投资者的数量微不足道。实际上，创造了有效的市场分析方法之后，成功的职业交易人（这些交易人数量极为稀少）通过经历的反复重复来进行学习的主要秘密就是，如何抵制或忽略边缘系统的情绪输入，以便让理性大行其道。这需要大量的时间和练习，而且即便如此，也无法保证人的体质可以一直承受得住。

然而，对此，人人都要竭尽所能。与社会趋势和睦相处就能过上幸福、成功的生活。否则，生活就会大不相同，耗费时间徒劳地与内在潮流搏斗。没有为下一个趋势做好准备就意味着失去了一生之中的机会，或者也可以导致灾难性的后果：不光是在金融上，有时在身体上也是如此。在关键的转折时期,一个个体可以独立于社会变化之外行动,如果他有知识和意志这么做的话。在其他的时间里,他可以跳上社会趋势的列车,利用社会趋势的力量谋利。就像东方人(Easterners)说的那样,"要随波逐流"。就像西方人(Westerners)说的那样,"不要跟行情较劲"。然而,要听从这几条建议,就需要知道"波"和"流"是什么,还需要知道行情打算干什么。没有什么方法能比波浪原理更好地回答这个问题。

# 注 释

[1]Pugsley, J. (1995). "Anthology of essential articles." John Pugsley's Journal.

[2]诸如艺术、时装、棒球卡、宠物石头(Pet Rocks)、卷心菜娃娃(Cabbage Patch Kids)、豆豆娃(Beanie Babies)、肯尼迪总统的高尔夫球杆之类的时尚产品,可能是有形的,但不是功利主义的。它们满足了无形的欲望,因而其价格根据波浪原理波动,而不是根据供求定律波动。一些此类产品实际上可以看作投资,而不是商品。在这种情况下,其价格往往先飙升,再暴跌。

[3]Laderman, J. and Pennar, K. (1988, October 17). "Did the crash make a dent?" Business Week, p. 88.

[4]我没有这个日期,只有一份剪报。这个评论如此笼统,因而,我就没有费力去确定其来源。

[5]Rynecki, D. (1998, June 15). "Bull markets susceptible to anxieties." USA Today.

[6]Henry, D. (1998, October 9). "High stakes guessing game: markets defy easy answers." USA Today.

[7]Le Bon, G. (1895). The crowd.

[8]Shomali, H. B. (1995, Winter/Spring). "Technical versus fundamental analysis: a view from academe." MTA Journal.

[9]Caldarelli, G. et al. (1997). "A prototype model of stock exchange." Europhysics Letters, 40 (5), pp. 479—484.

[10]Buchanan, M. (1997, November). "One law to rule them all." New Scientist.

[11]Davies, P. (1988). The cosmic blueprint — new discoveries in nature's creative ability to order the universe.

[12]Casti, J. (1997, April 19). "Flight over wall street." New Scientist.

[13]Lesmoir - Gordon, N. (Producer). (1994). "Fractals: the colors of infinity."

[14]Peters, E. E. (1991, March/April). "A chaotic attractor for the S&P 500." Financial Analysts Journal.

[15]Sherden, W. (1998). The fortune sellers.

[16]Davis, D. (1990, April 23). "Butterfly flap: chaology says no to market timing." Dick Davis Digest, Vol. 8, No. 190.

[17]Liscio, J. (1998, March 2). "The seer syndrome." Barron's.

[18]Popper, K. R. (1957). The poverty of historicism.

〔19〕找不到参考文献。

〔20〕Tindol, R. (1989, December 11). “Vanguard of a new approach to physical sciences.” On Campus.

〔21〕Sherden, W. (1998). The fortune sellers.

〔22〕Gleick, J. (1985, December 8). "The man who reshaped geometry." The New York Times.

〔23〕Crutchfield, J. P. et al. (1986, December). “Chaos.” Scientific American, pp. 46—57.

〔24〕Jensen, R. V. (1987, March - April). “Classical chaos.” American Scientist, Vol. 75.

〔25〕Sornette, D. and Johansen, A. (1997, November 1). “Large financial crashes.” Physica A——Statistical and Theoretical Physics. 这一论文引用了《艾略特波浪原理》。

〔26〕《商业周刊》在1992年11月2日版次中刊登了一篇文章，标题是“混沌打击华尔街——这个理论，就是这样；神秘莫测的市场系统在形成波浪(Chaos hits wall street——the theory, that is; an arcane market system is making waves)”。嗯，这是矫揉造作，但或许在几年之后，我们可以把这句话反过来读，“波浪正在翻新混沌理论(Waves are making over chaos theory)”。

〔27〕Coveney, P. and Highfield, R. (1995). Frontiers of complexity.

〔28〕Elliott, R. N. (1938). The wave principle.

〔29〕Goldfeld, S. M. (1984, November). “Modeling the banking firm.” Journal of Money, Credit and Banking, p. 611.

〔30〕让我提供一个不相关的例子。我家的一个小成员患有严重的偏头痛。研究了本书之后，我们开始寻找可能的“触发器”。为了达到这个目的，我们用日记记录下孩子的一切行为，在食物、睡眠、压力，等等中，寻找触发器。寻找显得无功而返，因为我们发现，偏头痛之前的任何事物都和偏头痛无关。这个孩子必须要戒除偏头痛之前的每种事物和活动吗？传统分析师可能会这么说，他们知道外因肯定先于内部结果。一天，当回顾日记的时候，我发现偏头痛和其后发生的事件存在一贯的相互关系。现在，根据传统前提，任何此种相互关系都是不可能的。偏头痛之后的事件怎么可能触发了偏头痛？我有一个选择。我可以把感知当回事，或者坚持认为这是巧合，因为这不符合传统模型。因为我采取了较好的道路，这一感知把我引向了正确的观念并因而得出了正确的解决办法。我注意到，偏头痛之后的事件总是涉及孩子的某种责任。最终，我意识到，每次偏头痛的触发器是孩子意识到压力重重的环境就在前方。得了偏头痛就能逃避压力重重的环境。孩子的恐惧先于偏头痛，但是事件在偏头痛之后。这个认识使我幸福地解决了危机。

〔31〕Bolton, A. H. (1960). The Elliott wave principle——a critical appraisal.

〔32〕Hutchinson, M. (1987). Megabrain.

〔33〕同上。

〔34〕Elliott, R. N. (1940). “The basis of the wave principle.” Republished: (1994). R. N. Elliott's Masterworks——The Definitive Collection, p. 192.

〔35〕DiBacco, T. (1990, August 24). “Is war good for the economy?” Fort Myers News - Press.

〔36〕Jantsch, E. (1980). The self - organizing universe.

〔37〕Buchanan, M. (1997, November 8). “One law to rule them all.” New Scientist.

〔38〕负责自由意志某些方面的一部分脑“好像位于前扣带沟之内，或者至少临近前扣带沟，位于大脑皮层褶皱的内部。”[ref: Wilson, E. (1998). Consilience, p. 108]

# 第21章　大杂烩：把物理学与人类社会经历联系起来，有序的复杂性背后的原则，天空中的强分形的迹象，强形式的斐波那契基础，与熵相对立的原则——费门森

虽然有身败名裂的危险，但我还是要迈出一步。简单地说，我相信可以在宏观基本主题下把波浪原理和整个自然界联系在一起。

## 无生命过程中的波浪原理

在生命和无生命系统中，科学家看到了许多共有的数学和行为，因此，科学家开始怀疑生命系统和无生命系统之间是否存在如此大的区别；统一体比我们想的还要平和。[1]别洛乌索夫－扎博京斯基[Belousov－Zhabotinski(BZ)]化学反应就像生命一样搏动。它产生的螺线就像心脏的肌肉，也像脑电活动。火是有生命的，消耗有机材料，并散发出废物。当冷冻时，水自组织成晶体；当加热时，硅油自组织成细胞。与这两种方式非常相似的是，当因为食物而受到挑战时，黏菌细胞自组织成超级有机体；几十亿年之前，地球上的环境好像有利于氨基酸的自组织，氨基酸是生命的基础。就像生命体一样，无生命体也产生螺线（星系和飓风云团）和阿卜拉姆（河系和化学沉积）。它们是否也能产生艾略特波浪？

图21－1表明了每个波长水泥泥浆的红外光吸光率。在油井钻探作业中，对于水泥凝固时机来说，这是一个重要特性。我不知道为什么这一关系里会有波动，但这些波动确实产生了可以标示为艾略特波浪的形式。波浪4跌到了波浪3的四范围之内，这是典型的波浪行为。整个图甚至在半对数刻度（没有显示出来）上也移动良好。这是真正的艾略特波浪吗，还是碰巧类似艾略特波浪的随机数据？此时，我还不敢下定论。

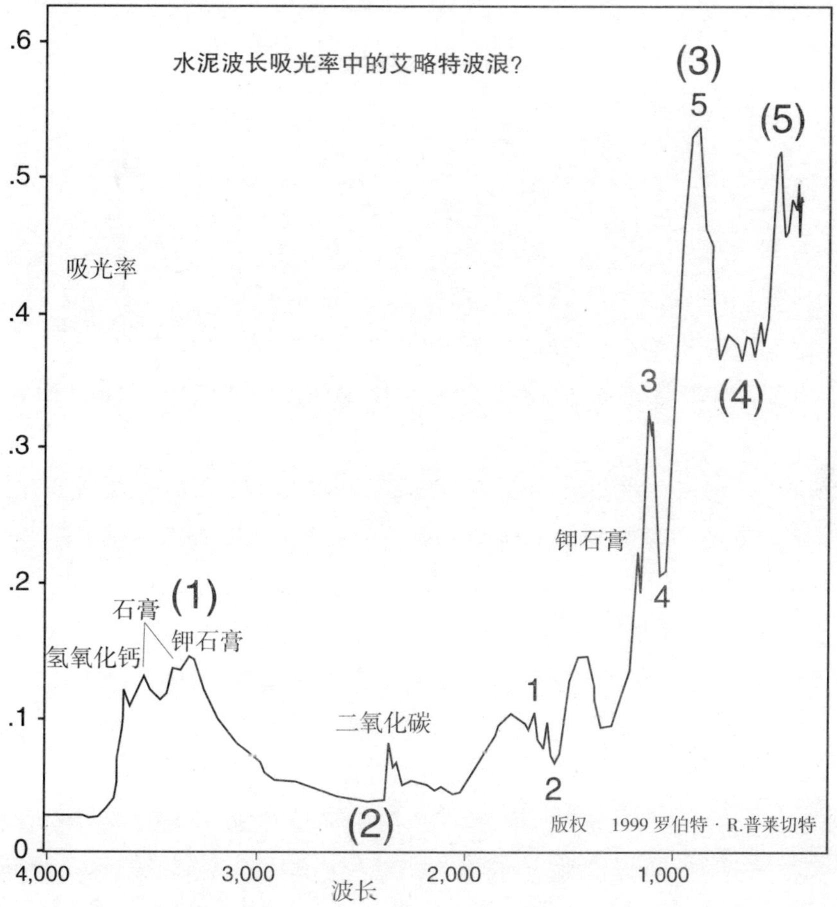


图 21 - 1

资料来源:《复杂性的前线》

如果诸如此类的无生命过程确实产生波浪,这些波浪也不可能如生命波浪那样化合那么长时间。它们会形成我们在商品市场中所谓的"限制级波浪",[2]不需积累成更大的波浪。商品市场和股票市场之间的区别是,股票市场反映了一个持续增长现象,而商品价格无需如此。[3]毋庸置疑,同样的区别适用于整个生命自然过程与无生命自然过程之间的对比,这就是为什么我们会预计两种波浪会有这种区别。如果巴克的沙堆(请看下面)一直一粒一粒增加,这就是一个非自然无生命过程,在接受连续能量输入方面模仿了生命。结果毋庸置疑,沙堆越高,产生的崩塌也越来越大,就像社会人的行为一样。

图 21 - 1 是一个不充分的证据,我犹豫着是否要再提出一个建议,但不管怎么说,我还是要提出一个建议。就像第 3 章和第 12 章所假设的那样,当自然界构建阿卜拉姆、波浪或者螺线时,别管是有生命的还是无生命的,斐波那契数学都可能发挥作用。波浪原理也可能支配着各种展示波动的自组织动力系统,即各种类型的积极集团,别管是有生命的还是无生

命的。要搞清楚是否如此,我们应该研究沙堆、降雨、洪水和地震形式,以便确信下面的情况:它们不仅和生命过程一样享有分形、幂律、临界状态和自组织这些特性,还按照艾略特波浪进步。[4]

## 物理学和人类社会经历的关系链

"你不能从物理学或者化学推断人类行为",比利时理论化学家(Belgian theoretical chemist)伊利亚·普里果金说,"但是,有趣的是看到它们之间的数学共性"[5]。尤其有趣的是,看到一定的无生命物理过程与集体人类精神作用存在着共性。比如,在研究沙堆时,巴克和郑(Chen)①发现了一个现象,我认为这个现象非常像从众行为。他们的机器以规则的间隔抛下沙粒。一个类似于圆锥体的沙堆迅速形成。然后,在好像难以预测的时候,只增加一个沙粒就会使许多沙粒滑落到圆锥体的侧面。当沙粒增加的时候,圆锥体继续变大。塌方继续发生,塌方规模各异。有时,会发生规模极大的塌方。这是他们对这种行为的总结:

在临界状态,塌方的规模并不是取决于新加入沙粒的大小和数量,而是取决于所有沙粒一起行动的整体行为。整个沙堆的综合行为超出了沙堆各个沙粒的行为。在临界状态下,每一个沙粒都以复杂的方式与相邻的沙粒互动。斜面上一个沙粒的运动会引起成千上万其他沙粒的运动。[6]

我要强调上述描述的一个意义。并不只是在临界状态下,沙堆的行为才取决于所有沙粒一起运动的整体行为。当沙粒彼此衬托时,当系统稳定时,也是如此。这种相互依赖在每时每刻都起作用。就像我在第20章所证明的那样,有时群体兴奋积极,有时则安静消极,无论怎样,人类都一直相互依赖、相互影响。在这方面,板块构造、进化、人类社会互动和沙堆一样。

我们能否形成一个联系纽带,把物理学和化学按照一个统一体,直到与集体人类精神作用和活动联系起来?斯坦利等人把扩散限制聚集模型(请看第3章)与神经细胞生长的内在物理决定因素(请看第12章)联系了起来:

关键点是,神经细胞生长遵循的规则忠实代表着扩散限制过程方程式的解。扩散限制过程包括随机噪音的存在。近来已经确定,由此引发的结果精确描述了一组生长现象。在这组生长现象中,扩散方程式或者拉普拉斯方程式$\Delta^2 x = 0$控制着必不可少的物理学。因此,可以相信,化学梯度(在这种情况下,x是浓度)、电梯度(x是电势),或者形式内外粘性差异(x是压力),所支配的生长现象都被扩散限制聚集模型所描述。众所周知,生长中的神经细胞对化学梯度和电场作出反应;众所周知,神经细胞和周围的细胞基质之间存在粘性差

① 郑(Chen)是音译,因为无法确定此人的国籍或者地区等具体信息,只能这么处理,比如,Chen也可能指的是"陈"等等。译者注。

异。因此,扩散限制聚集不大可能代表神经细胞生长的零阶描述。[7][8]

扩散限制聚集模型和神经细胞生长都充满了斐波那契特性,所以,在神经细胞形成的内在物理过程中肯定有与斐波那契相关的力量隐藏其中。这些力量的迹象可以在图 2－26、图 2－23、图 21－1 中找到。图 2－26 揭示了亚原子微粒活动的对数螺线。图 2－23 揭示了准晶体中的斐波那契螺线。图 21－1 描画了水泥泥浆红外吸光率中可能的以斐波那契为基础的波浪。表明了每个波长的红外光吸光率。大体上说,只是这些与生长/衰败、扩张/收缩相关的自然过程好像表现了斐波那契特性。那么,我们可以推测,与斐波那契相关的力量隐藏于物理学之中,当用来产生或者控制包括所有生命形式在内的扩张或收缩时,尤其能发挥作用。

我们知道与生长或扩张相关的自然界基本形式有斐波那契特性,这些形式多种多样,包括星系、脱氧核糖核酸、亚原子微粒路径。我们知道,化学、流体动力学和电学都与我们的神经细胞的形成有关,具有斐波那契特性。把这些观察资料与第 10 章和第 12 章所引用的研究联系起来,我们就不太会考虑根据物理学和化学推断人类行为,而会更多地把它们直接联系起来。综合起来考虑,第 2 章、第 3 章、第 10 章、第 11 章、第 12 章和这里所做的所有研究和结论,都通过黄金分割率把头脑中的物理学、化学与头脑中的生物学、知觉、精神作用行为联系了起来,无论集体还是个人都是如此。如果化学、电学和流体粘性都负责形成和激发神经细胞,如果神经细胞负责携带思维,如果人类思维过程产生决策形式,如果决策产生波浪原理,如果它们都有斐波那契特性,那么,我们建立起了基本物质和能量行为直到集体人类精神作用之间的关系链,而且,就像我们在第 15 章和第 16 章所看到的那样,又从集体人类精神作用联系到人类互动,并因此最后联系到人类社会进步路径本身。

人们可能会推测,虽然不会断言如下:化学、流体物理学和电学能组织和激发神经系统中的微结构,但是,它们的斐波那契特性可能会实际上影响这些结构中与斐波那契相关的形式的发展,这些结构中与斐波那契相关的形式的发展又会影响生命体神经病学中与斐波那契相关的过程的发展,与斐波那契相关的过程的发展又会影响它们的精神作用形式,它们的精神作用形式又会影响它们的产物。因此,我们可以推测,从事物的最微小的形式直到人类的文化进步,都产生了一种影响链。

这种因果关系是对自然界较大结构的动人解释,或许是正确的,但是,我要保留一种可能性:自然界中几乎所有生长或扩张的事物都有斐波那契特性,其原因更多的是一个弥漫于万事万物之中的形式逻辑规则,而不是影响的线性链。不幸的是,这种思想几乎没有科学支撑。这种思想确实有哲学支撑,但是,在本书行将结束的时候,我们要在以后再做这种推测。

## 有序的复杂性后面的原则

5－3 波浪交替的简单性为什么会导致人类社会经历的简单性? 就像科学家最近发现的

那样,总体来说,宇宙就是这样运作的。这里是《纽约时报》1996年一篇文章的相关部分:

上个星期,在《自然》杂志中,得克萨斯大学(University of Texas)和智利(Chile)圣地亚哥大学(University of Santiago)的科学家们描述了一个非凡的实验,他们在实验中利用了自然界的自组织流。以合适的节奏抖动一层沙子使圆形高峰和低谷出现。有时,这些抖动的结构——称作振荡——一起组成了更大的形式,更大的形式又一起组成了更为错综复杂的图案。这一自然出现的次序的照片使人想起了一个过程:亚原子微粒组合成原子,原子组合成分子和晶体——科学的存在之巨链(Great Chain of Being)。

我们难以抑制想象的翅膀。真正的微粒——微粒物理学中的夸克和轻子——能否通过挤推某种极为细小的亚原子微粒制造出来?按照合适的节奏,科学家能否挤推沙箱让"分子"组合成细胞,再让细胞相互组合形成一些不可思议的人造生命?

当与复杂性理论家一起外出时,你有时会听到猜测方面的这种跃进。但是,幻象后面是严肃、清醒的努力,去理解科学的一大迷人的神秘之处:次序是如何在世界中出现的。《自然》中描述的那类实验表明,同样特征的群体(比如沙粒),都能只与近邻互动,能自发产生错综复杂的形式。然后,这些形式变成了另一场游戏的特征,彼此协调一致,形成错综复杂的等级的下一个层面。简单性导致了复杂性。

不要考虑沙粒,想想脑中的神经细胞,每个神经细胞只与自己的邻居联系,然而却产生了深远的思维形式。或者想想交易人的买和卖,每个完全自私的交换产生了市场中隐蔽的、支配一切的力量:亚当·斯密(Adam Smith)的看不见的手。在所有这些例子中,不要上帝(Grand Conductor)居高临下、精心安排流程。次序从下方喷涌而出,就好像普遍真理正在进行。

沙粒合作组成振荡和夸克,振子和夸克合作组成微粒,微粒合作组成原子,原子合作组成美洲豹,那么其中是否存在平行线?圣菲研究所的斯图尔特·考夫曼(Stuart Kauffman)认为,我们已知的定律不足以理解这些复杂性巨塔。还需要其他的东西——一个宏大的原则,可以解释次序是怎样不可阻挡地在世界中出现的。在斯图尔特·考夫曼看来,原始海洋的分子并不是出于偶然才组合在一起形成第一个自再生细胞,这个细胞是我们所有人的祖先。还未发现的自组织定律指引着化学,这些自组织定律与物理定律一样基本,且不容更改。[9]

我相信,我们有那个"宏大理论"的一部分。波浪原理可能无法解释有序的复杂性是如何在世界中出现的,但是,波浪原理肯定描画了其进步的至少一种形式。这一章探索了一个想法:波浪原理起作用,就好像普遍真理正在进行。

在第2章,我们指出了分形、螺线和幂律在有无生命的物体和系统中都普遍不在。1970年,还在布朗大学(Brown University)的利奥·卡丹奥佛(Leo Kadanoff)表达了一个新观点:从磁性系统到原子系统到生物系统,无数系统都可以达到"临界状态"。他说,物理系统表示了"一种宇宙组织,在这个组织之中,原始系统的细节荡然无存"[10]。什么互动无关紧要。

相互联系这个简单的事实使次序和自相似性遍布系统之中。这一特性存在于生命系统和非生命系统之中。这一趋势会在宇宙中蔓延到什么地步?

## 天空中的分形和级数

在20世纪50年代,天文学家开始意识到,宇宙是按照一定方法排列的。星辰聚在一起,形成星座,星座形成星系,星系形成超星系团。在20世纪80年代末,天文学家发现了"超超星系团"。[11]虽然,当时并未采用这一术语,但是,事实已经越发清楚,天空排列成了分形。这是不是一个变化无穷的分形,就像海岸一样?不是。天空中显示出清楚的相关规模,我可以为此命名,比如,星辰、星座、星系、星团、超星系团、超超星系团。换句话说,太空中物质的排列可能有着具体级数的特征,就像阿卜拉姆和波浪原理一样。实际上,令人好奇的是,天文学家选择的名称类似于艾略特的级数术语:小型、中型、大型、循环、超循环、大超循环。在这方面,物质的天文排列方式与波浪和阿卜拉姆这些强分形有着更多的相似之处,而与海岸、云和山这些显然模糊不清的相对标度共性不大。与强分形有没有更具体的联系?

## 天空中的阿卜拉姆和波浪

在过去的4年里,两位天体摄影理论家利用宇宙的最新观察资料,提出了一些模型,这些模型不仅反映了分形,还反映了波浪。斯坦福大学(Stanford)物理学家安德烈·林德在1994年11月版次的《科学美国人》中提出了一个"自再生膨胀宇宙"模型,在这个模型中,宇宙是"一个自我生成……生长……分形,这个宇宙产生其他的膨胀宇宙"。安德烈·林德说,结果"显得既混沌又同质,既扩张又稳定"。林德说他的模型解决了"大爆炸"理论的6个主要问题,包括太空的扁平、宇宙的规模、扩张的时机和速度、物质分配的统一性。林德补充说,与引力波浪一起,影响宇宙中物质分配的密度摄动,印刻在微波背景辐射之上,与"太空中的涟漪"协调一致。"太空中的涟漪"是"背景辐射温度摄动",由宇宙背景探测[Cosmic Background Explorer(COBE)]卫星发现。现在到了我们观点的有趣部分:

> 人们可以把膨胀宇宙中纯量场的量子波动想象成波浪。量子先是朝着可能的方向移动,然后定格在彼此的上面。在宇宙的一些部分……这些新定格的波浪扩张了纯量场。纯量场跳得足够高的磁畴很少,但现在也呈指数级扩张……如果宇宙包含至少一个规模足够大的膨胀磁畴,它就开始不停地产生新的膨胀磁畴……产生宇宙的分形一样的形式……我们的"宇宙树"上的膨胀泡沫总数随着时间呈指数级增长,并无限远离树干(请看图21-1)。[12]

不用说,根据波浪原理,一个显得既混沌又同质、既扩张又稳定的自生成生长分形也是对人类进步的描述。有一个想法:自生成生长分形是基于波浪。这个想法使两个概念更为融洽。

图 21 –2
资料来源:“自再生膨胀宇宙”

林德说:“人们可以把每一个顶点解读为产生了膨胀‘宇宙’的新的‘大爆炸’。”同样,在波浪原理下,人们可以把波浪的每个新顶点,或者每个新低谷,解读为“大爆炸”,这个“大爆炸”产生了经历的新的社会“宇宙”。这就是为什么在人类社会中会有诸如此类的时代:喧闹的 20 年代、消沉的 30 年代、交战的 40 年代、保守的 50 年代、热情洋溢的 60 年代、颠三倒四的 70 年代、自力更生的 80 年代、投机冒险的 90 年代。每一个时代都是自己的暂时宇宙,并在一个突然的变化点导致下一个时代。

就想法的特点而言,林德并不孤立。1997 年 1 月 9 日版次的《自然》报道,爱沙尼亚(Estonia)塔尔图天文台(Tartu Observatory)的天文学家扬·艾那司徒(Jaan Einasto)与其他国家的天文学家合作,获得了证据表明星系组成的超星系团并不像天文学家们假定的那样随机分布,采取的形式是“三维棋盘”上的宇宙晶体。这个团队说,如果这样的话,那么,这种情况唯一可以发生的条件是,存在“一些迄今未知的过程,这些过程产生了大规模的规则结构”[13]。这一假定的物理定律、这一未知的有序过程能在所有规模上起支配作用,能否不仅适合宇宙本身,而且还适合宇宙中无数的过程?如果是这样的和,这一未知的有序过程就非常适合本书所讨论的波浪原理。实际上,这些天文学家使用的就是这个术语。这是《纽约时报》的报道:

> 20 世纪 80 年代,人们开始怀疑这些超星系团可能会有形式。沿着一条狭窄的视线向外看,也就是按照“铅笔形波束”观察,天文学家发现星系好像是周期性集束的,就好像星球物质在以某种方式固定在波浪的顶点。[14]

我们正在接近宇宙中物质分配的有序原则。到目前为止,我们已经证明了波浪原理的 4

个主要方面:强势、级数、阿卜拉辛和波浪。我们能否发现主要的决定因素:斐波那契?

## 天空中的斐波那契

如果林德对宇宙的描述是准确的,那么,宇宙就是一个派生结构。这一派生结构可以是个阿卜拉姆。就像第3章所表明的那样,无论是阿卜拉姆的增加,还是分叉的最普遍角度36度,阿卜拉姆都反映了黄金分割率。

艾那司徒认为超星系团排列方式就像"宇宙晶体"。在艾那司徒描述的背后是一个可能性:超星系团的排列方式可能实际上就像准晶体一般。在20世纪80年代早期,以色列海法技术学院的丹尼尔·谢科曼发现了一种晶体,这种晶体包含螺线排列方式而且是由斐波那契数学支配的。起初,人们认为准晶体子虚乌有,但一个电子显微镜拍下的照片证实了准晶体的存在(请看图2-23)。准晶体显示了"5重对称性",这意味着旋转一下X射线下的准晶体就能产生对称散布形式5次。

虽然这些纯属推测,但在我们的太阳系里有一些具体的斐波那契数学证据在起作用。1989年9月/10月版次的《循环》杂志报道,10.88年的太阳黑子循环在时间上被分割,这样,从最大黑子活动到最小黑子活动的平均时间就是6.80年,从最小黑子活动回到最大黑子活动的时间就是4.08年。[15]每个阶段与整个循环的比率是0.625和0.375,也就是5/8和3/8,斐波那契数字的比率。[16]

这些比率范围很大(0.547、0.656、0.724和0.536),但是,还有一个事实:离太阳最近的6个行星中,除了火星(Mars)/木星(Jupiter)的关系,相邻行星距离的平均比率是0.615,也就是斐波那契比率。火星和木星之间距离甚远,按照数字命理学,两者之间应该还有一个行星没有找到。这些有小行星带。1766年提出的蒂图斯-博德定律(Titius-Bode Law)认出了这些关系,并正确地预言了下一个行星天王星的位置。

1986年,《纽约时报》印上了一个图片:哈雷彗星(Halley's comet)10英里长的彗核。[17]我的一个订户[18]警觉地指出了它那偏颇的外形,测量了它的两个长度,并发现两个长度存在斐波那契关系,如图21-3所示。

太阳风磁性对立两极可能产生"变形的日心电流片","变形的日心电流片"充当了磁场正负区域之间的界限。J.M.豪斯多夫及其同事在《科学》杂志上把这一电流片描述成对数螺线结构。图21-4再现了这一描述。[19]

## 宇宙在情绪中的迹象

如果就像普里果金和范德弗特断言的那样(请看第10章),情绪是分形且具有混沌性的,因为宇宙也是分形且具有混沌性的,那么人类的脑和情绪就和宇宙一样有着形式的基本

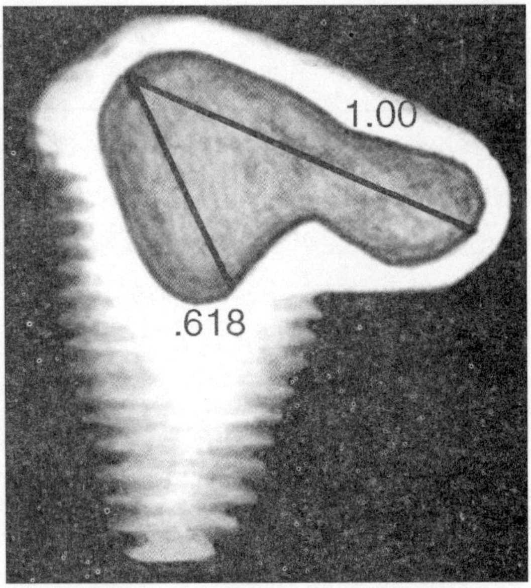


图 21 - 3

哈雷彗星彗核中的黄金分割率比例

图 21 - 4

资料来源:Cycles Magazine, May/June 1983, Vol. 34, #4, p. 107

方面。[20]天文行为至少有一个方面不仅反映了斐波那契,还反映了斐波那契的具体表现形式。这一具体表现形式模仿了斐波那契式的人类精神作用两极概念,就像在第 12 章所讨论的那样。被称作快爆源(Rapid Burster)的 X 射线源 MXB 1730 - 335,以准周期性向外辐射。勒菲弗博士和莫斯科国立大学(Moscow State University)斯滕伯格天文研究所(Sternberg

Astronomical Institute）的尤里·N.叶夫列莫夫（Yuri N. Efremov）刚刚报道说：这一不规则振荡产生的两组相互搭接的频率是由黄金分割率联系在一起的，无论是爆炸频率还是二者之间隔都是如此。他们的论文说："各组观察资料给出的比率的标准错误都等于或者低于0.02，比率的平均值是1.61。"[21]这两位天文学家和别的天文学家已经指出，频率系统支配着快爆源的输出，出现在爆炸起点的频率系统好像"知道爆炸有多大"，[22]与此非常类似的情况是，在句子的开头，人们就要知道整个句子结构怎么样。考虑到这一现象与勒菲弗两极概念工作的关系（请看第12章），勒菲弗与叶夫列莫夫推断，这一发现"开启了快爆源（RP）活动与人类认识之间内在相似性的可能性"。在第12章，我用以黄金分割率为基础的神经细胞物理结构联系与黄金分割率相关的电荷，联系以黄金分割率为基础的认识工具和动力，联系以黄金分割率为基础的精神作用产物。显然，这一联系可能适用于快爆源行为。

所有的这些观察资料可能都是巧合。然而，巧合越来越多。考虑到我们讨论的背景，这些就远不止是奇闻怪事了；它们可能符合宇宙排列形式的本质。斐波那契对组合排列形式有多普遍？

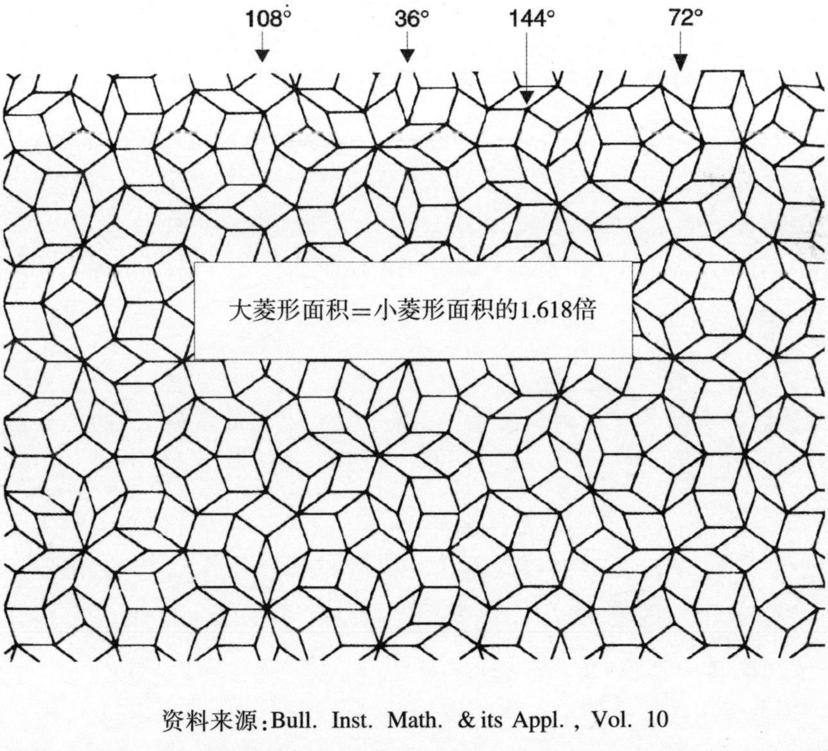


资料来源：Bull. Inst. Math. & its Appl., Vol. 10

## 强势组合和细分的基础斐波那契

宾夕法尼亚大学（University of Pennsylvania）的理论家保罗·斯坦哈特（Steihardt）与几个同事一起假设，准晶体结构是基于"砖块"数学，把几何形状组合在一起来填充空间。

罗杰·彭罗斯最近证明,使用两种特定类型的菱形砖块就可以完全覆盖一个平面(请看图21-5)。他发现了一个惊人的事实:砖块的形式从未一模一样地重复过,这意味着这两个砖块组成的形式是无穷强势的。限制严格的过程中的无限强势是阿卜拉姆和艾略特波浪共有的一个特性,阿卜拉姆和艾略特波浪都受斐波那契支配。结果是,砖块的面积,还有任一(大型)面积的砖块数量都按照斐波那契比例。这一比例还支配着动机对比校正艾略特波浪的数量和规模。另外,菱形的角度是36度的1倍、2倍、3倍和4倍。对于第3章讨论的以斐波那契为基础的五角星和阿卜拉辛扩散限制聚集模型,36度是主导角度。[23]这意味着你可以把彭罗斯砖块的36度角放进一般阿卜拉姆的角落。

汉斯·C.冯·贝耶尔(Hans C. von Baeyer)在《发现》(*Discover*)杂志上指出,彭罗斯砖块方案非常像斐波那契序列本身,因为它没有重复的形式,而且是由两个简单的规则形成的。[24]好像在自然界产生变化无穷的形式时,别管是有生命的还是无生命的,都要利用,可能必须利用斐波那契数字来实现。换句话说,彭罗斯砖块表明黄金分割率是强形式的基本特性。各种强形式在某些方面是自同一的,在其他方面则是变化无穷的。

彭罗斯砖块支持了一个事实:斐波那契序列可以应用于结构严谨但又变化无穷的分割过程,也可以应用于其反面,即结构严谨但又变化无穷的建设过程。当然,波浪原理先把这个想法表述如下,斐波那契既控制着波浪分割成组成部分的行为,也控制着波浪建设成更大结构的行为。彭罗斯砖块和艾略特波浪的这一融洽性表明,斐波那契序列是一个数学原理,不仅在宏观上符合生长和衰败这种自然过程,在微观上也符合强势分割过程。

## 宇宙和波浪原理

总之,这些观察资料和理论初步证明,宇宙产生了生长分形波浪,而生长分形波浪是由斐波那契支配的。由斐波那契支配的生长分形波浪出现在什么样的波浪系统之中?答案:本书所描述的那种。艾那司徒的团队把宇宙描述为一个格子结构,这个格子结构支配着固定在波浪顶点的物质的分形排列形式。R.N.艾略特对股市也做了非常相像的描述:股市就像一个格子结构,支配着固定在波浪之中的集体精神作用变化和趋势的分形排列形式。勒菲弗把快爆源描述成人类认识的斐波那契方面的代表,这一描述支持了R.N.艾略特的论点:集体人类精神作用遵循在整个宇宙中发现的一个原则。我们是否在妄下一个结论:潜藏于所有分形形式之下的基本斐波那契形式在两种情况下都起作用,可能在无数其他情况下也都起作用?《纽约时报》认为:

> 艾那司徒的研究比铅笔形波束观察涉及更广泛的天空,难以驳倒。或许,在一开始,一切就已经注定。因为宇宙正在展开,所以,一些未知的有序原则可能在起作用。[25]

如果是这样的话,“未知的有序原则”的本质是什么?

## 形式的基础性

1978 年，我和弗罗斯特写了《艾略特波浪原理》，书中的第一个词我们使用了斜体，这个单词是形式。就规模和持续时间而言，波浪是多变的，但是在完成一个特定的形式之前，波浪绝不会终止。由于许多原因，波浪原理的发现都是一个巨大的突破。有一个原因并不是最微不足道的原因：波浪原理揭示了人类生命形式的重要性。形式的明显的基础性促使几位作者在 20 世纪 20 年代提出和扩张了一个“形态发生场”理论，并假定这一理论解释了自然界中物理形式的发展。[26] 1981 年，鲁珀特·谢尔德瑞克（Rupert Sheldrake）在《生命新科学》（*A New Science of Life*）认为，这种场积极把记忆从前面的实体传输给新的实体，这个新的实体受同一“概率结构”场的影响。[27] 别管这种想法是否站得住脚，都容易解释一些人为什么热火朝天地去解释形式的重要性。形态发生假说的中心是一个正确的（依我看来）的说法：这种形式之中有至关重要的东西。

对于宇宙中形式的重要性，科学家关注得太少。科学家之所以没有详细描述形式，一个原因可能是错综复杂的细节，还有这项任务所需要的细致观察。瑞士多纳茨（Dornarch）高修纳姆实验室（the laboratory of Goetheanum）自然界/科学部分（Nature/Science section）的领导约亨·博克米尔（Jochen Bockmuhl）说：“一个科学要想接近具体现实，就需要一系列的在几个层面上的精准观察资料，并需要反复实践。”[28] 这样的描述并不是方便地从数学开始的；这样的描述以数学而告终。好像对我来说，发现自然界数学特性的一个方法是，根据实验尽可能详细地作出描述。R. N. 艾略特就是这么做的，R. N. 艾略特由此明白了金融市场内在的数学。这一方法也使曼德伯特理解了数学在分形中的共性。人们在这些领域里研究闪电、河流、血管或者海岸线的形式；R. N. 艾略特研究股票平均指数的形式；[29] 歌德研究植物的形式。[30] 但是，究竟有谁能像 R. N. 艾略特或者歌德那样细致入微？这种事业的有用结果是，就算不让科学家把这些来之不易的观察资料当成基本标准，至少也让科学家把这些来之不易的观察资料当成标准。

要发现关于形式的深邃思想，我们就要一直追溯到古希腊。毕达哥拉斯把宇宙看成内在的、普遍存在的数学次序的产物。柏拉图假设了原型形式，对于自然界中出现的不够完美以及更加多变的形式，原型形式是母本超级模型。亚里士多德（Aristotle）把形式看作一个特性，这个特性存在于每一个个体之中，并决定每一个个体的形状。[31] 人们通常认为这些看法是相互矛盾的。这些人中的每一个可能都能畅谈这些思想的区别，直到深更半夜。但我认为，这些想法都是正确的：宇宙的次序反映了数学的次序；宇宙的生长是基于斐波那契超级形式，斐波那契超级形式是普遍存在的，且按照数学次序。每个源于这个形式的实体都包含着其特定表现形式的原因型的和多变的命令。原因型的和多变的命令包含环境适应性。

歌德可能已经从植物生长进步中发现了波浪原理（请看第 13 章）。对于形式的发生和

基本本质,歌德也发表了见解,总结如下:

歌德看到植物的每一个部分都是原型“叶子”器官的变形,并由此形成了一个思想:原型植物(archetypal plant, or Ur – pflanze),一个超感觉的力量……本身有能力采取多种形式,并在特定的时刻采取最符合外部周边世界条件的形式。[32]

歌德描述了植物中反映波浪原理的发展序列。歌德断言,发展序列“适用于任何生物”。第3章假设自然生长和扩张的主要形式——螺线、阿卜拉姆和波浪——实际上是唯一的形式内在现象的不同表现形式,基于黄金分割率。就表现形式而言,歌德的“原型植物”可能有点像林德对整个宇宙的观念,如图21 –2所示。因此,我们不应忽视或者放弃一个概率:这个以黄金分割率为基础的原则可能适用于所有正在生长的事物,别管是不是有生命的。

## 形成方式的发动机:费门森对抗熵

如果其中任何一个是正确的,那么,是怎么发生的呢?热力学第二定律声明,热总是向环境中耗散,最终使任何一个封闭系统(没有外界能量来源)热同源,并因此死亡。对于能量差异来说,熵是不可避免的结果。开放系统(有着能量输入)是另外一回事。当能量流进开放系统时,复杂系统就形成、生长和繁荣。普里果金认为,熵的巨大耗散推动包括宇宙和生命在内的扩张结构和系统形成,甚至推动自然定律随着进化中的系统进化。(此前,他认为没有行星运动定律和生物定律,因为没有行星或者生命)强分形在这些系统中如此普遍又如此相似,因此,可能有一个成形发展定律控制着强分形。我敢打赌,如果有第一定律控制着生长结构,扩张结构或者繁荣结构,甚至包括(如果林德是正确的)宇宙本身,那么其支配性比率是黄金分割率。

次序如何出自混沌,普里果金给出了精确的解释。或许,在普里果金解释的鼓舞下,我们可以推测,可能有一种宇宙力量或者场,来推动一个奋斗,这个奋斗实际上是对熵的挑战。这一形式定律是由斐波那契数学支配的,因此,生长和扩张的表现形式也是由斐波那契数学支配的(如果它是一个力量,它的持久性就能解释相关系统渐增的次序和复杂性。如果它是一个场,它肯定与时间有着同样的正比关系,引力场会聚集时间,这也能解释相关系统渐增的次序和复杂性)。那么,斐波那契形成方式,或者找个更好的表达方式,费门森,是与熵相对的原理。银的生长和进步与阳分解的衰败相对立。从中会分流出所有的次级定律,以强结构的形式控制着其表现形式,比如,螺线、阿卜拉姆、波浪,以及其他所有可以归为此类的形式。除了艾略特波浪之外,几乎没有其他办法可以更精确地描画与熵相对抗的、整齐有序且循规蹈矩的奋斗,如图1 –5所示。我认为,熵和费门森的对立是自然界的宏观基本主题。

如果还没有显而易见,我在这儿要说,这些深思熟虑来自我理解的极限,离社会情绪经济学很远。只有在社会情绪经济学里,我可以称得上专家。然而,我不会因此而止步不前。

## 普遍性原则

到目前为止,普遍性原则只是一个理想化目标:要用一个公式化表达模型化和理解所有的复杂系统。如果这一原则存在,它就会把科学合在一起,并把宇宙的许多过程置于一个名义之下。科学家们正在寻找"未知的有序原则"。这个"未知的有序原则"不能"只"符合下面的情况:宇宙中星辰的次序关系、太阳系中的太阳脉冲和行星的排列形式。这个"未知的有序原则"要符合一切事物,从亚原子微粒行为到脱氧核糖核酸结构到生命的本质到集体人类行为到宇宙的形式,还有本书所展示的那些相关过程。《新科学家》总结了信奉普遍性所需的看法:

从地震到进化,普遍性概念存在于各个理论之后。在我们理解这个世界时,这些理论扩展了我们的视野。普遍性这一想法最终可能会造成极为深远的影响。几百年来,科学在沿用一个观念:把事物分成小块并完全了解这些小块,就肯定能理解这些事物,这些事物也只能这样被理解。临界状态下的系统——好像有很多这种系统——无视这个原理。行为的重要方面和组成部分的详细特性几乎没有关系。磁体、公司或者生态系统的组织没有细分成其组成部分;微粒、人或者生物……"没有普遍性",加利福尼亚大学伯克利分校的物理学家詹姆斯·克拉奇菲尔德(Crutchfield)说:"任何一个复杂系统都会成为自身的规章制度,科学的伟业从一开始就命中注定。"此外,各种"集体"的真正"理论"好像有一个基础。[33]

那么,总结一下今天的科学观点,有基础说,可能有一个集体原则潜藏于各种规模的自组织事物的自组织之下。本书认为,对于这一原则,我们不仅有希望,我们还有原则本身的一个方面,这个方面是一个结构原则,把斐波那契和生长融汇成波浪原理;而波浪原理又可能是更基本的集体原则的表现形式。比如,阿卜拉姆和其他强分形就是表现形式。这个更基本的集体原则可以被称作费门森。回顾一下第 13 章,并再次注意进化遵循波浪原理。回顾一下第 5 章,并再次注意股市遵循波浪原理。回忆一下第 10 章直到第 12 章,并考虑脑和心智有分形和斐波那契特性,而分形和斐波那契特性是波浪原理的关键方面。重读第 13 章的描述:个体生命形式遵循波浪原理。回到第 15 章和第 16 章,并再次注意社会行为和所有的历史都是波浪原理的产物。回头看一下图 21 - 1,并回忆一下,甚至无生命过程可能也遵循波浪原理。波浪原理与本书讨论的每一个现象都息息相关,把这些现象结合在一起。早在 1940 年,R. N. 艾略特在"各种人类行为情绪"的后面发现了一个结构,并进行了足够的观察。因此,R. N. 艾略特断言,这个结构的原因是"支配万事万物的……变化的……永恒自然定律"[34]。1946 年,R. N. 艾略特把波浪原理称作"自然的定律"。R. N. 艾略特并没有言过其实。如果有集体行为普遍性定律,如果有进展对抗熵的原则,可能就是这个。退一万步说,我相信至少也算个表现形式。

# 注　释

〔1〕物体和生长过程的一个区别可能是,当应对物体时,我们可以说,同样的行为都有相等的反应;在生长过程之中,我们就有权说,每一个行为都有.618 反应!

〔2〕请看《艾略特波浪原理》第 6 章。

〔3〕然而在不兑现纸币状态下,商品价格确实反向反映了一个现象:购买媒介的价值持续下跌。这使得它们的波浪化合了几十年。

〔4〕这是两个实验的一个想法。把地震当成校正。这使得冲动成分成为了一个压力标准。把静态平衡看作一个连续的稳定一段时间的压力上升趋势,把地震看作反应。经过(一次伸展之中)的规模几乎相同的两个(或者四个)反应,下一个是不是更大?经过了两个(或者四个)此种情况之后,下一个是不是还要更大?如果是这样的话,我们就可以开始预言地震了。如果不是,好的。地震不是生命生长形式,所以,没有必要坚持地震肯定有波浪。第二个实验更接近生命生长系统,把巴克沙堆中新增的每个沙粒看作生长的一个上升趋势,把沙滑看作校正。整个过程是不是产生了艾略特波浪?

〔5〕Tindol, R. (1990, December 11). "Vanguard of a new approach to physical sciences." On Campus.

〔6〕Bak, P. and Chen, K. (1991, January). "Self – organized criticality." Scientific American, pp. 46—53.

〔7〕Stanley, H. E., et al. (1993). "Fractal landscapes in physics and biology." Growth patterns in physical sciences and biology, p. 134.

〔8〕在作者对方程式的表述中,使用了字母 Φ 来代表变量。因为 Φ 在这个语境之中没有斐波那契意义,所以我用 x 来代替了 Φ。

〔9〕Johnson, G. (1996, September 8). "From grains of sand: a world of order." The New York Times.

〔10〕Domb, E. and Green, M. (1971). "Critical behavior: universality and scaling." Critical Phenomena, Vol. 5, p. 100. Also, private communication.

〔11〕Peratt, A. L. (1990, January/February). "Not with a bang." The Sciences.

〔12〕Linde, A. (1994, November). "The self – reproducing inflationary universe." Scientific American.

〔13〕Einasto, J., et al. (1997, January 9). "A 120 – Mpc periodicity in the three – dimensional distribution of galaxy superclusters." Nature.

〔14〕Johnson, G. (1997, January 19). "The real star wars: between order and chaos." The New York Times, p. 4.

〔15〕Collins, C. J. (1989, September/October). "The effect of sunspot activity on the stock market." Cycles.

〔16〕感谢《艾略特波浪原理》(EWT)读者 K. M. M. Manning)的真知灼见。

〔17〕(1986, November 1). The New York Times, p. 1

〔18〕P. Kendrick of Falmouth, Maine.

［19］Wilcox, J. M. (1980). "Origin of the warped heliospheric current sheet." Science, Vol. 209, pp. 603—605.

［20］这可能不是一个新的想法：情绪和宇宙是彼此的反映。在古埃及，法老图特安哈门把头支在一个弯曲的雪花石膏支柱上，支柱的两边各有一个小雕像，一个代表着宇宙最东方的卫兵，另一个代表宇宙最西方的卫兵。古埃及文化认为，法老的情绪是宇宙。

［21］Lefebvre, V. and Efremov, Y. "Possible analogues of cognitive processes in the patterns of X－ray variability of the rapid burster" Astrophysical archive on the Internet (1998).

［22］Kawai, N., et al. (1990). "Spectral evolution of type II bursts from the Rapid Burster." Astronomical Society of Japan, No. 42, pp. 115—133.

［23］在观察彭罗斯形式时，人们得到一个清楚的三维性质印象，就好像这个形式是一堆规则、偏斜的管子。从某种角度来说，第三维是不是斐波那契数学的产物？

［24］Von Baeyer, H. C. (1990, February). "Impossible crystals." Discover.

［25］Johnson, G. (1997, January 19). "The real star wars: between order and chaos." The New York Times, p. 4.

［26］要了解这些理论的历史，请看鲁珀特·谢尔德瑞克的书《生命新科学》。

［27］Sheldrake, R. (1981). A new science of life.

［28］Bockemuhl, J and Suchantke, A. (1995). "The morphic movements of plants as expressions of the temporal body." The metamorphosis of plants.

［29］这一耗费时间的任务变得容易了，因为出现了一个事实：一个疾病使艾略特几乎丧命，艾略特因此在6年的时间里身体衰弱。艾略特被迫作出改变，不再像以前那样大量运动，因而有了大量的时间进行安静的思考和研究。要了解他的详细生活经历，请看《R. N. 艾略特的杰作》中的传记。

［30］歌德的功绩和方法与众不同，他使持续了多个世纪的科学方向远离对形式的研究，而转向对组成部分的研究。安德烈亚斯·苏汉科特(Andreas Suchantke)告诉我们"直到最近为止，歌德对植物变形的发现还没有引起有深度的研究……科学所遵循的发展道路与歌德的方法迥然不同，因此现在要填平其间的鸿沟几乎是不可能的。"［ref: Bockemuhl, J. and Suchantke, A. "The metamorphosis of plants as an expression of juvenilisation in the process of evolution" and "The leaf: 'the true proteus'," from The metamorphosis of plants.］如果对此感兴趣，这本薄书是植物成形运动方面的论文集萃。

［31］这些总结是我对一些描述的解读，资料来源只有一个。如果有任何不精确之处，请告诉我。

［32］Tompkins, P. and Bird, C. (1973). The secret life of plants.

［33］Buchanan, M. (1997, November 8). "One law to rule them all." New Scientist.

［34］Elliott, R. N. (1940, October 1). "The basis of the wave principle."